16	3	2	13
5	10	11	8
9	6	7	12
4	15	14	1

Lucas Nobile

RAPHAEL RABELLO
O VIOLÃO EM ERUPÇÃO

Prefácio de Zuza Homem de Mello

EDITORA 34

Editora 34 Ltda.
Rua Hungria, 592 Jardim Europa CEP 01455-000
São Paulo - SP Brasil Tel/Fax (11) 3811-6777 www.editora34.com.br

Copyright © Editora 34 Ltda., 2018
Raphael Rabello: o violão em erupção © Lucas Nobile, 2018

A FOTOCÓPIA DE QUALQUER FOLHA DESTE LIVRO É ILEGAL E CONFIGURA UMA APROPRIAÇÃO INDEVIDA DOS DIREITOS INTELECTUAIS E PATRIMONIAIS DO AUTOR.

Capa, projeto gráfico e editoração eletrônica:
Bracher & Malta Produção Gráfica

Imagem da capa:
Raphael Rabello (fotografia de Wilton Montenegro)

Imagem da 4ª capa:
Radamés Gnattali e Raphael Rabello (fotografia de Wilton Montenegro)

Tratamento das imagens:
Cynthia Cruttenden

Revisão:
Beatriz de Freitas Moreira

1ª Edição - 2018, 2ª Edição - 2021

CIP - Brasil. Catalogação-na-Fonte
(Sindicato Nacional dos Editores de Livros, RJ, Brasil)

N222r Nobile, Lucas
Raphael Rabello: o violão em erupção / Lucas Nobile; prefácio de Zuza Homem de Mello.
— São Paulo: Editora 34, 2021 (2ª Edição).
352 p.

ISBN 978-85-7326-693-1

Inclui discografia.

1. Música popular brasileira. 2. Violão - Brasil - História. I. Rabello, Raphael, 1962-1995. II. Mello, Zuza Homem de, 1933-2020. III. Rumos Itaú Cultural. IV. Título.

CDD - 780.92

RAPHAEL RABELLO
O violão em erupção

Prefácio, *Zuza Homem de Mello* 7

Apresentação 11
1. No caminho de Tobias 15
2. Benjamin no choro 31
3. Um bandolim colorido, os jovens duendes e o patriarca 79
4. O voo inicial de um fenômeno 103
5. Meu amigo Radamés 117
6. Flamenco no morro 151
7. Atormentadas ilusões 171
8. Entre a realidade e a fantasia 189
9. Além do espelho 203
10. Neonacionalista flex e o décimo irmão ... 225
11. Da delicadeza à exasperação 249
12. "Ter estado e já não estar" 269
13. *Back to Life* 287

Índice onomástico 305
Discografia 317
Composições 331
Participações em discos de outros artistas 333
Lista de entrevistados 341
Bibliografia e fontes consultadas 343
Agradecimentos 347
Créditos das imagens 348
Sobre o autor 349

PREFÁCIO

Zuza Homem de Mello

Ao dar à estampa a biografia do violonista Raphael Rabello, o jornalista Lucas Nobile torna indiscutível o porquê deste livro se fazer tão necessário.

Quando esmiúça os antepassados nordestinos e a infância em família, grandemente musical, do menino prodígio que preferia a companhia de pessoas mais velhas, Lucas dá a entender que o destino daquele pirralho obstinado estava traçado desde quando matava aulas para beber o que de fato lhe interessava mais que tudo, a música.

Era de Raphael Rabello que mais se falava no meio musical do Rio de Janeiro quando em meados dos anos 1970 me vi impelido a ouvir de perto os chorões que se reuniam aos domingos no aliciante botequim suburbano do bairro da Penha Circular, conhecido nas rodas como Sovaco de Cobra. Encontrava-me no círculo de chorões mais comentados da época, tais como Zé da Velha, Joel Nascimento e o tal menino de 13 ou 14 anos que mandava ver um violão como se fosse gente grande. Quase impossível acreditar no que assisti naquela manhã: o garoto aloirado e cabeludo traçava o que viesse com a maior tranquilidade. Não era apenas o mais jovem, era o mais perturbador.

Desse momento marcante na vida de Raphael, Lucas vai deslindando em seu texto o aprimoramento nas execuções e sua espantosa carreira com uma sucessão de atuações em gravações e espetáculos de toda sorte na companhia dos grandes músicos de então, fossem eles de sua geração ou de veteranos que não se cansavam de exaltar sua maturidade. Entre seus comparsas nas atuações em estúdio ou palco estavam admiráveis violonistas como Meira (seu mestre), Dino (sua inspiração e referência nas sete cordas), Turíbio Santos (mestre no violão clássico), Baden Powell (o divisor de águas), Mauricio Carrilho (quase seu contemporâneo), além de Joel do Bandolim, dos clarinetistas Copinha e Paulo Moura e do admirado maestro Radamés Gnattali, para quem os 56 anos de diferença de idade em nada o incomodavam. Muito pelo contrário, era zerada na música. Foi quem forçou-o a aprender a ler partituras, o que o levou a se destacar como dos mais solicitados violonistas em estúdios do Rio de Janeiro. Em seu primeiro disco Raphael elevou o violão de sete cordas, para além de sua função como instrumento responsável pelas "baixarias" no choro, à categoria de solo.

Lucas se revela um arguto observador dos discos de Raphael ao realizar um pormenorizado levantamento das gravações de que participou em ritmo intenso, compatível com sua destreza, leitura rápida e inventividade mesmo em arranjos de outrem.

Raphael Rabello atuava nas mais diversas e surpreendentes companhias, fossem músicos como o saxofonista Leo Gandelman ou outro de seus ídolos, Paco de Lucía, o mago da guitarra flamenca.

Em carreira fulminante, um veterano com apenas 18 anos, "mãos pequenas e gordinhas e... ainda imberbe" como assinala o autor, também atuou com destaque na arte de acompanhar cantores como Clara Nunes ou Paulinho da Viola e, em discos e espetáculos, Elizeth Cardoso e Ney Matogrosso.

Ao final de seu livro, o autor não hesita em detalhar o período de impressionante desestruturação nos três últimos anos, "de brumas e angústias", por que Raphael passou a ponto de, num momento de descontrole completo, chutar seu próprio violão. É um ato inacreditável que se insere no dramático final de sua vida.

É ele o cara que aprendeu sozinho, o violonista cuja breve trajetória neste mundo está cuidadosamente narrada nas páginas do texto de Lucas Nobile, um dos mais conceituados jovens jornalistas brasileiros dedicados à música popular brasileira. Com sua capacidade de entender e dar a entender, Lucas nos brinda com a alentada biografia de um músico que só não se consagrou como atração internacional por não ter tido mais tempo para viver. Parou aos 32. Todavia não tentemos imaginar o que Raphael poderia estar aprontando com seu violão. Seus discos em penca e, agora, este livro imprescindível nos permitem assegurar: Raphael Rabello tinha a marca de um gênio.

RAPHAEL RABELLO
O VIOLÃO EM ERUPÇÃO

para Simone, Aldivino, Seve e Sofia:
amores e motores de vida

Raphael Rabello, referência tanto no violão de seis como no de sete cordas.

APRESENTAÇÃO

> "O violão é um instrumento de doido, obriga a uma interiorização solitária e uma descoordenação motora brutal. Em cada mão, em cada dedo você toca uma coisa, isso só pode enlouquecer a pessoa."
>
> Raphael Rabello

Quando nasci, Raphael Rabello (1962-1995) tinha 21 anos e apenas um LP solo lançado. Ao longo de minha infância e juventude, cansei de ouvi-lo em discos de outros artistas, sem ter a menor ideia de que era ele quem tocava ali. Como em grande parte dos lares da época, os toca-discos a que eu tinha acesso — dos meus pais, dos meus avós e do meu tio — eram frequentados pelos principais nomes da música popular brasileira. O mundo parecia maior. Eram álbuns de Chico Buarque, Dona Ivone Lara, João Bosco, Clara Nunes, Paulinho da Viola, Elza Soares, João Nogueira, Alcione, Jamelão, Elizeth Cardoso, Nelson Gonçalves, Beth Carvalho, Martinho da Vila, Maria Bethânia, Ney Matogrosso, Gal Costa, Luiz Melodia, Leci Brandão, Nelson Sargento, Cristina Buarque. Com eles, via de regra, lá estavam Raphael e seu violão.

Mais de uma década antes de me formar em jornalismo e de começar a escrever sobre música em algumas redações, eu já tocava meu cavaquinho entre os moleques mais velhos do bairro. A cada dia que passava, um alumbramento novo descortinado pelo samba e pelo choro. De repente, a revelação de um fascínio irreversível: ler linha por linha dos encartes dos LPs e CDs e, assim, descobrir quem estava tocando em cada álbum.

O primeiro disco que me despertou o gosto por fuçar fichas técnicas foi *Mistura e Manda* (1983), anos depois de seu lançamento. De cara, o que me fisgou foi o título maravilhoso. Depois, veio a euforia em saber que quem pilotava aquela combinação espetacular de choro com gafieira era um clarinetista e saxofonista chamado Paulo Moura. Para completar, o restante dos créditos me apresentava ao bandolim de Joel Nascimento, ao trombone de Zé da Velha, aos cavaquinhos de Jonas e Carlinhos, aos violões de Cesar Faria, Mauricio Carrilho e João Pedro Borges, ao pandeiro de Jorginho, ao repique de Joviniano, ao tantã de Neoci, às caixas de fósforos e de guerra de Gargalhada. Logo na primeira faixa, os instrumentistas desfilavam solos deslumbrantes antes de Paulo Moura atacar o tema de "Chorinho pra Você", de Severino Araújo. Nunca me esqueço do impacto que me causaram a firmeza e a criatividade das linhas de baixo feitas ali pelo violão de sete cordas. Era Raphael Rabello. Até então, eu já tinha escutado muitas gravações de Dino e de Ventura Ramirez, o sete cordas dos Demônios da Garoa e com quem tive o privilégio de ter algumas aulas no subsolo de uma loja próxima ao metrô Santana, na Zona Norte de São Paulo. Antes de Raphael, eu nunca tinha ouvido alguém tocar o instrumento daquele jeito. A partir dali, comecei a caçar todas as suas gravações — de seus discos de carreira e de suas participações em trabalhos de outros artistas.

Até 2012, a procura por atuações de Raphael Rabello em diversos álbuns não ia muito além de um passatempo divertido. Em outubro daquele ano, quando o violonista completaria 50 anos, a brincadeira ficou séria. Ao escrever uma reportagem para o jornal *Folha de S. Paulo* — tratando de um disco em homenagem ao instrumentista e abrindo publicamente pela primeira vez um pequeno baú de materiais do músico —, percebi o quão escassa era a bibliografia sobre Raphael. Boa parte das informações relacionadas à sua carreira estava dispersa pela internet, na maioria dos casos com imprecisões e equívocos. Ali acendeu-se uma fagulha sobre a necessidade de escrever um livro sobre uma figura importante na história da música brasileira.

No meio do caminho, outros projetos se impuseram, como a biografia de Dona Ivone Lara e um documentário sobre o genial Aníbal Augusto Sardinha, o Garoto. Eis que surgiu a oportunidade de fazer este perfil biográfico de Raphael, personagem rico, complexo e único. O músico que foi gestado no berço do choro, teve técnica erudita, condensou todas as referências e informações de violonistas que o precederam e criou a sua própria identidade. Virtuose, foi extremamente inovador no acompanhamento de violão, revolucionou o sete cordas por alçá-lo ao patamar de instrumento solista, absorveu as influências do flamenco sem nunca deixar de soar brasileiro. Como bem definiu o pesquisador espanhol Carlos Galilea — autor do excelente livro *Violão ibérico* e que conheceu o violonista no fim dos anos 1980 — ao se referir à combinação de técnica e de intensidade, Raphael tocava como um anjo ou como um diabo. Ainda amadurecia novas linguagens e palmilhava caminhos desconhecidos quando morreu precocemente aos 32 anos. Entrou para o time de luminares que fizeram história apesar de suas curtas passagens por aqui: Noel Rosa, Custódio Mesquita, Garoto, Elis Regina, Dolores Duran, Carmen Miranda, Clara Nunes, Newton Mendonça. Como partiu cedo, não teve tempo de construir uma obra robusta como compositor, mas como intérprete e instrumentista deixou um legado capaz de influenciar todos os violonistas brasileiros que o sucederam. Frequentemente tentam estabelecer paralelos entre Raphael e violonistas que vieram antes ou depois dele. Essas paridades são sempre injustas e impossíveis, já que buscam confrontar instrumentistas de épocas e estilos distintos. É como comparar a bola grudada aos pés esquerdos de Maradona e Messi, os *fadeaways* de Michael Jordan e Lebron James, os saque-e-voleio de Pete Sampras e Roger Federer.

Ao entrevistar mais de 130 personagens que tocaram, conviveram ou trabalharam com Raphael Rabello, consultar milhares de documentos, reportagens, artigos e críticas sobre sua carreira, busquei traçar sua trajetória da maneira mais plural e polifônica possível. Além disso, tentei esclarecer algumas lendas, como, por exemplo, a de que o músico não lia partituras — fazer o que ele fez sem ter uma boa base teórica e de leitura, só se fosse um extraterrestre, o que definitivamente Rabello não era: nasceu em Petrópolis, em outubro de 1962, e morreu na Barra da Tijuca, em abril de 1995. Ademais, este livro não é uma tese acadêmica — por sinal, já existem muitas, de enorme contribuição, sobre o violonista. Como norte, um desafio permanente: tentar traduzir quem foi Raphael sem parecer complexo para quem não o conhece e sem resultar raso para os iniciados no assunto.

Por fim, sabe-se que a morte precoce do instrumentista até hoje levanta versões, hipóteses e muitas especulações. Definitivamente, este livro não é um folhetim ou uma novela sobre a vida pessoal do artista retratado; é, acima de tudo, sobre sua música. Costumo comparar Raphael a Garrincha. Como se conhece, o ex-jogador teve uma série de problemas extracampo, que, inclusive, contribuíram para afastá-lo das quatro linhas de forma antecipada. Ainda assim, os contratempos que Mané enfrentou fora dos gramados jamais conseguiram ofuscar sua imagem de gênio da bola. Raphael teve percalços que o tiraram de cena prematuramente, também incapazes de eclipsar sua contribuição e seu talento. Mais de duas décadas após sua morte, seu legado permanece perene, intacto e cada vez mais presente para jovens músicos. Ao que tudo indica, sem prazo de validade. Se, nas palavras de Hermínio Bello de Carvalho, Radamés Gnattali foi uma "usina de sons", Raphael Rabello, seu violão e sua obra são ainda hoje um vulcão em constante e intensa erupção.

Apresentação

Capítulo 1
NO CAMINHO DE TOBIAS

> "O passado é que veio a mim, como uma nuvem, vem para ser reconhecido: apenas, não estou sabendo decifrá-lo."
>
> Guimarães Rosa

Benjamin Amancio Ramalho literalmente travou em Roma. Com uma inflamação brutal nos gânglios cervicais, seu caso foi considerado perdido por especialistas italianos. Tanto que alguns padres chegaram a desenganá-lo. Muito longe dali, Antonio de Gouveia Uzêda sobreviveu a "dois anos de tortura" com feridas nas amígdalas. Pelo mesmo calvário passou Bernardo Norat, que pouco tempo depois já nem se lembrava mais da erisipela, dos tumores e das úlceras gomosas. Após um ano imobilizado por reumatismo, Maximino de Souza Machado voltou a andar. João Pulcherio de Lima padeceu por nove meses com feridas decorrentes de sífilis; sofreu "horrivelmente até encontrar lenitivo". Por longos seis anos, Antonio Lopes de Mendonça delirou de dores reumáticas em uma das pernas. Beatriz Maria da Conceição não podia encostar o pé no chão; neste simples movimento, suas cicatrizes ulcerosas abriam e sangravam. Dartros úmidos fizeram Felix de Mello Azevedo coçar tanto seus pés que eles ficaram de cor violeta-escura. Com "moléstias sifilíticas" que pegavam sua perna direita inteira, Eulálio dos Santos pulou de hospital em hospital até ser "salvo milagrosamente".

Não fossem pelos nomes brasileiros e pela linguagem um tanto quanto arcaica, esses relatos de curas miraculosas se encaixariam perfeitamente no roteiro de algum *thriller* hospitalar norte-americano. Ou, por que não, naquelas sessões televisionadas, com grande dose de sensacionalismo, dos cultos neopentecostais do Brasil do século XXI. Mas não. Os testemunhos, verdadeiros e espontâneos, surgiram na Paraíba, na virada do século XIX para o XX, e todos os pacientes foram salvos pelas mãos de uma única pessoa, que não era ator, nem médico, nem xamã-curandeiro e muito menos pastor evangélico.

Descendente de espanhóis, o paraibano Antonio José Rabello Filho herdou do pai não apenas o mesmo nome, como também o tino para ser farmacêutico. Nascido no dia 18 de julho de 1850, no então Estado da Parahyba do Norte, Antonio já se metia profissionalmente entre tubos de ensaio, provetas, erlenmeyers, balanças de precisão e balões volumétricos desde os seus 21 anos. Ainda muito jovem, ele não precisava ir muito longe para receber os ensinamentos básicos da manipulação de remédios, das fórmulas e da alquimia das ervas. Aprendia diretamente com seu irmão Theotônio José, sete anos mais velho.

Depois de rodar por algumas das principais farmácias de sua cidade — que futuramente, em 1930, passaria a se chamar João Pessoa —, Antonio já se julgava bastante experimentado em matéria de reações químicas. De todas, porém, nenhuma havia lhe acelerado tanto os batimentos cardíacos quanto o olhar de Deolinda Benigna Baptista. Em pouco tempo, ele não só a estaria chamando de "Linda" (em uma abreviação ao nome da moça), como se casaria com ela; e não demoraria muito para que tivessem seu primeiro filho. A chegada do primogênito, no dia 21 de novembro de 1885, mostrava que aquela família de farmacêuticos, tão criativa na manipulação de medicamentos, não era dotada da mesma originalidade para batizar seus rebentos: Antonio José Rabello Júnior chegava ao berço com o mesmo nome de seu pai e de seu avô. E era bom que Deolinda estivesse com a força dos dois braços em dia; ainda embalando em um deles o primeiro filho, que não completara nem um ano, a partir do dia 3 de setembro de 1886 ela já teria de segurar, no outro, o segundo, Flaviano Baptista Rabello.

Numa sociedade em que as regras e os códigos eram escritos e ditados pelo patriarcado, a divisão de tarefas estava cristalizada: enquanto as mulheres cuidavam dos filhos e do lar, os homens saíam às ruas para garantir alguns mil-réis, a moeda vigente na época. Para Antonio, as responsabilidades haviam aumentado consideravelmente. Agora, ele tinha não apenas o seu estômago para forrar, mas também o de Deolinda e de mais dois filhos pequenos. Ciente disso, em 1889 — meses antes de o marechal Manuel Deodoro da Fonseca liderar o movimento que culminaria na deposição de D. Pedro II e, consequentemente, na transição do Brasil de Império para República —, Antonio decidiu proclamar a própria independência. Ele, que havia passado os últimos 28 anos trabalhando como funcionário, era agora dono do próprio negócio. Tudo minuciosamente pensado. No número 253 da rua Cardoso Vieira, manipulava os medicamentos no Laboratório Rabello para a menos de quatrocentos metros dali vendê-los na farmácia que também ostentava seu sobrenome, a Drogaria Rabello.

Estande de vendas do Laboratório Rabello, sediado
na rua Cardoso Vieira, 253, em João Pessoa, onde o paraibano
Antonio José Rabello Filho desenvolvia suas alquimias.

Na rua da drogaria, uma das principais artérias comerciais da cidade, a concorrência era acirrada com a presença de outras boticas do mesmo gênero. Assim, Antonio vendia não apenas suas criações farmacêuticas, como também tintas, pincéis, óleo de linhaça para pintura e outros pendurichalos. As antenas de sua competitividade capitalista viviam sempre ligadíssimas. O farmacêutico conseguia negociar com norte-americanos e europeus para atrair as principais novidades medicinais do mundo para seu estabelecimento e vendê-las a preços acessíveis para os paraibanos. O mesmo acontecia com produtores brasileiros. Se um medicamento nacional despontava no mercado, simples: Antonio ia lá e comprava a patente. Em 1895, a coqueluche do momento era um líquido que dava pinta de ter chegado para acabar com todos os males da humanidade — uma espécie de Emplasto Brás Cubas, só que, ao contrário daquele remé-

No caminho de Tobias

dio criado pelo fictício defunto-autor de Machado de Assis, funcionava de fato. O Elixir de Carnaúba e Sucupira Composto, receitado para várias doenças como sífilis, reumatismo, amigdalite, úlcera e laringite, passou a ser considerado "milagroso", não só no Estado da Parahyba do Norte, por curar as pessoas com "o uso de apenas dois frascos". Dez anos após ter criado o elixir que fazia pessoas voltarem a andar, o farmacêutico José Francisco de Moura não resistiu às investidas de Antonio e vendeu a exclusividade de produção e comercialização do "mais potente restaurador da saúde" para o concorrente Laboratório Rabello.

Muito antes, porém, de ser um comerciante agressivo no mercado, Antonio era um farmacêutico versado. Principal prova disso é que sua farmácia, desde a inauguração, já tinha um carro-chefe nas vitrines e que, para além de um sucesso efêmero, perduraria por mais de um século: a Água Rabello. Tal qual o Elixir de Carnaúba e Sucupira Composto, a água mágica de Antonio provocava os mais variados testemunhos de fé na clientela paraibana. Eficiente antisséptico, o líquido era receitado para gripes, queimaduras de pele, cortes, picadas de insetos, hemorragias, tosse, arranhões, antiacne, asseio bucal, hidratação da pele, regulagem do funcionamento do estômago e da flora intestinal, tratamento pós-barbear, úlceras, gangrenas, tétano, cólicas, ferimentos de armas de fogo (!!!) e inúmeros outros fins.

Com o passar do tempo, os negócios prosperaram a ponto de a Drogaria Rabello atrair os olhos de investidores. Antonio, assim, arriscou e estabeleceu sociedades. Primeiro com outro farmacêutico, Manoel Soares Londres, formando a Rabello & Londres; depois, com Felix de A. Guerra e João de S. Vasconcellos, dando origem à Guerra, Rabello & Cia., parceria que durou até o início de 1924. Pensando no futuro do negócio da família muito antes disso, desde junho de 1901, Antonio já havia registrado seus dois filhos como sócios, ainda que Antonio José Rabello Júnior e Flaviano Baptista Rabello tivessem apenas 15 anos (lembrando que a diferença de idade entre eles era de pouco mais de dez meses). Por uma questão de interesse, Antonio Júnior tomou a frente da empresa. Por vaidade, desde a década de 1940, o rosto dele estampava os rótulos da Água Rabello, "composto curativo e puramente vegetal". Já Flaviano, apesar de chegar a trabalhar na farmácia, pouco participava da parte administrativa. Em 1918, suas ocupações principais eram basicamente a boemia, o violão — numa época em que o instrumento era considerado "coisa de vagabundo" — e uma jovem de 19 anos, Aurilla Lins de Souza, com quem ele se casaria, no município de Mamanguape, onde ficava

Anúncio da "insofismável" Água Rabello no jornal *Eu Sei Tudo*, na década de 1940. No rótulo, o rosto do então proprietário Antonio José Rabello Júnior.

a fonte da fabricação da Água Rabello, e teria os filhos Luiz Antonio — para manter "um pouquinho só" a tradição daquele nome na família —, Gerardo, Ruy, Maria de Lourdes, Humberto e Benjamim. Desses seis netos de Antonio José Rabello Filho, se algum deles tivesse o desejo de seguir os passos do avô curando milhares de pessoas, o caminho estava livre. A única diferença é que, com a venda da farmácia, em meados dos anos 1940, não haveria mais o gostinho de trabalhar em um negócio familiar. A partir dali, o jaleco de farmacêutico para os Rabello traria pregado o crachá com a seguinte posição: "funcionário".

* * *

Gestar um filho na Paraíba no começo do século XX era um ato de fé. Como, na década de 1920, para cada mil crianças nascidas no Nordeste brasileiro, quase duzentas morriam — segundo levantamento do Instituto Brasileiro de Geografia e Estatística, o IBGE —, ver um recém-

-nascido chegar ao mundo com vida era uma espécie de loteria. Nesse jogo de perde ou ganha, o casal Flaviano Baptista Rabello e Aurilla Lins de Souza estava acima da média brasileira, infelizmente para o lado do "azar": de seus dez filhos, quatro morreram ainda crianças. Para os outros seis que chegariam à vida adulta, o futuro não parecia também muito alentador. Tudo porque, no fim dos anos 1930, eles viram seu pai se mudar da Paraíba para o vizinho Rio Grande do Norte, com explicações um tanto quanto nebulosas. O motivo da ida de Flaviano para aquele estado era sua internação em um leprosário potiguar. O curioso é que ele nunca foi diagnosticado com hanseníase, antigamente conhecida como lepra e que exigia isolamento dos portadores da doença. Lá, distante dos negócios da Drogaria Rabello, morreu no dia 19 de agosto de 1939, em decorrência de uma pneumonia, pouco antes de completar 53 anos.

Já que nem a milagrosa Água Rabello havia sido capaz de mudar a sorte de Flaviano, restava a seus filhos, principalmente aos homens (naquela sociedade predominantemente masculinizada e machista), seguir em frente. Com isso, entendia-se: trabalhar e arranjar o próprio sustento. Como era de se esperar, os mais velhos, Gerardo e Luiz Antonio, assumiram a dianteira nos cuidados com a família. Surpreendia, naquele momento, a iniciativa de Ruy — terceiro na escadinha dos filhos de Flaviano e de Aurilla, que era professora primária, mas só ensinava em casa; portanto, não garantia renda. Aos 13 anos, o menino se prontificava não só a cumprir os compromissos escolares, mas também a começar a tomar contato com o ambiente farmacêutico, seguindo a veia de seus familiares. E o interesse parecia carregar algo de venoso mesmo; afinal, Ruy havia nascido no dia 14 de janeiro de 1926 na Fazenda Olho D'Água do Serrão, em Mamanguape, justamente onde ficava a fonte de origem da Água Rabello.

Sete anos após a morte do pai, o jovem seguia a rotina de forma pragmática, e todos os dias invariavelmente batia ponto atrás do balcão da Drogaria Rabello. Com bigode fininho, à moda de Clark Gable no filme *E o Vento Levou...*, cabelo raspado nas laterais, estilo reco recém-chegado ao Exército, trajando paletó, camisa e gravata bem alinhados, ele conhecia como poucos o vaivém do comércio da movimentada rua Maciel Pinheiro, onde funcionava o estabelecimento. Ainda que a farmácia não pertencesse mais à sua família, Ruy atendia todos os clientes com profissionalismo.

Em alguns dias do segundo semestre de 1946, porém, seu comportamento começou a mudar. Ele ficava mais aéreo do que o comum. As

Fachada do Laboratório Rabello e a Kombi que entregava a "milagrosa" Água Rabello pelas ruas de João Pessoa.

sobrancelhas arqueavam, a testa franzia e os olhos cerravam na tentativa de enxergar melhor a testa de uma moça que passava do outro lado da rua. Aos amigos que flagravam a cena e se aproximavam — alguns até presumindo que o farmacêutico pretendesse receitar à moça a Água Rabello, "ideal para a cútis", como vendiam os informes publicitários nos jornais —, Ruy respondia: "A testa dela é linda. Estou apaixonado. Vou me casar com aquela mulher". Mesmo com a confiança lá em cima, ele não esperava que em tão pouco tempo, questão de meses, teria a chance de ver "a moça da testa linda" bem de perto, de ouvi-la cantar e de perguntar pessoalmente se ela topava transformar aquela paixão platônica em matrimônio. Para quem vinha de uma família de hábitos católicos, o roteiro não poderia ser mais generoso: o primeiro encontro dos dois aconteceria logo dentro de uma igreja.

A menos de um quilômetro da farmácia onde Ruy trabalhava, ficava a Catedral de Nossa Senhora das Neves. Ainda em 1946, ele começou a frequentar a sede da arquidiocese paraibana por intenções, digamos, não muito religiosas. Um de seus clientes na drogaria era regente do coral oficial da igreja, e, encantado com a prestatividade e a gentileza do jovem farmacêutico, o convidou para fazer parte daquele conjunto vocal. Logo no primeiro dia de ensaios, os hinos e louvores cristãos ficariam totalmente em segundo plano para aquele rapaz de 20 anos. Seus ouvidos — e olhos, claro — se voltariam inevitavelmente, numa espécie de feitiço, para uma das sessenta vozes daquele coro. Essa voz, não por coincidência, era de Maria Amelia Baptista de Souza, "a moça da testa bonita". Sem perder muito tempo, o farmacêutico criou coragem e se aproximou daquela jovem, infringindo a primeira e única regra daquele coral: era terminantemente proibido o namoro entre os participantes do conjunto vocal. Se para Ruy aquilo representava uma desobediência, para Maria Amelia o pecado era dobrado, afinal a ordem havia partido do regente, que, além de ser o maestro, era também seu pai.

Nascido em 1901 na região da Serra do Teixeira, no sul da Paraíba, na divisa com Pernambuco, José de Queiroz Baptista era um sujeito afável, mas ao mesmo tempo rigoroso. Caxias com os números, trabalhou a vida inteira em bancos. Por razões profissionais, foi transferido, no começo de 1921, para Manaus, onde conheceu e se casou — apenas em março de 1927 — com a cantora lírica Isolina Thomé de Souza, quase dez anos mais nova do que ele. Na capital do Amazonas, no dia 5 de maio de 1928, o casal ganhou sua primeira e única filha, Maria Amelia, carinhosamente chamada de Mariazinha. Novamente por motivos de trabalho de José, os três mudaram-se em 1935 para a Paraíba, onde ele seria diretor conselheiro da Caixa Rural e Operária da Parahyba. Lá, em um caso de repercussão nacional, ele e parte da diretoria do banco tornaram-se réus após serem acusados de cobrar dos clientes uma taxa de juros maior do que a permitida. Alguns dos colegas de José foram condenados; o marido de Isolina e pai de Maria Amelia foi absolvido por falta de provas. A mesma retidão que ele demonstrava com os números também se aplicava às suas crenças espirituais. Tanto em Manaus quanto na Paraíba, José de Queiroz Baptista chegou a presidir a União dos Moços Católicos daquelas cidades, função que naturalmente o aproximou do cargo de regente da catedral paraibana. Para ocupar aquele posto, não bastava apenas estar alinhado com os cânones cristãos, era preciso ter também certa bagagem musical. Isso, ele tinha de sobra. Criado em uma família de cantadores — o mais conhecido deles foi o repentista Otacílio Baptista, homenageado em poema de Manuel Bandeira, e primo do pai de José, Antonio Baptista Guedes —, o novo maestro não precisou estudar música formalmente para aprender a tocar violão, cavaquinho, piano e órgão.

Extremamente exigente no comando dos jovens do coral, José só não contava que ali, bem debaixo de sua batuta, Ruy, o jovem farmacêutico que ele levara para o conjunto vocal, e sua filha Maria Amelia começariam a namorar. Em plena igreja, dando provas de que não estava para brincadeiras, o rapaz, que já havia caído nas graças de José, foi pedir a "bênção" do comandante do coro, e, para surpresa de seus colegas, amoleceu a disciplina do regente. Dois anos depois, a paixão de Ruy ia muito além da testa de Amelia. O encanto envolvia os 1m71 da moça, e ele resolveu tentar cumprir a promessa que fizera a si mesmo desde os tempos em que via aquela garota passar na rua da farmácia. Não seria tão fácil. Primeiro, porque Maria Amelia parecia ter outros planos. Após concluir os estudos no colégio, ela estudava latim, francês, pintura e piano; o pai José queria que a filha se aprofundasse no instrumento e fosse se aprimorar no Conservatório de Música de Paris. Segundo, porque a jovem tinha exigências que desafiavam não só intenções aventureiras, mas até as mais promissoras e apaixonadas. Na tentativa de afastar o pretendente, ela impôs suas condições: "Não me separo do meu pai. E eu, filha única, sempre vivi numa solidão do cão, quero ter dez filhos". Mole. Mais do que responder com um simples "sim" da boca para fora, ele atenderia a todos esses caprichos dela.

Assim, no dia 9 de outubro de 1948, Ruy Lins Rabello e Maria Amelia Baptista Rabello se casaram na residência onde ela já morava com seus pais, na rua Duque de Caxias, 81, num casarão construído no século XVIII. Seguindo as exigências da noiva, acabaram ficando por lá e, ali mesmo, deram início à extensa fila dos dez filhos. Logo em 1949, no dia 2 de outubro, nasceu a primogênita Maria Isolina. Pouco mais de um ano depois, em 7 de outubro de 1950, veio Maria Angela. A "fábrica" de rebentos do casal Baptista Rabello mal começava a funcionar a pleno vapor e já teria de se mudar de João Pessoa. Com o segundo mandato presidencial de Getúlio Dornelles Vargas, no início de 1951, trabalhar no Banco do Brasil era como servir a um Exército sem farda; ser funcionário público ali significava ter de aceitar uma transferência de cargo e também de estado para onde determinassem. Foi o que aconteceu com José de Queiroz Baptista, após ele receber a irrecusável proposta de ir trabalhar na então capital federal do país. Como a filha Maria Amelia não aceitava se desgarrar do pai, ela, Ruy e as duas filhas, ainda nas fraldas, seguiram então para o Rio de Janeiro, indo morar no número 95 da rua Afonso Pena, no bairro da Tijuca. Com duas crianças para criar — e mais tantas outras por vir —, Ruy precisava, e logo, encontrar um emprego naquela cidade ainda desconhecida para eles. Não demoraria muito. Seguindo a profissão do sogro, ele começou a trabalhar no Banco Hipotecário Lar Brasileiro, que atuava principalmente, como o próprio nome indicava, no financiamento de imóveis. Era a primeira vez em 25 anos que o jovem paraibano trabalhava fora de uma farmácia. Como o tempo não parava e promessa nupcial era dívida, a ninhada dos Baptista Rabello seguia crescendo. Até 1958, ano em que eles morariam na Tijuca, seriam mais cinco filhos para a conta: Maria Helena (nascida em 19 de outubro de 1951), Aurilla Maria (em 7 de novembro de 1952), Ruy Fabiano (em 25 de dezembro de 1953), Maria Amelia (em 30 de abril de 1955) e João Bosco (em 15 de outubro de 1956).

Embora adaptado à nova profissão, Ruy Lins Rabello sentia falta de trabalhar com o que realmente gostava. Para se ter uma ideia, não apenas dentro de uma farmácia, mas em qualquer ambiente, em vez de falar o nome popular de um remédio, ele preferia usar a nomenclatura científica do medicamento. Ao indicar, por exemplo, uma aspirina para alguma pessoa, ele dizia: "Você deve tomar um ácido acetilsalicílico". Saudoso de seu ofício primeiro, Ruy e sua pequena caravana — ele, Maria Amelia, os sete filhos e os sogros Isolina e José, recém-aposentado do Banco do Brasil — mudaram-se para a rua Ministro Godoy, no bairro de Perdizes, em São Paulo. Ali perto, abriu a Farmácia Monte Alegre, na rua que levava o mesmo nome. A experiência na capital paulistana durou apenas um ano. Sentindo-se trapaceado por seu sócio na drogaria, ele avisou a família que estava na hora de voltar ao Rio de Janeiro, mas não mais para a capital. A próxima parada dos Baptista Rabello seria em Petrópolis.

Localizada a 68 quilômetros do Rio, na região serrana fluminense, a cidade, fundada por Dom Pedro II, não à toa foi batizada com o nome do imperador (Petrus, de Pedro; e Pólis, de cidade). A escolha da família por ir morar lá não tinha relação com a história do Brasil. Preocupados em garantir uma boa educação formal para os filhos — cinco deles já estavam em idade escolar —, Ruy e Maria Amelia optaram por subir a serra justamente pela oferta de bons colégios em Petrópolis. Além, claro, da boa qualidade de vida e do baixo custo para se viver. A chegada à casa 239-A na Vila Jacob Kling, no centro da "Cidade Imperial", em 30 de abril de 1959, foi marcada por um clima festivo. Entre caixas e mais caixas de mudança com os pertences familiares, havia também presentes,

O casamento de Ruy e Maria Amelia em 1948.

docinhos, velas e um bolo para comemorar o aniversário de 4 anos da sexta filha do casal, Amelia.

Dois anos depois de chegar a Petrópolis, a família já estava totalmente ambientada. A criançada desfrutava da residência espaçosa, com bastante área verde e animais. Difícil mesmo era conseguir algum momento de solidão e introspecção, afinal, o local estava sempre muito movimentado. Além de Ruy e Maria Amelia, dos sete filhos, dos avós José e Isolina e dos funcionários da casa, frequentemente chegavam parentes do Nordeste, que, de passagem pelo Rio de Janeiro, resolviam fazer uma visita. E logo no comecinho de 1961, no dia 25 de janeiro, esse número aumentaria com o nascimento de mais uma criança do casal, Luciana Maria.

Os oito filhos cresceram num ambiente que equilibrava a liberdade — numa casa tão grande e sempre com tanta gente, era tarefa quase que impossível acompanhar de perto o que cada um daqueles meninos aprontava — e a disciplina. Além dos estudos nos colégios, as crianças tinham dentro do lar outras atividades enriquecedoras para a sua formação. Elas aprendiam outros idiomas, além de serem cobradas pela mãe a apresentarem um português impecável. E tendo um maestro e apaixonado por música dentro de casa, quem quisesse teria a oportunidade de aprender algum instrumento, principalmente piano e violão, de ouvir o que de melhor tocava no rádio e de começar a cantar em grupo. Desde que a família havia chegado a Petrópolis, José de Queiroz Baptista atuava como maestro de um coral de operários no bairro do Castrioto, realizando um trabalho não apenas musical, mas também social. Já que reger conjuntos vocais era uma verdadeira paixão para ele, imagine o prazer de poder fazer isso dentro de casa e para os próprios netos. Pela disciplina do patriarca paraibano, a música se instalou no cotidiano dos Baptista Rabello mirins. Todos os dias, às 15 horas, o fuzuê da molecada dava uma pausa para o momento musical com o avô na enorme sala do 239-A da Vila Jacob Kling. Neste contato estreito e carinhoso com os netos, o experiente regente mostrou à família o apuro de seus "ouvidos clínicos". Antes de sua morte, ele cravou: "Daqui, três vão ser músicos profissionais". A mira de José era mesmo calibrada. De todas as crias de Ruy e Maria Amelia, Luciana e Amelia trabalhariam profissional e exitosamente com música. O posto de terceiro elemento da profecia do avô estava guardado para o nono filho do casal, que chegaria à família no fim de 1962.

*   *   *

Maria Amelia se virava de um lado para o outro, sem encontrar uma posição que não lhe incomodasse. Quando o desconforto se transformou em fortes dores na parte inferior direita de seu abdômen, ela resolveu procurar um médico. Na consulta, o resultado assustou. Diagnosticada com apendicite, teria de ser internada às pressas para ser operada. A paciente não comprou o discurso do especialista, com a seguinte justificativa: "Não, doutor, não é isso. Eu estou grávida". Havia dois lados nesse embate. De um, o médico com seus estudos e suas convicções, ainda que naquele início da década de 1960 a tecnologia dos hospitais brasileiros não estivesse entre as mais sofisticadas do mundo. De outro, uma mulher muito experiente na matéria, e que sabia de cor e salteado todas as fases que envolviam uma gestação. Afinal, aos 34 anos, Maria Amelia já tinha tido oito filhos. Argumentos, réplicas, tréplicas, e aquela mãe "de nona viagem" cedeu e acabou, no terceiro mês de sua gravidez, na mesa de cirurgia. Pragmático, como quem faz algo extremamente simples —

Com o nome inspirado na passagem bíblica de Tobias, o robusto bebê Rafael com um mês de vida no quintal da casa da família Rabello, em Petrópolis, em 1962.

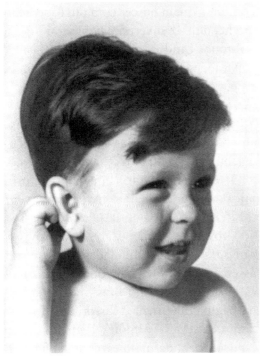

Rafael aos 6 meses com seu topete ao estilo do presidente norte-americano John F. Kennedy, em 1963.

como rasgar um saco de laranjas, retirar uma que está estragada e deixar lá as outras maduras —, o médico abriu a barriga da paciente, tirou o apêndice inflamado e fim de papo. Tudo isso, com um bebê em formação lá dentro.

Aquele tinha sido apenas o susto inicial. Nos meses seguintes, mesmo realizando exames com frequência, Maria Amelia ainda enfrentaria outros contratempos. O principal deles? A mínima pressa de seu filho em dar as caras. No Brasil, o habitual é que uma gestação dure de 37 a 41 semanas. Em alguns países, como os Estados Unidos, considera-se dentro da normalidade até a 42ª. Quanto maior a espera, aumentam os riscos para a gestante e para o bebê; e o rebento dos Baptista Rabello chegaria apenas no prazo norte-americano. Ele nasceria, coincidentemente, na data em que se comemora um feriado naquele país: 31 de outubro, Dia das Bruxas.

No fim das contas, o parto transcorreu sem imprevistos e, às 20h18, uma quarta-feira, Maria Amelia deu à luz seu nono filho, no Hospital Santa Teresa, na rua Paulino Afonso, no centro de Petrópolis. Ao chegar no quarto 71, após praticamente hibernar no ventre da mãe, o recém-nascido foi recebido como uma atração. Todo mundo queria ver de perto aquele bebê de 53 centímetros, 5,5 quilos, de unhas compridas e muito cabelo. Como não era nada comum alguém nascer com um topete tão firme e empinado, os presentes no hospital se divertiam comparando-o a John F. Kennedy, presidente dos Estados Unidos à época. O neném cabeludo ainda levantava outras comparações. Alguns familiares brincavam, dizendo que ele parecia um "Beatle", em alusão à ultrafamosa banda britânica de John, Paul, Ringo e George.

Faltava ainda um detalhe importante: escolher o nome do menino. Os Baptista Rabello tinham como hábito batizar suas crianças homenageando seus antepassados. Isolina, a primeira filha, recebeu o mesmo nome da avó materna; Aurilla, o da avó paterna; Maria Amelia, o da própria mãe; Ruy Fabiano, o do pai. Em uma família tão numerosa, evitar repetições era uma missão. Gerardo e Maria de Lourdes, irmãos de Ruy Lins Rabello, também tinham tido nove filhos cada, e, àquela altura portanto, ambos já haviam quase que zerado as possibilidades de se prestar algum tributo inovador. A escassez de opções fez com que Maria Amelia recorresse a uma alternativa bastante usual no Brasil: a Bíblia. Ao abrir o livro sagrado, ela caiu na página que trazia a história de Tobias, personagem que encontra o arcanjo Rafael e o vê curar a cegueira de seu pai, Tobit, e livrar sua futura esposa, Sara, da maldição que havia causado a morte dos sete maridos que ela tivera anteriormente. Como o padre de batismo do filho de Maria Amelia também se chamava Tobias (Frei Tobias Thier), ela na mesma hora lembrou-se do arcanjo e do significado daquele nome: "curado por Deus". Depois de se recuperar da apendicite, de superar uma gestação conturbada e de dar à luz mais um descendente de uma família que trazia em seu histórico a cura de milhares de pessoas — desde a criação da Drogaria Rabello, em 1889 —, fazia sentido aquela mãe sair da maternidade carregando no colo um filho chamado Rafael.

Rafael e a irmã Luciana, futura companheira nas rodas de choro.

Capítulo 2
BENJAMIN NO CHORO

> "Foi na infância que escrevi minhas memórias
> e depois eu desvivi"
>
> Aldir Blanc e Guinga

Providenciar o alimento na natureza, higienizá-lo para o próprio consumo, cozinhá-lo e comê-lo. Comer a ponto de se empanturrar. Tempos depois, dar-se conta do exagero, de que se está alguns quilos além do normal e, por iniciativa própria, iniciar uma dieta. Tudo isso pareceria razoável para qualquer pessoa, não tivesse ela apenas 5 anos. Pois bem. Nessa pouca idade, a autossuficiência e a consciência já eram absolutamente comuns para Rafael Baptista Rabello. Com um pequeno galho de madeira em formato de "Y", um elástico preso nas extremidades de cima e um punhado de pequenas pedras, estava completo um dos principais passatempos do filho mais novo de Ruy e Maria Amelia. Nos arredores da casa da família na Vila Jacob Kling, no centro de Petrópolis, o menino galego e rechonchudo empunhava seu estilingue e saía à caça de passarinhos. Quando as rolinhas caíam pelo terreno, o garoto descalço, de calças curtas e suspensório — ainda que sem camiseta ou camisa —, recolhia as pequenas aves, tirava as penas, limpava minimamente, e ele mesmo as levava para a frigideira. Comia com afã, como se as presas fossem um troféu e a sua única fonte de subsistência. Obviamente, não eram. Na mesa da casa daquela família de classe média, havia comida mais do que suficiente para alimentar aquele menino e seus oito irmãos mais velhos. A mesma determinação que ele tinha para caçar pesou também no outro prato da balança. Fissurado por uma bota sanfonada, Rafael insistiu até ganhá-la de presente. Quando ganhou, percebeu que as pernas estavam tão roliças que o calçado, sem zíper, sem botões e, portanto, não ajustável, não lhe passava das canelas. Tinhoso, o pequeno caçador iniciou um regime e só sossegou quando calçou as botinas.

A obstinação, traço marcante da personalidade de Rafael, o acompanharia até o fim de sua vida. Se encasquetava com alguma coisa, despendia o esforço que fosse, incansavelmente, até consegui-la. Durante a

Aos 3 anos, por conta própria, Rafael fez regime para poder usar suas botinhas sanfonadas.

infância, além dos passarinhos, ele teve outras ideias fixas. Uma delas era a paixão por cavalos. A vontade de um dia se tornar jóquei logo teve de ser abandonada por uma simples impossibilidade física; por ser gordinho e grande demais para os padrões do turfe, o menino tirou aquele sonho da cabeça, mas não desistiu dos equinos. Depois de fazer amizade com senhores que alugavam aqueles animais na cidade, quase matou sua mãe de susto. Num certo dia, ela desconfiou do vaivém do moleque entre a cozinha e a garagem, e deu falta de vários legumes da despensa. Quando se deu conta, Maria Amelia viu que já era tarde demais. O filho havia levado um cavalo para dentro de casa e alimentava o animal às escondidas e sem miséria. Outro exemplo de cisma de Rafael surgiu por influência dos irmãos. Seguindo os passos de Ruy Fabiano e João Bosco, que eram escoteiros na vila militar do grupo General Sampaio, o caçula também

Pouco antes de se tornar um "desertor" do grupo de escoteiros, Rafael (à direita) recebe as cobiçadas condecorações.

quis ser um lobinho. Levou o plano tão a sério que em pouquíssimo tempo ganhou várias daquelas condecorações. Ao chegar em casa, sua mãe ordenou que ele guardasse a roupa e se preparasse para as atividades do dia seguinte. Ao que ele respondeu: "Não vou mais, só queria ganhar isso tudo", referindo-se às medalhas conquistadas. A debandada foi encarada com carinho pelos líderes do grupo, que enviaram à família a última foto do menino recebendo as honras ao mérito. No verso, a seguinte dedicatória assinada pelo chefe Armando Bomfim: "Querido 'desertor' do grupo General Sampaio, nosso abraço".

De fato, essas e outras atitudes demonstravam que Rafael era uma criança, digamos, de personalidade, e um tanto quanto adiantada para a sua idade. A partir de 1966, antes mesmo de completar 3 anos, ele começou a frequentar lugares de que não gostava nem um pouco: os colégios. O primeiro deles, Educandário Nossa Senhora de Lourdes, ficava a menos de seiscentos metros da vila onde o aluno estreante morava. Já as meninas iam para outra escola com bases católicas, Santa Catarina, localizada a pouco mais de trezentos passos da residência delas. Além da

Benjamin no choro

qualidade do ensino, a mãe das crianças, Maria Amelia, havia optado por Petrópolis também pelo fato de tudo ser mais perto e seus filhos poderem ir a pé para os colégios. Quando a molecada encerrava o turno escolar diário, havia uma rotina a ser cumprida em casa. Ao chegar, almoçavam, faziam as tarefas passadas pelos professores e, por volta das 3 horas da tarde, iam para a sala, onde participavam do infalível encontro musical com o avô José. Enquanto o maestro treinava o pequeno conjunto vocal das netas e também ensinava piano e violão, o caçula Rafael ia sozinho à cozinha e, como se sentisse falta da percussão naqueles ensaios, abria os armários, pegava algumas panelas e, intuitivamente, começava a batucar.

Mais do que os ensinamentos formais, teóricos e práticos, que José de Queiroz Baptista transmitia, o vasto repertório que o avô apresentava dentro de casa marcaria de maneira muito forte os ouvidos daqueles alunos mirins, que ainda estavam na chamada primeira infância. A música era tão presente, comum e familiar no casarão dos Baptista Rabello como o arroz e o feijão na mesa dos brasileiros. E o cardápio era pra lá de variado. No erudito, as crianças tomavam os primeiros contatos com sonatas de Beethoven, prelúdios de Chopin, fugas de Bach, óperas de Mozart e Wagner. No popular também não faltavam novidades de toda a sorte de gêneros; eram choros de Ernesto Nazareth, Pixinguinha, Benedicto Lacerda, Jacob do Bandolim, Luperce Miranda, Garoto, Zequinha de Abreu, Heitor Villa-Lobos, entre muitos outros; sambas de Ary Barroso, Dilermando Pinheiro, Ataulfo Alves, Noel Rosa e Vadico, Heitor dos Prazeres, Wilson Baptista, Herivelto Martins e Ismael Silva; obras do repertório de violão popular, de nomes como Dilermando Reis, novamente Garoto, Canhoto (Américo Jacomino) e João Pernambuco, amigo do próprio "professor" José desde os tempos da Paraíba. Criadas na provinciana Petrópolis — em que não era raro muitos de seus moradores não saberem sequer identificar no mapa onde ficava o Nordeste brasileiro —, as crianças tinham o privilégio de ter um avô paraibano que lhe revelava as maravilhas de Luiz Gonzaga, de Jackson do Pandeiro, de Dorival Caymmi, de Catulo da Paixão Cearense e de Capiba. As tradições nordestinas povoariam o imaginário da garotada não só pela música, mas também pelo contato direto. Como a família estava habituada a receber visitas de parentes e conhecidos vindos do Nordeste, elas viam e ouviam de perto práticas e costumes de lá. Uma cena frequente, por exemplo, era Rafael e Luciana, os mais novos dos filhos, esconderem-se debaixo da mesa de jantar e divertirem-se com os adultos conversando durante as refeições somente por versos cantados. O simples pedido para alguém passar o sal, o elogio a um dos pratos servidos, o comentário sobre o casamento de um primo distante, todos os diálogos se davam cantarolados em forma de cordel.

De fato, José tinha grande ascendência sobre a família, e, mais do que um fascínio, despertava apego. Tanto que só em fevereiro de 1969 sua filha Maria Amelia, com 40 anos, conseguiu quebrar a promessa que fizera duas décadas antes quando fora pedida em casamento por Ruy: a de não se separar de seu pai. Como as filhas mais velhas do casal já estavam na idade de prestar vestibular, a melhor opção seria o Rio de Janeiro, que oferecia muito mais opções do que Petrópolis. Três anos antes, Maria Amelia finalmente havia cumprido a outra exigência feita a seu noivo e pretendente em 1948: ter dez filhos. À época, Isolina, a filha mais velha, então com 17 anos, namorava o jovem mineiro José Moura, então bailarino do Teatro Municipal, onde conhecera a companheira de dança "Zozó", apelido carinhoso de Isolina. O rapaz, nascido em Alfenas, no interior de Minas Gerais, havia perdido a mãe naquele ano e o pai, em 1961. Sem rumo certo, levava uma vida de cigano, morando e mudando-se de lugar em lugar no Rio. Desde a morte dos pais, José carregava seu irmão Luiz, de apenas 11 anos, para cima e para baixo. O menino caiu nas graças da família de sua cunhada e, acolhido, acabou se tornando o décimo filho de Maria Amelia e Ruy. Quando o casal se mudou para a capital fluminense no começo de 1969, o patriarca José permaneceu em Petrópolis para tentar resolver a situação da casa da Vila Jacob Kling, colocada à venda. Assim que a propriedade fosse vendida, ele também seguiria para o Rio. O maestro e funcionário aposentado do Banco do Brasil se mudaria para lá apenas em 15 de julho, porém não da maneira esperada. Vítima de um ataque cardíaco, foi enterrado no dia seguinte no cemitério São Francisco Xavier, no bairro do Caju.

Quando José morreu, não havia completado nem seis meses que a família estava instalada no bairro do Cosme Velho. Claro que entre viver em Petrópolis e no Rio havia diferenças, mas o fato de Maria Amelia e Ruy terem optado por morar em uma vila ajudava bastante. Junto dos dez filhos e da viúva Isolina, o casal se fixou na casa 13 do número 354 da rua que levava o mesmo nome do bairro. Com uma escada e uma varanda na frente, a nova residência era menor e não oferecia aquele clima de sítio que se tinha na Vila Jacob Kling, em Petrópolis, mas era espaçosa e acomodava bem a família. E mesmo com a morte de José, a música continuou presente no cotidiano dos Baptista Rabello. Apesar da pouca idade, Ruy Fabiano passou a ser o principal abastecedor musical da casa. Era ele, com apenas 15 anos, quem mais tocava o violão deixado pelo avô e, o mais importante, quem apresentava aos irmãos as novidades que tinham acabado de sair em disco. Assim, pelas mãos dele, chegavam LPs, por exemplo, de Tom Jobim, João Gilberto e Vinicius de Moraes — o trio que exatamente uma década antes tinha revolucionado a maneira de se fazer e de se ouvir música com a bossa nova —, de Jacob do Bandolim, Elizeth Cardoso, Dorival Caymmi, Luiz Gonzaga, Jackson do Pandeiro. Os outros irmãos ouviam também mais novidades, como os lançamentos de Chico Buarque, Caetano Veloso, Gilberto Gil, Baden Powell, Jorge Ben Jor, Gal Costa, Milton Nascimento, Elis Regina, Martinho da Vila, Nara Leão e até dos Beatles. Luiz Moura, o décimo filho, escutava grandes nomes do jazz, com especial devoção a Bill Evans.

O mais novinho da prole, Rafael, que tinha acabado de completar 7 anos e não havia desfrutado das aulas com o avô José, a não ser ouvindo os ensaios do coral e batucando nas panelas, passaria a se interessar mais de perto pela música. Nada muito sério, mas quando um dos irmãos, principalmente Ruy Fabiano, deixava o violão dando sopa, ele pegava o instrumento, o levava para o quarto e começava a tentar descobrir, sozinho, as posições dos primeiros acordes. A mesma obstinação que o menino demonstrara ao emagrecer para usar a bota sanfonada e para ganhar as condecorações no grupo de escoteiros também estaria presente naquela nova investida. Vaidoso, ele treinava às escondidas porque só queria que as pessoas ouvissem quando o que fosse ser apresentado estivesse minimamente "redondo". No fim das contas, conseguiu o que queria. Reuniu a família na sala de casa, e como ninguém desconfiava de que aquele garotinho estivesse pegando o violão, todos ficaram admirados ao vê-lo tocar "Brejeiro", de Ernesto Nazareth. Ainda que não fosse algo absurdamente prodigioso, havia surpresa naquela miniapresentação por alguns motivos. Primeiro, claro, porque os familiares não sabiam que Rafael andava se engraçando com o Di Giorgio que fora de seu avô. Segundo, porque de tão novinho o menino de 7 anos, que sentado mal encostava os pés no chão, tinha quase que escalar o corpo daquele instrumento para conseguir tocá-lo. Por fim, porque não era nada comum que em 1970 uma criança, por interesse próprio, interpretasse o primeiro tango brasileiro de Nazareth, conhecido no Brasil e no exterior, que havia sido editado e publicado pela primeira vez em 1893.

Menos de três anos antes, ainda em Petrópolis, a mãe de Rafael havia sido convocada a comparecer à escola Bingen, onde seu caçula estudava. No colégio, que propunha uma metodologia de ensino menos tradicional e mais experimental, Maria Amelia foi aconselhada pela diretora a procurar um neurologista para seu filho, que apresentava "problemas de coordenação motora". Experiente na arte de educar crianças — ela tinha concebido nove, além de, por amor, ter adotado mais uma —, Amelia ignorou aquele diagnóstico furado; sabia que havia sido chamada por duas razões: por Rafael, que detestava ir à escola, não seguir à risca o que era imposto, deixando os professores às voltas com aquele tipo de comportamento arredio, e por seu filho demonstrar ser um menino diferente dos pares de sua idade. Já em 1970, não era só aquela "estreia" com "Brejeiro", de Nazareth, que comprovava a personalidade do moleque. Bastava lembrar da deserção do escotismo, da aproximação com homens cinquenta anos mais velhos do que ele só para levar um cavalo para casa e das fritadas das rolinhas. Já na vila do Cosme Velho, a paixão paradoxal de Rafael por passarinhos — como alguém podia gostar tanto daqueles pequenos bichos e, ao mesmo tempo, matá-los com as próprias mãos e comê-los? — era aliada a outro traço que o diferenciava dos garotos de sua idade, o de ser um bom negociante. Como ele entendia muito bem dos cantos, das características e dos tipos de aves, usava seu conhecimento sobre pássaros para fazer escambos, os chamados rolos, e, claro, levar vantagem não só sobre garotos de sua faixa etária, mas também sobre adultos. Numa das transações, trocou um canário seu por uma espingarda de chumbinho. Maria Amelia, alertada por um vizinho, obrigou o filho a desfazer o cambalacho.

Dentre os animais, além da paixão por passarinhos e por cavalos, Rafael adorava também cachorros. Com Chico, um pointer inglês maior do que ele, era um grude só. Num tempo em que nem se sonhava com a violência como parte indissociável do cotidiano carioca, o garoto e o cão saíam juntos, sem a supervisão de nenhum adulto, para longas caminhadas. Com frequência, iam até o Largo do Machado, no Catete, andando cinco quilômetros, considerando a ida e a volta. Apesar da pouca idade, Rafael mostrava muita desenvoltura para lidar com aquela liberdade. Acostumado a conviver com pessoas mais velhas — seus nove irmãos, incluindo Luiz Moura; seus pais, seus avós, outros adultos da vila e arredores —, ia acumulando experiência e maturidade. Quando se via obrigado a participar de um ambiente com dinâmica típica para crianças de sua idade, por exemplo em colégios, sentia-se entediado, como se o que fosse ser ensinado lhe soasse como uma reprise do que ele já tinha visto. Dos 7 aos 9 anos, período em que estudou na Escola Municipal Albert

Schweitzer, na rua General Glicério, em Laranjeiras, deu uma canseira interminável em sua mãe, que penava em convencê-lo a ir ao colégio. Definitivamente, nem ela nem os professores estavam acostumados a ouvir uma contestação tão assertiva como a que aquele aluno apresentava quase todos os dias: "Ir à escola para quê? Para aprender o óbvio?".

Fora da escola, lá na vila do Cosme Velho, Rafael encontrou na música algo que, para os seus parâmetros, fugia do óbvio. No rádio da família Rabello ouvia-se uma programação habitual para a maioria dos lares cariocas: a bela voz de Angela Maria, em "Gente Humilde" (Garoto, Vinicius de Moraes e Chico Buarque), o balanço de Jorge Ben Jor, em "O Telefone Tocou Novamente", de sua autoria, a elegância de Paulinho da Viola, no samba-enredo de exaltação à Portela, "Foi um Rio Que Passou em Minha Vida", dele mesmo, o protesto inteligente de Chico Buarque contra a brutalidade do regime militar vigente no país desde 1964, em "Apesar de Você", a presença de Elis Regina, em "Madalena" (Ivan Lins e Ronaldo Monteiro de Souza), a dor e a sofreguidão de Dalva de Oliveira, na marcha-rancho "Bandeira Branca" (Max Nunes e Laércio Alves). Também em casa, Ruy Fabiano seguia tocando, de forma amadora, doméstica e despretensiosa, o violão que pertencera ao avô José. Daquele Di Giorgio saíam basicamente músicas da bossa nova e um cancioneiro ligado mais à música popular brasileira tradicional, com o instrumento cumprindo sempre a função harmônica de acompanhamento. Novidade mesmo o caçula dos Baptista Rabello conheceu quando passou a ter contato com Luiz Ricardo da Cunha Ventura, um rapaz de 22 anos que, além de dar aulas de música para alguns jovens da vila do Cosme Velho, também namorava uma das irmãs de Rafael, Amelia. Pela primeira vez o menino via e ouvia de perto alguém que não só fazia os acompanhamentos harmônicos, como ainda solava as melodias no violão. O repertório também impressionava. Eram temas de bossa nova, de jazz, clássicos do violão brasileiro, obras de guitarristas espanhóis como Francisco Tárrega e Andrés Segovia, e choros de Zequinha de Abreu ("Tico-Tico no Fubá") e de Ernesto Nazareth ("Odeon" e "Apanhei-te, Cavaquinho"), o mesmo autor de "Brejeiro", que Rafael apresentara recentemente para seus familiares. Apesar de frequentes, os encontros musicais entre os dois eram informais, nada no esquema "professor-aluno". Ainda assim, Rick passou alguns macetes e exercícios de técnica para Rafael e corrigiu a maneira de posicionar tanto a mão esquerda quanto a direita do garoto para tirar o melhor som do instrumento. Naquele contato que foi se estreitando, o cunhado se impressionava com a facilidade e a rapi-

Rafael e o ambiente escolar, o lugar onde ele ia para "aprender o óbvio".

dez com que Rafael aprendia coisas novas. Foi assim com a natação, ensinada ao moleque por Rick, e também com as músicas mostradas àquela criança catorze anos mais nova. Também chamavam a atenção do violonista a maturidade e o conhecimento de Rafa, como ele era carinhosamente chamado, ao conversar com pessoas bem mais velhas sobre os mais variados assuntos, como astronomia e psicanálise.

A desenvoltura para o aprendizado de novidades não era um privilégio apenas de Rafael. Sua irmã Luciana, também autodidata, além de estudar piano clássico, tocava o mesmo violão herdado do avô. Pela pouca diferença de idade entre ela e o caçula — um ano, nove meses e seis dias —, era natural que ambos tivessem uma relação maior de proximidade e que compartilhassem afinidades. Não que os outros irmãos fossem distantes deles, mas viviam outras fases da infância e da juventude, considerando-se, por exemplo, que o irmão mais próximo em termos de idade dos dois, Bosco, era seis anos mais velho do que Rafael, e Isolina, treze. Assim, a dupla de mais novos se unia por interesses em comum: os assuntos, as brincadeiras e também o gosto musical.

Para a sorte deles, no segundo semestre de 1970, o irmão Ruy Fabiano seguia firme na função de levar novidades musicais para casa, pouco mais de um ano depois da morte do avô José. Naquele período, a RCA Camden — selo especializado em relançar títulos do catálogo de sua proprietária, a RCA Victor — tinha acabado de colocar na praça um disco que se tornaria um dos mais importantes em toda a história do choro. O atinado e antenado Fabiano não demorou em levar aquele LP para a vitrola de casa. Lançado originalmente em outubro de 1967, *Vibrações* foi o único álbum de estúdio gravado por Jacob do Bandolim em seus últimos cinco anos de vida. Com o bandolinista no auge de sua forma, quem ouvia aquele disco no fim de 1967 mal podia desconfiar que no dia 19 de março daquele mesmo ano, poucos meses antes da gravação do *long-play*, ele havia sofrido seu primeiro ataque cardíaco.

Nascido na Maternidade-Escola da Universidade do Brasil (posteriormente, Universidade Federal do Rio de Janeiro), em 14 de fevereiro de 1918, o filho único do farmacêutico capixaba Francisco Gomes Bittencourt e da polonesa Rachel Pick tocava o instrumento que lhe rendeu o nome artístico desde os 12 anos de idade. Bigode fininho, vozeirão de locutor de rádio, Jacob Pick Bittencourt era considerado rigoroso por todos, e ranzinza por quase unanimidade. Acreditava tanto na missão que ele mesmo encampara, a de ser uma espécie de guardião do choro, que acabou visto como um tradicionalista além da conta. Pessimista e descontente com as subversões que tentavam fazer com seu estilo musical predileto, alardeava, no fim de sua vida, que o gênero estava com os dias contados.

Naquele LP, Jacob gravou três composições inéditas de sua autoria, o samba "Receita de Samba" e os choros "Pérolas" e "Vibrações", que abria o lado A e batizava o disco. O repertório trazia ainda os choros "Murmurando", do saxofonista Fon-Fon (Octaviano Romeiro, que ganharia letra de Mário Rossi), e "Cadência", do pouco conhecido e também bandolinista Juventino Maciel, além de temas de nomes consagrados do choro e por quem Jacob tinha profunda admiração: Luiz Americano (com o choro "Assim Mesmo"), Ernesto Nazareth (com as valsas "Fidalga" e "Vesper" e os tangos brasileiros "Floraux" e "Brejeiro") e Pixinguinha (com os choros "Ingênuo" e "Lamentos"). No fim do texto da contracapa do álbum, Jacob previa novos discos, com a seguinte despedida: "Até o próximo, se Deus quiser". No fim das contas, parece que Deus não quis. Curiosamente, quando o instrumentista e compositor sofreu seu primeiro infarto, meses antes da gravação daquele LP, ele havia acabado de tocar "Lamentos", de Alfredo da Rocha Vianna Filho, o Pixinguinha. O autor dos clássicos "Carinhoso" e "Rosa" devia mexer tanto com o coração do bandolinista que logo depois de visitá-lo, em sua casa no bairro de Jacarepaguá, na Zona Oeste do Rio, no dia 13 de agosto de 1969, Jacob teve seu terceiro e letal ataque cardíaco.

Um ano após a morte do músico, a RCA Camden relançou o LP, que, levado por Fabiano para a casa 13 da vila do Cosme Velho, acabou marcando profundamente a pequena irmã Luciana. Só na virada de 1971 para 1972, o caçula Rafael, que seguia tomando os primeiros conselhos no violão com Rick Ventura, foi completamente fisgado por aquele álbum. O fascínio do menino, então com 9 anos de idade, era tamanho que ele ia à casa do cunhado só para ouvir o *long-play*. Escutaram tanto que, como se dizia na gíria, "furaram o disco". Naturalmente, a beleza das composições e a expressividade da interpretação do solista Jacob encantavam os dois caçulas da família Rabello. Como eram muito novinhos, não sabiam dizer ao certo o que lhes impressionava tanto naquele álbum com arranjos surpreendentemente camerísticos. A resposta estava na originalidade e, principalmente, na consistência do grupo que atuava ao lado de Jacob. Desde 1961 acompanhando o bandolinista, eles já tinham sido creditados como "Jacob e Seus Chorões" e "Jacob e Seu Regional". Àquela altura, já atendiam pelo nome de Conjunto Época de Ouro.

Além de ouvir incansavelmente o LP, se os dois jovens irmãos Luciana e Rafael quisessem conhecer melhor aqueles músicos extraordinários, bastava lerem a contracapa do disco. Nela, Jacob, com sua verve de catalogador contumaz e escrivão da Justiça Criminal da Guanabara, fazia à perfeição uma espécie de retrato falado dos componentes do grupo. Saborosamente, eles eram apresentados um a um. A começar por Dino: "Horondino José da Silva (5/5/1918), professor de violão de seis, sete ou mais cordas que esse instrumento venha a ter. E que professor! Estuda tanto quanto leciona. Acabará tocando harpa... Não é chorão autêntico porque não chega atrasado, é raro beber e adora ensaiar. Para meu orgulho, basta-me ser seu contemporâneo". A descrição seguia com Cesar: "Benedito Cesar Ramos de Faria (24/2/1919), acompanha-me desde 1939. Oficial de Justiça da Guanabara. Harmonizador do conjunto, é o único que, até hoje, conhece todo o meu repertório. Não perdoa-me tê-lo gongado, em público, quando pretendeu ser cantor. Melhor. Tenho um grande violonista". Logo depois, vinha o terceiro violonista do conjunto, Carlinhos: "Carlos Fernandes de Carvalho Leite (1/1/1924) é Agente Fiscal nesse estado. Violão 'gemedeira', bom para uma seresta, é rápido nos solos ou baixarias. Calmo e observador. Aliás, recentemente ficou noivo. De namoro, dez anos! Muito calmo e observador, o Carlinhos...". O próximo a ser "fichado" por Jacob era Jonas: "Jonas Pereira da Silva (11/4/1934) é funcionário público em Niterói. Ótimo solista de cavaquinho, meu 'centro' ideal, não toca 'atravessado' e adapta, a cada número, palhetada adequada. Tudo isso ostentando linda mecha branca nos cabelos". O penúltimo radiografado, Gilberto, o mais velho do conjunto: "Gilberto d'Ávila (21/4/1915) é o pandeirista. Isso, dito assim, parece nada. Mas a segurança de suas batidas oferece-nos tranquilidade. Não suporta malabarismos, embora saiba fazê-los. Toca, só e bem. Basta-me. É, também, o 'leão de chácara' do Conjunto. Briga, é com ele...". Por fim, Jorginho: "Jorge José da Silva (3/12/1930) é o ritmista. Irmão de Dino e primo do bandolinista Tico-Tico. Ouvido apurado, difícil de satisfazer, é o crítico do conjunto".

Em retrospectiva, *Vibrações* passou a ser considerado o melhor disco da carreira de Jacob. Mesmo com o instrumentista e compositor tendo maior destaque, sabia-se que o resultado primoroso daquele álbum devia-se à qualidade do solista aliada ao alto poder de fogo de seus acompanhantes. Ciente disso, na contracapa do LP, ele, o "linha de frente" e "maître" daquele septeto, fazia questão de rasgar elogios aos "garçons" do Conjunto Época de Ouro.

Aos poucos, aquilo ia ficando cada vez mais claro para os jovens Rafael e Luciana. Em 1972, os dois, a irmã Amelia e a avó Isolina voltaram para a casa 239-A da Vila Jacob Kling, em Petrópolis. Como alguns dos filhos mais velhos já cursavam faculdade no Rio, os pais Maria Amelia e Ruy se dividiam entre as duas cidades. Naquele momento, a música, principalmente o violão, já dividia espaço em pé de igualdade com a paixão por cavalos e cachorros na vida de Rafael. Assim, era de se esperar que as escolas, aqueles lugares onde "se aprendia o óbvio", cada vez mais perdessem terreno no cotidiano do menino. Dona Amelia, sempre preocupada com a boa educação dos filhos, teria neste retorno a Petrópolis uma prova definitiva de quanto a balança música versus colégio pesava mais para a primeira no dia a dia de seu caçula. Meses depois daquela volta à Cidade Imperial, ela recebeu em casa a visita de Frei Leto, diretor do Instituto dos Meninos Cantores de Petrópolis, onde Rafael estudava. O velho conhecido da família tinha ido até lá para saber o porquê de o menino ter sumido da escola. Embora surpresa com a notícia, Maria Amelia desconfiou e flagrou o golpe do filho. Todos os dias, na hora de ir para o colégio, Rafael, uniformizado, batia o portão, dava a volta na casa e ficava escondido na parte alta do terreno dos Baptista Rabello. Quando dava a hora, retornava com ares de normalidade, como se tivesse aprendido várias lições. Desmascarado, viu o cerco se fechar contra ele e ouviu de sua mãe que Frei Leto estava ali para conversar com ele. A resposta, além de trazer a confissão de que o menino matava as aulas, revelava também o motivo: "Espera aí que eu vou pegar o violão e mostrar uma música para ele".

De volta ao Rio de Janeiro no começo de 1974, Maria Amelia matriculou o filho no Colégio Franco Brasileiro. Desinteressado, ele também não se adaptou e, no ano seguinte, foi parar no Colégio Laranjeiras. Lá, deu novas provas de sua precocidade. Dona Amelia, ressabiada com a falta de notícias sobre a frequência e o desempenho escolar do filho, foi até o local em busca de informações. A resposta do diretor foi surpreendente: "Não se preocupe com Rafael, ele já veio feito, não tem nada a ensinar a ele". Mais inesperado ainda foi descobrir que terminando as aulas, o diretor e o menino de 11 anos iam para um bar ali perto para conversar sobre a vida e tomar chope.

A família já havia deixado a casa de Petrópolis — que não tinha luxos, mas era ampla e confortável, com seis quartos, salas de visita e de jantar, copa e cozinha enormes, quintal, jardim e até um rinque de patinação para as crianças — para morar no prédio de número 11 do Largo do Machado. Ali, no apartamento 604, o disco *Vibrações*, de Jacob do Bandolim e Época de Ouro, já era escutado por Rafael e Luciana, digamos, com outros ouvidos. Com o violão que pertencera a seu avô, o garoto tentava acompanhar o que os três violões do conjunto faziam. Para um menino perto de completar 12 anos, interessado cada dia mais por choro, poder tocar "junto" com os contrapontos de Dino, as harmonias de Cesar e as divisões rítmicas do violão "gemedeira" de Carlinhos era um treino de valor inestimável. Em pouco tempo o garoto, com sua habitual obstinação, não buscava mais apenas acompanhar aqueles violonistas, mas queria tocar exatamente o que eles faziam, imitá-los à risca. Nesse exercício, teve um alumbramento que mudaria completamente sua vida. Havia um certo choque com aquele som. Rafael, de frente para a vitrola e com seu violão de seis cordas, tentava copiar aquelas "baixarias", mas não conseguia chegar nas notas mais graves. Confuso, baixava a afinação da sexta corda de seu instrumento de mi para ré, às vezes, até para o dó. Ainda assim, ele estranhava, não era a mesma coisa. Foi então que descobriu a existência do violão de sete cordas. A epifania foi tão grande que, mais do que lhe abrir uma janela para um mundo musical novo, era como se lhe tivessem entregado a chave de uma torre, de um farol.

A sede em ouvir discos com aquela maneira de tocar, com aquela mesma estética, só aumentava. Rafael e Luciana faziam então encomendas ao irmão Ruy Fabiano, que voltava da rua trazendo mais novidades em formato de LPs. Na mesma época, a garotada viciou em outros dois álbuns, os volumes 1 e 2 de *Choros Imortais*. Nos discos, lançados respectivamente em 1964 e em 1965 pela gravadora Copacabana, o veterano Altamiro Carrilho ("e sua flauta maravilhosa", como mostrava a capa) apresentava clássicos do repertório do choro, como "Doce de Coco" (Jacob do Bandolim), "Língua de Preto" (Honorino Lopes), "Flamengo" (Bomfiglio de Oliveira), "Sonoroso" (K-Ximbinho), "Espinha de Bacalhau" (Severino Araújo), além de oito composições de Pixinguinha, entre elas "Carinhoso", "Sofres Porque Queres" e "Lamentos". Da mesma forma que Jacob era ladeado por músicos talentosíssimos, Altamiro contava com a retaguarda do Regional do Canhoto, conjunto mais incensado na história do choro e que também havia acompanhado "meio mundo" da música brasileira. Quando ocorreu o lançamento dos dois volumes de *Choros Imortais*, Altamiro já conhecia intimamente aqueles instrumentistas havia pelo menos treze anos. De 1951 a 1956, todas as sextas-feiras, às 10 horas da noite, ele e o Regional do Canhoto se apresentavam no programa *Noites Brasileiras*, da Rádio Mayrink Veiga. Até 1950, Waldiro Tramontano, o Canhoto (cavaquinho), Horondino José da Silva, o Dino (inicialmente no violão de seis cordas, depois no de sete), Jayme Florence, o Meira (violão) e Gilson de Freitas (pandeiro) faziam parte do Regional de Benedicto Lacerda. Descontentes com o comportamento do líder do conjunto, que começava a priorizar outros compromissos, eles convidaram Altamiro para ser o solista e formaram o Regional do Canhoto. Um mês após a entrada do flautista, ganharam o reforço do acordeonista Orlando Silveira, que, apresentado por Luiz Gonzaga, acabara de chegar ao Rio, vindo de São Paulo. Altamiro Carrilho ficou no regional até meados de 1956, quando foi substituído por Artur Ataíde, este, por sua vez, um ano depois, cedeu lugar a Carlos Poyares. Em setembro, outra substituição: saiu Gilson para a entrada de Jorginho do Pandeiro. Era um timaço. Algo equivalente à Seleção Brasileira que, em 1970, dirigida por Mário Jorge Lobo Zagallo, ganharia a Copa do Mundo do México com cinco jogadores que atuavam em seus clubes envergando a camisa 10: Gerson, do São Paulo; Rivellino, do Corinthians; Tostão, do Cruzeiro; Jairzinho, do Botafogo; e, claro, Pelé, do Santos.

Os seminais LPs *Vibrações*, de Jacob do Bandolim com o Época de Ouro, e *Choros Imortais*, de Altamiro Carrilho com o Regional do Canhoto.

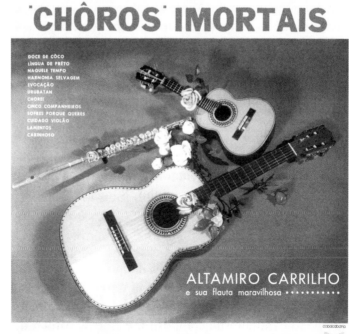

Na sala do apartamento 604 do Largo do Machado, os jovens Rafael e Luciana "gastavam" aqueles dois LPs na vitrola. E qual não foi a surpresa do caçula quando, ainda com seu violão de seis cordas, novamente tentando acompanhar o que saía das caixas de som, ele descobriu que o autor daquelas "baixarias" era o mesmo do já conhecido disco *Vibrações*: Horondino José da Silva, o popular Dino 7 Cordas. Percebendo o encantamento crescente do filho pela música, Maria Amelia decidiu mandá-lo de volta para o Cosme Velho. Não, ela não estava expulsando o menino de casa. Ao contrário, estava incentivando-o. Na casa 19 da mesma vila onde eles tinham morado, uma senhora dava aulas de música que poderiam estimular o garoto. A professora Maria Alice Salles era velha conhecida da família. Na década de 1930, ainda em João Pessoa, ela dava aulas de piano para a então jovem Maria Amelia, que, quase quarenta anos depois, entregava o filho à mesma sorte. Lá foi Rafael, num sábado, 6 de setembro de 1975, ter sua aula inaugural com Maria Alice. Na primeira página de seu caderninho pautado, com capa xadrez laranja e azul, as anotações da professora com os ensinamentos básicos de teoria: os elementos musicais (ritmo, melodia, harmonia), os tempos das notas (breve, semibreve, mínima, semínima, colcheia, semicolcheia, fusa, semifusa), as pausas; e uma primeira lição, nas palavras de Maria Alice, que o menino já trazia com ele intuitivamente desde os tempos em que engatinhava e batucava nas aulas de seu avô José: "O mais importante (indispensável) é o ritmo". Como primeiras aulas teóricas, não havia dúvidas de que aqueles encontros tinham sua importância para o início da formação de Rafael. Outros fatores, porém, pesavam mais naquele momento: um deles era que, apesar da pouca idade, o garoto já tocava havia um tempo e, portanto, já estava um tanto quanto avançado para aquele bê-a-bá; o outro, ainda mais determinante, era que para um jovem interessado por choro não havia escola melhor do que frequentar as rodas para ouvir, observar e tocar com gente mais experiente. O caminho, Rafael já conhecia bem, antes mesmo dos ensinamentos de Maria Alice.

* * *

Se dependesse das previsões de Jacob do Bandolim, quando Rafael Baptista Rabello nascesse o choro estaria dando seus últimos suspiros. Em 1953, em uma entrevista de página inteira concedida ao jornal O *Tempo*, o bandolinista, compositor e escrivão titular da 11ª Vara Criminal do então Estado da Guanabara afirmava que num prazo de dez anos, portanto em 1963, o choro estaria morto. Já em fevereiro de 1967, em depoimento para os pesquisadores Sérgio Cabral e Ricardo Cravo Albin, no Museu da Imagem e do Som do Rio de Janeiro (MIS), Jacob constatou que o gênero não havia morrido, mas seguia pessimista: "O choro é uma coisa tão típica que uma das coisas que eu temo é que hoje os chamados modernos se metam no choro. Choro é, como se diz do samba, também um estado de espírito. Não se compreende um choro sem um quintal. E os quintais estão rareando dia a dia". Ao ser questionado se músicos talentosos da época, como os violonistas Baden Powell e Rosinha de Valença por exemplo, contribuíam para a preservação do choro ao compor e gravar temas daquele estilo, o músico subia o tom das críticas: "Eles dão inflexões ao choro inadmissíveis, dão inflexões jazzísticas assim como fizeram com a bossa nova, que teve uma fase boa, esperançosa e que depois descambou para a jazzificação. Assimilam, parece que por osmose, com uma facilidade extraordinária, tudo aquilo que é de ruim de outros gêneros, o que é de bom, não". Indócil, ele finalizava: "Estão fazendo experiências em choro, mas não estão compondo choro. Falou em choro, mexeu no meu calo, esse negócio vai ser uma briga".

Evidentemente, o choro, que já não havia morrido em 1963, também não tinha sido enterrado em 1967, ano, aliás, em que o próprio Jacob gravou e lançou o disco *Vibrações*, considerado por muitos como o mais significativo de sua carreira. Nos primeiros anos da década de 1970 porém, ainda que o gênero "dos quintais" não estivesse em vias de desaparecer, o horizonte para os chorões não era dos mais animadores. Num intervalo de menos de quatro anos, os dois maiores ícones do choro, estes sim, já tinham ido parar no cemitério. Em 13 de agosto de 1969, aos 51 anos, o guardião das tradições, Jacob, infartou pela terceira vez e morreu justo no quintal de sua casa, na rua Comandante Rubens Silva, em Jacarepaguá. No dia 17 de fevereiro de 1973, foi a vez do coração de Pixinguinha parar de bater, enquanto ele participava do batizado do filho do amigo Euclides Souza Lima, na Igreja Nossa Senhora da Paz, em Ipanema. A despedida daqueles dois pilares tinha seu simbolismo, e, naqueles movimentos cíclicos da indústria cultural, em que um estilo musical era escanteado em detrimento de outro mais "atraente" no momento, o choro perdia espaço; rareava nas programações das rádios, quase não passava nas emissoras de televisão e dificilmente ganhava cartaz em grandes casas de espetáculos.

Exatos sete meses após a morte de Pixinguinha, um show estreava remando contra aquela maré baixa. *Sarau*, apresentado pela primeira vez às 21h30 do dia 17 de outubro de 1973, no Teatro da Lagoa, chegava ao público com as credenciais de ter sido idealizado e comandado no palco por alguém consagrado. Às portas de completar 31 anos, além de escrever o roteiro do espetáculo ao lado do jornalista Sérgio Cabral e de ter acabado de lançar seu sétimo disco de carreira, *Nervos de Aço*, Paulinho da Viola já tinha composições suas como "Sinal Fechado", "Foi Um Rio Que Passou em Minha Vida" e "Dança da Solidão", conhecidas em todo o país. O compositor, nascido em Botafogo, trazia na bagagem para aquele show algo tão importante quanto os seus sucessos: profunda intimidade, desde o berço, com as rodas de choro. Ainda na infância, Paulinho presenciara reuniões musicais, algumas delas em sua própria casa, com nomes como Pixinguinha, Canhoto da Paraíba, Tia Amélia e Jacob do Bandolim. O motivo daquele garoto conviver com chorões de tanto talento? Simples. Ele era filho de Benedito Cesar Ramos de Faria, o Cesar Faria, violonista do Época de Ouro, conjunto que havia interrompido suas atividades desde a morte de Jacob, em 1969, e fazia sua volta oficial aos palcos justamente no show concebido por Paulinho. Em seu retorno, o regional tinha Cesar — que trabalhava pela primeira vez profissionalmente com o filho —, Damásio (violão), Dino (violão de sete cordas), Jonas (cavaquinho), Jorginho (pandeiro) e o bandolinista Déo Rian, que apesar da pouca idade, 29 anos, tinha todo o repertório de Jacob embaixo dos dedos devido ao contato estreito que tivera com o próprio mestre. Produzido por Benil Santos, dirigido e apresentado por Sérgio Cabral, o espetáculo mesclava choros de Pixinguinha, Jacob, Nazareth, tocados pelo Época de Ouro, com sambas interpretados por Paulinho, seu parceiro Elton Medeiros e uma banda de peso formada pelo flautista Copinha, o pianista Cristóvão Bastos, o contrabaixista Dininho (filho de Dino) e o ritmista Elizeu.

Sucesso de público e de crítica, *Sarau* não causou uma comoção nacional, não levou o choro a abalar as estruturas do mercado fonográfico, a disputar o topo das paradas musicais com os grandes nomes da chamada MPB. Tampouco fez com que o gênero ressuscitasse; até porque, ao contrário do que Jacob do Bandolim havia alardeado, o estilo nunca chegou a morrer. Embora fosse inegável que o espetáculo, contando com o chamariz do bom gosto e do talento de Paulinho da Viola, tivesse contribuído para que o importante Época de Ouro voltasse à ativa, para que aquela maneira de tocar fosse preservada, para que gravadoras reabrissem as portas de seus estúdios para chorões — a partir de 1973 o selo Marcus Pereira, por exemplo, chegou a lançar pelo menos trinta discos ligados àquele gênero musical — e, principalmente, para que as novas gerações tivessem contato com aquele tipo de som não apenas para ouvi-lo, mas também para tocá-lo.

Os filhos mais novos da família Baptista Rabello, Rafael e Luciana, perderam o *Sarau* não apenas pela pouca idade — ela tinha 12 anos; ele estava prestes a completar 11 —, mas porque na época tinham voltado para Petrópolis com a avó Isolina e com a irmã Amelia. Não que o choro fosse novidade para eles, acostumados desde muito cedo a ouvir aquele tipo de música em casa por influência do avô José. Mas, a partir de 1974, um ano após o *Sarau*, quando eles voltassem a morar no Rio, não seria nada mau encontrar um ambiente musical mais efervescente, rodas de choro para frequentar e, mais do que isso, jovens como eles compartilhando dos mesmos gostos. Até então, morando no Largo do Machado, Luciana e Rafael viviam praticamente numa bolha, no sentido musical. Tocavam em duo — a menina havia ganhado do avô um violão modelo infantil, menorzinho; o outro instrumento era aquele Di Giorgio de Seu José —, e o único contato que tinham com outros chorões era por meio dos discos.

Outros garotos, mais velhos do que Luciana e Rafael, já se reuniam para tocar. Luiz Otávio Braga, com seu violão de sete cordas, e Afonso Machado, com o bandolim, tinham 20 e 18 anos, respectivamente, quando foram assistir ao show *Sarau*, que marcou o retorno do Época de Ouro por iniciativa de Paulinho da Viola, em 1973. Luiz Otávio e Afonso começavam a formar o próprio conjunto, o Galo Preto, que estrearia profissionalmente em 1975. Naquele momento, os rapazes já rodavam a cidade do Rio com seus instrumentos embaixo do braço. O negócio era tocar. Bastava saber de alguma roda de choro ou da existência de outros jovens que gostassem daquele tipo de música, e lá iam eles para conferir de perto. Enquanto isso, Rafael e Luciana seguiam trocando figurinhas apenas entre eles. Até que numa noite do fim de 1975, apareceu alguém para tirá-los daquela espécie de microcosmos da "bolha musical" do apartamento 604 do Largo do Machado. O psicanalista José Maria e sua namorada Claudia, estudante de psicologia e amiga de faculdade de Isolina, irmã mais velha dos violonistas iniciantes Rafa e Lulu, estavam na casa da família Rabello. José Maria, percebendo a solidão daquelas duas crianças, pediu permissão aos pais delas para levá-las a uma roda de choro que acontecia em Botafogo. Com o aval de Ruy e Maria Amelia, os filhos, de pijama, já preparados para ir para a cama, trocaram de roupa e seguiram para a rua Professor Alfredo Gomes.

Ali, na casa de número 12, o pesquisador de biofísica da UFRJ (Universidade Federal do Rio de Janeiro) e do Jardim Botânico, Raul Machado, começara a promover encontros musicais com a presença de alguns amigos. A notícia começou a correr e, em poucos meses, a casa do especialista em microscopia eletrônica, violonista amador e apaixonado por música já era frequentada por grandes nomes. A lista dos que passaram por lá era extensa e de impressionar: Radamés Gnattali, Chiquinho do Acordeon, Zé Menezes, Abel Ferreira, Copinha, Dino 7 Cordas, Meira, Canhoto, Altamiro Carrilho, Orlando Silveira, Jorginho do Pandeiro, Cesar Faria, Jonas, Déo Rian, Joel Nascimento, Canhoto da Paraíba, Claudionor Cruz, Rossini Ferreira, Turíbio Santos e figuras mais ligadas ao samba como Paulinho da Viola, Elton Medeiros, Nelson Sargento, Delcio Carvalho, Mauro Duarte, Paulo César Pinheiro, Beth Carvalho, entre tantos outros. Naqueles saraus, havia uma felicidade bilateral: ao mesmo tempo em que os jovens ouviam de perto as "aulas" daqueles veteranos, os mais velhos se entusiasmavam em ver uma garotada totalmente interessada em choro, samba e outros gêneros tradicionais da música brasileira.

Naquele clima de admiração mútua, do fim de 1975 até os primeiros meses do ano seguinte uma cena se repetia. O anfitrião Raul Machado recebia os convidados e lhes aconselhava: "Escuta aquele garoto que está sentado com o violão, presta atenção nele". O garoto era Rafael. Gordinho, cabelos loiros ondulados pouco acima da altura dos ombros, boca aberta — e quase babando — ao tocar o violão, baixinho a ponto de, sentado, não conseguir encostar os pés no chão, mãos pequenas e cheinhas demais para os padrões violonísticos, o menino de 13 anos ia impressionando, um a um, os frequentadores daqueles saraus. Eles ficavam maravilhados em ver alguém com pouca idade solar tão bem choros como "Brejeiro" e "Odeon", de Ernesto Nazareth. Déo Rian, bandolinista que passou a se apresentar com o Época de Ouro após a morte de Jacob, enxergou o potencial do moleque e logo imaginou que alguém já estivesse se encarregando de lapidar aquele diamante. Após ouvir do próprio Rafael que ele ainda não fazia aulas de violão, Déo disse ao garoto que lhe arrumaria um professor. No dia seguinte, o bandolinista ligou para Jayme Florence, o conhecido Meira, do legendário Regional do Canhoto, para recomendar o aluno. Sem paciência para ensinar o bê-a-bá para iniciantes, perdidos ou aventureiros sem musicalidade, o professor foi categórico: "Vou fazer um teste. Se ele tiver vocação, eu ensino; se não tiver, eu dispenso".

> no play do Rafa
> 18 abr. curso Menezes
> 18 julho Virginia veio nos visitar
>
> 1ª aula de violão de Rafael c/ Meira
> 21-4-76

No caderno de Dona Maria Amelia, a anotação do dia em que seu filho teve a primeira aula de violão com o legendário Meira.

Encontro agendado para as 8 horas do dia 21 de abril de 1976, Dona Maria Amelia levou seu caçula para a primeira aula de violão na casa do professor, que ficava numa vila no bairro de São Francisco Xavier. Logo na entrada, as grades do portão — formando uma clave de sol — indicavam aos visitantes que eles haviam acertado o endereço. Porém Meira, que jogava baralho com um amigo na varanda, não dava a menor pinta de estar esperando por algum aluno. Estaria ele de folga naquela quarta-feira, feriado de Tiradentes? Não, nada disso. O violonista havia marcado aquela aula para as 8 horas. Rafael, que detestava acordar cedo, jamais considerou que o compromisso pudesse ser às 8 da manhã, e chegou às 8 da noite, com "apenas" 12 horas de atraso. Ao ver aquela criança cabeluda, vestida com calças jeans e camisa "de surfista", Meira, azedo, iniciou o teste na varanda de sua casa: "Menino, você quer tocar violão? Você tem certeza? Eu acho que você quer tocar outra coisa, você quer tocar rock'n'roll". Rafael respondeu: "Não, eu toco um pouquinho de violão". Ainda jogando cartas, Meira prosseguiu com as provocações:

Na primeira parte das aulas com Meira,
Rafael fazia anotações em seu caderninho; na segunda,
saía "perseguindo" o violão de seu professor.

"Você não toca nada. Canta aí 'Os Meninos da Mangueira' para eu ver", referindo-se ao samba de Rildo Hora e Sérgio Cabral que fora lançado por Ataulfo Júnior e naquele mesmo ano havia sido regravado por mais doze artistas. Após insistir dizendo que não era cantor, o menino precisou de apenas uma chance para convencer o veterano violonista a lhe dar aulas. Assim que Rafael terminou de tocar um arranjo seu para "Apanhei-te, Cavaquinho", polca de Ernesto Nazareth publicada em 1914 e gravada pelo próprio autor em 1930, Meira foi lá dentro, pegou seu violão e voltou para começar a ensinar seu mais novo pupilo.

Aos 13 anos, Rafael estava diante de uma lenda viva do choro. Registrado como Jayme Thomaz Florêncio, Meira nasceu no dia 1º de outubro de 1909, na cidade de Paudalho, no interior de Pernambuco. O nome artístico derivou de uma adaptação de seu primeiro nome; seu pai, João Paulo Thomaz Florêncio, o chamava de Jaymeira, que acabou virando Meira. Depois de se mudar para o Recife, ele chegou ao Rio de Janeiro em 1928, como violonista do grupo Voz do Sertão, de que fazia

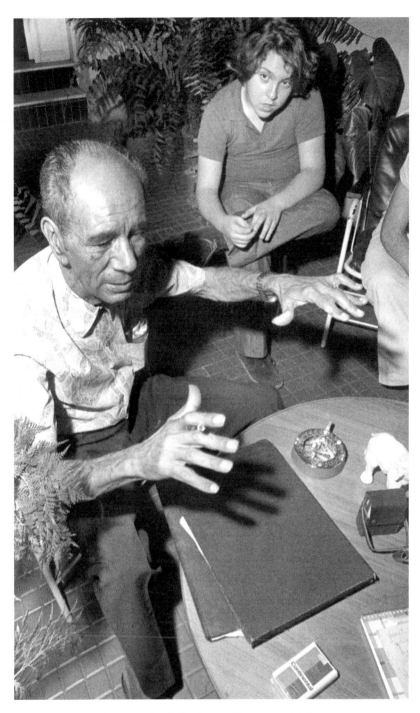

O mestre do violão Jayme Florence, o Meira,
e seu jovem aluno Rafael Rabello.

parte o bandolinista Luperce Miranda. Nas décadas seguintes, atuou basicamente em dois conjuntos de grande destaque: o Regional de Benedicto Lacerda, de 1937 a 1950, e o Regional do Canhoto, de 1951 a 1980, formando com Dino 7 Cordas e o próprio Canhoto o trio de cordas (violão de seis + violão de sete + cavaquinho) mais importante da história da música brasileira. Além dos discos do conjunto, Meira e seus companheiros atuaram em gravações de Pixinguinha, Jacob do Bandolim, Dorival Caymmi, Luiz Gonzaga, Cartola, Emilinha Borba, Orlando Silva, Cyro Monteiro, Francisco Alves, Isaura Garcia, Miltinho, Nelson Gonçalves, Trio Nordestino, Sílvio Caldas e mais um mundaréu de estrelas. Em termos de créditos, a lista poderia ter sido ainda maior se seu nome tivesse aparecido oficialmente nos discos que gravou, como segundo violonista, em duo com o solista Dilermando Reis. A gravação de "Magoado", clássico do repertório de choro para violão, de agosto de 1941, por exemplo, tinha o acompanhamento de Meira ali, mas Dilermando dizia que ele mesmo havia dobrado (tocado sobre sua própria gravação). Mágoas à parte, a trajetória daquele pernambucano — que também era chamado de "Vovô" pelos amigos do meio musical — rendeu muitas alegrias. Fora a infinidade de discos, de shows e de participações em programas de rádio e televisão, Meira dava aulas havia mais de três décadas. Embora não fosse muito de externar seus orgulhos, um dos maiores deles era o de ter sido professor, entre 1945 e 1950, de um dos melhores violonistas do mundo: Baden Powell.

Definitivamente, Rafael não poderia estar mais bem servido em termos de mestre, e as aulas seguiam basicamente o mesmo esquema. Na primeira parte, mais teórica (e mais curta, em geral, quinze minutos), Meira utilizava conhecidos métodos de violão, como o de Tárrega, o *Gran Método Completo Para Guitarra Aguado Sinópoli* (do também violonista espanhol Dionisio Aguado e de Antonio Sinópoli) e *La Escuela de la Guitarra* (de Mario Rodriguez Arenas).[1] Além disso, passava uma música para o aluno aprender a ler e a tocar aquela partitura. No primeiro encontro, por exemplo, ele passou para Rafael o "Choro da Saudade", do compositor e violonista paraguaio Agustín Barrios (1885-1944). Na segunda parte, totalmente prática, o mestre saía solando e o aprendiz se virava para ir atrás; como não havia nada combinado pre-

---

[1] Informações extraídas do artigo de Iuri Lana Bittar, "A roda é uma aula: uma análise dos processos de ensino-aprendizagem do violão através da atividade didática do professor Jayme Florence (Meira)", *Anais do SIMPOM*, Rio de Janeiro, 2010.

Luciana e Rafael dissecando os LPs *Choros Imortais* (de Altamiro Carrilho e Regional do Canhoto) e *Vibrações* (de Jacob do Bandolim e Época de Ouro); quem errasse o acompanhamento tinha de levantar e voltar a agulha do toca-discos para o início da faixa.

viamente — algo como "agora vamos tocar tal tema" —, mais do que acompanhantes, os jovens eram perseguidores do violão de Meira. Como bem definiu outro participante daquelas aulas, Mauricio Carrilho, "era como descer a estrada do Corcovado numa bicicleta sem freio". Era, no fim das contas, uma espécie de musculação musical, um treino puxado de percepção, de harmonia, de contraponto, de ritmo, de dinâmica e de repertório — que não contava apenas com choros, mas com sambas, polcas, valsas, boleros, frevos, mazurcas e os mais variados gêneros. Como exercício, o discípulo tinha de voltar tocando melhor do que na semana anterior e ainda com o desafio de levar uma composição que o professor não conhecesse. Ali, aprendiam-se contracantos, baixos obrigatórios, solos, modulações, harmonizações de improviso, transposições de tonalidades, levadas rítmicas. Não eram ensinamentos só para o instrumento, eram aulas de música. Numa delas, Rafael se deparou com outra grande novidade. Um outro aluno, Rodrigo Campello, que faria parte do conjunto de choro Anjos da Madrugada, estava por ali com seu violão, e o menino de 13 anos não perdeu a oportunidade de pedir para "ver" aquele instrumento que ele vinha escutando já havia um bom tempo nos discos comprados por seu irmão Fabiano. Era a primeira vez que Rafael tocava um violão de sete cordas.

Paralelamente aos encontros com Meira, que seriam como um divisor de águas na vida do garoto, ele seguia frequentando os saraus promovidos na casa de Raul Machado, em Botafogo. Lá, tinha não só a oportunidade de acumular experiência ao ouvir e ver veteranos do choro e do samba tocando na mesma sala, a poucos palmos de distância, mas também de poder conviver com outros jovens aficionados por aquele tipo de música. Foi naquele ambiente que o menino e a irmã Luciana conheceram os garotos do recém-formado Galo Preto, entre eles o bandolinista Afonso Machado, que, vejam só, morava ali e era filho do anfitrião, Seu Raul. Os dois irmãos logo se enturmaram com outro bandolinista, Paulinho, e com o violonista Teo, ambos já passando da casa dos 20 anos. Em pouco tempo, os quatro começariam a se encontrar esporadicamente com a ideia despretensiosa de montar o próprio regional.

A música tomava conta do cotidiano de Rafael e Luciana. Como se não bastassem os LPs que rodavam sem parar no toca-discos do apartamento no Largo do Machado, as idas à casa de Meira — Luciana não chegou a ter aulas com o violonista, mas, sempre que podia, acompanhava o irmão — e os saraus na casa de Seu Raul Machado, eles descobriram outro lugar onde o chorinho comia solto aos fins de semana. Ficava longe de casa, a quase 23 quilômetros, mas quem podia frear a disposição daquele menino de 13 anos e daquela menina de 14 quando o assunto se tratava de choro? Com o sinal verde de Dona Maria Amelia e Seu Ruy, os dois filhos se aprontavam cedinho nas manhãs de domingo com seus violões e pegavam o ônibus 497/Cosme Velho-Penha. No fim da linha, desciam na rua Francisco Enes, no bairro da Penha Circular, onde ficava o pequeno botequim Sovaco de Cobra. Funcionando desde 1969, ainda com o nome de Santa Terezinha, o bar do proprietário Zé da Gafanha era frequentado inicialmente por músicos da região, como os irmãos Joyr, com seu violão sete cordas, e Joel Nascimento, com seu bandolim. Com o passar do tempo, o lugar começou a contar com a presença do clarinetista Abel Ferreira (que morava no bairro e até compôs o reverencial "Chorinho do Sovaco de Cobra"), dos irmãos Dino 7 Cordas, Jorginho do Pandeiro e Lino (o mais velho deles e cavaquinista que

Garotada do Galo Preto e d'Os Carioquinhas reunida na casa
de Seu Raul Machado, na rua Alfredo Gomes, 12, onde eram promovidas
importantes rodas de choro. Em pé: os irmãos José Maria Braga (flauta)
e Luiz Otávio Braga (violão sete cordas). Sentados: Teo Oliveira (violão),
Paulo Magalhães Alves (bandolim), Rafael Rabello (violão sete cordas),
Mario Florêncio (pandeiro), Luciana Rabello (cavaquinho), Afonso Machado
(bandolim), Alexandre Paiva (cavaquinho) e a cantora Cláudia Savaget.

fez parte do Regional de Dante Santoro), do trombonista Zé da Velha, do trompetista Rubinho, do cavaquinista Índio e do bandolinista Motinha, fora outras figuras que pareciam ter saído diretamente de alguma ficção: Zé Fumaça, Algodão, Betinho Zorro, Zé Bode (seresteiro que batizou o botequim com o nome Sovaco de Cobra), Buda, Aranha, Caciporé, Seu Berredo e Oswaldinho Tá Queimado. Como o estabelecimento era extremamente apertado, com o balcão e um corredor estreito, o som começava às 10 horas da manhã e logo continuava na calçada. No fim de 1975, quando Rafael e Luciana começaram a frequentar aquele choro, o Sovaco de Cobra já era falado no Rio de Janeiro. Tudo porque um ano antes, com a participação de Joel Nascimento — personagem importante do início à consolidação daquela roda — em duas faixas do disco *E Lá Vou Eu*, de João Nogueira, o local passou a atrair holofotes da mídia e, consequentemente, do público. Pioneiro nessa divulgação, o produtor e radialista Adelzon Alves, ligadíssimo nas novas manifestações populares musicais da época, colocava as músicas de João para tocar em seu programa *Amigo da Madrugada*, na Rádio Globo, e, na sequência, dava a dica à sua grande audiência: "Alô, Joel do Bandolim! Alô, Sovaco de Cobra!".

Para Rafael, era um leva e traz musical absolutamente benéfico. O que aprendia de macetes e de repertório no Sovaco, levava para a casa de seu professor, e vice-versa. Não só ele. Lá na Penha, o menino e Luciana tocaram em duo o choro "Magoado", que ambos haviam aprendido com o próprio autor do arranjo, Meira, no bairro de São Francisco Xavier. Ao ouvir a interpretação dos dois garotos, os pais de Joyr e Joel choraram abraçados. Nas aulas de Rafael, as surpresas, tão comuns para o jovem discípulo, também estavam reservadas para o mestre. Desde que o garoto havia experimentado pela primeira vez um violão de sete cordas (emprestado por Rodrigo Campello), não lhe saía da cabeça que ele precisava de um instrumento daquele. Não demorou muito para que seu pai fosse à loja Ao Bandolim de Ouro, na avenida Marechal Floriano, no centro do Rio, e comprasse um sete cordas fabricado pelo respeitado *luthier* Sylvestre Delamare Domingos. Quando o menino apareceu com seu novo "brinquedo" na casa de Meira, o professor quase caiu para trás: "Tá maluco?! Quem vai te ensinar a tocar isso?". Tranquilo e infalível como Bruce Lee — como nos versos da música "Um Índio", de Caetano Veloso, lançada naquele mesmo ano pelo compositor baiano no disco *Doces Bárbaros*, com Gilberto Gil, Gal Costa e Maria Bethânia —, Rafael respondeu: "Eu aprendo sozinho".

O susto de Meira tinha fundamento. Ao perguntar para seu aluno se ele havia enlouquecido, o experiente músico questionava porque sabia que não era tão simples aquela transição de instrumento. O acréscimo de uma corda fazia muita diferença, mudava a maneira de pensar e a mecânica de tocar. Ainda mais para um menino de 13 anos, que, apesar de dedilhar o violão desde os 7, começara a estudar "à vera" mesmo não fazia nem dois meses. Mas Rafael parecia infalível mesmo. Ele, que antes mudava a afinação da sexta corda para tentar fazer as "baixarias" dos discos de choro, se adaptaria rapidamente à novidade de ter agora um

A primeira formação d'Os Carioquinhas: Mario Florêncio,
Rafael Rabello, Luciana Rabello, Teo Oliveira e Paulo Magalhães Alves,
na primeira viagem do conjunto para Brasília a convite
do folclórico Six (ao centro, de camisa listrada).

dó, mais grave, com a sétima corda de seu violão. O espanto que ele provocava nos veteranos por onde passava — fosse no Sovaco de Cobra, na casa de Seu Raul Machado ou em qualquer outra roda — só aumentava. Definitivamente, não era nada comum uma criança daquela idade aprender sozinha o violão de sete cordas e nem em tão pouco tempo já tocar o instrumento com tanta maturidade. A mãe de Rafael começava a acreditar no diretor do Colégio Laranjeiras, que dois anos antes dissera não ter nada a ensinar e que o garoto "já tinha vindo feito". Não era só Dona Amelia. Incrédulos, alguns daqueles chorões mais experientes já falavam até em reencarnação, que o moleque havia chegado "pronto" de vidas passadas. Se fosse apenas aquela facilidade em aprender música, ok, vá lá, mas o pirralho ia além. Não tinha amigos de sua faixa etária, só convivia com pessoas com idade para serem seus pais e até seus avós, conversava com os mais velhos em pé de igualdade sobre assuntos "de adulto", como astronomia, política, educação, religião e psicologia, e só se vestia como um senhor; em pouco tempo trocou os jeans e o estilo "surf play" por camisa social de mangas longas, calças de tergal e sapatos. Parecia um menino velho. Como se fosse Benjamin Button, o personagem que nasce com 70 anos e ao longo do tempo vai remoçando no conto lançado pelo escritor norte-americano F. Scott Fitzgerald em 1922.

Como era de se esperar, uma notícia daquelas não corria, voava. Logo, a história de que havia um regional de choro tocando bem, e com um integrante de apenas 13 anos, chegou ao Departamento Geral de Cultura da Prefeitura do Rio de Janeiro. Rafael, Luciana, Paulinho e Teo seguiram, então, para um encontro com o coronel Martinho Cardoso de Carvalho e com Lygia Santos, filha da cantora lírica Zaíra de Oliveira e de Donga, autor de "Pelo Telefone", considerado por muitos como o primeiro samba gravado na história. Os dois diretores estavam em busca de um conjunto de jovens para a segunda edição do projeto Concertos de Choro, que levava chorões da velha e da nova geração para tocar em praças e em outros espaços públicos do Rio. Lygia apresentou aos jovens o programa da edição anterior e perguntou se eles conheciam alguma daquelas músicas. Para sua surpresa, a resposta foi que eles não só conheciam, como tocavam todas. Depois de ouvi-los interpretar um choro, ela ficou exultante, perguntou se o grupo tinha nome e ligou para o jornalista, crítico e compositor Sérgio Cabral para que ali mesmo ele conhecesse a qualidade da garotada. Lygia não tinha como adivinhar, mas como aquele grupo poderia ter identidade se, a rigor, ele não existia nem oficialmente como um conjunto? Pois a partir daquele momento ele passava então a existir, batizado por Cabral como Os Carioquinhas — nome, aliás, detestado por aqueles quatro jovens. Para Lygia Santos, o regional estava formado e contratado, mas ela ainda tinha uma dúvida: "Quem é o cavaquinho de vocês?". Safo, com sua perspicácia de "menino velho", Rafael apontou para a irmã e garantiu: "Ela". A partir daquele dia, Luciana, que nunca havia tocado o instrumento, não desgrudaria mais do cavaquinho.

Eles teriam de correr. A primeira apresentação oficial d'Os Carioquinhas estava marcada para acontecer dali a dois meses, dentro da programação do projeto Concertos de Choro. Naquele junho de 1976, quem não ouvisse os jovens tocar e soubesse de seus currículos, no mínimo desconfiaria. Rafael, 13 anos, ganhara seu violão sete cordas havia poucas semanas. Luciana, 15 anos, acabara de ser escalada como cavaquinista — começaria tocando em um emprestado por Paulinho. Paulo Magalhães Alves, o Paulinho, 20 anos, era primo de Dadi, baixista dos famosos grupos A Cor do Som e Os Novos Baianos; recém-ingressado na faculdade de medicina, comprara seu bandolim não havia nem um ano das mãos de Pepeu Gomes, também integrante d'Os Novos Baianos. Teófilo Eustáquio de Oliveira Santos, o Teo, 22 anos, autodidata no violão, gostava de bossa nova e rock — de Beatles a Jimi Hendrix — e tinha até então pouca vivência no choro. Mario Florêncio Nunes, que faria 24 anos dentro de um mês, era técnico em eletrônica na Xerox do Brasil; tocava pandeiro em rodas de samba apenas por *hobby* e havia chegado ao conjunto por intermédio de Teo.

Às 21 horas do dia 27 de agosto de 1976, Os Carioquinhas estavam num palco para a sua primeira apresentação profissional. Com "Abelardo", de Pixinguinha, "Diabinho Maluco", de Jacob do Bandolim, e "Tenebroso", de Ernesto Nazareth, abriram o espetáculo da série Concertos de Choro naquela noite que ainda contou com a apresentação dos referenciais Época de Ouro, o flautista Copinha, o trombonista Raul de Barros e o Quinteto Villa-Lobos. Como se representassem a esperança pela preservação e pela continuidade do choro naquele show na quadra da tradicional escola de samba Mangueira, foram aclamados pela plateia. Emocionadas, algumas pessoas se abraçavam e iam às lágrimas; entre elas, o compositor e fundador daquela escola, Angenor de Oliveira, o popular Cartola. Dentro da programação do Concertos de Choro, o grupo se apresentou nos meses seguintes em praças, feiras, presídios, manicômios judiciais e em quadras de outras agremiações carnavalescas como a Unidos da Cidade de Deus, no dia 18 de setembro, e o Grêmio Recreativo de Arte Negra Escola de Samba Quilombo, em 24 de outubro.

No mês de dezembro, o conjunto teria ainda duas apresentações marcantes. Uma delas, em 11 de dezembro, no encerramento da temporada do Concertos de Choro, lotando a importante Sala Cecília Meireles, no bairro da Lapa. Naquela ocasião, o gênero musical dava novas provas de sua retomada de popularidade, com trânsito intenso de veículos em frente à casa de espetáculos e disputa acirrada por ingressos, com tumulto e uma porta de vidro quebrada em meio àquele alvoroço. A outra, realizada cinco dias antes, teve ainda mais pompa e circunstância. Com direção do respeitado historiador musical Mozart de Araújo, a Companhia Internacional de Seguros (CIS) havia feito o LP duplo *Chorada, Chorões, Chorinhos* para distribuí-lo a seus clientes como brinde de fim de ano. O primeiro dos dois discos, *Antologia do Choro*, trazia clássicos do gênero, como "Flor Amorosa" (Joaquim Callado), "Ingênuo" (Pixinguinha e Benedicto Lacerda), "Doce de Coco" (Jacob do Bandolim), "Brasileiri-

CONCERTO DE CHORO

RAFAEL BAPTISTA RABELLO *(violão de sete cordas)*

O velho Meira, que tocou no famoso Regional de Benedito Lacerda e integrou o Regional de Canhoto, que foi professor de violão de Baden Powell e de vários outros grandes instrumentistas brasileiros, é quem está passando para Rafael os segredos do Choro. Rafael faz 14 anos em outubro, mas toca violão desde os sete. Não só executa como também sabe compor choro.

PAULO MAGALHÃES ALVES *(bandolim)*

Como aconteceu com Noel Rosa, Paulo é da música popular e estudante de Medicina. Já tocou violão e guitarra elétrica e num conjunto de iê-iê-iê, aderindo ao bandolim depois de ouvir os discos de Jacob e por influência do seu primo Dadi (baixista do conjunto de Jorge Ben). Comprou o seu primeiro bandolim em 75. Quem vendeu o atual foi Pepeu dos Novos Baianos.

LUCIANA MARIA BAPTISTA RABELLO *(cavaquinho)*

Quinze anos de idade, nove de instrumentista (começou com o violão e passou pelo piano); conhecendo o Choro desde pequena (seu avô era maestro, violonista, arranjador e compositor de Choro): tudo isso explica a maturidade revelada por Luciana em suas execuções. Como todos os seus companheiros, foi influenciada por um grupo de jovens chorões, o Galo Preto.

MARIO FLORENCIO NUNES *(pandeiro)*

É o "coroa" do conjunto: 24 anos de idade. Como os outros, começou tocando violão, mas resolveu passar para o pandeiro, há dois anos, quando pegou o instrumento numa roda de samba em casa de amigos em Botafogo. Técnico de Eletrônica é a sua profissão, mas o seu amor é mesmo o pandeiro que lhe deu o apelido de "Mãozinha de Veludo" pela suavidade do seu toque.

TEÓFILO DE OLIVEIRA SANTOS *(violão de seis cordas)*

Um espetáculo promovido na Gafieira Elite para o lançamento do LP do compositor Donga foi o que levou Teófilo, o Téo, a optar seriamente pelo Choro. Mineiro das margens do Rio São Francisco, ouvia muito Beethoven, Jimi Hendrix, João Gilberto e Pixinguinha, até optar pelo Choro. Aprendeu sozinho a tocar violão e é músico profissional. É também compositor.

OS CARIOQUINHAS
CONJUNTO ÉPOCA DE OURO
QUINTETO VILLA-LOBOS
COPINHA
RAUL DE BARROS

 Prefeitura da Cidade do Rio de Janeiro
Secretaria Municipal de Educação e Cultura
Departamento Geral de Cultura

nho" (Waldir Azevedo) e "Tico-Tico no Fubá" (Zequinha de Abreu). O segundo, com o título autoexplicativo de *Inéditos de Pixinguinha*, reunia intérpretes de peso: o pianista, arranjador e maestro Radamés Gnattali e seu sexteto, os flautistas Altamiro Carrilho e Copinha, o clarinetista e saxofonista Abel Ferreira, o trombonista Manoel Araújo e os bandolinistas Luperce Miranda, Joel Nascimento e Déo Rian. Apesar de não terem atuado no álbum, Os Carioquinhas foram convidados para participar do show de lançamento, realizado no Golden Room do luxuoso hotel Copacabana Palace para 2 mil pessoas ("de garotões e meninas com roupas extravagantes a jornalistas e homens de negócios", como noticiou a revista *Veja*). Além de se apresentarem no espetáculo, que contou com a presença de figuras ilustres na plateia — como Nair de Teffé, pintora, cantora, atriz e pianista que fora casada com o ex-presidente Marechal

PRIMEIRA PARTE:

CONJUNTO OS CARIOQUINHAS
1 — Abelardo — tango brasileiro — Pixinguinha
2 — Disbinho Maluco — choro — Jacob do Bandolim
3 — Tenebroso — tango brasileiro — Ernesto Nazareth

CONJUNTO ÉPOCA DE OURO:
1 — Boêmios — choro — Anacleto de Medeiros
2 — Sensível — valsa — Pixinguinha
3 — Atlântico — tango brasileiro — Ernesto Nazareth
4 — Evocação a Jacob — valsa — Avena de Castro
5 — Noites Cariocas — choro — Jacob do Bandolim

CONJUNTO ÉPOCA DE OURO E COPINHA:
1 — O amolador — peça descritivo-popular — Copinha
2 — Naquele tempo — Pixinguinha
3 — Segura ele — Pixinguinha
4 — Sofres porque queres — Pixinguinha
5 — "Seu" Lourenço no vinho — Pixinguinha

CONJUNTO ÉPOCA DE OURO E RAUL DE BARROS:
1 — Carinhoso — Pixinguinha
2 — Voltei ao meu lugar — Carioca
3 — Pororó, pororó — Raul de Barros
4 — Baltazar — José Benedito de Freitas e Oscar da Silva
5 — Na Glória — Ari dos Santos e Raul de Barros

SEGUNDA PARTE:

QUINTETO VILLA-LOBOS:
1 — Ameno Resedá — polca — Ernesto Nazareth
2 — Modinha e Choro — Radamés Gnattali
3 — Quiproquó — choro — Anacleto de Medeiros
4 — Vascaíno — choro — Jacob do Bandolim — arranjo para quinteto, de Airton e Carlos Gomes
5 — Apanhei-te Cavaquinho — choro — Ernesto Nazareth

QUINTETO VILLA-LOBOS E DÉO RIAN
1 — Santinha — schottish — Anacleto de Medeiros
2 — Paciente — choro — Pixinguinha
3 — Choro de Improviso com a participação dos mesmos músicos

apresentação e direção SERGIO CABRAL

**DIA 27 DE AGOSTO ÀS 21 HORAS
ESTAÇÃO PRIMEIRA DE MANGUEIRA**

Programa do Concerto de Choro, que marcou a estreia profissional d'Os Carioquinhas. No projeto promovido pela Secretaria Municipal de Educação e Cultura do Rio de Janeiro, o grupo dividia os palcos com Época de Ouro, Quinteto Villa-Lobos, Copinha e Raul de Barros.

Hermes da Fonseca —, os integrantes do conjunto ainda tiveram a oportunidade de tocar informalmente, na parte externa do hotel, com muitos de seus ídolos. O encontro de gerações, com diferenças de idade gigantescas, foi marcado por admirações mútuas. Imagine o que representava para Rafael, então com 14 anos, estar na mesma roda em que Luperce, que chegara ao Rio em 1928 no grupo Voz do Sertão com Meira, professor daquele jovem violonista. Para Luciana, por exemplo, o magnetismo se estabeleceu naturalmente com Waldir Azevedo. O cavaquinista e autor de clássicos como "Brasileirinho", "Pedacinhos do Céu" e "Delicado" elogiou a menina e disse ainda que merecia tocar em um instrumento melhor do que aquele, "muito ruim", que ela usava. Por indicação de Waldir Azevedo a Hélio do Souto (filho do empresário e fundador da fabricante de instrumentos Do Souto), Luciana teria 40% de desconto no cavaquinho feito pelo *luthier* Sylvestre que ela ganharia de seu pai em poucos dias.

Ainda que não tivessem entrado em estúdio para a gravação do LP *Chorada, Chorões, Chorinhos*, os dois caçulas d'Os Carioquinhas faziam parte daquele disco de alguma maneira. Na capa do álbum, composta por uma foto de instrumentos bastante ligados ao choro, o violão sete cordas era de Rafael, o cavaquinho, de Luciana (aquele emprestado por Paulinho), e a flauta, de ninguém mais, ninguém menos que Pixinguinha. Não que àquela altura gravações fossem novidade para o pequeno violonista. No fim do primeiro semestre daquele mesmo ano, ele já havia tocado em um *jingle* publicitário a convite do compositor, cantor e violonista Carlos Lyra, considerado um dos maiores melodistas da bossa nova. Em junho, quando os recém-formados Carioquinhas conquistaram Lygia Santos, coronel Martinho e Sérgio Cabral, outra funcionária do Departamento Geral de Cultura ouviu falar deles e também ficou impressionada, mais especificamente pelo violão daquele menino tão novo. Era a cantora e compositora Gisa Nogueira, que já tinha tido músicas suas gravadas por Clara Nunes, Beth Carvalho e por seu irmão, João Nogueira. Poucos dias depois daquela reunião, Gisa entraria nos estúdios Hawai, na avenida Brasil, Zona Norte do Rio, para gravar dois sambas de sua autoria, "Filha de Bamba, Irmã de Poeta" e "Na Regra Três", no primeiro compacto de sua carreira. Produtor do disco, que sairia pela gravadora Top Tape no comecinho de agosto, João convidou seu antigo conhecido Dino para tocar o violão sete cordas, mas, ocupado, ele não pôde. Gisa então resolveu chamar o garoto de quem ela ouvira falar havia poucos dias. Assim, aos 13 anos e antes mesmo da primeira apresentação profissional d'Os Carioquinhas, Rafael Rabello estreou em gravações de discos.

* * *

Em meados da década de 1970, não era apenas no Rio de Janeiro que se encontrava um ambiente de efervescência no choro. Com o espetáculo *Sarau*, em 1973, e com a fundação do Clube do Choro, dois anos depois, o principal centro musical do país na época — e berço daquele gênero — liderava naturalmente as movimentações. Em outras cidades, como Brasília, as reuniões de chorões também ganhavam força. Com os ouvidos atentos e voltados principalmente para o Rio, os brasilienses mantinham o radar ligado para as novidades que surgiam nas rodas cariocas. Nesse contexto, o advogado e cavaquinista Francisco de Assis tornou-se um articulador importante para levar novos talentos a Brasília. Conhecido também como Six, por ter seis dedos em cada mão, foi ele o responsável pela primeira viagem profissional d'Os Carioquinhas. Logo após a apresentação na Sala Cecília Meireles, o quinteto arrumou as malas e foi tocar no Clube do Choro de Brasília, que começava a ser formado. O entusiasmo da meninada, que já era grande, ficou ainda maior depois de eles receberem dos doze dedos das mãos de Six uma carteirinha de "fundadores" do Clube do Choro brasiliense.

Na capital federal, além de instrumentistas da nova geração, os moradores tinham a oportunidade de ver pessoalmente apresentações de nomes como Waldir Azevedo, no cavaquinho, de Avena de Castro, na cítara, Bide da Flauta e Pernambuco do Pandeiro. Se já era um deleite ouvi-los, poder tocar com eles então representava um privilégio. Celso Alves da Cruz teve essa sorte. Nascido em 1943, no Rio, ele formou-se economista e, funcionário do Instituto de Pesquisa Econômica Aplicada (IPEA), foi transferido para Brasília em 1970. Antes de se mudar para Madison, nos Estados Unidos, em 1973, para fazer seu mestrado na Universidade de Wisconsin, tocou seu clarinete com todos aqueles grandes instrumentistas que moravam em Brasília. Em dezembro de 1976, um mês após seu retorno ao Rio, já sabia quem procurar para se entrosar numa boa roda de choro. Por indicação de Waldir, que esteve presente no Copacabana Palace para o lançamento daquele disco, o *Chorada, Chorões, Chorinhos*, Celso deveria ir atrás do "violonista de sete cordas d'Os Carioquinhas". Por acaso, desde que voltara dos Estados Unidos para Brasília, o clarinetista já havia ido algumas vezes ao Rio e ao Sovaco de Cobra, e tinha visto os irmãos Rafael e Luciana naquele choro da Penha Circular. Em seu retorno definitivo à capital fluminense, ligou para o jovem e marcaram de se encontrar no apartamento de Paulo Magalhães Alves, o Paulinho, em Ipanema. Lá, sem saber que estava passando por um teste, Celsão tocou, agradou e foi então convidado pelo garoto para entrar no conjunto. Com uma proposta em vista para gravar seu primeiro disco, o grupo queria contar com mais um solista para dividir as melodias que até então eram feitas apenas por Paulinho no bandolim.

Com a possibilidade de entrar em estúdio naquele ano de 1977, Os Carioquinhas sairiam nos próximos meses em busca de mais reforços. Até maio, o conjunto ganharia mais dois novos integrantes que, por seus históricos familiares, conviviam com o choro desde que se entendiam por gente. O primeiro deles, Celso José da Silva, era filho de Jorginho do Pandeiro e sobrinho de Dino 7 Cordas, ambos integrantes do Época de

Ouro. O segundo, Mauricio Lana Carrilho, tinha parentesco com dois exímios flautistas, era filho de Álvaro Carrilho e sobrinho do espetacular Altamiro Carrilho. Aos 19 anos, Celsinho ia com frequência ao Sovaco de Cobra, onde conheceu Rafael e Luciana. Na Penha Circular, a garota o convidou para fazer um show com Os Carioquinhas, substituindo Mario Florêncio, o pandeirista, que não poderia comparecer ao compromisso. A história se repetia. Tal qual Luciana, que se tornou a cavaquinista do conjunto quando mal tinha intimidade com o instrumento, o rapaz também não tocava pandeiro na época — apenas atabaque e outros instrumentos de percussão. Mesmo assim, Celsinho aceitou o convite e fez sua estreia no grupo em um show na Faculdade de Medicina da Universidade Federal do Rio de Janeiro (UFRJ). A partir de então, ele assumiria o pandeiro do conjunto, e Mario ficaria com outras percussões.

Mauricio Carrilho também teve seu primeiro contato com Rafael e Luciana no Sovaco de Cobra. Ao encontrá-los, ficou emocionado e radiante por ver gente de uma idade próxima à sua tocando choro. Anos antes, aquilo parecia extremamente distante e improvável. Nascido no dia 26 de abril de 1957, ele teve aulas com Dino dos 9 aos 10 anos. Pouco depois, dos 12 aos 17, seguindo os conselhos do tio Altamiro, estudou com Meira e, ali sim, consolidou sua formação como violonista. Mesmo depois de parar de estudar com o experiente professor, em 1974, para se dedicar ao vestibular de medicina — curso que ele abandonaria no fim do terceiro ano da UERJ —, continuou indo à casa de Meira com frequência. Lá pelo segundo semestre de 1976, o mestre disse a Mauricio que ele precisava conhecer outro aluno seu, Rafael. Quando enfim encontrou e tocou com o menino e com a irmã Luciana, a identificação foi imediata. Pouco tempo depois, ele estrearia no grupo, em show realizado no Museu de Arte Moderna (MAM) do Rio, no dia 1º de maio de 1977, naqueles megaeventos em comemoração ao Dia do Trabalhador.

Diferente do regional de Jacob do Bandolim, que contava com três violões — Dino, no sete cordas, Cesar Faria e Carlinhos (depois substituído por Damásio), no de seis —, Os Carioquinhas passariam a atuar com apenas dois violões. Após descontentamentos, até hoje nebulosos, de Rafael e de Luciana com Teo, o restante do grupo foi surpreendido com a notícia de que ele seria substituído por Mauricio, que, além de tocar muito bem, já estava entrosado com o repertório e com os dois irmãos. Havia entre eles enorme afinidade pessoal, intelectual e social, tanto que aquilo se misturou a ponto de virar um namoro juvenil entre Luciana e Mauricio. No aspecto musical, Rafael andava empolgado, sonha-

Rafael (agachado à esquerda) desde cedo se acostumou a conviver com ícones do choro e da música brasileira como Dino 7 Cordas (camisa e óculos escuros), o musicólogo Mozart de Araújo (em pé à esquerda), o clarinetista Abel Ferreira (em pé ao centro) e Jorginho do Pandeiro (em pé à direita).

va com seus ídolos, previa voos mais altos e os dividia com a irmã: "Você toca igual ao Canhoto; eu, igual ao Dino; e o Mauricio, igual ao Meira! Seremos um grande trio como eles!".

Antes mesmo de a nova formação ser definida com "o grande trio", o conjunto já se preparava para gravar seu primeiro disco. Como o choro estava novamente em alta, as gravadoras começaram a se interessar em lançar álbuns com o gênero que até outro dia andava ignorado por elas. Ainda assim, poucos eram os produtores como Adelzon Alves, Sérgio Cabral e Juarez Barroso que se atreviam a ir a bairros do subúrbio, como por exemplo a Penha, para garimpar as novidades. Mas também não tinha problema, já que alguém estava se encarregando de fazer uma peneira para os funcionários mais preguiçosos. Naquele embalo, começaram a surgir festivais de choro para que novos grupos pudessem mostrar seus dotes. Em agosto de 1977, o Departamento Geral de Cultura da Prefeitura do Rio organizou um concurso com quarenta regionais formados por jovens. Conjuntos como Os Carioquinhas, Cinco do Choro, Turma do Sereno, Éramos Felizes, Os Jovens Chorões, Anjos da Madrugada, O Som Antigo, Os Boêmios, entre outros, disputariam um lugarzinho ao sol dentro de um mercado que naturalmente privilegiava outros gêneros mais lucrativos. Naquele festival, cujo júri era formado por figuras que entendiam muito de choro — como Mozart de Araújo, Dalton Vogeler, Dino 7 Cordas, Lúcio Rangel, K-Ximbinho e o maestro Carioca —, Os Carioquinhas ficaram com o segundo lugar, atrás dos Amigos do Choro. Na ocasião, o *Jornal do Brasil* apresentou o grupo de Rafael, Luciana, Mauricio, Paulinho, Celsão, Mario e Celsinho como "antigos tocadores de rock". Irônico, Mauricio confirmou que alguns ali haviam tocado em conjuntos de rock, "mas, depois, se regeneraram".

Com aquela profusão de grupos de choro, as gravadoras, que de bobas não tinham nada, haviam percebido que existia uma onda, um certo modismo naquele movimento todo e que em poucos meses alguns daqueles conjuntos desapareceriam do mapa. Além do mais, a demanda do público consumidor por chorinho não era assim tão avassaladora e sustentável quanto se imaginava. Portanto, o funil deveria ser estreito e as escolhas em quem apostar deveriam ser certeiras. Em meio àquela safra gorda de novos grupos, Os Carioquinhas se destacaram e começaram a receber propostas de grandes selos. Foram procurados pela Polygram, pela CBS, pela Continental e pela Som Livre. Os convites, porém, logo revelavam as intenções estritamente comerciais das gravadoras. A Polygram, por exemplo, sob a direção artística de Roberto Menescal, queria que os meninos gravassem clássicos dos Beatles em versões de choro. Era tudo o que eles não queriam. No fim das contas, acreditando que teriam uma divulgação mais caprichada, acabaram fechando com a Som Livre, que, pertencente à Sigla (Sistema Globo de Gravações Audiovisuais), da Rede Globo, contava com todo o aparato de promoção da emissora.

Já com o contrato assinado, a gravadora tentaria fazer com que aqueles jovens músicos tocassem um repertório palatável e familiar para o público. Havia portanto uma tentativa de convencer aquela garotada a regravar temas que, por mais benfeitos que fossem, estavam pra lá de

Ainda na juventude, o precoce Rafael já acompanhava os maiores nomes do samba, como seu cunhado Paulinho da Viola e Cartola.

manjados, como "Brasileirinho", "Tico-Tico no Fubá", "Noites Cariocas" e "Carinhoso". Contra as pressões dos diretores artísticos do selo, os jovens contavam com dois aliados: o compositor Paulinho Tapajós, encarregado da produção executiva e da direção de estúdio naquele álbum, e que já conhecia seu xará Paulinho, d'Os Carioquinhas, desde os "babas" (as clássicas peladas de futebol) com Os Novos Baianos; e Jorginho do Pandeiro — pai do novato Celsinho e integrante do Época de Ouro —, convidado sabiamente por Tapajós, que não era um especialista em choro, para ser seu assistente de produção. Quando o conjunto entrou nos estúdios Sigla, nos meses de julho e agosto, para gravar em oito canais seu primeiro disco, a seleção das músicas já estava toda definida; para a sorte dos ouvintes, muito bem alinhavada e apenas com as vontades daqueles jovens instrumentistas.

Quarenta anos depois do lançamento do LP *Os Carioquinhas no Choro*, aquele álbum permaneceria relevante e lembrado por apreciadores de choro pela combinação de três fatores. O primeiro deles era a escolha cuidadosa e original do repertório, que mesclava algumas composições inéditas com outras praticamente desconhecidas. Por esse viés, eles acabaram por fazer um longo arco temporal, contemplando no mesmo disco autores contemporâneos e outros nascidos ainda no século XIX. Para tal seleção, os jovens músicos passaram longas tardes realizando uma pesquisa minuciosa no acervo do Museu da Imagem e do Som (MIS) do Rio de Janeiro. Dentre os mais antigos, Os Carioquinhas tiveram o mérito de resgatar compositores como Manuel Aristides Borges (1884-1967) — conhecido também pelo curioso apelido de Moleque Diabo e autor da valsa "Subindo ao Céu" —, com o choro "Não Gostei dos Seus Modos"; Albertino Inácio Pimentel, o Carramona (1874-1929), com "Coralina", e Pedro Manoel Galdino (1860-1919), com "Flausina" — gravada em 1957 por Pixinguinha e Sua Banda num LP de 10 polegadas da Sinter. Essas duas polcas, sugeridas por Paulinho, eram bem conhecidas pelos integrantes do conjunto, que as ouviram diversas vezes na casa de Joel Nascimento, interpretadas pelo próprio bandolinista. No outro extremo do arco, estavam os choros inéditos "Os Carioquinhas no Choro", que, composto pelo flautista Altamiro Carrilho especialmente para o conjunto, batizava o álbum; "Ansiedade", com o qual o bandolinista e compositor pernambucano Rossini Ferreira acabou ganhando o I Festival Nacional de Choro, acompanhado por seu grupo Amigos do Choro, em junho daquele mesmo ano; "Chora Bandolim", feito pelo violonista Luiz Otávio Braga e dedicado ao bandolinista Afonso Machado, ambos

O primeiro LP de Rafael Rabello, de 1977, integrando o grupo Os Carioquinhas. Na foto, tirada no quintal da casa dos pais de Mauricio Carrilho, no bairro da Penha, estão Mauricio, Celsinho Silva, Luciana Rabello, Mario Florêncio, Paulo Magalhães Alves, Celso Cruz e Rafael.

integrantes do Galo Preto, conjunto que influenciou Os Carioquinhas e lançou seu primeiro e importante disco em 1978; e "Fala Clari", feito em 1976 pelo citarista Avena de Castro para o amigo Celso Cruz. Além desse choro, Celsão acabou sugerindo e emplacando no álbum três composições de uma de suas principais referências no instrumento, o clarinetista e saxofonista sergipano Luiz Americano (1900-1960): os choros "Assim Mesmo" e "Intrigas no Boteco do Padilha" e a valsa "Minha Lágrima".

Com a agenda d'Os Carioquinhas movimentada por shows
em diversos estados brasileiros ao lado de Dominguinhos e Nara Leão,
Rafael e Luciana, que ainda não haviam completado 18 anos,
viajavam com autorização do Juizado de Menores.

O segundo fator que garantiria não apenas excelentes críticas ao disco nos jornais da época mas também a longevidade do álbum era a escolha dos convidados. Altamiro Carrilho, tio de Mauricio, reafirmou o porquê de ser considerado um dos flautistas mais importantes da história da música brasileira com sua atuação nos choros "Os Carioquinhas no Choro" e "Gadú Namorando", de Laudelino Procópio da Silva, o Lalau do Bandolim — que era pai do cavaquinista Seu Osvaldo, da Velha Guarda da Portela —, e Alcir Pires Vermelho. Além de Altamiro, Zé da Velha marcou presença com os contrapontos inconfundíveis de seu trombone em "Intrigas no Boteco do Padilha". Afonso Machado, antes mesmo de gravar com o Galo Preto, revelou a expressividade de seu instrumento em "Chora Bandolim", choro dolente e de linda melodia dedicada a ele. Por fim, Joel Nascimento dividiu com Paulinho a valsa espanholada "Santa Morena", clássico atemporal de Jacob do Bandolim.

O terceiro e último aspecto de impacto daquele álbum lançado em setembro foi muito bem definido no texto da contracapa do LP, assinado

Para além do choro, Os Carioquinhas davam provas de serem excelentes
músicos de acompanhamento no repertório de música popular brasileira.
Nos shows com Dominguinhos e Nara Leão eles tocaram
com o Trio de Ritmo Nordestino (à esquerda).

por Ruy Fabiano: "Nasce em junho de 1976 o grupo Os Carioquinhas, cumprindo em tempo recorde as etapas que conduzem do amadorismo ao profissionalismo. Integrado por músicos com média de idade inferior a 20 anos, se constitui na mais expressiva amostra da nova safra de chorões, tanto pela maturidade musical como pelo senso profissional de seus integrantes". Ao escrever aquelas linhas elogiosas, o jornalista não havia carregado nas tintas pelo simples fato de ser irmão dos caçulas Rafael e Luciana. A bem da verdade, não fosse pela pouca idade daqueles instrumentistas escancarada na foto da capa — clicada por Henrique Sodré, à época namorado da irmã mais velha dos Rabello, Isolina, no quintal da casa dos pais de Mauricio Carrilho, na rua Conde de Agrolongo, na Penha Circular —, qualquer pessoa que ouvisse aquele disco apostaria todas as fichas em que as doze faixas daquele álbum eram interpretadas por músicos veteranos. Era difícil de acreditar que em tão pouco tempo aqueles jovens estivessem tocando com tanta maturidade. Rafael, para surpresa do professor Meira, abraçava o sete cordas havia apenas um ano; Luciana vira o cavaquinho pular em seu colo, no susto, nos últimos doze meses; Celsinho, apesar de ser filho de Jorginho, não completara nem um semestre com o pandeiro nas mãos; Mario, mais afeito ao samba, caíra de paraquedas no choro; Paulinho e Mauricio não tinham tanto tempo vago para dedicar a seus instrumentos, já que ambos encaravam o puxado curso de medicina; o mesmo valia para Celsão em sua atribulada carreira de economista.

Antes mesmo de o disco d'Os Carioquinhas ser lançado — o LP saiu primeiro no fim de 1977, em uma caixa de brinde da Som Livre e da Globo, para poucos clientes, e só chegou às lojas em maio do ano seguinte —, o grupo já começava a despertar o interesse dos diretores de projetos importantes, como o Seis e Meia. Idealizada pelo produtor, poeta e compositor Hermínio Bello de Carvalho e dirigida por Albino Pinheiro e Sérgio Cabral, a série oferecia shows a preços populares no centro do Rio, como uma opção para os cariocas escaparem do horário do *rush*. Com a proposta de promover duos musicais interessantes, o Teatro João Caetano já havia recebido na temporada daquele ano duplas de peso como Luiz Gonzaga e Carmélia Alves, Roberto Ribeiro e Carolina Cardoso de Menezes, Nora Ney e Raul de Barros, Sivuca e Rosinha de Valença, Dóris Monteiro e Lúcio Alves, Jards Macalé e Moreira da Silva, Cauby Peixoto e Emilinha Borba, Edu Lobo e Marília Medalha. De 12 a 16 de setembro, o conjunto dos jovens estreantes em disco se apresentou em um encontro inusitado com Luís Vieira. O cantor, cujas composições eram consideradas pela mídia como "folclóricas e regionais", comemorava trinta anos de carreira e quinze de seu maior sucesso, "Prelúdio para Ninar Gente Grande", balada que continha o verso "sou menino passarinho com vontade de voar" e que rendeu ao artista o apelido de "Menino Passarinho". No espetáculo, dirigido pelo escritor e autor de novelas para televisão Manoel Carlos, Os Carioquinhas participaram de números com o compositor pernambucano, além, claro, de apresentar temas de seu novo álbum e outros choros como "Noites Cariocas" (Jacob do Bandolim), "Acariciando" (Abel Ferreira), "Ingênuo" (Pixinguinha e Benedicto Lacerda) e "Mistura e Manda" (Nelson Alves).

Com o ritmo de apresentações se intensificando, Rafael, que desde a infância detestava ir à escola, aproveitou a oportunidade para trancar sua matrícula no Colégio Laranjeiras. Seus pais, contrariados com a decisão, não tinham muito o que fazer. Ruy Lins Rabello trabalhava no Setor de Estatísticas do Ministério da Justiça, e com a transferência da pasta para Brasília, ele e Dona Maria Amelia se mudaram para a capital federal. Os Carioquinhas vinham despontando, e o violonista, que não queria sair do Rio de Janeiro e desperdiçar as chances de deslanchar sua carreira, foi morar no número 57 da rua das Palmeiras, em Botafogo, onde dividiria por dois anos um apartamento de dois quartos, pequeno mas confortável, com o amigo de conjunto, Celso Cruz.

Em 1978, mesmo com a agenda musical ainda mais apertada de compromissos, Rafael retornaria ao Colégio Laranjeiras. Coincidentemente, sua primeira série de shows naquele ano seria ao lado de uma artista que tinha acabado de voltar a se apresentar, depois de ter passado três anos se dedicando aos filhos e aos estudos. Uma década após lançar seu primeiro disco, Nara Leão foi aprovada no vestibular de psicologia em 1974, e só retornou aos estúdios, com o disco *Meus Amigos São um Barato*, em 1977. A cantora capixaba não andava nada mal em matéria de amizade. Seu novo LP contava com as participações de Tom Jobim, Chico Buarque — em "João e Maria", letrada por ele trinta anos depois de Sivuca compor a música —, Caetano Veloso, Gilberto Gil, João Donato, Erasmo Carlos, Edu Lobo, Carlos Lyra e Dominguinhos. Com este último, aliás, Nara se apresentou no Teatro João Caetano, pela série Seis e Meia, no show que marcou sua volta aos palcos. Em entrevista ao *Jornal do Brasil* no dia da estreia, 3 de outubro, ela dava a entender que dali em diante suas aparições em espetáculos seriam esporádicas. "Não tô voltando nada, sei apenas que vou cantar por cinco dias, o clima hoje tá muito simpático, mas nem sei se vou morrer atropelada amanhã. Se aparecer um show por mês, eu topo, mas tudo com muita calma, sem muito *baratino*, devagar e sempre, sem a roda-viva de anos atrás."

Nara mudaria de opinião rapidinho e, em janeiro de 1978, estrearia novo show com Dominguinhos, em temporada de dezoito dias no Teatro da Galeria. No espetáculo dirigido por Túlio Feliciano, ela não estaria mais ao lado apenas do cantor, compositor e sanfoneiro — os dois eram agora acompanhados pelos Carioquinhas e pelo Trio de Ritmo Nordestino. As apresentações fizeram tanto sucesso que Nara teve de voltar à "roda-viva de anos atrás", rodando o Brasil pelo Projeto Pixinguinha. No roteiro, ela e Dominguinhos cantavam alguns números juntos e outros, separados. Os Carioquinhas, que entravam em cena na segunda metade do espetáculo, mais do que apresentar o que se esperava deles, isto é, choros como "Um a Zero" (Pixinguinha e Benedicto Lacerda) e "Noites Cariocas" (Jacob do Bandolim), se revelavam como um excelente grupo de acompanhamento em canções como "Sem Compromisso" (Geraldo Pereira) e "Davilicença" (Armandinho Macedo e Moraes Moreira).

Papai e mamãe:

Saudades imensas. Acabo de assinar contrato com o Projeto Pixinguinha. Embarco dia 9 de abril para São Paulo e retorno dia 5 de maio. Pretendo em seguida regressar a Brasília. Tenho muitas novidades e pretendo apresentá-las pessoalmente. Fora o Projeto, tenho um show com o Turíbio nos dias 14, 15, 16 e 17 de maio, no Teatro Tereza Rachel (cachê diário de 2.500,00). Outra novidade: em julho (mês de férias), Os Carioquinhas embarcam para o Japão, em show patrocinado pela Riotur e governo japonês. Em setembro tenho outro projeto, o Pixingão, que passará pelas cidades não visitadas pelo Pixinguinha. São oito cidades: João Pessoa, Natal, Fortaleza, Salvador, Vitória, etc, etc. Nada disso afetará minhas atividades escolares, creiam. Brasília será, daqui por diante, o meu QG. Confiem em mim. Para encerrar, segurem esta: em novembro de 79, dias 14 a 19, embarco para Paris, salle Gaveau (a mais importante sala de concertos do mundo), onde farei concertos com Turíbio, aproveitando para gravar o segundo volume de Choros do Brasil. Por enquanto é só. Mantenham a maior discrição: o segredo é a alma do sucesso. Aguardem-me (depois do dia 17 de maio). Um beijo,

Rafael 7 Cordas

PS: Ainda este ano estrearei meu violão de oito cordas, o primeiro do Brasil, cujo modelo já foi encomendado. Outro beijo,

Rafael oito cordas

Bosco:

Um abraço....

Rafael 7 (8) cordas

Carta de "prestação de contas" de Rafael para seus pais; nela, o jovem contava sobre seus compromissos profissionais e sobre uma promessa não concretizada por ele, o violão de oito cordas.

Em todos os shows, uma reação da plateia praticamente já fazia parte do roteiro: os aplausos efusivos após os solos muito benfeitos do jovem violonista de sete cordas no samba "Tim Tim por Tim Tim" (Geraldo Jacques e Haroldo Barbosa). Além da maturidade musical, o garoto mostrava o mesmo pensamento avançado em termos de profissionalismo para quem tinha apenas 15 anos. Em julho, Os Carioquinhas receberam um convite da RioTur, a Secretaria de Turismo da cidade, para se apresentar no Japão. O que muitos viam como uma oportunidade magnífica de conhecer outro país e outra cultura completamente diferente, Rafael enxergava como trabalho. Já que não havia cachê — apenas passagem e hospedagem garantidas e a tentadora valorização no currículo com uma apresentação internacional —, ele recusou a proposta. Alguns integrantes do grupo, como Mario e Paulinho, não desperdiçaram a chance e seguiram para o país oriental com outros músicos. Era uma prova de que os membros do conjunto tinham planos distintos para os seus futuros. Em setembro, Os Carioquinhas deram seus últimos suspiros coletivos, em shows com Nara Leão e Dominguinhos no Projeto Pixingão, que contemplava cidades por onde as apresentações do Pixinguinha não tinham passado. Com a mesma velocidade com que se formou, o grupo se desfez. Paulinho apostou na medicina. Celsão seguiu como economista; e Mario, como técnico na Xerox do Brasil. Celsinho, Mauricio e Luciana mantiveram-se no meio musical, todos com bastante reconhecimento.

Naquele momento, em Brasília, os pais de Rafael recebiam cartas do filho em que ele os tranquilizava falando de todas as novidades de sua curta carreira. Pelas correspondências, eles ganhavam uma espécie de prestação de contas e ficavam sabendo da agenda de shows e de gravações, dos cachês, das viagens e dos planos ousados do caçula. "Ainda este ano estrearei meu violão de oito cordas, o primeiro do Brasil, cujo modelo já foi encomendado. Outro beijo, Rafael 7 (8) Cordas". Para além do talento fora do padrão, o "menino velho" estava com apetite.

Ainda no fim da década de 1970, Rafael passou a ser um dos músicos mais requisitados de estúdio para gravar em discos de outros artistas; na imagem, o violonista participa da gravação do álbum *Do Lago à Cachoeira*, de Sérgio Ricardo.

Capítulo 3
UM BANDOLIM COLORIDO,
OS JOVENS DUENDES E O PATRIARCA

> "De todos os animais selvagens, o homem jovem é o mais difícil de domar."
>
> Platão

Rafael Rabello andava faminto, e o apetite não era só por música e por devorar seu violão sete cordas Do Souto, com o qual andava grudado a maior parte do dia. Estava com fome de comida mesmo. Antes de subir ao quarto andar do edifício Pixinguinha, no bairro de Botafogo, ele já havia ligado para o morador daquele endereço, avisando que passaria lá para almoçar. No telefonema, após ser perguntado sobre o que não gostava de comer, respondeu que detestava jiló. O garoto gordinho, antipático a balanças desde a infância, comeu desavergonhadamente, só descobrindo que acabara de ingerir aquele fruto amargo e odiado quando já havia passado da décima unidade bem temperada e portanto "camuflada" de bolinho de jiló. Resmungou, mas logo soltou sua gargalhada característica.

O menino, naturalmente, não havia ido até aquele endereço apenas para comer. O dono da casa, assim como a maioria dos amigos de Rafael, era bem mais velho do que ele. Aos 42 anos — 27 a mais do que o chorão iniciante —, aquele homem colecionava amizades e feitos importantes no meio musical. Estavam na sua conta a descoberta de Clementina de Jesus, a produção dos últimos discos de Pixinguinha e dos primeiros de Elizeth Cardoso, a direção de shows de Jacob do Bandolim, parcerias com Cartola, Carlos Cachaça, Ismael Silva, Paulinho da Viola, Elton Medeiros, Nelson Cavaquinho e Zé Kéti. Havia trabalhado na Rádio Nacional, no *Pasquim*, dirigido programas históricos na TVE e participado da criação de projetos de sucesso como o Seis e Meia e o Pixinguinha. Além disso, conhecera pessoalmente gente como Louis Armstrong, Igor Stravinsky, Heitor Villa-Lobos, Andrés Segovia, Sarah Vaughan, Carlos Drummond de Andrade e Manuel Bandeira. Era o poeta, produtor e letrista Hermínio Bello de Carvalho, que, depois de pregar a "peça do jiló" em Rafael, tinha outros assuntos a tratar com o jovem instrumentista. A partir daquela tarde de agosto de 1977, ele estaria ligado, direta ou indiretamente, a cinco discos importantes na trajetória do músico.

Naquele encontro, Hermínio disse a Rafael que o tinha indicado a Turíbio Santos, que procurava um violonista de sete cordas para seu novo show. O instrumentista havia retornado ao Brasil em 1974, depois de morar durante nove anos na França. Com a carreira consolidada na Europa, sendo considerado um dos violonistas mais conceituados do mundo no campo do erudito naquele momento, ele lançou catorze discos por selos franceses com obras do repertório clássico de violão escritas por autores como Villa-Lobos, Fernando Sor, Agustín Barrios, Manuel de Falla, Isaac Albéniz, entre outros. Nascido em 1943, em São Luís do Maranhão, Turíbio chegou ao Rio com apenas 3 anos de idade, e conheceu Hermínio em meados da década de 1950, com quem formou um conjunto de violões ao lado de outros dois futuros grandes músicos e professores, Jodacil Damasceno e Nicanor Teixeira. Todos tinham em comum o fato de terem sido alunos do português Antonio Rebello. Em 1977, portanto, a ligação de Turíbio com Hermínio completava mais de duas décadas, contando com passagens marcantes, como a participação do violonista na estreia de Clementina de Jesus, em dezembro de 1964, no Teatro Jovem, sob direção do poeta e produtor nascido em Olaria.

Turíbio Santos havia pedido a indicação de um violonista de sete cordas para o espetáculo que ele estrearia no mês de setembro pelo Projeto Pixinguinha ao lado da cantora Alaíde Costa, com participação do flautista Nicolino Cópia, o Copinha. Um ano antes, pela série Seis e Meia, no Teatro João Caetano, os três haviam se apresentado acompanhados pelos talentosos Valdir Silva (violão sete cordas), Luís (violão), Toco Preto (cavaquinho) e Arthur Verocai (guitarra). Para o espetáculo do ano seguinte, Turíbio teria de contrariar a máxima de que "em time que está ganhando, não se mexe". Primeiro, porque o Projeto Pixinguinha exigia novidades em seus shows — os artistas podiam até ser os mesmos do Seis e Meia, mas seria bom se o roteiro fosse diferente. Segundo, porque naquele momento o violonista já tinha na cabeça o conceito do disco que gravaria em novembro. Para isso, precisaria de outros músicos, e usaria os shows de setembro e outubro como ensaios antes de entrar em estúdio.

Quando Turíbio abriu a porta de seu apartamento na rua Pacheco Leão, no Jardim Botânico, a pouca idade de Rafael não lhe chamou tanto a atenção, afinal Hermínio havia dito que quem tocaria a campainha de sua casa seria "um garoto novinho". O que impressionou foram a se-

Outra grande "escola" para Rafael foi o conjunto Choros do Brasil, integrado pelo solista Turíbio Santos (violão, à esquerda), Rafael, João Pedro Borges (violão) e Jonas Silva (cavaquinho); a primeira formação tinha ainda Chaplin (ritmo), substituído posteriormente por Celso Silva.

riedade daquele menino, que não ria nem por decreto, e a maneira como ele estava vestido: camisa social, sapatos e calças da Ducal — marca de roupas masculinas bastante popular no fim da década de 1950 e no começo da de 1960, portanto bem ultrapassada para um moleque de 15 anos naquela primavera de 1977. Mas nada causou tanto impacto quanto o conhecimento de repertório e o jeito de tocar do jovem. Diante dos choros ali apresentados, de Dilermando Reis, João Pernambuco, Villa-Lobos, Garoto, Agustín Barrios, nenhuma surpresa. Rafael gabaritou o teste. Assim que ele foi embora, Turíbio passou a mão no telefone e ligou para o amigo que havia lhe recomendado o novato: "Hermínio, o cara é genial, é um monstro do violão! Esse garoto tem um futuro bárbaro, espetacular".

Os outros músicos que fariam parte do grupo, Turíbio já conhecia havia mais de uma década. O cavaquinista Jonas, ele encontrara em apresentações do Conjunto Época de Ouro e nos famosos saraus na casa de Jacob do Bandolim, em Jacarepaguá. O percussionista Chaplin, na época integrante da banda de Paulinho da Viola, acompanhara Turíbio, Elton Medeiros e Cesar Faria na histórica apresentação que marcou a estreia de Clementina de Jesus, em dezembro de 1964. O violonista João Pedro Borges tocou para seu conterrâneo num encontro em São Luís, ainda em 1965, ano em que Turíbio ganhou o 5º Concurso Internacional de Violão da ORTF (Office de Radiodiffusion Télévision Française). Tempos depois, o solista recomendou que o jovem maranhense se mudasse para o Rio de Janeiro. Apesar de morar na França — onde lecionava no Conservatório do 10ème Arrondissement em Paris —, Turíbio também dava aulas, frequentadas por João Pedro, no curso de extensão do Conservatório Brasileiro de Música. Aos 24 anos, o rapaz herdou alunos de seu professor Jodacil Damasceno (que também partira para terras francesas), entre eles Dori Caymmi, Guinga, Miltinho (do MPB-4) e Durval Ferreira. Logo depois, como parte de um acordo de intercâmbio cultural entre Brasil e Senegal, mudou-se para Dakar, onde teve o privilégio de tocar seu violão e de ter um contato muito próximo com o escritor João Cabral de Melo Neto, então embaixador brasileiro no país africano. Em seu retorno ao Rio, em 1976, passou a ser assistente nos cursos ministrados por Turíbio.

Grupo formado, eles estrearam às 19 horas do dia 30 de setembro, no Teatro Dulcina, na rua Alcindo Guanabara, no centro do Rio. De lá, partiram para a turnê do Projeto Pixinguinha, rodando por São Paulo, Curitiba, Porto Alegre e Belo Horizonte ao longo de todo o mês de outubro. A sisudez e a formalidade que Rafael apresentara a Turíbio no primeiro encontro dos dois já não existiam mais e, naquele clima de banda na estrada, o menino já sorria bem mais. Ainda que participasse das brincadeiras, ele mostrava maturidade acima da média. Com pouquíssima idade, opinava sobre os arranjos e a dinâmica das interpretações, além de cobrar dos músicos uma postura profissional. Se alguém tomasse uns copos a mais de cerveja antes das apresentações, lá ia o menino dedurar: "Ô, Turíbio, tem que ver lá, o Jonas já está ficando verde". Não à toa, ganhou o apelido de "Xerifinho do conjunto". As delações aconteciam com a intenção de que todos os integrantes do grupo estivessem em condições de tocar bem nos concertos. Depois das apresentações, a farra estava liberada, e não era raro, por exemplo, João Pedro surpreender Rafael, seu companheiro de quarto naquela turnê, atracado na cama com alguma mulher. Quem ainda o via como uma criança, logo mudava o ponto de vista. No aniversário de 15 anos do menino, Alaíde Costa,

Nos tempos de Choros do Brasil, além de compartilhar do balanço do "centro" de Jonas Silva (à esquerda), o "Xerifinho do conjunto" Rafael dedurava os excessos etílicos do cavaquinista veterano.

cheia de ingenuidade, deu a ele um relógio com pulseira estampada por bichinhos. Rafael agradeceu, sorriu amarelo e nunca usou o presente. E a vontade de não ser encarado como um juvenil valia também em cima dos palcos. Sempre na hora de apresentar os músicos do conjunto, Turíbio dizia à plateia que aquele "violonista fabuloso" tinha apenas 14 anos. O adolescente encrespava e pedia para o solista ignorar aquela questão. A familiares e amigos, ele demonstrava o descontentamento de forma divertida: "Acho que o Turíbio tem alguma coisa com esse negócio de idade. Quando eu tiver 100 anos, ele vai continuar falando: 'Esse violonista é fabuloso e centenário'".

Após a turnê bem-sucedida, eles estavam prontos para entrar em estúdio. Turíbio, que tinha contrato de exclusividade com a francesa Erato — pela qual já havia gravado discos com a obra de Villa-Lobos, como os *12 Estudos para Violão* e o *Concerto para Violão e Orquestra*, peças de Marlos Nobre, Edino Krieger; as *Danças Espanholas*, com composições de Joaquín Rodrigo, Isaac Albéniz, Manuel de Falla, por exemplo —, sugeriu à conceituada gravadora que fizessem um disco de choro. Os franceses toparam e autorizaram que o álbum fosse realizado no Brasil, desde que apresentasse boa qualidade de gravação. Turíbio acertou então com a Tapecar e acompanhado de Rafael, João Pedro Borges, Jonas e Chaplin entrou nos estúdios Somil nos dias 7, 9 e 10 de novembro de 1977 para gravar o LP *Choros do Brasil*.

Com uma trajetória consolidada e os dois pés fincados no violão clássico, Turíbio Santos idealizava aquele disco havia sete anos. Não o gravara antes por dois motivos: a falta de uma convivência estreita, e seu decorrente entrosamento, com chorões — algo então resolvido com a turnê pelo Projeto Pixinguinha — e a dificuldade em comprovar a autenticidade da autoria de algumas composições que ele pretendia interpretar naquele álbum. Para isso, contou com o auxílio de Hermínio Bello de Carvalho, João Pedro Borges, Paulinho da Viola, o violonista Nicanor Teixeira, Arminda Villa-Lobos, viúva do compositor e maestro, e Ronoel Simões, pesquisador e dono do maior acervo do Brasil com obras ligadas ao violão.

A seleção, muito bem escolhida, trazia peças que se tornariam "obrigatórias" no repertório do violão popular brasileiro. Dos compositores contemplados ali, quase todos já tinham morrido: o pernambucano e pouco conhecido Alfredo de Medeiros (1893-1961), com "Choro Triste"; o paraguaio — praticamente naturalizado brasileiro por seus longos períodos no país — Agustín Barrios (1885-1944), com seu famoso "Choro da Saudade"; o paulistano, multi-instrumentista e revolucionário Aníbal Augusto Sardinha, o Garoto (1915-1955), com "Tristezas de um Violão"; e o paulista de Guaratinguetá, Dilermando Reis (morto em janeiro daquele 1977), com as antológicas "Xodó da Baiana", "Magoado" e "Doutor Sabe Tudo", gravadas originalmente por ele mesmo — com o som característico de seu violão de cordas de aço — nas décadas de 1940 e 1950. O único que estava vivo quando saiu o LP era o baiano Nicanor Teixeira, autor de "Carioca 1" e "Carioca 1 e 2". O compositor, aliás, fora aluno de Dilermando entre 1951 e 1954 e, simultaneamente ao álbum de Turíbio Santos, lançou pela Tapecar o disco espetacular *O Violão Brasileiro de Nicanor Teixeira*, em que gravou temas de sua autoria, além de algumas músicas do *Choros do Brasil*, como "Magoado" e "Doutor Sabe Tudo".

O destaque maior do LP de Turíbio foi reservado a João Teixeira Guimarães, que entraria para a história como João Pernambuco (1883-

1947). Autor de mais de trezentas composições, já no fim de sua vida, cansado de ser passado para trás, ele evitava mostrar suas criações com medo de que alguém as roubasse ou plagiasse. A desconfiança era justificável. Bastava lembrar de sua famosíssima "Luar do Sertão", que durante anos era atribuída apenas a Catulo da Paixão Cearense. Com mais de vinte discos gravados pelos selos Odeon e Brunswick, o violonista Pernambuco deixou uma obra singular e muito à frente de seu tempo ao combinar as tradições populares da música nordestina com a sinuosidade e o balanço do choro do Rio de Janeiro, cidade onde ele se estabeleceu em 1904. Se havia um certo exagero na fala de Heitor Villa-Lobos ("Bach não se envergonharia de assinar os 'Estudos' dele"), a comparação feita pelo pesquisador e musicólogo Mozart de Araújo não poderia ser mais certeira: "Pernambuco está para o violão assim como Ernesto Nazareth está para o piano". No fim das contas, *Choros do Brasil* teve grande contribuição para colocar em evidência as composições do "Nazareth do violão" não apenas para estudantes e devotos do instrumento, mas também para amantes do choro. Das seis faixas do lado A do disco, cinco eram de autoria de Pernambuco: o choro "Dengoso", que abria o álbum; o jongo "Interrogando"; o até então pouco conhecido choro "Pó de Mico", apresentado a Turíbio por João Pedro Borges; o conhecidíssimo "Sons de Carrilhões"; e o maxixe "Graúna", gravado anteriormente por Jacob do Bandolim, em 1950, e por Pixinguinha e Os Oito Batutas, em 1923, poucos anos depois de João Pernambuco ter viajado e se apresentado com o grupo (entre 1919 e 1920).

Apesar da pouca repercussão em vendas, *Choros do Brasil* caiu nas graças da crítica. Nelson Motta, em sua coluna no jornal *O Globo*, classificou o disco como "um dos mais belos trabalhos de instrumental brasileiro" daquele ano. No mesmo periódico, Sérgio Cabral exaltava Turíbio: "Não é à toa que esse violonista tem tanto prestígio no mundo inteiro. Na chamada música erudita ou na popular, ele dignifica o seu instrumento, mostrando com técnica e talento todo o potencial do violão". Antes de dar a cotação máxima de cinco estrelas para o álbum, o sempre atento Cabral chamava a atenção não só para o solista, mas para um dos acompanhadores: "Mais feliz a gente fica quando se sabe que, ao lado dele na gravação, está um menino de 15 anos, o Rafael do violão de sete cordas (do conjunto Os Carioquinhas), desempenhando o seu papel com a segurança de um veterano". Ainda assim, no pesar da balança, *Choros do Brasil* resultava, em suma, como um disco muito mais relevante pela escolha do repertório — com peças atemporais do violão popular brasileiro — do que pelas interpretações. Era basicamente um LP de cordas, já que as percussões do competente Chaplin em apenas quatro das doze faixas do álbum soavam mais discretas do que garçom de restaurante chique. À parte os temas de Barrios e de Garoto (com interpretação solo de Turíbio), de Alfredo de Medeiros (tocado pelo solista e pelo percussionista) e de Nicanor Teixeira (duo de Turíbio e João Pedro), os quatro instrumentistas das cordas atuaram juntos somente nas composições de Pernambuco e Dilermando. As performances individuais, como era de se esperar em se tratando daqueles grandes músicos, eram boas, sem ressalvas. Embora formado no clássico, Turíbio indiscutivelmente tinha, mais do que o domínio da técnica, intimidade com o choro; Jonas, apesar de não estar acostumado a tocar aquele repertório, esbanjava malandragem e balanço no cavaco; João Pedro, que fazia sua estreia em discos, apresentava boas ideias de harmonia, de levada e precisão nas dobras de frases; e Rafael, mesmo com a pouca idade, dominava os chamados "baixos de obrigação" e já trazia aquela que seria uma de suas principais marcas como acompanhador: uma firmeza inabalável na condução com a mão direita. Por fim, era um disco muito bom. Mas, numa comparação com o futebol, era como aquelas seleções europeias de ponta, com muito espírito coletivo, todo mundo "jogando para o time", muita aplicação tática, muita eficiência, mas pouco brilho, sem jogada individual genial, sem atuação de gala, sem gol de placa. Para não dizer que não havia nenhum drible desconcertante — além do repertório e do resgate da obra de Pernambuco —, a capa do LP trazia um lampejo de craque: uma xilogravura lindíssima feita por Sandra Santos com o desenho de um pássaro negro carregando flores laranjas e verdes sobre um fundo vermelho com bordas pretas.

 Mais do que ser o título do disco, *Choros do Brasil* também batizou o nome daquele grupo que acompanhava Turíbio. Ao longo de 1978, eles voltaram a se apresentar juntos, com Alaíde Costa e Copinha, em diversas cidades do país pelo Projeto Pixinguinha, mas não tinham naquela *gig* (nome dado a reuniões de músicos) a sua atividade mais frequente. Turíbio deu prosseguimento à sua carreira de concertista clássico pelo mundo; João Pedro Borges lançou seu primeiro álbum solo, ainda em 1977; e Rafael seguia com Os Carioquinhas e atuando em gravações de outros artistas. Apesar das reuniões esporádicas, quando Turíbio Santos os convocasse para um novo encontro, em setembro de 1979, eles estariam mais entrosados do que nunca. Na ocasião, a Erato havia dado novo sinal verde a seu artista exclusivo, o maranhense Turíbio, para que ele

Contracapa do segundo disco da carreira de Rafael, lançado em 1977, integrando o grupo Choros do Brasil, liderado por Turíbio Santos.

gravasse um novo disco com repertório brasileiro. O selo francês queria uma espécie de volume 2 de *Choros do Brasil*, nos mesmos moldes do primeiro LP: o violonista garimparia joias de compositores de seu país, gravaria por uma etiqueta nacional com boa qualidade sonora e a Erato distribuiria a bolacha não só na França, mas também em outros países.

Turíbio então acertou com Mario de Aratanha para fazer aquele registro pela produtora Kuarup, e o LP marcaria a estreia fonográfica do selo. Diferente de *Choros do Brasil*, que teve seu resultado prejudicado em parte pela mixagem (com o cavaquinho de Jonas muito "à frente" nas caixas de som dos ouvintes e os violões de João Pedro e Rafael um tanto quanto embolados), o segundo disco já nasceria com um cuidado de masterização e mixagem muito mais criterioso e desafiador. Entre os dias 19 e 23 de setembro de 1979, sob as coordenadas do engenheiro de acústica Américo Brito e do experiente engenheiro de gravação Carlos Fontenele, os músicos gravariam *Valsas e Choros* não em um estúdio convencional, mas na Sala Cecília Meireles.

Em termos de seleção musical, o novo álbum seguiria a mesma linha do primeiro, com uma combinação de obras de autores do passado e temas de compositores atuantes naquele momento. Entre os mais antigos, lá estavam novamente João Pernambuco (com o lirismo melódico e seus harmônicos característicos, em "Valsa", e o balanço irrefreável do choro "Reboliço") e Dilermando Reis (com uma de suas composições mais bem-acabadas e atemporais, o choro "suingado" "Tempo de Criança"). Ainda nesse grupo, a grande especialidade de Turíbio: Heitor Villa-Lobos, representado por duas interpretações solo do violonista maranhense em "Valsa-Choro" e "Chorinho". Todos eles tinham como traço comum a criação de peças naturalmente ligadas ao repertório do violão popular brasileiro. O disco *Valsas e Choros* ia além disso e — diferente das opções do *setlist* do anterior *Choros do Brasil*, que privilegiava chorões autores "de violão" — incluía temas do genial Ernesto Nazareth (1863-1934). Apesar de ter sua obra muito associada ao piano, ele havia composto muitas de suas músicas inspirado em instrumentos de cordas como o violão e o cavaquinho. Bastava ouvir, por exemplo, o tango brasileiro "Tenebroso", registrado no álbum *Valsas e Choros* e dedicado pelo autor justamente a um dos pioneiros do violão brasileiro, Satyro Bilhar. Além deste tema, o quinteto gravou outros quatro clássicos de Nazareth: os tangos brasileiros "Escovado", em duo entrosadíssimo de Turíbio e João Pedro Borges, "Odeon" e "Brejeiro", e a polca "Apanhei-te, Cavaquinho", novamente em dueto dos violonistas maranhenses.

Se no LP anterior Nicanor Teixeira havia sido o representante dos autores contemporâneos, em *Valsas e Choros* a escolha não poderia ser mais coerente. Ao optar por gravar "Valsa da Vida" (dolente e com harmonia muito criativa) e "Escapulindo" (choro ligeiro e fluido, apesar das convenções e divisões rítmicas complicadas), o grupo contemplava um compositor que não só trazia o choro em seu DNA, mas que também havia contribuído e muito para que na década de 1970 o gênero musical estivesse novamente em evidência: Paulinho da Viola. O sambista e filho de Cesar Faria, do Conjunto Época de Ouro, que já havia gravado choros belíssimos de sua autoria, como "Choro Negro" (no disco *Nervos de*

Diferentes "escolas" do violão brasileiro: Rafael com Paulinho da Viola
e os companheiros do Choros do Brasil, João Pedro Borges
(à esquerda) e Turíbio Santos, em 1977.

Aço, de 1973), "Romanceando", "Rosinha, Essa Menina", "Beliscando" e "Choro de Memórias" (no álbum *Memórias Chorando*, de 1976), dava enfim novas provas de ser um chorão de primeira linhagem.

Favorecido pelo primor da masterização e da mixagem, *Valsas e Choros* apresentava não só um resultado interpretativo coletivo irretocável, como também a possibilidade de se ouvir com muito mais clareza atuações individuais brilhantes dos músicos. Turíbio estava mais afiado ainda em termos de técnica e de expressividade; Jonas, exuberante, por exemplo, em "Escapulindo"; João Pedro, com uma consistência impressionante no acompanhamento de "Apanhei-te, Cavaquinho"; Rafael, muito mais saliente nas "baixarias" de "Brejeiro" e de "Reboliço". Outro diferencial do álbum estava no ritmo. Se anteriormente o conjunto contara com a discrição de Chaplin, agora tinha a presença marcante do pandeiro de Celsinho — que aprendera com seu pai Jorginho, do Época de Ouro, a colocar um regional "pra frente".

Para Rafael, aqueles dois discos, as turnês pelo Projeto Pixinguinha e a convivência com Turíbio seriam de grande importância em sua trajetória. Dentre as contribuições que o violonista traria ao jovem instrumentista, como o apuro técnico e a pesquisa de repertório de mestres do violão e do choro — algo que, claro, ele já vinha aprendendo nas rodas e principalmente com seu professor Meira —, a mais relevante de todas seria o aprimoramento da leitura. Logo que os dois se conheceram, o garoto, assim como outros chorões autodidatas, lia muito bem cifras. Turíbio então começou a passar para o violonista de sete cordas os mesmos exercícios de leitura de partituras que indicava para seus alunos no Conservatório Brasileiro de Música. Eram tantas as repetições naquelas lições de nomear as notas, contar os tempos e treinar não só a leitura como também a escrita musical, que Rafael resmungava; embaralhava a vista e reclamava de dores de cabeça. Em pouco tempo, ele agradeceria a Turíbio. Aqueles fundamentos lhe deixariam muito mais preparado para as exigências e os desafios que surgiriam em sua carreira. Um deles estava prestes a aparecer, ainda em 1979, e seria um marco não só na vida de Rafael, mas também na história do choro.

* * *

As poucas notícias que Jacob do Bandolim teve do Carnaval de 1964 lhe chegaram pelo rádio e diziam respeito a Ary Barroso. Ainda na noite de 9 de fevereiro daquele ano, as emissoras começavam a anunciar que às 21h40 o compositor mineiro de Ubá havia morrido na Casa de Saúde Gabriel Lucena, vítima de uma hemorragia decorrente de cirrose hepática. O bandolinista nem ficou sabendo que enquanto o autor de "Aquarela do Brasil" dava seus últimos suspiros no hospital, a escola Império Serrano desfilava na avenida Rio Branco com "Aquarela Brasileira", samba de Silas de Oliveira inspirado justamente em Ary. Jacob tampouco tomou conhecimento do quanto a marchinha "Cabeleira do Zezé", de João Roberto Kelly e Roberto Faissal, tinha se espalhado pelas ruas do Rio de Janeiro na voz de Jorge Goulart como um dos maiores sucessos daquela temporada festiva. Não que o consagrado chorão estivesse desesperado para se fantasiar de pirata ou de jardineira e se esbaldar no meio de algum bloco pelas ruas de Jacarepaguá. Nem se ele quisesse. Além de não ser afeito às tresloucadas farras carnavalescas, o bandolinista estava mergulhado em um desafio que não dava espaço para brincadeiras. Dali a exatamente onze dias, Jacob entraria em estúdio para gravar um concerto dedicado a ele por Radamés Gnattali.

Aquela prática era recorrente na vida do compositor, arranjador, maestro e pianista gaúcho. Como o próprio costumava dizer, seu grande prazer era escrever não apenas para ele tocar, mas para outros músicos interpretarem suas obras. Na década de 1950, Radamés já havia dedicado ao cubano Juan Antonio Mercadal, ao paulistano Garoto e ao cearense Zé Menezes três concertos para violão e orquestra. Além dessas composições, ele ainda dedicaria outras a Edu da Gaita, a Chiquinho do Acordeon, ao violonista Laurindo Almeida, ao violoncelista Iberê Gomes Grosso e aos violinistas Oscar Borgerth e Romeu Ghipsman.

Radamés havia se dedicado a compor aquela obra para Jacob entre 1957 e 1958. Sua admiração pela maneira de o bandolinista tocar era tão grande que certa vez, em um bar na avenida Atlântica, na altura do Posto 5, ele disse: "Jacob toca Jacob, os outros tocam bandolim". Caxias do jeito que era e amante da chamada música erudita, o instrumentista sabia que havia uma diferença enorme entre tocar um choro descontraído — como acontecia nos saraus promovidos por ele mesmo — e uma peça com a complexidade habitual das escritas por Radamés. Sendo assim, Jacob se trancou em sua casa, em Jacarepaguá, durante o Carnaval de 1964 para ficar "devorando e autopsiando os mínimos detalhes da obra" que lhe fora dedicada.

Escrita por Radamés, "Retratos" foi concebida como um concerto para bandolim, orquestra de cordas, violão e cavaquinho. A suíte — classificação que desagradava o compositor e maestro — fora batizada com aquele nome porque o autor fazia uma espécie de retrato musical dos homenageados em cada um dos quatro movimentos. No primeiro, o choro "Pixinguinha", Radamés havia se inspirado em "Carinhoso" para prestar reverências ao maior chorão de todos os tempos e, assim como o arranjador gaúcho, o grande revolucionário nas orquestrações de música brasileira a partir do século XX. No segundo movimento, a valsa "Ernesto Nazareth", o autor usou "Expansiva" como referência para homenagear aquele que foi sua maior influência no piano. No terceiro, o schottisch "Anacleto de Medeiros", Radamés partiu de "Três Estrelinhas" para fazer um tributo a um dos maiores nomes da chamada música de banda — compositor e regente nascido em Paquetá (RJ), ele tocava vários instrumentos, como clarinete, saxofone e flauta e foi o organizador da Banda do Corpo de Bombeiros do Rio de Janeiro. No quarto, o corta-jaca "Chiquinha Gonzaga", Gnattali se inspirou no "Corta-Jaca (Gaúcho)", de 1895, da pianista, compositora e maestrina pioneira na música feita para o teatro da época e para pequenas orquestras. Em cada um dos movimentos, Radamés fazia citações e sugeria os temas de cada um daqueles compositores, à sua maneira, mantendo a figuração rítmica, mas sem repetir as melodias originais.

A primeira sessão das gravações do LP *Retratos* estava marcada para o dia 20 de fevereiro, nos estúdios da CBS, na Praça XV, com o autor ao piano, o solista Jacob e a orquestra de cordas — formada por oito violinos, duas violas, dois violoncelos, dois contrabaixos (sendo um deles tocado por Pedro Vidal, conhecido do compositor desde os tempos de Rádio Nacional), o cavaquinho de Zé Menezes (que também integraria o Sexteto de Radamés) e dois violões, a cargo dos craques Waltel Branco e Daudeth de Azevedo, o Neco — e o pandeiro tocado por Rubens Bassini. Como chovia a cântaros naquela quinta-feira, Menezes se atrasou, e sem cavaquinho não havia gravação. Radamés propôs então registrar as músicas do lado B do disco, que seriam interpretadas apenas por ele. Eram oito composições de sua autoria feitas para piano solo. Assim, enfileirou uma joia atrás da outra: "Uma Rosa para Pixinguinha" — homenagem à valsa "Rosa", em citação ainda mais evidente do que a feita no retrato de Pixinguinha —, "Moto Contínuo", "Vaidosa nº 1", "Canhoto", "Noturno", "Vaidosa nº 2", "Maneirando" e "Porque". Em texto primoroso na contracapa do LP, Lúcio Rangel descreveu a cena: "Quando o notável compositor e também notável pianista gravava 'Uma Rosa para Pixinguinha', malgrado a velha experiência de vários presentes — artistas, técnicos etc. —, houve lágrimas nos olhos de alguns. Pixinguinha transfigurado, mas sempre Pixinguinha. Radamés 'sentindo' Pixinguinha, mas sempre Radamés". Os três primeiros movimentos da suíte acabaram sendo gravados na sexta-feira, 21 de fevereiro, e o quarto, na terça, dia 25. Com aquelas composições de Radamés e as interpretações emotivas e impecáveis de Jacob, o LP *Retratos* foi lançado oficialmente em 24 de agosto de 1964 na Galeria Estrangeira do Museu Nacional de Belas-Artes, na avenida Rio Branco, e anos depois ainda seria lembrado como um dos álbuns mais importantes de todos os tempos na discografia instrumental brasileira. Dois meses depois do lançamento, em carta enviada ao maestro, o bandolinista revelava seu contentamento e a sensação de recompensa por não ter caído nas tentações do Rei Momo: "O prêmio de todo esse esforço foi maior que todos os aplausos recebidos em trinta anos: foi o seu sorriso de satisfação! Este é que eu queria, que me faltava e que, secretamente, eu ambicionava há muitos anos. Não depois de um chorinho qualquer mas, sim, em função de algo mais sério. Um sorriso bem demorado, em silêncio, olhos brilhando, tudo significando aprovação e sensação de desafogo por não haver se enganado. Valeu! Ora se valeu!".

Mesmo com toda a euforia de Jacob de Bandolim e com o reconhecimento daquela obra, o Brasil parecia dar novas provas de ter a memória mais curta do que pata de um dachshund, o famoso cachorrinho "sal-

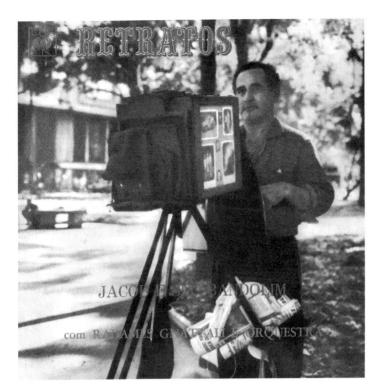

O álbum *Retratos*, de Jacob do Bandolim, com Radamés Gnattali e orquestra, lançado em 1964.

sicha". Em 1979, dez anos após a morte do bandolinista e quinze depois do lançamento de *Retratos*, o concerto escrito por Radamés Gnattali estava praticamente esquecido; mal se falava sobre e muito menos se tocava a peça de quatro movimentos. Àquela altura, fazer com que a antológica suíte emergisse novamente não parecia tarefa das mais fáceis. Primeiro, porque o choro, que estivera em alta desde o espetáculo *Sarau* até o fim de 1977, seguia firme contrariando as previsões de Jacob de que o gênero morreria, mas, a bem da verdade, já não andava mais com aquela bola toda. Segundo, porque reviver o concerto nos mesmos moldes em que ele fora concebido e executado — com um pianista do talento de Radamés, um solista com a capacidade de tentar chegar pelo menos perto do que o mestre do bandolim havia feito, mais uma orquestra com dezoito músicos — era praticamente inviável. A não ser que aparecesse alguém que tivesse sido influenciado de perto por Jacob, que propusesse uma ideia simples — e ao mesmo tempo ousada — para substituir aquela orquestra de cordas e, mais, que convencesse o próprio Radamés a encarar a empreitada.

Muito antes de ter a tal ideia simples e ousada, Joel Nascimento já havia sido fisgado pela música. Nascido em 1937, aos 8 anos ele ficou fascinado com o filme *A Song to Remember*, que no Brasil ganhou o título de *À Noite Sonhamos* e contava uma biografia romanceada e intensa de um genial compositor polonês chamado Frédéric Chopin. Joel passou a sonhar, noite e dia, em ser músico. Começou pelo cavaquinho — cuja afinação aprendeu com Motinha, figura tão importante quanto ele, anos mais tarde, na consolidação do choro do Sovaco de Cobra, na Penha Circular —, passou pelo acordeon e também pelo piano. Com o cavaquinho nas mãos, por volta dos 15 anos tocou a valsa "Santa Morena", de Jacob, acompanhado pelo próprio autor lá em Jacarepaguá, e dele ouviu um conselho que mudaria sua vida: "Olha, eu acho que você devia tocar bandolim, porque você está tocando um cavaquinho fantasiado de bandolim". Ainda na juventude, quando foi acometido por otosclerose e perdeu a audição do ouvido direito, Joel abandonou o piano e se firmou com o instrumento que consagrou Jacob. Antes mesmo de ter a ideia de resgatar os "Retratos" de Radamés, já tinha lançado dois discos — os muito bem recebidos pela crítica *Chorando Pelos Dedos*, de 1976, e *Meu Sonho*, de 1978 —, além de ter participado dos álbuns de artistas consagrados como João Nogueira, que foi quem mais lhe abriu as portas no início da carreira, Clara Nunes, Chico Buarque e Francis Hime. Sem contar os LPs coletivos *A Música de Donga*, de 1974, e *Choro na Praça*, de 1977, em que gravou ao lado de outros grandes nomes do choro como Waldir Azevedo, Copinha, Abel Ferreira, Zé da Velha e Paulo Moura.

Na década de 1970, "Retratos" não vinha sendo interpretada por instrumentistas devido a outro fator determinante. Como a obra havia sido escrita para orquestra de cordas, os músicos de choro não se interessavam em tocá-la. A peça exigia certo grau de leitura e, à época, boa parte dos chorões não dava conta de encarar uma partitura; a maioria era autodidata e tocava, como se dizia, "de ouvido" nas rodas. Joel, amante da chamada música erudita e de "Retratos", não encontrava ninguém disposto a encarar aquele desafio. Foi então que em meados de 1978 ele procurou Radamés, pediu a partitura da obra e a tocou para o compositor. Ao ouvir, o maestro fez a Joel um elogio no mesmo tom que fizera antes a Jacob — a quem ele havia dito "Jacob toca Jacob, os outros tocam bandolim" —, dizendo: "Você toca colorido, os outros tocam em preto e branco". No fim de 1978, o bandolinista seguia sem parceiros para interpretar aquele concerto, no máximo tocava informalmente

Joel Nascimento e Rafael em apresentação na Sala Cecília Meireles, no Rio de Janeiro, em 1978.

acompanhado por alguns violonistas, como seu irmão Joyr e Rafael Rabello. O resultado nunca ficava a contento porque aquela formação ultrarreduzida não dava conta de realizar as intervenções orquestrais. Certo dia então, Joel resolveu pedir a Radamés que ele fizesse uma adaptação da peça para bandolim, três violões, cavaquinho e ritmo. Até o relutante arranjador aceitar fazer a transcrição, levaria um tempo. Quando ele topou, o bandolinista já sabia quais seriam os músicos capazes de dar conta do recado. Quem eram eles? Basicamente metade d'Os Carioquinhas, cujos integrantes Joel já conhecia desde os tempos de Sovaco de Cobra e com quem ele havia gravado "Santa Morena" no LP *Os Carioquinhas no Choro*, em 1977.

Após o fim do conjunto, quatro de seus integrantes — justamente os que encarariam aquela nova missão com o bandolinista — seguiam tocando intensamente. Mauricio Carrilho havia participado de discos de alguns artistas, por exemplo, do próprio Joel, além de começar a fazer seus primeiros arranjos, como os de ... E *Que Tudo Mais Vá pro Inferno*, de Nara Leão, em 1978. Luciana Rabello tocara seu cavaquinho no mesmo álbum de Nara, assim como fizera no do sambista Nelson Sargento, no início de 1979. Celsinho Silva emprestara seu pandeiro a diversos discos e passaria a atuar em outro grupo de choro, o Nó em Pingo D'Água. Rafael Rabello, do "alto" de seus 16 anos, já havia gravado seu sete cordas no primeiro compacto de Gisa Nogueira, no LP *Choros do Brasil*, de Turíbio Santos, e nos álbuns de instrumentistas respeitados como Joel, Copinha, Waldir Azevedo e nos de artistas conhecidos nacionalmente como João Bosco (na faixa-título de *Linha de Passe*), Beth Carvalho, Elza Soares, Jair Rodrigues e Ivan Lins. Para o jovem violonista, que começara a ter aulas com Meira em 1976, a experiência com Turíbio Santos — e aqueles exercícios passados pelo instrumentista maranhense — fora fundamental para que na hora de encarar uma obra mais complexa como "Retratos" ele estivesse com a leitura de partituras em dia.

Além dos quatro jovens músicos, outro violonista integrava o time naquele momento inicial: Luiz Otávio Braga, que tocava tanto o instrumento de seis como o de sete cordas e fazia parte do ótimo Galo Preto, conjunto que havia influenciado Os Carioquinhas e lançado seu primeiro LP em 1978. Com a formação completa, depois de ensaiar intensamente, Joel e o quinteto apresentaram a nova versão de "Retratos" para Radamés no aniversário de 73 anos do maestro. Na festa, não só Luciano Perrone, Pedro Vidal, Chiquinho do Acordeon (músicos do sexteto de Radamés e que o acompanhavam desde os tempos de Rádio Nacional), a cantora Cláudia Savaget, Neco, Paulinho da Viola e outros convidados ficaram admirados como o próprio aniversariante ficou entusiasmado — dentro dos padrões de ceticismo e de certa dose de rabugice de Radamés, claro. À repórter Mara Caballero, do *Jornal do Brasil*, presente na festa, o maestro, que se apresentava em público esporadicamente e andava praticamente encostado e subaproveitado como arranjador da TV Globo, falou sobre a possibilidade de reavivar os "Retratos" com Joel e aqueles jovens: "É uma experiência que vai dar certo. O Paulinho da Viola diz que quer ajudar. Ele é que está inventando essa jogada". Posteriormente, em entrevista ao jornalista paranaense Aramis Millarch, o compositor contaria sobre sua descrença inicial: "Quem me pediu para fazer a transcrição foi o Joel. Ele ficou seis meses me enchendo o saco, queria tocar esse troço de qualquer jeito. Eu achava que não ia dar certo porque tinha

A pedido de Joel Nascimento (segundo da direita para a esquerda),
o maestro Radamés Gnattali (ao centro) transcreveu "Retratos" para
o conjunto que passaria a ser chamado de Camerata Carioca.
A primeira formação era: João Pedro Borges (violão),
Mauricio Carrilho (violão), Celso Silva (pandeiro), Rafael Rabello
(violão sete cordas) e Luciana Rabello (cavaquinho).

que fazer a transcrição de uma orquestra de cordas para um regional, mas em todo caso eu fiz".

Paulinho da Viola acabaria auxiliando mais como um incentivador do encontro entre Radamés, Joel, aqueles jovens e talentosos instrumentistas e a memória de Jacob do Bandolim. Quem ajudaria de maneira mais efetiva mesmo seria outro presente nas comemorações daquele aniversário do maestro no dia 27 de janeiro de 1979: Hermínio Bello de Carvalho. O poeta, produtor e letrista tivera uma relação próxima com Jacob, tendo dirigido, por exemplo, a última grande apresentação do bandolinista no Teatro João Caetano, no show antológico que o instrumentista fizera ao lado do Época de Ouro, de Elizeth Cardoso e do Zimbo Trio, em fevereiro de 1968. Entusiasta também da arte de Radamés, Hermínio propôs que a nova versão de "Retratos" fosse apresentada em um espetáculo que lembrasse os dez anos da morte de Jacob, no dia 13 de agosto de 1979, no mesmo João Caetano.

O disco *Tributo a Jacob do Bandolim*, lançado em 1980, que trazia a suíte *Retratos*, de Radamés Gnattali.

Durante seis meses, o maestro e Joel ensaiaram o concerto com o conjunto que havia sofrido uma mudança. Com o convite para se apresentar no Japão, Luiz Otávio Braga foi substituído por João Pedro Borges, que já havia gravado um LP solo e outro com o conjunto Choros do Brasil, de Turíbio Santos. O violonista maranhense se juntaria a Rafael Rabello (violão sete cordas), Mauricio Carrilho (violão), Luciana Rabello (cavaquinho) e Celsinho (pandeiro) e, com sua facilidade para leitura e organização sistemática nos ensaios, ganharia de Radamés o apelido de "spalla do conjunto". Com o compositor animado, Joel afiado e o quinteto formado, a nova versão de "Retratos" foi apresentada pela primeira vez na Escola Nacional de Música do Rio de Janeiro no início de agosto. Entre os dias 6 e 10 daquele mês, eles adentraram os estúdios da EMI-Odeon para uma gravação que entraria para a história — ainda que não se dessem conta daquilo naquele momento.

No lado A do LP que ganhou o nome de *Tributo a Jacob do Bandolim*, Joel e o quinteto interpretaram os quatro movimentos inspirados nas

Joel Nascimento (sentado) e o quinteto eternizado como Camerata Carioca: Rafael Rabello, Mauricio Carrilho, João Pedro Borges, Celso Silva e Luciana Rabello.

obras de Pixinguinha, Ernesto Nazareth, Anacleto de Medeiros e Chiquinha Gonzaga. Com o bandolinista inspirado, o balanço e a consistência do cavaquinho de Luciana e do pandeiro de Celsinho e os violões de Rafael, Mauricio e João Pedro fazendo as vozes que originalmente cabiam à orquestra, definitivamente havia algo de muito novo ali. Pela primeira vez, um regional de choro — solista, três violões, cavaquinho e pandeiro — atuava como se cumprisse a função de uma pequena orquestra de câmara (algo que, de certa maneira, o próprio Jacob do Bandolim já começara a fazer doze anos antes, em 1967, com o legendário álbum *Vibrações*). Com o reforço de peso de Radamés, o lado B do disco trazia composições de Jacob interpretadas com aquela mesma estética. Além de clássicos do bandolinista como "Doce de Coco", "Noites Cariocas", "O Voo da Mosca" e "Vibrações", eles registraram outro tema até então menos conhecido de Jacob, "Gostosinho" — gravado originalmente pelo próprio instrumentista em 1952 —, e "Conversa Mole (Jacobeana)", composição de Radamés em mais uma homenagem ao amigo.

Com aquele repertório espetacular fresquíssimo nos dedos, um dia após as gravações o maestro, Joel e o quinteto tocaram todas as músicas de *Tributo a Jacob do Bandolim* no Teatro Guaíra, em Curitiba. Dois dias depois, na data exata em que se completaram dez anos da morte do bandolinista, 13 de agosto, o espetáculo foi apresentado no Teatro João Caetano, no Rio. Na sequência, seguiram para a Sala Guiomar Novaes, em São Paulo (15/8) e para a Escola de Música de Brasília (17/8), sempre com direção e roteiro de Hermínio Bello de Carvalho. Na capital federal, aliás, o produtor teve a ideia de dar um nome ao conjunto que acompanhava Radamés e Joel. Como o grupo, até então chamado genericamente de quinteto, apresentava aquela sonoridade camerística, Hermínio resolveu batizá-lo de Camerata Carioca — nome que, aliás, acabou pegando. No cartaz dos espetáculos, o diretor e roteirista caprichava nas tintas da poesia para definir aquela união: "Um encontro de jovens duendes do som com um Patriarca da nossa música, cujo universalismo está em razão direta de uma linha de brasilidade da qual ele jamais se afastou".

Em outubro e novembro de 1979, Joel, o "patriarca" Radamés e os "jovens duendes" da Camerata voltaram a tocar no Rio, mas com um fato que os incomodava e consequentemente levantava questionamentos pela imprensa: o não lançamento do disco em homenagem a Jacob. Em sua edição de 11 de novembro, o jornalista e crítico musical Tárik de Souza, ao escrever sobre as novas apresentações, levantava a lebre: "Estranhamente, o *Tributo a Jacob do Bandolim*, gravado em estúdio no começo de agosto e programado para o final de setembro pela Odeon ainda não foi lançado. Encerrado o espetáculo que o justificou, Radamés Gnattali, Joel Nascimento e o conjunto Camerata Carioca ainda esperam pela saída do misterioso disco (seria um UFO?) naufragado, espera-se que temporariamente, 'por motivos contratuais'. Urge, porque passa da época da inadiável comemoração — e o mestre Jacob já devia estar imune a esse tipo de burocracia cultural". A questão, que parecia complicada, era bem simples. Logo após a gravação do LP, a EMI-Odeon rescindiu o contrato de Joel. Como o bandolinista não fazia mais parte do elenco da gravadora, mas o disco já estava gravado, ela decidiu não lançá-lo. Após pressões da mídia, o crítico Sérgio Cabral — que escrevera no jornal O *Globo*, exigindo que "os dirigentes da Odeon assumissem a responsabilidade pela sua própria desorganização e tratassem de botar o disco na rua" — acabou costurando um acordo para que o álbum saísse pela Warner, gravadora em que ele trabalhava como diretor à época. Impasse solucionado, o LP acabou chegando às lojas apenas na metade de

1980, sendo exaltado até pelos críticos mais ferrenhos, como José Ramos Tinhorão. Segundo ele, em texto publicado no *Jornal do Brasil*, em 19 de julho, a obra de Radamés, Joel e Camerata revelava-se "desde logo um dos melhores discos do ano, não podendo faltar, de agora em diante, em qualquer seleção que pretenda abranger o que de melhor existe em matéria de música brasileira".

Já no primeiro semestre daquele ano, o maestro, o bandolinista e o conjunto anunciavam a gravação de um novo álbum, novamente ousado, com obras de Pixinguinha e Vivaldi. A formação, porém, já era outra: o violão de sete cordas, o cavaquinho e a percussão ficavam agora nas mãos de Luiz Otávio Braga, Henrique Cazes e Beto Cazes, respectivamente. Rafael Rabello, Luciana Rabello e Celsinho Silva partiriam para outros trabalhos musicais. Rafael, particularmente, entrava na década de 1980 carregando na bagagem a participação em discos importantes e inúmeras apresentações pelo Brasil. Prestes a completar 18 anos, o jovem violonista, que já havia atuado em um álbum revolucionário, tinha sonhos ainda mais ambiciosos, como, por exemplo, escrever um capítulo até então inédito na história de seu instrumento.

Primeiro disco solo de Rafael Rabello (ainda com o nome artístico Rafael Sete Cordas), lançado pela Polygram em 1982.

Capítulo 4
O VOO INICIAL DE UM FENÔMENO

> "No mais, mesmo, da mesmice, sempre vem a novidade."
>
> Guimarães Rosa

Para quem acorda todo dia às 5 horas da manhã para trabalhar pesado, quando o relógio bate nas 10h30, nas 11h, a fome e, consequentemente, o almoço já são como algo urgente e real. Para Rafael Rabello, a trajetória musical funcionava da mesma forma. Profissional desde os 13 anos — com a gravação no compacto de Gisa Nogueira —, quando chegou aos 19, no fim de 1981, além dos discos d'Os Carioquinhas, do grupo Choros do Brasil, que acompanhava Turíbio Santos, e da Camerata Carioca, ele era praticamente um veterano e já havia tocado seu violão de sete cordas em mais de setenta álbuns de outros artistas. Portanto, era mais do que natural que àquela altura Rafael já fosse reconhecido — ao menos no meio musical — e também começasse a buscar novos caminhos para a sua música, para a sua carreira.

O reconhecimento para o jovem músico começou a aparecer não apenas em forma de novos convites para participar de mais discos de nomes consagrados da música brasileira, mas também em premiações. No fim de 1981, Rafael foi eleito o "melhor violonista" no Prêmio Vinicius de Moraes, concedido pela revista *Playboy*, e escolhido como "melhor instrumentista" pela ABPD (Associação Brasileira dos Produtores de Discos), por seu trabalho nos LPs de Martinho da Vila, de Clara Nunes e de Paulinho da Viola. Se o júri considerasse apenas os álbuns desses três artistas, Rafael havia desbancado músicos do quilate de Hélio Delmiro, Rosinha de Valença, Cesar Faria e Manoel da Conceição, o Mão de Vaca (violões), Luizão Maia (baixo), Wilson das Neves (bateria), Chiquinho do Acordeon e Sivuca (acordeon), Zé Bodega (sax-tenor), Joel Nascimento (bandolim), Copinha (flauta), Neco (guitarra), João Donato e Cristóvão Bastos (piano) e sua grande referência, Dino 7 Cordas. Nada mau para quem tinha acabado de completar 19 anos.

A areia da ampulheta da vida de Rafael parecia correr mais rápido do que a dos pares de sua geração, e as novidades — não só ligadas ao campo profissional, mas também ao pessoal — pululavam dia após dia. Uma delas aconteceu no dia 8 de setembro de 1981, quando o violonista, ainda com 18 anos, e uma jovem de família de classe média, Liana Olindina Rosado Ventura, resolveram juntar suas escovas de dentes e ir morar juntos de aluguel no apartamento de Celsão, d'Os Carioquinhas, na Muda, sub-bairro da Tijuca, na Zona Norte do Rio. Os dois se conheciam fazia pouco mais de uma década, desde que Liana havia se mudado com sua família para a mesma vila do Cosme Velho onde Rafael morava. A menina, com 9 anos, vivia na casa 11; ele, com 8, na de número 13. Apesar da convivência frequente, se existia algo que não ocorreu entre os dois foi o tal do amor à primeira vista. Primeiro, porque na época em que eles se conheceram, apesar de a diferença de idade não ser tão grande — ela era um ano e dez dias mais velha do que ele —, ambos viviam fases bem distintas. Rafael ainda levava uma vida de criança, enquanto Liana, embora ainda brincasse com suas bonecas Barbie, já começava a entrar na pré-adolescência. Aos 10 anos, quando ela já tinha seu primeiro namorico, o caçula da família Rabello corria para a mãe da menina, também chamada Liana, para dedurar aqueles assanhamentos: "Liana, a Lianinha está lá embaixo beijando na boca!". Segundo, porque um pouco mais tarde, quando Rafael começou a se interessar por essa história de beijar na boca, sua primeira namorada não foi Liana, mas justamente a irmã dela, Maria Cristina. Naquele namoro bobinho, ingênuo, de primeiras descobertas, o violão já acompanhava o garoto. Antes de ser considerado um menino prodígio no instrumento, ele, como se sabe, atacava um repertório incomum para sua idade, com temas como "Brejeiro", de Ernesto Nazareth, mas também tocava canções mais simples, aquelas de rodinhas de violão, como "Marinheiro Só", de domínio público, basicamente com três acordes, e que Caetano Veloso havia gravado poucos anos antes em seu disco de 1969.

Logo depois, com Liana e Maria Cristina já morando num apartamento da avenida Nossa Senhora de Copacabana, seus pais recebiam em casa muitos nomes da música, principalmente do samba, como Clementina de Jesus, Nelson Sargento, Ismael Silva, Elton Medeiros, mas nas festinhas de aniversário da garotada o que tocava no aparelho sonoro da sala eram basicamente o pop e o rock norte-americanos. Naqueles eventos, Rafael já parecia um peixe fora d'água; vestia-se como seus amigos bem mais velhos e, mergulhado no choro e no repertório clássico de violão popular, quase sempre havia um momento nas festas em que interrompia-se o som da discoteca para que ele apresentasse alguns números so-

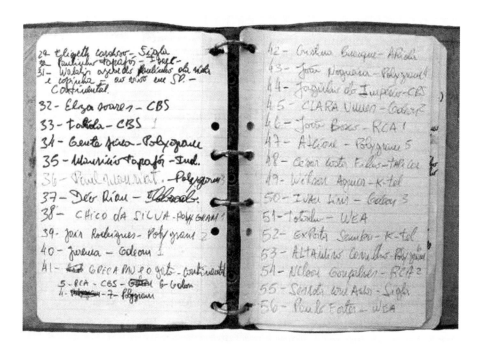

Ainda no início de sua carreira, Rafael Rabello anotava em um caderno a relação de discos de outros artistas de que ele participava. Na lista, nomes como João Bosco, Elza Soares, Martinho da Vila, Clementina de Jesus, Nara Leão, Jair Rodrigues e Beth Carvalho.

lando seu instrumento. Já era o início da época d'Os Carioquinhas e ele, com 14 anos, continuava a frequentar os eventos na casa dos Rosado Ventura. Naquele período, Rafael e Liana perderiam o contato. Quando ela tinha apenas 15 anos, mudou-se para São Paulo com seu primeiro namorado — três anos mais velho —, indo morar com ele e a família dele, logo depois, em Salvador. Com o fim do relacionamento, ela voltou para o Rio em 1979, prestes a completar 18 anos e, naquele retorno, ela e Rafael se reencontraram e começaram a sair inicialmente como velhos conhecidos. Só em 1981 a amizade começou a ficar mais colorida, os dois engataram um relacionamento e num estalar de dedos já estavam morando juntos. Sem oficializar a união em cartório e sem cerimônia em igreja — sim, naquela época esses ritos eram usuais —, aquela pressa de ambos em dividir o mesmo teto, a bem da verdade, nada tinha a ver com a torridez de uma paixão. O casamento havia se consumado muito mais por uma questão de praticidade e de comodidade, de segurança e conforto em morar com alguém que se conhecia de longa data. Mas, claro, não era só isso. Como os dois não eram muito de esperar o tempo e a cadência naturais de um relacionamento, digamos, comum, em apenas dois meses de casados, em 11 de novembro de 1981, no dia em que Liana fez 20 anos, eles receberam o resultado de que ela estava grávida.

Naquele fim de ano, aquela não era a única notícia alvissareira para Rafael. Dias antes de ser informado de que seria pai pela primeira vez, ele atendeu um telefonema da Polygram e ficou sabendo que a gravadora havia topado fazer seu primeiro disco solo. Quem havia transmitido a boa-nova ao violonista, do outro lado da linha, fora o diretor artístico da companhia, Luiz Roberto, que cuidaria da direção de produção e de estúdio do álbum. O LP estava nas mãos certas. Luiz, como qualquer produtor atento e com ouvidos abertos para detectar quem eram os melhores instrumentistas do país, conhecia Rafael desde os tempos d'Os Carioquinhas. No fim da década de 1970, antes de Turíbio Santos convidar o violonista de sete cordas para integrar o conjunto Choros do Brasil, Luiz já havia tocado violão no grupo que acompanhou o músico maranhense nos shows com Alaíde Costa e Copinha. Sabedor do rápido desenvolvimento do jovem, Luiz Roberto batalhou junto à Polygram para que a gravadora apostasse no primeiro álbum solo da carreira do instrumentista. O trabalho de convencimento não foi dos mais fáceis. Apesar do talento evidente de Rafael, a Polygram, como uma grande gravadora, estava interessada em números e num retorno comercial garantido. Hábil nas negociações, o produtor conseguiu que o disco fosse feito pelo

Com dedicatória para os pais, Maria Amelia e Ruy, Rafael posa
para a sessão de fotos de seu primeiro LP solo.

Fontana Special, selo da Polygram que abria mais espaço para LPs com menor potencial de vendas. Luiz Roberto, assim como Rafael, queria mesmo era saber de música; e seguiu assim até o fim de sua vida, sete anos depois, na noite de 20 de outubro de 1988, quando ele, baixista e quarta voz do histórico conjunto vocal Os Cariocas, passou mal durante o espetáculo que marcava o retorno do grupo aos palcos após um longo intervalo de 21 anos, e morreu após sofrer seu terceiro infarto, no camarim da casa de shows Jazzmania.

A rigor, a principal atuação de Luiz Roberto no primeiro álbum solo de Rafael seria o trabalho de convencimento da Polygram em gravar o disco. Após receber o sinal verde para a realização do *long-play*, com sua experiência, ele agiu da melhor maneira que poderia naquele caso, deixando o violonista à vontade para escolher o que gravar e, principalmente, a forma como tocar. Não havia decisão mais acertada. Apesar da pouca idade de Rafael, ninguém dentro da gravadora conhecia tão bem quanto ele o repertório de violão brasileiro e tampouco alguém poderia acrescentar algo em relação à maneira interpretativa. Assim, depois de Luiz ligar para o violonista confirmando o álbum, tudo correu de forma muito rápida. Os dois se encontraram poucas vezes para que Rafael apresentasse e tocasse as músicas que ele pretendia registrar. O produtor gostou do que ouviu e eles agendaram as sessões de gravações para os primeiros dias de dezembro de 1981, nos estúdios da Polygram, na Barra da Tijuca, na Zona Oeste do Rio.

Com a habitual facilidade para tocar diante de microfones e a enorme familiaridade com o repertório escolhido por ele mesmo, o violonista gravou o disco em apenas três dias. Sua ligação com o violão de sete cordas era tão latente e intrínseca que, a exemplo de outros grandes músicos que acabaram ganhando nomes artísticos inspirados em seus instrumentos — como Jacob do Bandolim, Dino 7 Cordas, Chiquinho do Acordeon, Nelson Cavaquinho, que acabou deixando sua marca no violão, e Paulinho da Viola, ligado mesmo ao violão e ao cavaquinho —, seu primeiro álbum solo foi batizado de *Rafael Sete Cordas*. Composto de doze faixas, o repertório do LP revelava novamente a maturidade do instrumentista. Quem passasse os olhos pela ficha técnica do disco e visse a seleção das músicas, cravaria que ela tinha sido feita por alguém experiente, de cabelos brancos; jamais diria que o responsável pela escolha daqueles compositores tão importantes tinha partido da cabeça daquele moleque de apenas 19 anos que aparecia na contracapa com expressão séria, empunhando um violão de sete cordas com suas mãos pequenas e gordinhas e apresentando um rosto infantojuvenil ainda imberbe.

Como Rafael era profundo conhecedor do repertório de violão brasileiro, metade do álbum era formada por nomes importantíssimos na literatura daquele instrumento. De João Pernambuco, companheiro musical de Meira, professor de Rafael, o violonista gravou "Sons de Carrilhões" e "Interrogando", eternizadas em interpretações de Dilermando Reis, com seu violão de cordas de aço, no início da década de 1950. Nos dois jongos, o jovem instrumentista dobrava com ele mesmo, isto é, gravando na mesma faixa, separadamente, dois violões, um fazendo o solo da melodia e o outro, o acompanhamento. Do paraguaio praticamente brasileiro Agustín Barrios, Rafael escolheu o clássico "Choro da Saudade" — primeira música que Meira lhe ensinou a ler nas aulas — e o complicado "Estudo de Concerto", que exigia grande apuro técnico na execução. Do revolucionário Garoto, que estava para o violão brasileiro assim como Django Reinhardt estava para a guitarra mundial em termos

Na contracapa de seu primeiro disco solo,
Rafael empunha o violão Do Souto com cordas de nylon
e sem dedeira: uma revolução na maneira
de tocar o violão de sete cordas.

de pioneirismo e de genialidade, Rabello pinçou dois choros de harmonias belíssimas, "Vivo Sonhando" e "Gracioso".

De fato, a obra de Garoto tinha imensa importância na formação de Rafael. Além de gravar aqueles dois choros, poucos meses depois ele faria com Radamés Gnattali um disco dedicado às músicas do compositor paulistano. Naquele mesmo ano de 1981, o jovem violonista havia estreado como arranjador, no álbum do conjunto Galo Preto, em "Meu Tempo de Garoto", tema de Paulinho da Viola e Cristóvão Bastos feito justamente em homenagem ao multi-instrumentista. No LP *Rafael Sete Cordas*, o músico gravou também outra faixa inspirada no mago das harmonias, "Garoto", de Tom Jobim. Rafael conhecera Jobim por intermédio de Radamés Gnattali. O próprio ícone da bossa nova, que havia interpretado aquele choro de duas partes em seu disco *Stone Flower*, gravado nos Estados Unidos em 1970, acompanhara de perto a transcrição da música para violão solo, aconselhando Rafael com dicas valiosas para que aquela nova versão da música, feita inicialmente no piano, soasse

O voo inicial de um fenômeno

Clicado por seu cunhado Henrique Sodré, Rafael posa para a sessão de fotos de seu primeiro LP solo, *Rafael Sete Cordas*.

o mais natural possível num instrumento de cordas. O jovem violonista havia escolhido aquela composição de Tom com a intenção de salientar a influência que Garoto exercera sobre os conhecidos criadores da bossa nova.

Além do choro de Tom Jobim, a outra metade do álbum trazia ainda temas de nomes que não eram estritamente ligados ao violão, como o pianista Cristóvão Bastos, autor da valsa "Por um Momento Antigo", e Jacob do Bandolim, de quem Rafael gravou a valsa "O Voo da Mosca". A composição de Jacob, com frases melódicas ascendentes e descendentes, imitando as subidas e descidas de um voo, fora inspirada no "Voo do Besouro", do russo Rimsky-Korsakov. A escolha de Rafael era audaciosa. A valsa tinha andamento bastante veloz e se já era extremamente difícil de ser interpretada num instrumento tocado com palheta, como o

bandolim, imagine para ser dedilhada no violão. Para o jovem instrumentista isso não era lá um grande problema e ele impressionou ao esbanjar na técnica, tanto no solo quanto no acompanhamento daquela interpretação.

Outras duas faixas evidenciavam o quanto Rafael escapava do óbvio e dos clichês nas escolhas do repertório. Com o choro "Praça Sete", de Dino 7 Cordas e Francisco Sá, Rabello fazia uma justa homenagem àquele que representava a maior influência no seu instrumento, Dino. Já com a valsa "Yeda", composta por Mozart de Araújo para sua esposa, Rafael ressaltava a importância do maestro, à época vice-presidente da Orquestra Sinfônica Brasileira, e um dos maiores pesquisadores e musicólogos do país. Tanto o cearense Mozart quanto o carioca Dino eram duas figuras bastante reverenciadas principalmente no meio do choro, mas nenhum deles tinha a faceta de compositor amplamente divulgada. Mérito, portanto, de Rafael em destacar tal aspecto.

Por fim, o disco ainda reservava algo marcante na trajetória do jovem violonista. Com a valsa "Sete Cordas", ele gravava pela primeira vez uma composição de sua própria autoria. Apesar de ter ganhado registro instrumental naquele álbum, a música tinha recebido versos do consagrado Paulo César Pinheiro. O letrista e poeta, autor até então de parcerias com nomes como Baden Powell, João Nogueira, Mauro Duarte, Guinga, Tom Jobim, Edu Lobo, Ivan Lins, Dori Caymmi, Maurício Tapajós, Eduardo Gudin, Miltinho (do MPB-4), Elton Medeiros, Pixinguinha e João Donato, havia sido o responsável por levar Rafael para as primeiras gravações em discos de outros artistas. Com sua costumeira categoria, Paulo César Pinheiro ouviu a composição de Rafael e fez uma letra inspiradíssima para aquela valsa-canção. O poeta, que entendia como poucos a arte de captar a alma, a essência da composição, fez novamente a mágica de parecer que a música já tinha nascido trançada naquelas palavras. Ainda que a canção só fosse gravada com a letra muitos anos depois, o primeiro álbum solo de Rafael Rabello trazia em seu encarte a poesia certeira de Paulo César Pinheiro. Os versos, mais do que uma ode ao violão de sete cordas, soavam como um retrato perfeito da relação inseparável e simbiótica entre Rafael e seu instrumento:

"Sete Cordas"

Nada me fará sofrer
Pois trago junto ao coração
O bojo do meu violão
Cantando
Nada me dá mais prazer
Nem mesmo uma grande paixão
Que o som das sete cordas do meu violão
Tocando
E eu me vejo a obedecer
(Eu nem sei bem por quê)
E sinto uma transformação
E os acordes nascem sem querer
Sem querer desponta uma canção
E eu sinto o coração nos dedos
Passeando em calma

Afugentando os medos
Que residem n'alma
E deixo-me envolver
Pelo braço do meu violão
E o peito meu, fibra por fibra
Apaixonado vibra
Com prima e bordão
É aí que eu sinto a mão de Deus na minha mão
Com emoção e fervor
As velhas melodias
Cheias de harmonias novas
E nesse instante então eu sou um sonhador
Acompanhante das canções de amor
Chego a cantar, sem perceber, alguns versos e trovas
E aí começo a ver que nunca fui sozinho
Meu violão me acompanhou por todo o meu caminho
Isso eu quero agradecer
Fazendo uma canção
Falando de você
Amigo violão
Que comigo estará
Até eu morrer.

Apesar de ter sido realizado em apenas três dias em dezembro de 1981, o disco demoraria dez meses para ser lançado. A Polygram havia aberto as portas para que Rafael Rabello gravasse seu álbum solo, mas, priorizando LPs com maior potencial de retorno comercial, foi postergando o lançamento de *Rafael Sete Cordas*. A notícia começou a correr e o violonista, que já despertava o interesse da imprensa havia alguns anos — sempre com o apelo midiático de ser um "menino prodígio" —, naturalmente passou a divulgar seu novo trabalho. Na edição de 25 de abril de 1982, o *Jornal do Brasil* trazia uma reportagem noticiando a gravação do "primeiro solo de Rafael Sete Cordas". A matéria, que apresentava informações básicas sobre o disco, mesmo sem se aprofundar muito nos detalhes musicais, era bastante interessante por revelar traços da personalidade de Rafael. Em uma de suas primeiras entrevistas para jornais de circulação nacional, o violonista falou sobre os caminhos que pretendia seguir, enfatizando uma postura que o acompanharia ao longo de toda a sua carreira: a de não fazer concessões. "Estaria mentindo se dissesse que não tenho vontade de fazer um trabalho mais individual. Não tenho vontade é de quebrar a cara e sair por aí pedindo para as rádios tocarem meus discos, para os jornais fazerem reportagem comigo. Isso jamais farei. É o preço que pago pelo meu trabalho. Mas se o solo for o caminho, vai pintar outro disco como pintou este."

A reportagem não deixava dúvidas do quanto Rafael era diferente dos pares de sua geração. Além de elencar a lista de amigos do violonista, todos muito mais velhos do que ele (Radamés Gnattali, Copinha, Chiquinho do Acordeon, Tom Jobim, Zé Menezes, entre outros), o jornal dizia que o jovem músico só tivera convicção de que o disco havia ficado bom depois de ouvir os veredictos de Paulinho da Viola, João Bosco e Jobim. Como desde a infância, com todos os irmãos sendo vários anos mais velhos — a exceção era Luciana, que nascera um ano e nove meses antes de Rafael — e desde o início de sua carreira, o violonista estava acostumado a conviver e a trocar informações com gente que tinha idade para ser seu pai e até seu avô, era mais do que natural que ele não tivesse a mínima identificação com a garotada de sua faixa etária. À reportagem do *Jornal do Brasil*, com bastante franqueza e com boa dose de marra, o caçula dos Rabello espinafrava a molecada de sua geração: "Eles não têm um terço da informação do Rio que eu tenho. Se eu perguntar quem foi Wilson Baptista, não sabem. Não terei outros amigos de personalidade própria como os de agora. Os que têm por aí foram formados pela televisão. Vou falar com eles sobre o quê? Mulher? Futebol? De música não gosto de falar com ninguém". A afinidade de Rafael com artistas mais experientes ficava comprovada com a afirmação dele ao periódico de que o baterista Wilson das Neves e o casal Clara Nunes e Paulo César Pinheiro seriam os padrinhos de seu "filho". O apadrinhamento se confirmaria, mas o gênero da criança contrariaria as previsões do pai de primeira viagem. Durante a gestação, Liana e Rafael optaram por não fazer o teste que revelaria o sexo do bebê. Só ficaram sabendo que se tratava de uma menina quando a pequena Diana nasceu, no dia 6 de julho de 1982.

Antes mesmo de a primogênita do casal sair da barriga, Rafael já tinha determinado o tipo de música que ela ouviria. Na mesma matéria do *Jornal do Brasil*, como um arauto do puritanismo, do "alto" de seus 19 anos, no estilo jurado de programa de calouros, ele elogiava Djavan, que estreara em 1976 com um álbum espetacular ("É o melhor cara que surgiu nos últimos tempos. Este vai ficar"). Por outro lado, não economizava nas críticas a Rita Lee, que fizera rock e história com Os Mutantes e

Manuscrito da valsa "Sete Cordas",
parceria de Rafael e Paulo César Pinheiro,
gravada no primeiro álbum do violonista.

depois seguira colecionando hits com a banda Tutti Frutti e em carreira solo ("Nada melhor para se ouvir num piquenique. É uma música infantil que meu filho não vai ouvir").

Meses depois, mais precisamente no dia 3 de outubro — quase um ano após a gravação do disco —, o LP *Rafael Sete Cordas* foi lançado. Mal acabara de chegar às lojas, o álbum ganhava crítica elogiosa de Tárik de Souza, no mesmo *Jornal do Brasil*. "Músico maduro, que não se impressiona com malabarismos, Rafael, mais de mil horas de estúdio de gravação (de Clara Nunes a Angela Ro Ro, de Martinho da Vila a Eduardo Dusek), é capaz de encarar desafios como o intrincado 'Voo da Mosca', de Jacob do Bandolim. Mas também é lírico e dolente quando assim sugere a partitura de Garoto ('Vivo Sonhando') ou do índio paraguaio Agustín Barrios ('Choro da Saudade'), que o próprio Rafael reco-

O voo inicial de um fenômeno

nhece 'pouco tocado, porque sua música é muito difícil'." Mais adiante, o crítico continuava: "Apesar de inegável virtuose, porém, esse raro perito em violão de sete cordas, já abençoado pelo mestre da cadeira, Horondino Silva, o Dino, não é um executante pernóstico. Longe disso. Tem a leveza dos velhos chorões ('Gracioso') e deixa-se tomar pelo gostoso ritmo do jongo ('Interrogando') com o mesmo entusiasmo com que faz o ouvinte embarcar num punhado de valsas ('Sete Cordas', 'Yeda' e 'Por um Momento Antigo')".

Já tarimbado e reconhecido como um exímio violonista de acompanhamento, em sua estreia solo Rafael esbanjava virtuosismo com arranjos criativos, ainda que com um estilo, digamos, mais "puro", fruto da experiência acumulada na tradição e nos cânones do choro. Até então, como acompanhante, ele tocava com uma dedeira no polegar da mão direita, seguindo a cartilha da escola cristalizada por seu mestre Dino, dando conta de fazer os contrapontos e os chamados "baixos de obrigação". Em *Rafael Sete Cordas*, ao abandonar a dedeira, ele mudara completamente a mecânica, a maneira de tocar, ganhando muito mais liberdade para executar os solos. Mais: o instrumentista colocara cordas de nylon em seu violão Do Souto, feito para ser tocado com cordas de aço; a opção acabou resultando num som não tão bonito, mas que permitia que Rabello pudesse tocar com aquela fluidez. Apesar de tudo isso, ainda havia algo que chamava a atenção. A primeira matéria do *Jornal do Brasil*, assinada por Cleusa Maria, a crítica escrita por Tárik de Souza e o texto do produtor do LP, Luiz Roberto, no encarte do álbum lançado pela Polygram, simplesmente deixaram passar batido um fato histórico. Pela primeira vez em um disco no Brasil um violonista de sete cordas atuava solando. Com seu primeiro LP individual, Rafael Rabello havia escrito um novo capítulo na literatura do instrumento, alçando o violão de sete cordas, até então reservado aos acompanhamentos, a um novo patamar, o de solista. Os 32 minutos e 53 segundos daquelas doze faixas eram a gênese de uma revolução, a criação de uma nova escola do violão brasileiro, o voo inicial de um fenômeno.

Capítulo 5
MEU AMIGO RADAMÉS

> "Meu amigo Radamés é a coisa melhor que tem
> é um dia de sol na floresta, é a graça de querer bem"
>
> Tom Jobim

Quando Os Carioquinhas gravavam seu primeiro e único disco nos meses de julho e agosto de 1977 nos estúdios Sigla, na rua Assunção, 443, no bairro de Botafogo, os jovens integrantes do conjunto estavam cercados por personagens que tinham escrito páginas importantes na história da música popular brasileira. Naquele caso, não era exagero dizer que se tratava de uma história com "H" maiúsculo. Além do repertório atemporal — defendido por eles a ferro e fogo —, os convidados daquele álbum eram considerados verdadeiras legendas no meio instrumental. Altamiro Carrilho integrou o Regional do Canhoto desde a formação do grupo, no início da década de 1950, logo após Canhoto, Dino, Meira e Gilson romperem com Benedicto Lacerda e decidirem formar o próprio regional. O jovem Altamiro, aliás, tocava tão bem que ao se apresentar na Rádio Guanabara, o veterano flautista o escutou e chegou a pensar que era ele mesmo, Benedicto, quem estava tocando ao vivo. Como a física já havia provado, era humanamente impossível alguém estar em dois lugares diferentes ao mesmo tempo. Em 1977, Altamiro já havia emprestado o brilho de sua flauta a discos de Cartola, Chico Buarque, Nelson Cavaquinho, Gilberto Gil, João Bosco, Beth Carvalho, Djavan, Francis Hime, Roberto Ribeiro e mais uma infinidade de artistas consagrados. Outra figura de peso a dividir o estúdio com Os Carioquinhas foi José Alberto Rodrigues Matos, que já havia tocado com Jacob do Bandolim e outro chorões do mais alto escalão. Seu nome artístico, por sinal, vinha do fato de ele, ainda na juventude, ter atuado com o Grupo da Velha Guarda, de Pixinguinha. Assim ele virou o Zé da Velha. Joel Nascimento, também mais velho e referencial para Os Carioquinhas, já vinha sendo considerado como o principal substituto de Jacob, além de ter atraído atenções com seu primeiro álbum e de ter gravado com João Nogueira, Clara Nunes e Chico Buarque. Era um time da pesada.

O fato de garotos de tão pouca idade e tanto talento estarem registrando um disco de choro despertava tamanho entusiasmo nos mais velhos que, além dos participantes do LP, outros veteranos de muita bagagem que estavam gravando em outras salas dos estúdios Sigla resolviam dar uma passadinha para espiar a molecada. Um deles era Copinha, que há tempos dividia com Altamiro o posto de flautista mais requisitado da música nacional. Aos 67 anos, a lista de participações de Nicolino Cópia em LPs de outros artistas era das mais extensas e diversificadas, incluindo nomes como Luiz Gonzaga, Edu Lobo, Elton Medeiros, Milton Nascimento, Cartola, Eumir Deodato, Maysa, Sylvia Telles, João Donato, Paulinho da Viola e Aracy de Almeida. Como se não bastasse um elenco estelar daqueles, a flauta de Copinha havia soado em mais três discos históricos e revolucionários: *Coisas* (1965), de Moacir Santos, *Os Afro-sambas* (1966), de Baden Powell e Vinicius de Moraes, e o álbum inaugural da bossa nova com Elizeth Cardoso interpretando as composições de Vinicius e Tom Jobim, com o violão de João Gilberto, *Canção do Amor Demais* (1958) — embora a ficha técnica deste último omitisse injustamente o nome do flautista.

Nos meses seguintes às gravações do LP d'Os Carioquinhas, após a dissolução do grupo, Copinha travaria um contato muito mais próximo com um ex-integrante do conjunto, Rafael Rabello, durante as turnês do Projeto Pixinguinha com Turíbio Santos, o Choros do Brasil e Alaíde Costa. Naquela convivência musical estreita, ainda em 1979 o músico veterano convidaria o violonista para tocar em seu grupo e também para gravar o disco *Bomfiglio de Oliveira Interpretado por Copinha e Seu Conjunto*, produzido por Elton Medeiros e lançado pelo Museu da Imagem e do Som do Rio de Janeiro. O álbum era o segundo volume da série Revivendo, idealizada por Elton e que fora inaugurada com um LP em que o trombonista Nelsinho (Nelson Martins dos Santos) tocava obras de outro craque do instrumento, Candinho (Candido Pereira da Silva), chamado de "o derrubador de violões" devido às armadilhas harmônicas de suas composições. Graças ao convite de Copinha para atuar no álbum, Rafael ganhava mais uma oportunidade de mostrar seu talento precoce e despertar a atenção da imprensa em faixas como "O Bom Filho à Casa Torna", "Mar d'Espanha", "A César O Que É de César" e "Flamengo". Com a firmeza inabalável de suas "baixarias" criativas, ele conseguia a nada fácil tarefa de passar pelo crivo do exigente José Ramos Tinhorão. Até aquele momento, em ensaios ferinos, ele já havia desancado nomes como Tom Jobim, Vinicius de Moraes, Baden Powell, Chico

Além de convidar Rafael para integrar seu conjunto,
o flautista Copinha foi o responsável por apresentar o jovem violonista
ao "derrubador de fronteiras musicais" Radamés Gnattali.
Na foto, de 1981, os dois tocam com Luciana Rabello.

Buarque, Caetano Veloso, João Bosco e Paulinho da Viola, por exemplo. Na edição de 9 de junho do *Jornal do Brasil*, o crítico e mais importante pesquisador do país rendia-se ao violonista novo, porém já bastante experimentado em matéria de acompanhamentos. "O maestro Nelsinho bem poderia ter resistido a uma ou outra intervenção de gosto duvidoso, como a da abertura criada para o choro de Candinho 'Triste Alegria'. Mais bem-avisado andou o velho-moço Copinha — hoje um rapaz caminhando para os 70 anos com a disposição de um iniciante — que se limitou a fazer o solo correto das composições de Bomfiglio de Oliveira, enquanto o jovem violão de sete cordas, Rafael Rabello, encarregava-se de enriquecer, choristicamente, as interpretações, com uma inventividade digna de seu mestre Horondino Silva, o Dino (que, aliás, está ótimo como sempre nas faixas em que atua fazendo acompanhamento das músicas de Candinho)".

Ao ouvir o resultado do disco, Copinha definitivamente não tinha do que se queixar em relação ao sete cordas que escolhera para acompanhá-lo. Acontece que bem antes daquele álbum, sem se dar conta o flautista, clarinetista, saxofonista e arranjador já tivera grande parcela de participação em um acontecimento que mudaria de forma decisiva a vida de Rafael. Durante as gravações do LP d'Os Carioquinhas, Copinha, que estava nos estúdios Sigla, ficou tão impressionado com a maturidade precoce do violonista que resolveu chamar um amigo para ouvir e apresentá-lo àquele acinte musical. Assim, sem aviso prévio, sem pompa nem circunstância, o moleque conheceu pessoalmente Radamés Gnattali. O maestro, acostumado a conviver com músicos da dimensão de Garoto, Pixinguinha, Laurindo Almeida, Jacob do Bandolim, Chiquinho do Acordeon, Pedro Vidal, Zé Menezes, Luciano Perrone, Bola Sete e tantos outros dos tempos da Rádio Nacional, não demonstrou o mínimo espanto. Com sua habitual objetividade e pose de falso turrão, se dirigiu ao novato e perguntou se ele sabia ler música. Como a resposta deixou a desejar, o pianista e compositor foi direto ao ponto: "Então tem que estudar. Estuda uns três anos e a gente se encontra, aí eu vou gravar com você". Nem precisaria desse tempo todo. A obstinação para emagrecer e conseguir calçar aquelas botinhas sanfonadas, para ganhar todas as condecorações do escotismo em curtíssimo espaço de tempo, para tocar o "Brejeiro", de Nazareth, na infância, e para aprender o violão de sete cordas sozinho, na juventude, ainda pulsava naquele adolescente. Com as valiosas aulas do mestre Meira, os exercícios que lhe causavam enxaqueca e a convivência com Turíbio Santos e João Pedro Borges, e, claro, com uma dedicação natural e compulsiva, em menos de dois anos Rafael já lia muito bem partituras. Quando encontrou o maestro em 1979 — ao lado de Joel e do quinteto que ganharia o nome de Camerata Carioca — para tocar o "Retratos", ele estava preparado para encarar o elevado grau da caneta de Radamés.

Ali, o maestro e arranjador pôde ver de perto a evolução meteórica do jovem violonista e, mais do que isso, começou a vislumbrar a possibilidade de trabalharem juntos, só os dois, em algum momento. Mas ainda não era a hora. Enquanto isso, Rafael foi ganhando mais experiência, estudando e, exímio acompanhante, passou a ser um dos violonistas mais requisitados do país para gravações. Numa época em que se pagavam os músicos por período dentro dos estúdios, os artistas, produtores e diretores de gravadoras, com o objetivo de enxugar os custos, convocavam instrumentistas que fossem capazes de "resolver" logo, de liquidar a fa-

Com fones nos ouvidos dentro dos estúdios, cena recorrente na vida de Rafael desde a década de 1970; não à toa, pela intensa rotina de gravações, ganhou o apelido de "motorista de violão em estúdios".

tura com rapidez. Como Rafael reunia qualidade e facilidade para gravar, passou a ser escalado com uma frequência impressionante. Em muitas vezes, tocava seu sete cordas junto do restante da banda escolhida para tal disco; em outras, depois de todos os instrumentistas já terem gravado, ele "enfileirava" todas as faixas do álbum na sequência, praticamente em um *take* só. Assim, até meados de 1982, já tinha participado dos LPs de nomes consagrados na música brasileira, como João Bosco (*Linha de Passe*), Chico Buarque (na faixa "Meu Guri", do disco *Almanaque*, no encontro raro do seu sete cordas com o violão de seis de Hélio Delmiro), João Nogueira, Dona Ivone Lara, Paulinho da Viola, Elizeth Cardoso, Alcione, Jair Rodrigues, Ivan Lins, Jamelão, Nelson Gonçalves, Roberto Ribeiro, Sérgio Ricardo e Elza Soares. Uma dessas estrelas, a cantora mineira Clara Nunes, em entrevista à revista *Veja* sobre o destaque obtido por músicos acompanhantes como o baterista Robertinho Silva e o guitarrista Perinho Santana, dimensionava o quanto o moral do jovem violonista andava nas alturas: "Faço questão de que ele participe de todos os meus discos. É um gênio". A reportagem trazia ainda uma foto do menino aparentando ter menos do que seus 19 anos, óculos de grau enormes, sete cordas nas mãos e uma legenda contundente: "Rafael: o melhor violão do samba".

Dentre todas as gravações daquele período, uma delas ilustrava a desenvoltura do jovem. O experiente gaitista, compositor, arranjador e maestro Rildo Hora havia escrito um arranjo para cinco violões no samba "Todos os Sentidos", do disco *Sentimentos* (1981), de Martinho da Vila. Percebendo a dificuldade dos outros violonistas em dar conta do recado, Rafael tranquilizou Rildo: "Não esquenta, amanhã eu volto aqui e gravo todos os violões". O encarte do álbum dava os créditos naquela faixa também aos dois respeitados violonistas Cesar Faria e Arthur Verocai. Mas quem havia gravado mesmo era Rafael Rabello. Impressionado, ainda dentro do estúdio, Rildo comentaria: "Em termos de pegada, não digo nem só de virtuosismo, mas de tesão no violão, os caras mais impressionantes que eu já vi são Baden Powell, Manoel da Conceição — o Mão de Vaca — e o Rafael Rabello". A "pegada", a facilidade e a qualidade vinham sendo determinantes para que o garoto passasse a ser convidado a participar de discos de outros artistas com tanta frequência. Acontece que, naquele momento, além dessas características, ele não se limitava mais apenas a fazer os "baixos de obrigação" e também passava a chamar a atenção pelas ideias criativas que apresentava. Os arranjadores, por mais tarimbados que fossem, começavam a ficar doidos com aquilo. O experiente Geraldo Vespar foi um deles. Depois de ouvir o que Rafael tinha feito no sincopado "A Força do Samba", composição de Luiz Grande para *Boca do Povo* (1980), sétimo disco da carreira de João Nogueira, ele teve uma ideia brilhante. Seu amigo Moacir Santos, compositor, arranjador e saxofonista do legendário disco *Coisas*, morava nos Estados Unidos e estava de passagem pelo Brasil. Geraldinho, como ele era chamado, escreveu na partitura as "baixarias" que Rafael havia gravado espontaneamente e pediu que Moacir tocasse exatamente as mesmas frases. No fim, o som grave daquela dobra em uníssono de violão sete cordas com sax-barítono resultou numa mistura incomum — quase não identificável — e espetacular. No encarte do LP, a chancela e o orgulho de João: "Pintou um som novo de metal e ficou do cacete".

As ideias musicais eram tantas, e em geral tão boas, que Rafael começou a ser chamado não mais apenas para tocar seu violão sete cordas. Em fevereiro de 1981, os músicos do Galo Preto entraram nos estúdios Sonoviso para gravar seu segundo disco. No álbum, independente e batizado com o mesmo nome do conjunto, os instrumentistas optaram por

A partir da década de 1980, Rafael passou a ser convidado não mais apenas para tocar, mas também para escrever arranjos nos discos de outros artistas.

privilegiar composições de autores contemporâneos, como os membros do grupo, Marcos Farina, Afonso Machado (em parceria com o "nono irmao" de Rafael, Luiz Moura) e Teo Oliveira, (ex-violão d'Os Carioquinhas e à época encarregado do sete cordas do Galo Preto, com "Amarelinho", parceria dele com Elton Medeiros) e os ex-integrantes Luiz Otávio Braga e Mauro Rocha. Além dos deles, o disco trazia também temas do pai de Afonso, Raul Machado, do pianista Márcio Hallack e de nomes que não eram ligados essencialmente ao choro, como Hélio Delmiro, Tom Jobim, com o choro inédito "Flor do Mato", e Hermeto Pascoal, com o criativo "Vocês Me Deixam Ali e Seguem no Carro". O único compositor já falecido era Garoto, contemplado com o choro "Gracioso" e com uma bela homenagem de Paulinho da Viola e Cristóvão Bastos, em "Meu Tempo de Garoto". Neste choro inédito, que contava com a participação do clarinetista Celso Cruz (também ex-integrante d'Os Carioquinhas), Rafael Rabello, aos 18 anos, fazia sua estreia como arranjador. Seu primeiro arranjo já apresentava maturidade ao respeitar a essência das ideias de habitual elegância dos compositores, equilibrando muito bem os violões e dividindo com muita categoria os solos e as vozes do bandolim de Afonso, do clarinete de Celsão e da flauta de Zé Maria Braga.

Já gabaritado nos acompanhamentos com seu violão sete cordas, depois de ter estreado como arranjador num disco instrumental, pela primeira vez ele era escalado para arranjar e reger no disco de um cantor. Prestes a completar 40 anos, João Nogueira entrava em estúdio para gravar seu LP *O Homem dos Quarenta*, com produção dele, de Paulo César Pinheiro e de João Augusto. Rafael foi então convidado a escrever os arranjos de três sambas: "Minha Missão" (de João Nogueira e Paulo César Pinheiro), "Dinheiro Nenhum" (de João Nogueira e Ivor Lancelotti) e "Pimpolho Moderno" (de Nelson Cavaquinho e Gerson Filho). O registro deste último, aliás, envolveu uma passagem curiosa e que dizia muito sobre o gênio precoce de Rafael. Ainda iniciante na arte de fazer arranjos para discos de cantores, ele acabou escrevendo ornamentos instrumentais, digamos, ricos demais para a capacidade de leitura à primeira vista de alguns dos músicos participantes na gravação. A lentidão de um dos instrumentistas em conseguir dar conta dos ironicamente chamados "cachos de uva" começou a irritar o arranjador. Na tentativa de ajudar a resolver aquele impasse, o produtor João Augusto passou a dar alguns "pitacos" via *talk-back* (o comunicador entre a técnica e o estúdio onde estavam os músicos). O jovem arregimentador, que já estava impaciente, não gostou nada da interferência e, suando, foi até o aquário (a técnica que ficava separada do estúdio por um vidro) tirar satisfação. Ali, com o nariz quase que encostado no do produtor, ele esbravejou: "Eu vim aqui pra te chamar pra porrada". Ao ouvir de João Augusto, o alvo de sua ira, que ele estava apenas tentando ajudar, o arranjador retrucou novamente: "Ajudar porra nenhuma. Você está cagando a gravação". O clima só amenizou depois que a "turma do deixa disso" interveio. Exigente, precoce e sempre tentando elevar o nível do jogo, Rafael teria de começar a entender que aquilo que ele tirava de letra poderia ser bem mais complexo para outros músicos, ainda que eles fossem extremamente competentes.

Rafael acompanha as gravações do disco do conjunto Galo Preto, de 1981; o álbum contou com arranjo de Rabello para "Meu Tempo de Garoto", de Paulinho da Viola e Cristóvão Bastos.

Naquela época, Rafael mantinha sua agenda agitada basicamente pelas inúmeras participações em álbuns de outros artistas. Não à toa, ganharia, mais para a frente, do saxofonista Leo Gandelman, o apelido de "motorista de violão" em estúdios. Além dos mais consagrados, gravava em discos feitos em homenagem à obra de alguns compositores, como *Evocação V — Geraldo Pereira*, nos LPs anuais que apresentavam os sambas-enredo das escolas para o Carnaval e em trabalhos de nomes de menor cartaz como Jurema, Marquês de Lara, Os Caretas, Dicró, Aparecida, Totonho, Exporta Samba, César Costa Filho, Claudio Guimarães e até no disco *Brasília Carnaval* do maestro francês Paul Mauriat. Embora se apresentasse em shows pontuais como integrante de conjuntos de grandes instrumentistas como Copinha e Déo Rian, seu principal ganha-pão naquele período eram as gravações em estúdios, escrevendo arranjos esporadicamente e, principalmente, tocando.

Nas poucas brechas que aquele ritmo intenso permitia, Rafael quase não desfrutava das atividades que seriam consideradas normais para um jovem de sua idade. A maior parte de seus dias passava debruçado sobre o violão, tanto que ele mesmo usava o humor para se definir como "um violonista que toca violão nas horas vagas". Com tanta música na cabeça, usava aquele tempo livre para se aprimorar não só como acompanhador — função na qual ele já era reconhecido como um dos melhores do país —, mas também como solista.

Os estímulos para que ele começasse a se dedicar mais aos solos vinham desde o fim da década de 1970. Turíbio Santos, por exemplo, durante o período em que os dois tocavam juntos no conjunto Choros do Brasil, percebendo a facilidade e a aptidão do jovem para solar, o incentivava, mas ouvia dele que as gravações em estúdio vinham lhe rendendo o sustento financeiro e que, portanto, ele não podia abrir mão delas e se dedicar a uma carreira incerta de solista.

Outro fator contribuía para que a situação permanecesse como estava. Ainda que exigisse preparo, a função de acompanhador já era algo dominado por Rafael. No choro e no samba, muitos dos instrumentistas de acompanhamento eram autodidatas e tinham se desenvolvido tocando "de ouvido". Tendo aprendido com os dois maiores nomes daquela arte no violão — Dino, pelos discos e pelos shows do Época de Ouro; e Meira, pelos álbuns e pelas aulas particulares —, ele já estava mais do que "pronto" para emprestar suas harmonias e "baixarias" para os discos de outros artistas. Agora, para colocar seu violão na "linha de frente" ou até mesmo para dividir os solos com outro instrumentista, eram outros quinhentos; exigia muito mais preparação, e era justamente a isso que ele andava se dedicando.

Depois de muita prática a portas fechadas e de mostrar suas novas habilidades informalmente em reuniões de amigos ou em ensaios desde a adolescência, Rafael fez sua primeira apresentação oficial em público como solista no final de 1980. Ainda assim, foi algo pontual. Integrando o conjunto Noites Cariocas, formado pelo bandolinista Déo Rian, no dia 1º de dezembro ele tocou no espetáculo *Chorando*, na Sala Cecília Meireles, ao lado de Paulinho da Viola, Época de Ouro, Canhoto da Paraíba e Copinha. O show, dirigido por Paulinho, Sérgio Cabral e Homero Ferreira e dividido em duas partes, contou ainda com a presença de Radamés Gnattali interpretando suas composições "Uma Rosa para Pixinguinha" e "Canhoto". No final, o pianista e maestro dividiu a valsa-choro "Desvairada", de Garoto, com o também solista Rafael Rabello. Pouco mais de um ano e meio depois daquela estreia, o violonista receberia de seu mestre Radamés um convite irrecusável: gravar um disco em duo em homenagem justamente a Garoto.

O "meio de campo" do novo projeto seria feito novamente por Hermínio Bello de Carvalho. Com aquele álbum, era a quarta vez que o produtor estava ligado, direta ou indiretamente, à trajetória fonográfica de Rafael. Além de indicar o violonista para Turíbio Santos — com quem o jovem gravara os LPs *Choros do Brasil* e *Valsas e Choros* —, ele também tinha produzido *Tributo a Jacob do Bandolim*, da Camerata Carioca. Já com Radamés, a ligação de Hermínio, em termos discográficos, passava muito por obras de autores e instrumentistas por quem o maestro tinha grande admiração. Em 1979, o produtor havia trabalhado com Radamés no tributo a Jacob e em outro álbum importante, *Valzinho: Um Doce Veneno*, em que ao lado de seu quinteto e da cantora Zezé Gonzaga, o pianista e arranjador interpretava catorze músicas do moderníssimo precursor da bossa nova, compositor intuitivo e até então esquecido Valzinho (Norival Carlos Teixeira). Já no começo dos anos 1980, essa ligação entre Hermínio Bello de Carvalho e o maestro se daria por meio das obras de Pixinguinha e de Garoto.

Novamente, o pontapé inicial daqueles projetos vinha do entusiasmo de Radamés em fazer transcrições de obras para que elas fossem tocadas por jovens instrumentistas. Hermínio, que trabalhava na diretoria de projetos especiais da Funarte (Fundação Nacional de Arte), obviamente não tinha do que reclamar. A instituição, que já contava com a bem--sucedida série de shows do Projeto Pixinguinha e com o Projeto Lúcio

Rangel — incentivando a produção de monografias sobre grandes nomes da música brasileira —, estava lançando o Projeto Almirante, com o objetivo de realizar releituras de obras de compositores em discos que não teriam o mínimo espaço nas grandes gravadoras. Para a sorte de Hermínio, Radamés, a quem ele chamava de "usina de sons", tinha material para abastecê-lo com os dois LPs que marcariam o lançamento do Projeto Almirante. O primeiro deles surgiu de um telefonema do maestro em que ele indicava ao produtor suas novas ideias: "Já que você inventou esse troço de Camerata, eu então transcrevi o 'Concerto em Ré' do Vivaldi para os meninos tocarem. Em vez do piano, toco o cravo, e aí, sim, é que o conjunto vai poder ser chamado de Camerata". Assim, com o "Concerto Grosso Opus 3 nº 11 (L'Estro Armonico)", de Vivaldi, mais sete composições de Pixinguinha, uma de Anacleto de Medeiros e outra de Henrique Alves de Mesquita, Radamés e a Camerata Carioca — já na sua segunda formação — gravaram entre os dias 11 e 14 de junho de 1980 o disco *Vivaldi & Pixinguinha*.

O outro álbum que marcaria a estreia do Projeto Almirante surgiu também por ideia de Radamés, justamente depois de ele ter tocado "Desvairada", de Garoto, em duo com Rafael Rabello naquela apresentação do espetáculo *Chorando*, na Sala Cecília Meireles. Ainda na década de 1950, Ceci, esposa de Aníbal Augusto Sardinha, o Garoto, comentara com Radamés que o sonho do multi-instrumentista e compositor era tocar no Teatro Municipal do Rio de Janeiro. Satisfazendo o desejo do amigo, o maestro compôs e dedicou a ele o "Concertino nº 2 para Violão e Orquestra", com o qual Garoto finalmente se apresentou no Municipal em 31 de março de 1953, sob regência de Eleazar de Carvalho. Quase três décadas depois, Radamés encontrou em Rafael alguém capaz de tocar aquela peça de grande dificuldade técnica, e decidiu adaptar o concertino para duo de piano e violão sete cordas. Embora o primeiro LP solo do violonista, *Rafael Sete Cordas*, ainda estivesse prestes a ser lançado nas lojas, o maestro já tinha ouvido — e aprovado — as interpretações do solista estreante, incluindo os choros "Vivo Sonhando" e "Gracioso", ambos de autoria de Garoto.

O compositor e o jovem instrumentista começaram então a ensaiar a nova versão do concerto e a levantar as bases para o álbum durante o primeiro semestre de 1982. E aquele encontro entre duas gerações aparentemente distantes carregava uma série de simbolismos. Um deles era o quanto aquela chamada retomada do choro, na segunda metade dos anos 1970, tinha sido importante para despertar nos jovens o interesse em tocar choro e música tradicional brasileira; mas não só isso, aqueles garotos queriam estudar os fundamentos musicais, entender os "comos" e os "porquês" de tocarem aquilo. Rafael Rabello era um dos frutos daquele movimento.

Diante daquela nova realidade, Radamés, que nascera em 1906 e na década de 1920 mudara-se para o Rio almejando ser um concertista, havia remoçado um bom par de anos. Ele, que vivera o auge da Rádio Nacional e escrevera centenas de arranjos para os importantes programas *Um Milhão de Melodias* e *Quando os Maestros se Encontram...*, poderia agora tirar a barriga da miséria. Depois de um longo período sem praticamente ter para quem escrever arranjos de música popular, já que os chorões veteranos em geral tocavam apenas de ouvido, Radamés via naquela juventude intérpretes capacitados para ler e tocar as complexas obras que ele "canetaria". Entre eles, Rafael Rabello, um moleque de apenas 19 anos — 56 a menos do que o maestro —, e que, como os instrumentistas de sua geração, chegava com uma mentalidade bem mais aberta do que os chorões mais antigos, podendo assim assimilar o quanto Radamés havia derrubado todas as fronteiras entre as chamadas músicas popular e erudita.

Definitivamente, o encontro entre os dois chamava muita atenção. O pianista, compositor, arranjador e maestro era reconhecido não apenas pela beleza de suas criações, mas também por seu elevado grau de exigência. Não era para menos. Em mais de cinquenta anos de carreira, assim como Pixinguinha ele havia revolucionado a orquestração brasileira — bastava lembrar do arranjo antológico de "Copacabana", samba-canção gravado por Dick Farney em 1946 —, além de ter tocado com Garoto, Jacob, Chiquinho do Acordeon, Bola Sete, Laurindo Almeida, entre outros grandes instrumentistas. Portanto, parecia claro que quem havia dividido palcos e estúdios com músicos daquela envergadura só podia ter identificado algo muito especial naquele violonista de 19 anos para propor de gravar um disco em duo com ele. A diferença de idade entre os dois era tão grande que surpreendia até os familiares de Rafael já acostumados ao fato de o caçula não ter amigos de sua faixa etária. Certa vez, o jovem avisou sua irmã Isolina que um amigo seu os visitaria e pediu que ela o recebesse. Depois de abrir a porta para Radamés, ela cochichou com o irmão em tom de brincadeira: "Você podia ter dito que seu amigo tinha mais de 70 anos, eu não estava esperando". Ao que ele respondeu: "E desde quando a gente precisa dizer a idade dos amigos que vão chegar em casa?".

Já no encontro dos dois no disco feito por eles com Joel Nascimento e a Camerata Carioca, as diferenças de idade haviam sido zeradas. Três anos depois do revolucionário *Tributo a Jacob do Bandolim*, Radamés e Rafael entrariam nos estúdios Sonoviso entre os dias 23 e 26 de agosto de 1982 para gravar o LP *Tributo a Garoto*. De todas as obras do repertório, a que daria mais trabalho para ser arranjada seria "Concertino para Violão e Piano", justamente por se tratar de uma redução da peça originalmente escrita pelo maestro para ser tocada pelo violonista Garoto e por uma orquestra. Além disso, o experimentador Radamés teria de adaptar a parte do violão tradicional para um sete cordas, acrescentando algumas notas em relação ao original. O primeiro movimento, "Allegro Moderato", tinha a forma clássica de uma sonata, com a apresentação de dois temas, o desenvolvimento, a retomada dos temas e o fim; evocava as harmonias modernas de Garoto, que, por sua vez, havia bebido nas fontes dos impressionistas Debussy e Ravel. O segundo, "Adágio (Saudoso)", trazia apenas um tema, na forma de um choro lento, e um "quase improviso", como definiria o compositor. Já no terceiro, "Presto (Com Espírito)", a inspiração vinha da polirritmia da macumba. Enquanto o lado B do álbum apresentava a redução do concertino escrito por Radamés, o lado A contava com cinco faixas que mostravam a magnitude do compositor Garoto. Além da valsa-choro "Desvairada", que havia marcado a primeira apresentação do duo ainda em 1980, o pianista e o violonista dialogavam em dois temas bem conhecidos: "Gente Humilde", que ganhara letra de Vinicius de Moraes e Chico Buarque após a morte de Garoto, e "Duas Contas", samba-canção com provas incontestes da modernidade do compositor e do quanto ele antecipara as ideias harmônicas que ganhariam destaque na bossa nova. Completando o disco, o belíssimo "Nosso Choro", até então pouco conhecido no Brasil, e "Enigma" (ou "Enigmático"), choro com modulações e nítida influência do jazz, até então inédito e dedicado por Garoto a Radamés.

Acompanhando as interpretações impecáveis, o disco trazia ainda um encarte com textos valiosos de Hermínio Bello de Carvalho, de Edilson Leal e de uma das maiores autoridades em violão no mundo, o pesquisador Ronoel Simões, amigo de Garoto de 1941 até 1955, ano em que o "Gênio das Cordas" morreu. Como a capacidade do experiente Radamés já era bastante conhecida, o produtor executivo Claudio Guimarães chamava a atenção para o que era relativamente novo, a atuação do violonista. "Garoto e Jacob do Bandolim, que tanto prestigiaram Radamés Gnattali, se orgulhariam ao conhecer o jovem Rafael Rabello." Nos jor-

RADAMÉS GNATTALI
RAFAEL RABELLO

TRIBUTO A GAROTO

Encontro de duas gerações: segunda edição do LP *Tributo a Garoto*, de Radamés e Rafael, lançada em 1984. A primeira edição, de 1982, trazia o homenageado Aníbal Augusto Sardinha, o Garoto, na capa.

nais, as críticas, como a de José Domingos Raffaelli, no *Jornal do Brasil*, não eram menos enlevadas. "Chega a ser comovente o encontro de Radamés (piano) e Rafael (violão de sete cordas), duas gerações separadas por quase meio século [na verdade 56 anos] que se identificaram totalmente através da música. O entendimento entre ambos é realmente notável, para o que em muito contribuíram as transcrições e a experiência de Radamés, um dos maiores músicos brasileiros de todos os tempos, que encontrou o parceiro ideal em Rafael, uma das grandes revelações instrumentais dos últimos tempos."

Tributo a Garoto foi lançado em dezembro de 1982 e assim como *Vivaldi & Pixinguinha* (de Radamés, Joel Nascimento e Camerata Carioca) teve tiragem inicial de 2 mil cópias e foi distribuído como brinde de fim de ano da patrocinadora do álbum, a fabricante de cigarros Souza Cruz. Em junho de 1984 foi relançado pela gravadora Ariola, que estreava então a série "Todos os Sons", apostando em LPs instrumentais de nomes como o do violonista Sebastião Tapajós e do gaitista Maurício Einhorn, dos sanfoneiros Sivuca e Chiquinho do Acordeon e dos pianistas César Camargo Mariano e Wagner Tiso.

Se por um lado o disco de Radamés Gnattali e Rafael Rabello resultava irrepreensível no que dizia respeito às interpretações, por outro trazia uma série de ressalvas em relação à qualidade da gravação, sob responsabilidade do excelente engenheiro de som Toninho Barbosa. Um episódio envolvendo o produtor Hermínio Bello de Carvalho ajudava a elucidar um pouco o mistério sobre o resultado aquém do esperado. Como a primeira gravação do LP apresentara problemas, optou-se por regravar o álbum. No dia marcado para a nova sessão, Hermínio se atrasou em um congestionamento. Quando chegou ao estúdio Sonoviso, Radamés e Rafael, com facilidade e rapidez assustadoras, já tinham gravado o disco em pouco mais de meia hora. No fim, era uma pena que um desempenho magnífico tivesse sido prejudicado por um descuido daqueles, em uma época em que já havia recursos e estrutura bons o suficiente para se realizar uma gravação decente. Em plena década de 1980, o registro do pianista com o violonista soava quase como se tivesse sido feito trinta anos antes, na Rádio Nacional, por Radamés e Garoto. Mesmo com um pouco menos de brilho devido a tais deslizes, o álbum não perderia seu valor documental pelo fato de representar o encontro excepcional entre dois músicos fora de série e de duas gerações tão distintas, por se tratar de um dos últimos LPs do arranjador e um dos primeiros do jovem instrumentista e por ser o primeiro disco brasileiro a apresentar um duo de violão sete cordas e piano como solistas.

Para o violonista — que novamente atuava sem dedeira e com cordas de nylon em vez das habituais de aço —, deflagrar revoluções musicais já parecia algo corriqueiro. Afinal, meses antes do dueto com Radamés, aos 19 anos ele já havia gravado *Rafael Sete Cordas*, o álbum que transformara não só a sua história particular e artística mas também a do violão brasileiro.

* * *

A genialidade musical — assombrosa e sem tamanho — de Radamés Gnattali era inversamente proporcional a seu ego. Definitivamente, a facilidade com que jorravam melodias e harmonias do encontro de seus dedos com as 88 teclas do piano não era a mesma que ele tinha com as palavras; principalmente quando era para discorrer sobre seus feitos. Se existisse em um dicionário ilustrado o verbete "anticabotino", ele viria acompanhado por uma foto de Gnattali. Mas tudo bem. Se Radamés não era hábil em falar de si mesmo, os outros faziam isso por ele, e, diga-se de passagem, muito bem. Mário de Andrade, nos anos 1930, o definiu como "a maior promessa do momento". Hermínio Bello de Carvalho o classificou como "uma usina de sons; mais do que uma escola, uma universidade inteira, um 'Radar' para seus discípulos". Entre os muitos discípulos, o mais conhecido de todos era Tom Jobim, que dedicou ao maestro duas composições, "Radamés y Pelé" e "Meu Amigo Radamés". Esta última, aliás, também batizou um poema afetivo e lapidar de Jobim em que ele dizia o seguinte sobre o mestre: "Meu amigo Radamés/ É a melhor coisa que tem/ É um dia de sol na floresta/ É a graça de querer bem/ Radamés é água alta/ É fonte que nunca seca/ É cachoeira de amor/ É chorão, rei da peteca/ Deu sem saber que dava/ E deu muito mais que tinha/ Multiplicaram-se os pães/ Multiplicou-se a sardinha/ O Radar é concertista/ Compositor, pianista/ Orquestrador, maestrão/ E mais que tudo, é amigo/ Navega junto contigo/ É constante doação/ Ajudou a todo mundo/ E mais ajudou a mim/ Alô, Radamés, te ligo/ Vamos tomar um chope/ Aqui fala o Tom Jobim/ Te apanho na mesma esquina/ Já comprei o amendoim".

Desde que se entendia por gente, na modesta casa onde nasceu, no dia 27 de janeiro de 1906, na rua Fernandes Vieira, em Porto Alegre, Radamés se definia como um anarquista. Na infância, encrespava quando os coleguinhas faziam troça de seu nome, chamando-o "carinhosamente" de "Radamerda". Mesmo sem ter ligações mais estreitas com o espiritismo — ele mesmo se definia como um budista, apesar de não demonstrar muita segurança na afirmação —, acreditava piamente que ninguém aprendia música; para ele, "o sujeito apenas se lembrava de coisas que trazia de outras encarnações". Ele mesmo era um bom exemplo disso. Sua mãe, a gaúcha Adélia Fossatti, transmitiu-lhe os primeiros sons ao piano. De seu pai, o italiano Alessandro Gnattali, um operário aficionado por ópera, ganhou o nome do protagonista da ópera *Aída*, de Giuseppe Verdi. Era como se já tivesse vindo talhado, pronto, e apenas precisasse rememorar o que já sabia. O mesmo se deu com a irmã de Radamés, batizada de Aída e que, vejam só, também se tornou pianista e, na década de 1960, integraria o famoso sexteto criado pelo irmão e consagrado muito mais no exterior do que no Brasil.

De sua chegada ao Rio de Janeiro, na década de 1920, para tentar vingar como concertista, até o fim de sua carreira Radamés foi um dos autores mais profícuos no campo da chamada música erudita, além, claro, de ter revolucionado o popular com suas composições e, principalmente, com seus arranjos e suas orquestrações. Embora fizesse distinções entre os gêneros, foi um experimentador, um pioneiro e um apontador de caminhos ao mostrar o quão líquidas e rarefeitas eram as fronteiras entre o erudito e o popular, e que misturar a sofisticação e a complexidade de um com o balanço e o tempero do outro, mais do que bem-vindo, era inevitável, era bonito, era necessário.

A criatividade de Radamés, que já era reconhecida no meio musical brasileiro, não tardou a piscar como um letreiro em neon aos olhos-ouvidos dos estrangeiros mais atentos. Na década de 1940, quando o produtor, diretor cinematográfico e empreendedor Walt Disney passou pelo Brasil e se encantou pelos trejeitos de Zezinho do Banjo — que inspirou o personagem Zé Carioca — e por "Aquarela do Brasil", de Ary Barroso, logo descobriu que o arranjo era de Radamés Gnattali. Embora o músico não falasse muito sobre o assunto, seus amigos diziam que Disney insistiu por três anos para levá-lo para pilotar a parte musical de seus estúdios, mas o maestro preferiu ficar no Rio de Janeiro.

Sujeito de hábitos simples no cotidiano, musicalmente Radamés era extremamente exigente e muito à frente de seu tempo. Respeitadíssimo no meio musical, mas praticamente anônimo para as grandes massas, ganhou fama de turrão, de ranzinza. Em resposta ao rótulo que lhe colocaram, dizia "não ter paciência para a burrice". Embora os que gozassem de seu convívio mais estreito o defendessem, dizendo que aquela ranhetice não passava da página dois, que bastava ganhá-lo para logo ter acesso a um sujeito extremamente generoso, carinhoso e de coração amolecido, alguns episódios (em boa parte com o maestro coberto de razão) ajudavam a alimentar a imagem de um personagem amargurado e impaciente. Num deles, após ele se apresentar numa cidade pequena, uma senhora funcionária perguntou se ele conseguiria dar um jeito de melhorar a orquestra local. Ao que ele respondeu: "Claro que sim. É só mudar todos os músicos". Noutra, na época do lançamento do disco *Tributo a Garoto*, ao lado do jovem Rafael Rabello, em 1982, em uma entrevista para um programa da TV Cultura, ouviu uma série de perguntas genéri-

Radamés Gnattali e Rafael durante os ensaios para a gravação do disco *Tributo a Garoto*. O experiente e revolucionário arranjador e compositor apontou, literalmente, os caminhos que mudariam a maneira de Rafael pensar a música.

cas da repórter, como "Você nunca pensou em escrever suas memórias na música brasileira?". A resposta: "Minha memória não vale muito, não vale a pena". A jornalista insistia: "Vale, sim. O que você colocaria de mais importante nessas memórias?". O "simpático" Radamés respondeu: "O meu primeiro casamento e o segundo". Por fim, o golpe de misericórdia. Ela: "Como você vê a evolução da música brasileira, você, que esteve tão intimamente ligado a ela nesses últimos anos". Ele: "Eu sou um compositor, um arranjador, não sou um historiador". Fim de papo.

Essas tiradas, verdadeiras estocadas espirituosas, Radamés trazia consigo desde os tempos em que já era consagrado como "o maestro dos maestros" na emissora radiofônica mais importante do Brasil em todos os tempos, a Rádio Nacional. Lá, com a programação feita ao vivo, os artistas tinham de ler boa parte das partituras de "bate-pronto". Como invariavelmente alguns deles caíam em apuros, devido ao dinamismo, à enorme quantidade e à celeridade dos desafios musicais, Radamés resolveu "homenageá-los". Nos bastidores, quando anunciavam o célebre programa *Quando os Maestros se Encontram...*, ele completava "os músicos se fodem".

Em resumo, mais do que uma pessoa ranzinza, Radamés era objetivo, o popular "sem papas na língua", aquele que diz o que tem de dizer "na lata". O jovem Rafael Rabello tomou contato com esse estilo direto do maestro logo no primeiro encontro dos dois, em 1977, quando o violonista gravava o único LP de seu conjunto, Os Carioquinhas, e ouviu de Radamés que ele deveria estudar harmonia e leitura, e só procurá-lo depois de três anos. Como o próprio pianista dizia "não ter paciência para burrice", Rafael estava feito. Primeiro, porque apesar da pouca idade, de burro ele não tinha nada. Segundo, porque além dessa inteligência, de maturidade e de uma postura extremamente profissional, o violonista tinha um talento muito acima da média. Logo, não demorou para cair nas graças do maestro. Conhecedor da personalidade de Radamés, ele se prontificava em aconselhar quem teria um primeiro contato com o mentor. Quando, por exemplo, o fotógrafo Wilton Montenegro chegou à casa do arranjador para fazer as fotos que ilustrariam a segunda edição do LP *Tributo a Garoto*, de Radamés e Rafael, o jovem instrumentista alertou Montenegro a fim de evitar possíveis transtornos: "Faça tudo do jeito que ele quiser". E assim foi. Equipamento montado, os músicos tocando espontaneamente, sem posar para as fotos, eis que Radamés se virou para o fotógrafo e disse: "Quero que você faça um retrato com a minha gata, ela adora ficar aqui", colocando a gata Suzy sobre as teclas do piano. A bichinha, arisca, se recusou a ficar ali e saiu em disparada, feito um raio, pela sala. Radamés foi atrás dela e a repousou novamente sobre seu instrumento. Nova fuga. A cena se repetiu por umas cinco vezes até o pianista esbravejar e desistir da ideia. Aconselhado por Rafael, o fotógrafo agiu da forma mais paciente possível e acabou fazendo ótimas fotos para o LP.

Ao compreender a melhor maneira de lidar com aquela personalidade e ao conquistar a admiração, a confiança e o respeito de Radamés, Rafael teve o mérito e o privilégio de gozar de um convívio musical estreito com o compositor, maestro, arranjador e orquestrador. Este contato, o jovem violonista definiria como o mais importante de toda a sua vida. Muitos anos após o encontro entre os dois, quando Rafael gravou o programa *Ensaio*, dirigido e conduzido por Fernando Faro, na TV Cultura, ele foi certeiro, sintético e lacônico, ao bom estilo Radamés, para definir o próprio: "Radá que botou essas minhocas na minha cabeça. Ra-

Radamés Gnattali colocando sua gata Suzy para posar
nas fotos realizadas durante os ensaios do duo.

damés que abriu as coisas para mim, que tirou as fronteiras, né, derrubou os mitos". Graças àquele rolo compressor que atendia pelo nome de Radamés Gnattali, Rafael compreendeu que deveria estudar a fundo não apenas seu instrumento, mas a música como um todo. Mais do que isso, que era preciso ouvir de tudo e que da mesma forma que o músico popular não deveria se ater somente ao popular, o chamado erudito não podia se limitar apenas à técnica apurada de concertista. Tom Jobim havia definido o amigo referencial como "água alta, fonte que nunca seca". Pois Rafael Rabello soube desfrutar ao máximo do livre acesso que conquistara àquele manancial inesgotável de sons.

Depois de gravar em 1982 com o maestro o elogiado disco em homenagem a Garoto e de se apresentarem em salas de concerto em diversas cidades brasileiras, Rafael manteve a proximidade com Radamés. Ainda que demonstrasse muita sede e disposição para acompanhar um dos passatempos prediletos do maestro, o de tomar seguidos copos de chope no bar Lucas, em Copacabana, o violonista queria mais era seguir sorvendo a música de Gnattali. Para Rabello, em especial, aquilo era, digamos, um barril cheio. Em toda a sua carreira, o compositor gaúcho, que estava às portas de se tornar um octagenário, havia escrito peças para inúmeros instrumentos: violoncelo, bandolim, cavaquinho, harmônica de boca (a gaita), harpa, acordeon, piano (obviamente), violino, viola, concertos para orquestras de cordas, para orquestras sinfônicas completas. Rafael, como era de se esperar, estava de olho na substancial e espetacular obra de Radamés para violão.

Aquele interesse animava o compositor de uma maneira especial. Acostumado a escrever para violão desde a década de 1940, ele dedicara obras no instrumento para nomes como Garoto, Laurindo Almeida e Zé Menezes, entre outros. Nos últimos anos, porém, seu repertório de violão era visitado majoritariamente por instrumentistas fabulosos, mas que eram básica e intimamente ligados à música de concerto. Casos de Turíbio Santos, de Carlos Barbosa-Lima e do duo formado pelos geniais irmãos Sérgio e Odair Assad. Quando Rafael Rabello começou a se debruçar sobre aquelas obras e a pedir ao maestro seus manuscritos, Radamés encheu os olhos. O resultado que poderia surgir dali era promissor. Pela primeira vez, um violonista que fora gestado musicalmente num berço popular — o do choro, o do samba e o da seresta —, e que vinha estudando posterior e seriamente para aprimorar sua técnica de concertista, dedicava-se aquele repertório com uma visão ao mesmo tempo mais ampla e mais aprofundada. Havia ainda algo mais novo naquele movimento: também era inédito o fato de um violonista de sete cordas se embrenhar por aquela seara tão complexa e desafiadora.

A partir de 1982, quando tomou contato com o "Concertino para Violão e Piano" (redução do "Concertino nº 2 para Violão e Orquestra" composto para Garoto), Rafael se debruçou sobre a obra violonística de Radamés Gnattali, com o adicional luxuoso de poder contar com os manuscritos originais e com apontamentos, explicações e correções feitos pelo próprio compositor. O maestro conhecia Rafael desde 1977, quando, durante as gravações do LP d'Os Carioquinhas, aconselhou o adolescente a estudar música a sério. Desde então trabalharam juntos nos discos e nos shows da Camerata Carioca com Joel Nascimento, em 1979, e em duo no *Tributo a Garoto*, em 1982. Três anos depois, quando Radamés teria uma noite inteira dedicada a sua obra no Teatro Municipal do Rio de Janeiro, a confiança na capacidade de Rafael era tão grande que o violonista não poderia deixar de ser um dos solistas do evento. No programa, além da "Sinfonia Popular nº 5", do "Concerto nº 4 para Pia-

PROGRAMA

Orquestra Sinfônica do Teatro Municipal do Rio de Janeiro

Diretor da Orquestra:
MÁRIO TAVARES
Coordenador de Música Erudita:
HENRIQUE MORELENBAUM
Administrador:
ARLINDO FIGUEIREDO PENTEADO

Primeiro Violino-Spalla:
Giancarlo Pareschi.
Primeiros Violinos:
Virgílio Arraes Filho, Marcello Pompeu Filho, Carlos Eduardo Hack, André Charles Guetta, Walter Hack, Aizik Meilak Geller, João Jerônimo de Menezes Filho, Nathercia Teixeira da Silva, Nelson Abramento, Edmundo Blois, Francisco Perrota, Robert Edouard, Jean Arnaud Alejandro Marx Encimas e Ivan Quintana.
Segundos Violinos:
Carmelita de Almeida Reis, Maria Theresa Martins de Almeida Rosa, Alfredo C. Castanheira Damásio, Sergio Chaves Rosendo, Bailon Francisco Pinto, Astrogildo de Almeida Reis Filho, Wilson José de Assis Teodoro, Lúcia Maria Lima Pereira, Angelo Alexandre C. de Souza, Clóvis Pereira dos Santos, Paulo B. Keuffer de Lima e Ricardo Jerônimo Menezes.
Violas:
Arlindo Figueiredo Penteado, Juan Carlos Sarudiansky, Bedrich Preuss, Hindenburgo Vitoriano B. Pereira, Maria Léa de Magalhães Lugão, Ana Maria Chabolz Scherer, Pérside Leal Vianna Soares e Jairo Diniz Silva.
Violoncelos:
Alceu de Almeida Reis, Ana Bezerra de Melo Devos, Jaques Morelenbaum, Maria Flavia Delestre, Marie Stephanie Jeanne Bernard, Lucio de Souza, Eljo Vettorelio e Eduardo Jerônimo Menezes
Contrabaixos:
Renato Sbragia, Jorge Soares, Sandrino Santoro, Ricardo Raymundo Candido, Luke Augustin Rodies, Nelson Cristiano Ribeiro Porto, Marco Antonio da Silva Delestre e Luiz Antonio da Silva Rocha.
Flautas:
Carlos Seabra Rato, Marcelo Nunes da Costa Bonfim e Geraldo Antonio Moreira.
Oboés:
Braz Limonge Filho, Kleber de Souza Veiga, Ricardo Louiz Rodrigues Silva e Lia Gandelman.

I

Concerto n.º 1 para Violão e Orquestra. (1951)
1ª Audição no Brasil

Allegro
Adagio
Con Spirito (Baião)
Solista — Rafael Rabello

Concerto para Acordeão e Orquestra (1977)

Allegro
Andante
Con Spirito (Prenda Minha)
Solista — Romeu Seibel
(Chiquinho do Acordeão)

II

Concerto n.º 4 para Piano e Orquestra (1967)

Allegro
Lento (Samba-Canção)
Movido
Solista — Radamés Gnattali

Sinfonia Popular n.º 5 (1984)
1ª Audição Mundial

Allegro Comodo (Baião)
Adagio
Intermezzo
Con Spirito - Ritmato
Regente — Alceo Bocchino

Clarinetas:
Paulo Sérgio Cunha dos Santos, Hildebrando M. de Araújo, Armenio Zarro Suzano Júnior e Clóvis Timóteo Guimarães.
Fagotes:
Eliane Alves Medeiros, Otacílio Ferreira Lima Filho, Angelo Ferreira Pestana e Bruno Gianessi.
Trompas:
Zdenec Svab, Luiz Cândido da Costa, Antonio Cândido Sobrinho, Luciano Barbosa, Almir de Oliveira, Carlos Gomes de Oliveira e João Gerônimo Menezes.
Trompetes:
José Pinto, Heraldo Reis, Hamilton Pereira Cruz, Darcy da Cruz e Benedicto Barbosa.
Trombones:
Jessé Sadoc Alves do Nascimento, Jorge Magalhães Berto, João Luiz Maciel e Lamartine Carlos Gimenez.
Harpas:
Maria Celia Marques Machado e Wanda Cristina Motta Eichbauer.
Tuba:
Matusalém de Oliveira.
Piano e Celeste:
Murillo Tertuliano dos Santos.
Tímpanos:
Hugo Tagnin e Dexter Alan Dwight.
Xilofone-Vibrafone:
José Claudio das Neves.
Percussão:
Edgard Nunes Rocca, José de Aguiar Ribeiro, Eliseu Moreira Costa e Paraguassu Tavares P. Abrahão*.
Inspetor:
Américo Pereira da Costa.
Arquivo:
Gentil Dias.
Controle do Ponto:
Joaquim Sargentelli.
Auxiliares:
Edson Bahia Pessoa e Justiniano Silvestre da Silva.

*Estagiário

Programa do espetáculo com obras de Radamés Gnattali e em homenagem ao pianista, compositor e arranjador gaúcho, realizado em 1985. Rafael foi o solista do "Concerto nº 1 para Violão e Orquestra", considerado por ele o mais difícil que já tocou.

---

no e Orquestra" (com Radamés como solista) e do "Concerto para Acordeon e Orquestra", solado por Chiquinho do Acordeon, constava também o "Concerto nº 1 para Violão e Orquestra". A peça, composta em 1951 e dedicada a Laurindo Almeida, nunca havia sido apresentada no Brasil. Após ser convidado por Radamés para interpretar a obra, o jovem, com sua dedicação e seu profissionalismo habituais, recorreu ao auxílio de outro veterano violonista, um antigo conhecido, Turíbio Santos, de quem ouviu que "aquele era o concerto mais difícil que ele já havia conhecido". Para dar conta de tamanho desafio, Rafael passou a estudar por doze horas diárias, além de recusar diversos convites para gravações em estúdios e participações em shows. Por fim, a estreia do garoto no Municipal não poderia ter sido mais bem-sucedida e, ao final do concerto, Rafael foi aplaudido por cerca de três minutos. Ele tinha apenas 22 anos.

Antes da apresentação do dia 9 de maio de 1985, questionado pelo jornalista João Máximo, do *Jornal do Brasil*, se pretendia se dedicar à carreira de concertista, o jovem demonstrou ceticismo na resposta: "No Brasil, há muito preconceito contra músico popular que se atreve a tocar clássico". Com aquela afirmação, Rafael ignorava que diferentemente de um "pré-conceito", havia um conceito estabelecido, uma constatação. Por diversas razões — a própria formação de base, estudos, apuro técnico, talento e, claro, extrema dedicação —, em geral os músicos populares não tinham preparo suficiente para encarar aquele tipo de peça que exigia tanto do instrumentista. Faltava a Rafael entender que ele, definitivamente, era uma exceção. No fundo, o que ele pretendia com aquela frase era evitar qualquer tipo de rótulo, queria apenas empunhar a bandeira levantada por Radamés, a de tornar menos estanques as divisões entre música popular e música de concerto, como definia o próprio maestro.

Para a sorte do jovem instrumentista, se havia no Brasil uma obra que reunia o melhor daqueles dois universos, essa obra era a de Radamés Gnattali. Tempos depois, quando soube da intenção de Rabello em gravar um disco inteiro dedicado às suas composições feitas para violão, o maestro, ainda que com aquele jeitão entre o descrente e o ranzinza, se prontificou em prestar toda a supervisão para que o pupilo chegasse ao melhor dos arranjos. As orientações, porém, durariam apenas até o começo de 1986, quando Radamés sofreu seu primeiro derrame cerebral, que acabaria afetando parte de suas habilidades motoras e sua fala. A fatalidade acontecera justo no momento em que o maestro e Rafael estavam cada vez mais próximos. No fim de 1985, eles haviam estado juntos com João Bosco nas comemorações dos três anos da popular casa de espetáculos Circo Voador, na Lapa, ocasião, aliás, em que foi apresentada "Radá no Circo", composição de João Bosco em referência àquele momento. Em dezembro do mesmo ano, antecipando as comemorações dos 80 anos de Radamés — que ocorreriam em 27 de janeiro —, o maestro tocou na Funarte com Rafael e, depois, com seu respeitado quinteto formado por Zé Menezes, Chiquinho do Acordeon, Luciano Perrone e Zeca Assumpção.

Ao longo de todo o ano de 1986, Rafael Rabello se dedicou a definir e a trabalhar sobre os arranjos das composições que fariam parte de seu segundo disco solo, inteiramente dedicado a peças de Radamés escri-

Radamés e Rafael: a diferença de 56 anos
entre os dois era zerada na música.

tas para violão. Em paralelo a essa definição de repertório, um outro acontecimento mudaria decisiva e definitivamente a trajetória musical de Rafael para sempre. A tal mudança viria pelas mãos de um velho conhecido, Luiz Otávio Braga. Os dois se conheciam havia mais de uma década, desde os tempos de Os Carioquinhas e do Galo Preto. Com Rafael ainda no ginásio e às voltas com os estudos, Luiz Otávio, formado em matemática, dava aulas da disciplina para o amigo que tinha quase dez anos a menos do que ele. Enquanto o garoto fazia os exercícios, o "professor" tocava seu violão de sete cordas; assim que o aluno terminava as contas, Luiz Otávio pegava a caneta para fazer as correções e o aprendiz assumia o instrumento. Nos anos seguintes, o violonista mais experiente passou a integrar a Camerata Carioca e, apesar de Rafael não fazer mais parte do conjunto, a relação de amizade dos dois se manteve.

Naquela década, sem se dar conta e, digamos, escrevendo certo por linhas tortas, Rafael motivou Luiz Otávio Braga a realizar uma verdadeira quebra de paradigma na trajetória do violão de sete cordas brasileiro. Como se sabia, Rabello havia causado uma revolução no instrumento ao gravar dois discos em que o sete cordas assumia, finalmente, a condição de solista — os LPs *Rafael Sete Cordas* e *Tributo a Garoto*, em duo com Radamés Gnattali, ambos de 1982. Acontece que o violão com cordas de aço soava perfeitamente nos acompanhamentos e nas chamadas "baixarias" — dentro do estilo consolidado por Dino 7 Cordas; como solista, o som não era dos mais bonitos (tanto que Rafael começou a utilizar o nylon em seu violão Do Souto, que não fora construído para receber aquele tipo de encordoamento). Luiz Otávio sacou aquilo e encomendou ao respeitado *luthier* Sérgio Abreu um violão de concerto com sete cordas de nylon. Certa noite, ele iria tocar informalmente, "de farra", no bar Flor da Noite, na rua Dezenove de Fevereiro, em Botafogo, e ligou para Rafael, convidando o amigo para ele ir conhecer de perto o violão novo. O jovem gostou tanto da novidade que passou o resto da noite com o instrumento grudado no colo. O fascínio foi tamanho que tempos depois o garoto já sabia onde ir para encomendar um "igual" para ele.

Era uma tarde de agosto de 1986 e Rafael subiu as ladeiras de Santa Teresa até chegar no endereço que buscava. Ali, na esquina da rua Oriente, funcionava o ateliê de Mario Jorge Passos. Em 1980, como o violão em que ele sonhava tocar não existia — e se existisse custaria os olhos da cara —, Mario Jorge Passos resolveu construir o próprio instrumento. De amigo logo passou a sócio de Sérgio Abreu, com quem desenvolveu técnicas e fez pouco mais de uma dezena de violões. Com esse breve histórico, ele recebeu o jovem Rafael Rabello em sua oficina e, depois de muito tempo, conheceu alguém de quem ele ouvia falar havia anos. Antes de se tornar *luthier*, Mario Jorge estudara violão clássico na Escola de Música com Turíbio Santos. Do professor, ouvia uma frase com frequência: "Você precisa conhecer o Rafael e as baixarias que ele faz". Finalmente o tal do Rafael estava a meio metro de distância. Sem muita cerimônia, o jovem se apresentou, sacou o violão Ramirez de seis cordas (que era de Tom Jobim e ele havia ganhado em uma troca com o filho de Tom, Paulinho) e começou a tocar. O queixo de Mario Jorge caiu em dois tempos. Primeiro, pelo choque que lhe causou ouvir tão de perto um violonista tocar daquele jeito. Depois, pelo pedido que o novo cliente lhe fez: "Eu quero que você faça um sete cordas igual a esse". Até ali, tudo bem. O problema é que Rafael queria que o violão ficasse pronto em quinze dias. Ele estava de malas prontas para se apresentar em um festival na Córsega, na França, e pretendia estrear o novo violão já naquela viagem. Mesmo sabendo da impossibilidade de atender o pedido, o *luthier* encarou o desafio contra a ampulheta. Analisou e praticamente copiou a planta do Ramirez 1969 e, além de acrescentar a sétima corda, botou uma porção de "opinião", de seus conhecimentos próprios, ao instrumento. Invadiu madrugadas debruçado sobre a nova encomenda e só conseguiu dormir um pouco quando o violonista embarcou para a França, ainda com seu antigo sete cordas Do Souto e com o Ramirez. Aquele era apenas o terceiro violão que Mario Jorge fazia sozinho; e o primeiro sete cordas de sua carreira. Cerca de um mês e meio após o pedido e já de volta ao Brasil, Rafael Rabello estreava seu novo violão, um "Mario Jorge Passos, 1986, com cordas de nylon".

Aquela mudança representava um marco, um divisor de águas na história do violão de sete cordas. Era como se na década de 1950, da noite para o dia, o piloto argentino Juan Manuel Fangio, pentacampeão mundial de Fórmula 1, pudesse guiar o moderníssimo carro da Mercedes com que o britânico Lewis Hamilton conquistaria seu quarto campeonato em 2017. Até então, o violão sete cordas típico, consagrado pela escola de Dino, era o ideal para ser usado nos acompanhamentos. Era um instrumento "bruto", feito numa época em que ainda havia poucos recursos de captação de som. Com as cordas de aço altamente tensionadas, exigia-se madeira pesada e consistente para aguentar o "tranco". Além disso (também por uma questão de projeção sonora), o instrumentista tocava com uma dedeira no polegar da mão que dedilhava as cordas. Com aquele novo padrão de violão — inaugurado por Luiz Otávio Braga e consolidado por Rafael Rabello —, mudava tudo: a mecânica (sem dedeira e com cordas de nylon) de tocar o instrumento abria um novo mundo de possibilidades de interpretação, de repertório e, consequentemente, de sonoridade.

Depois de estrear a "máquina" em shows, Rafael tinha naquele violão o instrumento ideal que buscava para atingir ao máximo as possibilidades pretendidas para seu novo trabalho, um disco com as complexas obras de Radamés Gnattali feitas para violão. A questão era: naquele cenário em que as gravadoras colocavam os números e o retorno financeiro em primeiro lugar, quem estaria disposto a abrir as portas de seus estúdios para gravar um disco "puro-sangue artístico"? Pois Rafael já tinha a resposta. Em 1979, depois de ter se formado como engenheiro de som nos Estados Unidos, Carlos Eduardo César de Andrade, o Carlão, foi aprender a mexer em mesas de som, na prática, nos estúdios da grandiosa Som Livre. Até meados dos anos 1980, trabalhou com os maiores nomes da música brasileira e colecionou 36 discos de ouro, dezessete de platina, oito de multiplatina e dois de diamante. Não eram todos álbuns produzidos pela Som Livre, mas como na época havia poucos estúdios independentes no país, a gravadora abria as portas para gravar LPs de artistas de outros selos. Foi o caso de Ritchie, britânico radicado no Brasil e que em 1983 vendeu mais de 1 milhão e 200 mil cópias do disco *Voa Coração*, graças ao sucesso estrondoso da faixa "Menina Veneno". Carlão Andrade, engenheiro de som daquele *hit*, ganhou um bom dinheiro com aquela música. Tempos depois, pediu demissão da Som Livre e ao lado de seu sócio Sérgio Lima Neto montou um estúdio, o Master, e criou a própria gravadora, a Visom Digital. O esquema de funcionamento seria bem simples. Um selo mais popular e comercial, também batizado de Master, seguraria as vendas e, consequentemente, as contas, possibilitando que pelo Visom fossem gravados discos essencialmente "artísticos", em resumo: instrumentais.

Havia ainda uma novidade. Dividindo o posto com a Kuarup, de Mario de Aratanha, a Visom se orgulhava de ser pioneira no país em usar o sistema digital de gravação. O que isso significava? Que, diferentemente do método analógico, em que recortavam-se as fitas, montando-se um verdadeiro quebra-cabeça musical, no digital não havia edição. Como se dizia nos estúdios cariocas, era tudo "à vera". O artista entrava no estúdio, abriam-se os microfones e apertava-se o "play"; se o músico errasse, tinha de gravar a faixa novamente desde o começo. Nesse esquema, a Visom Digital foi abrindo suas portas — ainda que em alguns discos, incluindo os que Rafael Rabello faria ali, houvesse alguns reparos de edição; não à toa, o *luthier* Mario Jorge Passos, que assinaria a direção de estúdio do segundo álbum do violonista pela Visom, classificava Carlão Andrade como "o rei da gilete", referindo-se aos cortes e emendas de trechos das fitas feitos pelo produtor.

Por indicação do grande entrevistador e produtor Simon Khoury, o primeiro a registrar um disco na nova gravadora foi Sebastião Tapajós. O violonista paraense chegou ao estúdio Master, localizado na rua Soares Cabral, em Laranjeiras — no mesmo endereço onde antes funcionava a Lavanderia Alva, de Sérgio Lima Neto —, tomou um café, tirou o instrumento do estojo e em seis horas gravou o excelente LP *Painel* (1985). Carlão Andrade ficou entusiasmado. Pelo método anterior, ele estava acostumado a gravar um disco em seis meses. Agora, gravava em seis horas. Depois do de Tapajós, vieram os álbuns de outros violonistas respeitados, André Geraissati, com *Insight* (1985), e Ulisses Rocha, com *Alguma Coisa a Ver com o Silêncio* (1986).

> Violão, 7 cordas № 3 1986
> Tampo em Cedar (Eurian, velho, flexível)
> Fundo em Machaerium, escuro.
> Braço Cedro/ébano.
> Roseta sheller (tipo Hauser p eb)
>
> Modelo Ramirez modificado. Escala
> 660. leques em spruce, altos (7mm × 4mm)
> arredondados. Capa de spruce sob o
> cavalete. Poliuretano, goma laca.
> Golpeador colado p/ proteger o tampo.
>
> Feito p/ Rafael Rabelo
> Obs. Tampo reenvernizado com nitrocelulose.

Caderno do *luthier* Mario Jorge Passos em que ele anotava todas as especificidades dos violões de sete cordas que construiu para Rafael.

Foi então que Rafael Rabello apareceu no Estúdio Master para propor a Carlão o LP com composições de Radamés Gnattali. O produtor, engenheiro de som e dono da Visom já conhecia a fama do violonista pelas gravações que ele fizera em álbuns de outros artistas, mas ainda não tinha escutado o trabalho solo daquele rapaz de apenas 24 anos de idade. Como Rafael não andava "desarmado", ali mesmo Carlão Andrade disse: "Vamos experimentar então", e ligou os microfones. Sem acreditar no que tinha acabado de ouvir, aceitou a proposta do violonista e pediu que ele retornasse nos próximos dias para fazer o disco. Com o repertó-

Meu amigo Radamés

rio definido, pouco tempo depois ele voltava ao Estúdio Master com seus dois violões — o Ramirez, de 1969, e o sete cordas Mario Jorge Passos, daquele mesmo ano de 1986 — para gravar o seu segundo álbum solo, *Rafael Rabello Interpreta Radamés Gnattali*.

Das sete peças escolhidas por Rafael, todas, como de costume, tinham sido escritas por Radamés e dedicadas pelo compositor a violonistas que eram seus amigos. As mais antigas, por exemplo, "Dança Brasileira", de 1946, e "Tocata em Ritmo de Samba", de 1954, foram feitas para Laurindo Almeida e Garoto, respectivamente. Do grupo dos conhecidos "Estudos" escritos por Radamés em 1963, Rabello escolheu "Estudo I (Presto Possibile)", "Estudo V (Alegretto)" e "Estudo VII (Comodo)", dedicados a Turíbio Santos, Sérgio Abreu e Antonio Carlos Barbosa-Lima. Já as mais recentes eram "Tocata em Ritmo de Samba II", escrita para Waltel Branco em 1981, e "Brasiliana nº 13", de 1983, para Turíbio. Esta última, aliás, nascera de uma passagem que ilustrava a facilidade de Radamés em escrever músicas e satisfazer as vontades de seus amigos. O maestro havia telefonado para Turíbio Santos, perguntando o porquê de não ter gravado uma peça que ele tinha lhe dedicado. Sincero e direto, o violonista deu a seguinte resposta a Radamés: "Você quer que eu diga a verdade ou que eu minta? É o seguinte: os dez 'Estudos' são maravilhosos, vi que você quis fazer um perfil de cada dedicatário. Você fez o meu com aquele 'Estudo', o primeiro, em ré maior, com a sexta corda em ré, um estudo bonito, brilhante, dificílimo. Só que eu fui ver os outros, todos muito bonitos, mas eu não encontrei o Radamés que eu colecionava, aquele de quem saíam os discos e eu ia comprar desde garoto". Ao que o compositor perguntou: "E o que você quer que eu faça?". Turíbio então replicou: "Faz o que está lá nos seus discos com o sexteto, aqueles movimentos bonitos". Duas semanas depois, o telefone do violonista voltou a tocar. Do outro lado da linha, Radamés: "Tua música está pronta, vem buscar". Era "Brasiliana nº 13", composta pelos movimentos "Samba Bossa Nova", "Valsa" e "Choro", retomando o inconfundível DNA do compositor.

Com a rapidez costumeira, Rafael Rabello gravou o disco em apenas três dias. Das sete composições de altíssimo grau de dificuldade de execução, apenas duas ("Tocata em Ritmo de Samba I" e "Tocata em Ritmo de Samba II") foram gravadas com o violão de sete cordas. Nas outras cinco, o instrumentista usou o Ramirez de 1969, variando afinações; no "Estudo I", por exemplo, a sexta corda, tradicionalmente um mi, foi afinada em ré; já no "Estudo V", por recomendação do próprio

Rafael Rabello
interpreta
Radames Gnattali

O segundo disco solo de Rafael, lançado em 1987.

Radamés, Rafael usou uma afinação de viola caipira, o que, como se sabe, acabava por modificar toda a maneira de tocar, o desenho dos acordes e a digitação no braço do instrumento.

Quando o álbum foi lançado, no início de 1987, tanto a imprensa quanto as lojas de discos entraram em parafuso, sem saber em qual "prateleira" encaixar o LP. Alguns o enquadravam no setor de música clássica; outros, no de popular. O público passou ao largo das dúvidas, e as 3 mil cópias da tiragem inicial se esgotaram em pouco mais de quinze dias. As incertezas da crítica especializada e dos lojistas eram totalmente compreensíveis. Primeiro, pela característica natural do estilo de composição de Radamés, que misturava popular e erudito com tanta naturalidade e propriedade que, de fato, ficava complicado definir e rotular aquelas peças tão complexas quanto espetaculares. Porém, mais do que o hibridismo camaleônico das obras de Gnattali, o que dava um nó mesmo nos ouvidos de qualquer pessoa era a maneira com que Rafael Rabello havia gravado aqueles temas. Um concertista catedrático tocaria direitinho o que a partitura pedia, mas deixaria a desejar em termos de balanço e de malícia, características tão caras ao samba e ao choro. Já um violonista talhado no popular poderia sobrar em suingue, em molejo e em malandragem, porém fatalmente lhe faltaria o apuro técnico para encarar aquele repertório. Caso raro, Rafael reunia tudo aquilo nas pontas dos dedos preto-esverdeados (de tanto tocar!) de suas mãos impressionantemente pequenas para os padrões consagrados entre os melhores violonistas do mundo. Não à toa, os críticos, mais ligados do que para-raios em dia de tempestade, atentaram para a versatilidade do instrumentista naquele disco. No dia 25 de abril de 1987, Tárik de Souza destacava no *Jornal do Brasil* que "a densidade do autor ficava tão evidente quanto a maestria do executante", além de chamar a atenção para o interessante fato de o toca-discos de Rafael ser "constantemente frequentado por David Bowie e Prince", sem contar os jazzistas que iam de Miles Davis a Wes Montgomery, de Django Reinhardt a Chick Corea. O título da reportagem resumia à perfeição o violonista de apenas 24 anos: "Um concertista malcomportado". Na matéria, uma declaração de Rafael sintetizava sua postura naquele disco e que o acompanharia ao longo de toda a sua carreira: "Não quero tocar para violonista, quero tocar para roqueiro".

Os mais ortodoxos torciam o nariz para aquela postura. E os tradicionalistas iam desde "aquelas senhorinhas que vão à Sala Cecília Meireles assistir aos concertos com lupa para ver se você errou alguma nota", como reclamava Rabello, até alguns críticos. No início de maio de 1989, por exemplo, em texto publicado na *Tribuna da Imprensa*, Carlos Dantas elogiaria a performance de Rafael e da pianista Fernanda Canaud no auditório da Fundação Casa de Ruy Barbosa, mas desaprovaria a postura do violonista. "Rafael deu um verdadeiro show. Bom seria, no entanto, que atentasse para sua conduta de palco, um tanto incompatível com este tipo de audição. Não era uma boate. Não poderia caber um certo à vontade, um *at home* excessivo, desbordante do local. Queiramos ou não, um mínimo de solenidade, de contenção, tem de estar presente. Sala de concerto é sala de concerto. Em qualquer parte do mundo. Elimina o risco de uma descontração demasiada, que acaba por dissolver, dissipar o interesse, e põe em risco a vigilância atenta da plateia." Era algo como exigir do incontrolável boxeador Mike Tyson em uma luta de exibição num templo japonês que ele se vestisse com um delicado quimono de seda e se comportasse como se estivesse numa silenciosa cerimônia de chá.

Como o álbum evaporou das lojas, o músico acabou ficando extremamente satisfeito por ter alcançado seu objetivo com aquele LP: fazer com que mais pessoas conhecessem a obra de Radamés Gnattali. Obviamente, 3 mil cópias em um país com as dimensões do Brasil eram algo irrisório, mas para Rafael aquilo era como um troféu. Em uma década de muita proximidade com Radamés — eles se conheciam desde 1977, quando das gravações do LP d'Os Carioquinhas —, o maestro, pianista, compositor e arranjador se estabeleceu como a referência mais importante da vida musical do violonista, o responsável por "botar minhocas" na cabeça do jovem músico e "derrubar todas as fronteiras, todos os mitos". Com a morte de Gnattali no dia 13 de fevereiro de 1988, o disco de Rafael despontou não apenas como uma justa e merecida homenagem em vida, mas também como o trabalho mais significativo já feito sobre a obra de Radamés para violão. Sempre lembrando que o compositor teve suas peças gravadas por gente da envergadura de Garoto, Laurindo Almeida, Turíbio Santos, Duo Assad, Antonio Carlos Barbosa-Lima, Sérgio Abreu, Zé Menezes, Jodacil Damasceno, Waltel Branco e Geraldo Vespar. Num cenário em que as gravadoras abriam seus microfones basicamente para álbuns com o chamado "potencial de vendas", a estreia da parceria de Rafael Rabello com a Visom Digital surgia como um alento, e o horizonte para o violonista e aquele pequeno selo independente parecia bastante promissor. Ao que tudo indica, juntos eles gravariam ainda muitos LPs históricos. Não fossem algumas "desinteligências" entre os envolvidos.

Rafael e Paco de Lucía: admiração musical mútua
que se transformou em descontração e amizade.

Capítulo 6
FLAMENCO NO MORRO

> "Rafael me parece um dos melhores instrumentistas que vi nos últimos tempos. Ele é um desses guitarristas que te dão a impressão de ter superado a dependência técnica do instrumento; sua música vai diretamente de sua barriga até o coração das pessoas."
>
> Paco de Lucía

Eram 22h45 de uma quinta-feira e o espanhol Francisco Sánchez Gómez estava sentado em uma cadeira giratória no centro dos estúdios da TV Cultura, no bairro da Água Branca, em São Paulo. Vestindo uma camisa de mangas curtas, estampada em azul e preto com motivos florais, calças jeans puxadas para o cinza e botas com tom entre o marrom e o grená, ele estava mais cansado do que aparentava. O relógio em seu pulso esquerdo mostrava que haviam se passado catorze horas desde o embarque no seu país natal. Numa época em que ainda se fumava dentro dos estúdios de televisão, Francisco não hesitou em sacar seu maço do bolso e, girando lentamente seu corpo na cadeira para a esquerda e para a direita, acendeu um dos quarenta cigarros que consumia diariamente. Em cinco minutos, ele estaria no ar para todo o Brasil, ao vivo, no programa *Metrópolis*, acompanhado de outro convidado. Bem-humorado, seguia fumando.

Francisco usava seu nome de batismo apenas nas ocasiões em que tinha de mostrar um documento de identificação, como o passaporte apresentado a funcionários da Polícia Federal do Aeroporto Internacional de Cumbica, em Guarulhos, naquele mesmo dia, 15 de novembro de 1990. No Brasil ou em Algeciras — município da província de Cádiz, onde ele nascera havia 42 anos — e em tantas partes do globo terrestre, arrebanhando um número incontável de admiradores, ele era conhecido por outro nome: Paco de Lucía, o guitarrista espanhol que revolucionou o flamenco, popularizou e internacionalizou o gênero da Andaluzia e figurou em diversas listas e premiações como um dos violonistas mais importantes de todos os tempos.

Paco não tocava sua guitarra havia quinze dias. Ele estava no Brasil para realizar sua sexta turnê pelo país, desta vez para divulgar o álbum *Zyryab*, que acabara de lançar. No dia seguinte, às 22h, iria apresentar o *Concerto Solo-Dúo-Trío*, acompanhado de Juan Manuel Cañizares e José María Bandera, no Palace, casa de shows de São Paulo com capacidade para mais de mil espectadores.

Um dos maiores entusiastas da arte de Paco de Lucía no Brasil não poderia comparecer à apresentação de seu ídolo porque estaria em horário de serviço. Pelo mesmo motivo, ele, que era o outro entrevistado do *Metrópolis*, só conseguiu chegar ao estúdio da TV Cultura com o programa já em andamento. O convidado, também violonista, tinha 28 anos e estava atrasado por ter de cumprir a agenda de shows no Palladium, a 14 quilômetros dali, no número 3979 da avenida Rebouças, ao lado de Ney Matogrosso, um dos cantores mais conhecidos do Brasil. Ao entrar em cena no início do primeiro bloco — com 1m70, alguns quilos acima do peso considerado ideal para sua altura, cabelos ondulados pouco abaixo dos ombros e loiros, cavanhaque da mesma cor, olhos verdes, terno e sapatos pretos, calças de sarja e camisa cinza-gelo —, o convidado recebeu um abraço efusivo de Paco. Já sentados, os dois trocaram batidinhas amistosas com as mãos um na perna do outro, demonstrando um certo grau de intimidade de quem se conhecia fazia algum tempo, no caso deles, havia pouco mais de cinco anos. Com o outro participante do programa enquadrado pelas câmeras, a apresentadora Maria Amélia Rocha Lopes cumpriu o protocolo: "Posso te apresentar? Todo mundo sabe quem é, mas a gente vai fazer uma apresentaçãozinha formal só para esclarecer para todo mundo que está vendo. Rafael Rabello: ele já foi um menino prodígio do violão e hoje é um dos mais jovens e brilhantes violonistas brasileiros". Espirituoso e com o mesmo *timing* preciso dos ataques de sua mão direita na guitarra espanhola, Paco de Lucía interrompeu o raciocínio didático da apresentadora para dizer: "Agora ele é um homem prodígio". Mais batidinhas nas pernas e uma risada tímida do elogiado, como quem diz: "O que é isso, não é para tanto...".

O espanhol sabia o significado de carregar o peso de ser um menino prodígio; como poucos, lembrava-se do furor causado por ele e seu irmão Pepe no início da década de 1960, quando com menos de 15 anos gravaram seus primeiros discos sob o nome de Los Chiquitos de Algeciras. Agora, quase três décadas depois de seu *début*, Paco estava sentado com a perna direita cruzada sobre a esquerda, com o dedo indicador em uma de suas têmporas e os outros dedos entre o maxilar e o queixo, com-

Em 1985, durante viagem pela França, Rafael conheceu pessoalmente
Paco de Lucía, que por meio do flamenco e de sua guitarra espanhola,
exerceria forte influência sobre o violonista brasileiro; na foto,
Rafael ao lado de Paco e Joel Nascimento.

pletamente hipnotizado pelo som que saía do violão de sete cordas daquele "homem prodígio". Perguntou de quem era aquela música — ouviu de Rafael que era de Tom Jobim ("Luiza") — e ficou impressionado com a "profundidade" que aquela sétima corda mais grave acrescentava ao violão. Mais adiante, Paco, que já havia vendido milhões de discos e era considerado um dos violonistas mais incensados do mundo, diria: "Rafael é um dos melhores guitarristas, é o melhor de seu país. Creio que estamos falando demais e o melhor a fazer é ouvi-lo (tocar)". Os elogios rasgados, diferentemente do que poderiam aparentar, não eram artifícios de demagogia e de oportunismo do guitarrista para ganhar o público brasileiro. O maior expoente do flamenco só tecia loas com critério. Dez anos antes, por exemplo, quando o genial violonista Baden Powell introduzira traços do gênero espanhol em sua obra, o filho da portuguesa Luzia Gomes Gonçalves (daí o apelido "de Lucía") foi enfático: "Baden Powell o fez e não me agradou o resultado".

Flamenco no morro

Era um encontro raro, ainda que Paco não tivesse tocado, alegando estar exaurido pelo *jet lag* e não saber tocar em um violão com uma corda a mais do que as seis do instrumento convencional. Sua guitarra espanhola havia ficado no hotel. Ali, era como se reunissem no mesmo programa os craques do futebol Alfredo Di Stéfano e Garrincha e ambos não fizessem embaixadinhas juntos, só Mané esbanjasse seus malabarismos com a bola, e mesmo assim o argentino (naturalizado espanhol) credenciasse o brasileiro como um "fora de série", "o maior de seu país". Se os ídolos do Botafogo e do Real Madrid não tiveram a oportunidade de jogar no mesmo time, Rafael e Paco gozaram dessa sorte. Não naquele programa de televisão, mas no fim do mesmo ano, quando o espanhol retornou ao Brasil e participou de um disco do "homem prodígio".

Para o jovem violonista, poder conviver com o ídolo, ouvir elogios daquela envergadura e ainda por cima contar com aquela guitarra espanhola em um álbum seu, sem dúvida alguma representava uma honra sem tamanho. Em maio de 1985, quando esteve no Brasil para apresentações no Rio de Janeiro, em São Paulo e em Porto Alegre, Paco de Lucía já era uma estrela mundial. Seu álbum *Entre Dos Aguas*, lançado em 1975 e editado no Brasil no mesmo ano com o título *A Arte de Paco de Lucía*, tinha superado as 300 mil cópias vendidas na Espanha. Àquela altura, a estrela de Algeciras já tinha estabelecido parcerias com o guitarrista britânico John McLaughlin e com os norte-americanos Al Di Meola, Larry Coryell e Chick Corea. Por esses intercâmbios — por incorporar a seu conjunto instrumentos de sopro e outros elétricos, como o contrabaixo —, levou o flamenco para o mundo, ainda que tocasse também outros estilos espanhóis, como *bulerías*, *soleás*, *jaleos* e *rodenás*. Para desespero dos puristas, Paco, profundo conhecedor das tradições do flamenco, modernizou e espalhou o gênero para além de fronteiras. Com as proporções e peculiaridades devidamente guardadas, ele significava para o flamenco o mesmo que Astor Piazzolla representava para o tango: um renovador e embaixador mundial da música de seu país.

Paco de Lucía admirava mas estava longe de ser um exímio conhecedor de música brasileira. Dois anos antes ele havia participado de um disco do cantor e compositor cearense Raimundo Fagner em homenagem a Pablo Picasso. Em seu instrumento, o fascínio pelo Brasil se deu quando ele tinha apenas 15 anos. A partir daquela idade, passou a comprar todos os LPs de Baden Powell que encontrasse pelo caminho. Naquele mesmo ano de 1985, o violonista brasileiro estava no Rio de Janeiro, onde não se apresentava havia quatro longas temporadas. Desde o início da década de 1980, ele morava na cidade alemã de Baden-Baden com a esposa Sílvia e os dois filhos Philippe e Louis-Marcel. Sem saber, Baden Powell teria sua parcela de contribuição para que acontecesse o importante encontro entre Paco de Lucía e Rafael Rabello.

O violonista havia sido uma das atrações da edição de 1984 de um festival na cidade de Bonifacio, no sul da Córsega, na Côte D'Azur francesa. Para o ano seguinte, o produtor e médico Pierre Chiarelli pediu recomendações a Baden. O compositor dos cultuados afro-sambas ligou então para Paulinho da Viola. No telefonema, o violonista de Varre-Sai disse ao colega que Chiarelli o procuraria, além de assegurar que ele se sentiria em casa, já que o público do festival era muito receptivo ao choro e à música brasileira. Antes de encerrar a conversa, Baden disse a Paulinho: "Olha, eu queria te dizer outra coisa: violão aí no Brasil só tem o Rafael". O violonista veterano conhecia Rafael Rabello desde fevereiro de 1979, quando no batizado de seu filho Philippe Baden Powell, ele, Rafael e Meira, que fora professor dos dois, tocaram por seis horas ininterruptas. Anos depois, em uma entrevista ao jornalista Aramis Millarch, Baden relembraria o encontro de gerações: "O pau comeu, mas aquele pau comeu não era de tocar, era de disputa mesmo pra um derrubar o outro e acabar. E o Meira chorando por ter dois alunos assim... O Rafael toca muito, se encostar esses caras, Toquinho e não sei mais quem, meu filho, não dá nem pra conversar, porque eu sei o que o Meira ensinou a ele, a mesma coisa que ensinou a mim". Baden havia feito aquele comentário sobre Rafael para Paulinho da Viola por saber da proximidade entre os dois, que eram cunhados havia nove anos. Em 1976, Paulinho e Aurilla, a Lila, irmã de Rafael, começaram a namorar. O cantor, compositor, violonista e cavaquinista escrevia cartas para a namorada e preservava sua identidade, assinando com o pseudônimo "Senhor X". Lila e Paulinho se encontravam de início às escondidas, mas perto da casa dos Rabello, e certo dia foram descobertos pelo caçula Rafael, que disse à irmã. "Eu descobri quem é o Senhor X". Para evitar que o garoto de apenas 13 anos contasse à família sobre aquele namoro, Lila, chantageada, passou uma semana praticamente como uma empregada de Rafael, satisfazendo pequenas vontades do irmão, como servir a comida dele, buscar uma roupa no quarto, um copo d'água na cozinha etc.

Paulinho, que mesmo antes de se relacionar com Lila já tinha ouvido falar daquela nova promessa do violão de sete cordas por intermédio de Lygia Santos, passou a acompanhar mais de perto a evolução meteórica de Rafael no instrumento. Em 1982, em uma visita à casa da irmã e

Rafael ao lado da irmã Lila e do cunhado Paulinho da Viola; quando os dois começaram a namorar, só o menino Rafael sabia quem era o "Senhor X", codinome usado por Paulinho.

do cunhado, o jovem violonista escutou o choro "Itanhangá", recém-composto por Paulinho em referência ao bairro onde ele e Lila moravam havia pouco tempo. Na semana seguinte, Rafael telefonou para eles e recomendou que assistissem a um programa do qual ele participaria na TVE. Para total surpresa de Paulinho, a televisão mostrou o garoto tocando o choro "Itanhangá" com extrema fluência e, mais, acrescentando ornamentos e variações. Era algo impressionante para quem tinha ouvido aquele tema apenas uma vez.

Três anos depois, no dia 1º de setembro de 1985, por recomendação de Baden Powell, Paulinho da Viola e Rafael Rabello embarcaram para a França para se apresentarem no festival de Bonifacio, na Córsega. Junto deles estavam o bandolinista Joel Nascimento, o pianista e tecladista Darcy de Paulo e mais dois percussionistas. No Brasil, a rotina andava bastante agitada para Rafael dentro dos estúdios e, naquele ano, ele já havia participado de discos dos mais variados estilos. A extensa lista de artistas comprovava a versatilidade do instrumentista. Nela, nomes como Alcione, Moraes Moreira, Nana Caymmi, Francis Hime, Beth Car-

Programa do espetáculo realizado no prestigioso Lincoln Center, de Nova York, em 11 de setembro de 1982, com Rafael tocando sua "seven-string guitar".

valho, Martinho da Vila, Amelinha, Mestre Marçal, Gilson Peranzzetta, Nei Lopes e Wilson Moreira, Luiz Eça e Pery Ribeiro, Luiz Carlos da Vila, Baiano e os Novos Caetanos (da dupla de humoristas geniais Chico Anysio e Arnaud Rodrigues), Joel Teixeira e Olivia Hime. Antes da viagem com Paulinho da Viola e Joel Nascimento, os palcos estrangeiros já tinham deixado de ser uma novidade para Rafael Rabello. Em 1979, ele

Flamenco no morro 157

se apresentara com Turíbio Santos na prestigiada Salle Gaveau, em Paris, no lançamento pelo selo francês Erato do disco *Valsas e Choros*. Três anos depois, tocou no Lincoln Center, em Nova York, ao lado de um timaço de instrumentistas — Paulo Moura (clarinete e sax-soprano), Joel Nascimento (bandolim), Cesar Faria (violão), Jonas (cavaquinho), João Pedro Borges (violão), Norton Morozowicz (flauta) — em um concerto promovido pela Embratur, em noite que também contou com um recital dos pianistas Arthur Moreira Lima e João Carlos Martins. A própria região da charmosa Côte D'Azur também já era familiar para o violonista. Dois meses antes do show em Bonifacio com Paulinho e Joel, Rafael dedilhou as sete cordas de seu Do Souto ao lado de Paulo Moura, do trombonista Zé da Velha e do violoncelista Jaques Morelenbaum no renomado festival Jazz a Juan, na cidade de Juan-les-Pins, em Antibes, na mesma noite em que se apresentaram Tom Jobim, João Gilberto, Jorge Ben Jor e Gal Costa. A escalação daquele ano do festival trazia ainda nomes como Ray Charles, Herbie Hancock, Toots Thielemans, Michel Legrand, Arturo Sandoval, Keith Jarreth, Charlie Haden e John McLaughlin. Motivado por aquele encontro na costa francesa, o quarteto lançou o disco *Brasil Instrumental*, com repertório variado que ia de Chiquinha Gonzaga ("Corta-Jaca") a Tom Jobim e Vinicius de Moraes ("Modinha"), de Toninho Horta e Ronaldo Bastos ("Bons Amigos") a Ratinho ("Saxofone, Por Que Choras?"), de Pixinguinha e Vinicius de Moraes ("Lamentos") a Paulo Moura ("Tarde de Chuva"). Promovido e bancado pela Caemi (Companhia Auxiliar de Empresas de Mineração), com produção da Kuarup, *Brasil Instrumental* era um álbum duplo; no primeiro volume, apenas composições de Paulinho da Viola interpretadas pelos violões de João Pedro Borges, de Cesar Faria e do violão e do cavaquinho do próprio Paulinho.

Aquela segunda ida à França em menos de dois meses confirmava um desejo que se intensificava em Rafael em termos de planejamento de carreira. Em julho daquele ano, quando tocou no Teatro Municipal do Rio o concerto para violão e orquestra escrito por Radamés Gnattali, o violonista de apenas 22 anos revelou ao público suas intenções. Em entrevista ao *Jornal do Brasil*, ele começava a se despedir do público brasileiro. "Aqui, fazemos festivais de rock", disse Rafael em referência ao grandioso Rock in Rio. "Não posso fazer muito mais por aqui. É hora de pular fora", completou o instrumentista. A reportagem, que já antecipava a viagem do jovem músico com Paulinho da Viola a convite de Baden Powell, trazia ainda uma informação interessante: a de que Rafael

A partir dos anos 1980, Rafael fez diversas apresentações no exterior; em 1986, ao lado da irmã Amelia e de Toquinho, participou do Festival International de la Musique, em Bonifacio, no extremo sul da Córsega.

já havia feito "contato com Paco de Lucía para tentar de vez a Europa". A apresentação do grupo no festival de Bonifacio, na noite de 7 de setembro, foi muito bem recebida pelo público local. Após o show, Paulinho tinha shows marcados em Fortaleza e teve de retornar ao Brasil. Rafael e Joel Nascimento seguiram para Paris, onde alguns compromissos profissionais os aguardavam. Entre eles, os mais importantes eram a gravação de um disco pelo selo francês Barclay — fruto da atenção despertada pelo violonista dois meses antes, em Antibes — e uma apresentação no

FESTIVAL INTERNATIONAL DE MUSIQUE
BONIFACIO 86

1er SEPTEMBRE	JEAN-PAUL POLETTI Ernesto RONDO Yves DUTEIL	3 SEPTEMBRE	Orchestre Franz LISTZ de BUDAPEST : JP RAMPAL – Symphonie en sol majeur de VIVALDI – Concerto grosso en fa majeur HAENDEL opus 6 numéro 2 – Concerto en si mineur pour flûte BACH – Divertimento en ré majeur MOZART k 136 – Suite en la mineur pour flûte TELEMAN
2 SEPTEMBRE	Orchestre Franz LISTZ de BUDAPEST: Marielle NORDMAN JP RAMPAL Patrice FONTANAROSA – Concerto pour flûte et harpe de MOZART – Petite musique de Nuit de MOZART k 525 – Concerto numéro 5 pour violon MOZART k 219 – Sérénade nocturne MOZART k 239	4 SEPTEMBRE	Amalia RODRIGUEZ
		5 SEPTEMBRE	Claude BOLLING et son BIG BAND
		6 SEPTEMBRE	AMELIA Rafael RABELO TOQUINHO

O festival de Bonifacio de 1986, em que se apresentaram
nomes como o flautista francês Jean-Pierre Rampal
e a cantora portuguesa Amália Rodrigues.

clube de jazz mais incensado da capital francesa, o New Morning. Pouco antes de sair do Brasil rumo à França, Rafael havia detalhado ao *Jornal do Brasil* como seria aquele álbum. "Em algumas faixas do disco, estarei sozinho. Em outras, vamos ver se há tempo para o Paulinho participar. Os produtores de lá me sugeriram o guitarrista Roland Dienz e também um percussionista para outras faixas. Pode ser. Se a gente se entender, tudo bem." No fim das contas, a gravação acabou não acontecendo. Décadas depois da apresentação de Rafael e de Joel no New Morning, apareceria um registro amador daquele show, também nunca lançado comercialmente. Com um repertório recheado de choros ("Vou Vivendo", de Pixinguinha e Benedicto Lacerda; "Lamentos", de Pixinguinha e Vinicius de Moraes; "Noites Cariocas", a valsa "O Voo da Mosca" e "Bole-Bole", de Jacob do Bandolim; "Apanhei-te, Cavaquinho" e "Brejeiro", de Ernesto Nazareth; "Brasileirinho", de Waldir Azevedo; "Murmurando", de Fon-Fon e Mário Rossi; "Evocação de Jacob", de Avena de Castro; e a valsa "Revendo o Passado", de Freire Júnior), além de temas

Após a apresentação na Córsega, Rafael e Joel Nascimento
seguiram para Paris, onde se apresentaram no New Morning,
incensada casa de jazz da "Cidade Luz".

ligados à bossa nova, como "Chega de Saudade" (Tom Jobim e Vinicius de Moraes) e "Wave" (Tom Jobim) e de peças do repertório clássico de violão, como "La Catedral" e "Estudo de Concerto", ambas de Agustín Barrios, a dupla impressionou com uma performance memorável naquela noite de 11 de setembro.

Mais do que se apresentar na principal casa de jazz de Paris e em um importante festival — na mesma edição em que tocaram Miles Davis, Michel Legrand, Stéphane Grappelli e Jean-Pierre Rampal —, o acontecimento mais marcante para Rafael naquele giro francês foi o encontro com o guitarrista espanhol Paco de Lucía. Evidentemente, como qualquer violonista que se propusesse a estudar o instrumento a sério, Rabello já tinha tido contato com a riquíssima escola espanhola de violão. Seu avô, José de Queiroz Baptista, além de estudar o método de Francisco Tárrega, ouvia com frequência obras interpretadas por Andrés Segovia. Logo depois, já na vila do Cosme Velho, no Rio de Janeiro, ainda na infância Rafael tomou contato com algumas peças clássicas do violão espanhol por intermédio de seu cunhado Rick Ventura. Jayme Florence, o Meira, também utilizava métodos espanhóis nas aulas para o jovem aprendiz. Ao longo de sua formação, Rafael devorou o repertório de choro, de samba, de valsas brasileiras e de serestas — sem deixar de se interessar em ouvir e tocar composições como "Capricho Árabe", "Recuerdos de la Alhambra", "Danza Mora", "Gran Vals", por interpretações de Francisco Tárrega, de Andrés Segovia, de Isaac Albéniz, de John Williams, de Narciso Yepes, entre outros. Em 1993, por exemplo, quando participou do programa *Ensaio*, dirigido por Fernando Faro na TV Cultura, após tocar um pequeno trecho da primeira composição que fez quando tinha entre 10 e 11 anos, Rafael disse que "tentava imitar aqueles violões do Tárrega".

Nesse balaio, o violonista brasileiro já conhecia as famosas execuções de Paco de Lucía e também o repertório de música espanhola principalmente pelo contato com sua irmã Helena Rabello, dançarina da Casa de Espanha desde a década de 1980, mas o encontro pessoal com o ícone do flamenco foi absolutamente marcante. Em Paris, Rafael esteve com Paco e, além de ver de perto a técnica de seu ídolo, pôde tocar com ele em reuniões informais. O espanhol, que era extremamente rigoroso em termos de excelência musical — ainda que não tivesse estudos formais e teóricos de música —, ficou impressionado com a capacidade daquele violonista de apenas 22 anos de idade. Tal admiração se tornaria pública no Brasil apenas em 1987, quando um bilhete manuscrito por Paco ilustrou a contracapa do LP *Rafael Rabello Interpreta Radamés Gnattali*. "Rafael me parece um dos melhores instrumentistas que vi nos últimos tempos. Ele é um desses guitarristas que te dão a impressão de ter superado a dependência técnica do instrumento; sua música vai diretamente de sua barriga até o coração das pessoas."

A partir daquele encontro com Paco de Lucía, Rafael Rabello não se tornou um guitarrista flamenco, mas indiscutivelmente incorporou alguns elementos do gênero espanhol a seu vasto repertório de música brasileira. Do encontro com Paco até o fim de sua carreira, o violonista passou a utilizar técnicas como a *alzapúa* (movimentos do polegar da mão direita para baixo e para cima numa mesma corda), o rasgueado, os golpes no tampo do violão e o picado (escala rápida tocada geralmente com os dedos indicador e médio da mão direita). Rafael também absorveu o rigor técnico, a "pegada", a expressividade e a emotividade inerentes ao flamenco. Os mais puristas, como sempre, passaram a criticar tais inflexões de Rabello, sem se dar conta de que mesmo com o acréscimo da-

> Rafael me parece uno de los mejores instrumentistas que he oído hace mucho tiempo. Él es uno de esos guitarristas que te da la impreción de haber superado la dependencia tecnica del instrumento, por lo tanto su musica va directamente desde su barriga hasta el coraćon de la gente que lo admiramos.
>
> *Paco Lucía*

A admiração mútua entre Paco e Rafael foi tamanha que o espanhol escreveu a dedicatória do álbum lançado por Rabello em 1987.

quelas novas características o violonista não havia deixado de ser extremamente brasileiro. Aos que ainda não tinham compreendido as intenções e influências do instrumentista — que se definia como um "neonacionalista, na linha de Villa-Lobos e Radamés" —, ele mesmo tratou de explicar em entrevista ao jornal O Globo quando do lançamento de seu LP com músicas de Gnattali, em maio de 1987: "Quero fazer música nacional, como o Paco faz a música flamenca, sem qualquer ranço de xenofobia, mas com o apuro técnico que confunde o popular e o erudito, rompe fronteiras e deixa confusos os críticos. Quem seria capaz de classificar Piazzolla?". No melhor estilo "tô te confundindo pra te esclarecer", do espctacular samba de Tom Zé, Rafael Rabello incorporava novos elementos a seu violão e andava com a técnica mais apurada do que nunca. O resultado apareceria logo no ano seguinte, em 1988, quando ele entraria em estúdio para gravar seu quarto disco, considerado por muitos o melhor de sua carreira e um clássico da história do violão brasileiro.

* * *

A proposta de gravar discos puramente pelo valor artístico em detrimento de um potencial comercial fez com que a Visom chegasse ao ano de 1988 sendo considerada pela mídia como "a pequena gravadora que se tornou o cais instrumental brasileiro". Obviamente, o selo criado por Carlão Andrade e Sérgio Lima Neto não era o único porto onde os músicos ancoravam seus instrumentos e dividia esse privilégio com outras gravadoras mais antigas. Entre elas, a Kuarup, que desde 1977 lançara álbuns de nomes como Turíbio Santos, Paulo Moura, Xangai, Elomar e Altamiro Carrilho, e a Som da Gente, que a partir de 1981 registrara LPs de Hermeto Pascoal, Heraldo do Monte, Nelson Ayres, Cama de Gato, Hélio Delmiro e Hector Costita. Com apenas três anos de existência, a Visom conquistara o reconhecimento basicamente por dois motivos: pelo bom resultado de suas gravações em sistema digital e, claro, pela qualidade de artistas como Sebastião Tapajós, Gilson Peranzzetta, Mauro Senise, André Geraissati, Ulisses Rocha e Idriss Boudrioua. Com tiragens modestas em comparação com as grandes gravadoras — com uma média de 3 mil discos prensados —, os álbuns iam bem nas lojas. O selo arcava com todos os custos e o dinheiro que entrava das vendas era dividido igualmente entre o artista e a Visom, com 50% para cada.

Dentro deste contexto, entre os meses de março e abril de 1988, Rafael Rabello entrou no estúdio Master, na rua Soares Cabral, em Laranjeiras, para gravar seu segundo álbum pela Visom. A exemplo do que fizera em seu primeiro disco solo (*Rafael Sete Cordas*, de 1982), o violonista escolheu a seguinte espinha dorsal para o repertório daquele novo LP: composições de ícones do choro, de mestres do violão brasileiro, de autores contemporâneos e também uma música dele mesmo.

Dos grandes nomes do choro, Rafael gravou — sabiamente com andamento moderado e fiel à essência da composição — "Escovado", tango brasileiro de Ernesto Nazareth publicado em 1904; o choro "Ainda me Recordo", de Pixinguinha e Benedicto Lacerda; e "O Voo da Mosca", composta por Jacob do Bandolim em 1962. Gravada pelo próprio violonista em seu disco de estreia em 1982, a valsa-choro de Jacob foi regravada com um andamento mais veloz e com Rafael muito mais maduro em termos técnicos.

Já com relação às composições de mestres do violão brasileiro, Rabello gravou o jongo "Graúna", de João Pernambuco, e quatro temas de Aníbal Augusto Sardinha, o Garoto: os choros "Jorge do Fusa" (grafado na contracapa do LP como "Jorge na Fusa", em referência à figura rítmica da fusa) e "Nosso Choro", que ele já havia gravado em 1982 com

Rafael com a perna direita cruzada sobre a esquerda;
a posição clássica que ele adotou como sendo a mais confortável para si,
e ainda hoje utilizada por alguns violonistas.

Radamés Gnattali; a valsa "Desvairada", escrita em 1932 e também interpretada no disco com Radamés; e o samba "Lamentos do Morro", cujo arranjo permaneceria como referencial para todos os estudantes e profissionais do violão trinta anos depois da gravação de Rafael. Já a interpretação inspiradíssima do violonista seria considerada como a melhor de todos os tempos para aquela música — não à toa, o disco batizado apenas como *Rafael Rabello* passaria a ser chamado informalmente de *Lamentos do Morro*. Três anos após ter conhecido Paco de Lucía pessoalmente, o violonista começava a dar provas da influência que sofrera do guitarrista espanhol, ao incorporar em algumas músicas, ainda que de um jeito *en passant*, elementos e sotaques do flamenco. A tão falada técnica da *alzapúa* ficava evidente em "Lamentos do Morro", com os movimentos do polegar da mão direita de Rafael para cima e para baixo na corda ré de seu violão. Em "Desvairada", os golpes no tampo

Flamenco no morro 165

do instrumento também apareciam. Em "Graúna", por sua vez, divisões e fraseados do violonista explicitavam pontos em comum entre as músicas da região da Andaluzia e do Nordeste brasileiro, ambos com forte influência secular exercida pelos mouros. Ao se referir ao flamenco, Rabello diria que "essa música tem uma profunda influência sobre os nossos ritmos. Você ouve a música nordestina e percebe a influência. Os mouros dominaram aquela região, que vai da Espanha a Portugal, por anos. E claro que isso iria deixar várias marcas na nossa música".

Dos autores contemporâneos escolhidos por Rafael, um deles era Radamés, de quem ele escolheu o segundo movimento de "Retratos", em homenagem a Ernesto Nazareth, e que o violonista já havia gravado em 1979 com o próprio autor e a Camerata Carioca no álbum *Tributo a Jacob do Bandolim*. O outro contemporâneo a figurar no repertório, Guinga, de quem Rabello interpretou a inédita "Comovida", representava uma escolha muito mais ousada. Por quê? Pelo simples fato de aquela música ser extremamente moderna — em termos melódicos e harmônicos — e por seu autor ser um ilustre desconhecido em comparação com os outros compositores daquele LP. O também violonista Guinga, nascido com o nome Carlos Althier de Souza Lemos Escobar, apesar de já ter tocado com nomes como Cartola (no registro antológico de "O Mundo É um Moinho"), João Nogueira, Nelson Cavaquinho e Clara Nunes e de ter composições suas gravadas por Elis Regina, MPB-4, Clara Nunes e Michel Legrand, era praticamente um anônimo. Primeiro, porque suas músicas estavam à frente de seu tempo. Segundo, porque, formado em odontologia, ele não abria mão de seguir atuando como dentista em seu consultório, onde atendia pacientes como Baden Powell, Dino 7 Cordas e o próprio Rafael Rabello. Filho de um homem que se alistou aos 16 anos como voluntário na Aeronáutica durante a Segunda Guerra Mundial para ter o que comer e o que vestir, e que conseguiu "vencer" e sustentar uma família chegando a se tornar sargento, Guinga ouviu a seguinte frase de seu pai quando ainda era um garoto: "Me deram uma pena e eu voei; eu estou te dando uma asa, você tem a obrigação de entrar em órbita". O compositor, violonista e cantor, que gravaria seu primeiro disco apenas em 1991, cumpriu a sentença dada pelo "Sargento Escobar" e a exemplo de nomes como Garoto, João Pernambuco, João Gilberto e Baden Powell escreveu seu nome na história como um revolucionário do violão não apenas no Brasil, mas no mundo.

Depois de "Sete Cordas", interpretada por Rafael no disco seu primeiro disco solo — que apesar da letra espetacular de Paulo César Pinheiro ganhara um registro instrumental —, o violonista gravou, no álbum de 1988, pela segunda vez uma composição de sua autoria. Era o choro "Pedra do Leme", parceria com Toquinho composta dois anos antes, quando os dois haviam feito uma turnê pela Itália com um espetáculo chamado *Canta, Brasil*, organizado pelo empresário napolitano Franco Fontana, com direção de Fernando Faro e participação de músicos como Dominguinhos, Luizão Maia, Mutinho e Papete. O álbum mais recente do jovem violonista trazia algumas diferenças em relação ao que fora gravado seis anos antes. Uma delas era que o músico trocara o violão Do Souto para gravar ora com o José Ramirez, de 1969, ora com o "sete" Mario Jorge Passos — *luthier* que também assinava a direção de estúdio naquele LP —, de 1986, ambos com cordas de nylon. A outra diferença era que se em *Rafael Sete Cordas* o violonista havia tocado sozinho em todas as faixas, agora ele atuava solo em apenas duas, "Comovida", de Guinga, e "Escovado", de Ernesto Nazareth. Nas outras nove ele dividia os microfones do estúdio Master com outros instrumentistas. Em "Pedra do Leme" e no segundo movimento de "Retratos", Rafael atuava em duo com o experiente e genial Chiquinho do Acordeon. O entrosamento entre os dois era algo tão impactante que nem um tratado filosófico-musical elaborado por anos a fio daria conta de explicar. Em oito das onze músicas do LP — "Lamentos do Morro", "Jorge na Fusa", "Pedra do Leme", "O Voo da Mosca", "Graúna", "Retratos", "Nosso Choro" e "Desvairada" —, o violonista contava com o acompanhamento de Dininho, filho de Dino 7 Cordas, no contrabaixo acústico "mariachi" (como se fosse o que anos depois se chamaria de "baixolão", só que com o corpo do instrumento um pouco maior). Os dois já vinham atuando com aquele dueto desde os shows de lançamento do disco em tributo à obra de Radamés. Com um estilo discreto mas firme e preciso, sem choques e cruzamentos entre os instrumentos, Dininho entregava toda a segurança necessária para Rafael deitar e rolar com seu virtuosismo de solista. Por fim, empunhando o Ramirez, o violonista dividia o clássico "Ainda me Recordo" com sua grande referência, Dino 7 Cordas. Além de dividir o choro de Pixinguinha e Benedicto Lacerda com o discípulo, o veterano ainda era homenageado na contracapa do LP, dedicado "aos mestres Dino e Meira". Em longa reportagem publicada no *Jornal do Brasil* na edição de 7 de maio daquele ano, apesar da pouca idade o jovem definia com imensa propriedade o tema de Pixinguinha: "Começa com referências aos dobrados de bandas militares (Anacleto de Medeiros) desenvolvidos à maneira de Carlos Gomes; na segunda parte, entra um desenvolvimento mozartiano; na terceira, um baixo cantado e outro contínuo na praia de Bach; e na quarta, o Pixinguinha propriamente dito caindo no choro". Sobre "Nosso Choro", de Garoto, o músico novamente esbanjava conhecimento e repertório, dando provas do tamanho de sua bagagem musical e intelectual: "Busco um coeficiente entre Debussy, Ravel, Gershwin, Radamés e Villa-Lobos".

Diferentemente do primeiro álbum de Rafael pela Visom, em que interpretava composições de Radamés Gnattali, o segundo contava com um capricho maior na parte gráfica. Enquanto a capa do disco anterior estampava uma imagem tosca e amadora do violonista num palco, a do novo LP havia ganhado uma produção mais bem-acabada. Em foto feita por Wilton Montenegro em estúdio, Rafael aparecia de camisa branca, calça social com listras e um paletó preto com as mangas dobradas pouco abaixo dos cotovelos. Com as mãos nos bolsos, o violonista parecia um galã de novela mexicana dos anos 1980. A estética era cafona, mas pelo menos desta vez a produção era profissional e condizente com a época. O capricho não se limitou à parte gráfica. Para se ter uma ideia, o *luthier* Mario Jorge Passos, que assinou a direção de estúdio do LP, saiu daquelas gravações com uma hepatite na conta por ter praticamente se internado na sala do Master Studios durante a feitura do álbum. No aspecto musical, a mesma mentalidade declarada por Rafael no disco em que tocava peças de Radamés (a de não querer tocar para "concertistas, mas para roqueiros") seguia ainda mais presente no LP recém-lançado. À mesma reportagem do *Jornal do Brasil* ele foi extremamente objetivo: "Durante esse tempo venho estudando a guitarra clássica e a flamenca para dar ao violão brasileiro uma técnica mais extrovertida, mais agressiva". A imprensa não só compreendeu como endossou a mensagem de Rabello, e o álbum ganhou 4 estrelas (o máximo eram 5) do mesmo *Jornal do Brasil*. Um dos críticos do periódico, Tárik de Souza, que no ano anterior havia elogiado o violonista ao chamá-lo de "concertista malcomportado", voltou a chancelar um LP do instrumentista com a seguinte avaliação: "O gênio compatível do mago Rafael Rabello tem dessas vantagens: é possível ouvi-lo com ou sem bula, invadido pelo mesmo prazer".

Além da ótima acolhida pela crítica especializada, o disco ia desaparecendo das prateleiras das lojas; durante semanas permaneceu entre os primeiros colocados nas listas dos mais vendidos na (imprecisa) categoria "jazz nacional". Tanto para Rafael quanto para a Visom, a correnteza não poderia estar mais serena para se navegar. De uma hora para a

O terceiro LP solo do violonista, intitulado simplesmente
Rafael Rabello, lançado pela Visom em 1988.

outra, porém, num redemoinho traiçoeiro que surge em um rio de águas calmas, o barco balançou. O violonista resolveu passar na sede da gravadora para pegar alguns exemplares do álbum que gravara havia pouco tempo. Ao segurar o LP, observou uma pequena mudança e estranhou. A capa passava a trazer um pequeno logotipo da Caixa Econômica Federal. O músico então descobriu que os executivos tinham negociado a venda de 3 mil unidades daquele disco para a instituição financeira, sem avisá-lo. Após uma série de discussões, Ruy Fabiano, irmão de Rafael, apresentou uma cópia do acordo da Visom com a Caixa e conseguiram tirar aquelas cópias de circulação.

O público também saiu lesado. Naquele ano de 1988, o selo Kuarup preparava um álbum em homenagem a Radamés Gnattali, morto em fevereiro. Os produtores Mario de Aratanha e Henrique Cazes tinham o repertório alinhavado. Um lado do LP traria "Amargura", composta em 1945 pelo maestro, e o "Concerto para Acordeon, Tumbadoras e Cordas", escrito por Radamés em 1977. Ambas as faixas já tinham sido gravadas pela Orquestra de Cordas Dedilhadas, tendo Chiquinho do Acordeon como solista. No outro lado, os quatro movimentos de "Retratos", que Chiquinho e Rafael Rabello tinham gravado em março e abril justamente para o álbum do violonista feito para a Visom. Com o entrevero entre o músico e a gravadora, não havia clima para Carlão Andrade liberar os fonogramas para a Kuarup. Admirador de Radamés, com quem convivera desde os tempos da Camerata Carioca, o cavaquinista e produtor Henrique Cazes fez o meio de campo naquelas negociações, que se arrastaram por dois anos. Assim, em uma homenagem protelada, o disco em tributo ao maestro acabou lançado apenas em 1990. Aos 26 anos, Rafael Rabello saía daquela parceria com dois álbuns antológicos. Como ninguém poderia prever, aquela rusga com a Visom ainda seria um "céu de brigadeiro" diante das tormentas que despontariam num horizonte bem próximo.

Capítulo 7
ATORMENTADAS ILUSÕES

> "O violão do Rafael, que sabedoria! Impensável pensar no violão de João Gilberto."
>
> Chico Buarque

Nos 53 anos de sua exitosa carreira, Elizeth Cardoso pôde se dar ao luxo de escolher com quem gostaria de trabalhar. De seu início na Rádio Guanabara, em 1936, até sua derradeira apresentação no palco do Teatro João Caetano, em 1989, ela esteve ladeada pelos melhores músicos da praça. Nesse sentido, a lista de violonistas que a escoltaram ao longo de mais de meio século de atividades era de fazer inveja a qualquer intérprete do mundo. Num amplo espectro que ia de minimalistas aos mais virtuoses, a cantora foi acompanhada por nomes como João Gilberto — no histórico álbum inaugural da bossa nova, *Canção do Amor Demais* —, Baden Powell, Dino 7 Cordas, Meira, Cesar Faria, Paulinho da Viola, João de Aquino, Hélio Delmiro e Manoel da Conceição, também conhecido pelo sutil apelido de Mão de Vaca. Em setembro de 1989, quando falou ao jornal *O Globo* sobre uma "troca de energia muito forte" com um instrumentista "fantástico, desses que só aparecem de cem em cem anos", ela não estava se referindo a nenhum dos craques citados anteriormente. Os elogios eram para um violonista já bem experimentado em palcos e estúdios, mas 42 anos mais novo que Elizeth: Rafael Rabello.

A primeira vez em que o músico dedilhou seu violão de sete cordas para a cantora foi na residência de Hermínio Bello de Carvalho. O produtor, poeta e compositor estava em seu apartamento com Elizeth e quis apresentar a musicalidade daquele jovem à intérprete com quem Hermínio já tinha feito álbuns importantes, incluindo o antológico LP decorrente da apresentação dela com Jacob do Bandolim, Época de Ouro e Zimbo Trio no Teatro João Caetano em 1968. Já era a época d'Os Carioquinhas quando o experiente produtor pediu a Luciana Rabello que ela levasse seu irmão caçula ao encontro dele e de Elizeth Cardoso. Rafael tinha 14 anos. Ao chegar no apartamento de Hermínio, o adolescente sacou seu Do Souto e começou a desfilar choros e peças ligadas ao repertório instrumental de violão. Após Hermínio perguntar se ele sabia fazer acompanhamentos, o garoto começou a acompanhar Elizeth em uma série de canções. Incrédula, a cantora ligou para seu diretor musical, o pianista Sérgio Carvalho; queria que mais gente constatasse o que seus ouvidos tinham acabado de escutar, como se pedisse para que alguém a beliscasse para confirmar que aquilo não se tratava de um sonho. Sérgio ouviu Rafael tocar pelo telefone e avalizou, ainda que um tanto quanto descrente, o deslumbramento de Elizeth. Do outro lado da linha, ele foi cirúrgico: "Você jura que quem está tocando tem só 14 anos? Parece um delírio mesmo". Ao longo de mais de uma década, a cantora, uma das maiores do Brasil em todos os tempos, teria várias oportunidades de comprovar que o violão de Rafael Rabello não era um devaneio ou mero golpe de sorte, mas uma espantosa realidade.

Pouco mais de dois anos após aquele primeiro encontro, Elizeth e o violonista quase tiveram a primeira oportunidade de se apresentarem juntos em público. Hermínio Bello de Carvalho promoveu um espetáculo da cantora e da Camerata Carioca, que ocorreu em dezembro de 1979. O show aconteceu, mas àquela altura Rafael, começando a vislumbrar uma carreira solo além de cumprir outros compromissos, já não integrava mais o conjunto. Substituído por Luiz Otávio Braga no sete cordas, ele foi o primeiro a deixar o grupo. Logo depois, Luciana e Celsinho Silva também debandaram e seus lugares foram ocupados pelos irmãos Henrique e Beto Cazes, no cavaquinho e na percussão, respectivamente.

Dois anos depois, Rafael e Elizeth puderam, enfim, dividir o mesmo palco pela primeira vez. Em mais uma ideia certeira, Hermínio Bello de Carvalho propôs um show no Teatro João Caetano para comemorar os doze anos da apresentação histórica da cantora na mesma casa de espetáculos — dirigida naquela ocasião pelo mesmo Hermínio. Na nova formação, Joel Nascimento assumia o bandolim no lugar de Jacob; Amilton Godoy, Rubinho Barsotti e Luiz Chaves, do Zimbo Trio, eram substituídos por Sérgio Carvalho (piano), Aldo de Oliveira (contrabaixo) e Wilson das Neves (bateria); no violão, em vez de Carlinhos Leite, do Época de Ouro, Toninho Costa; no cavaquinho, saía Jonas e entrava Luciana Rabello; já as sete cordas, tocadas outrora por Dino, ficavam agora a cargo de Rafael Rabello. O repertório, que contava com joias de Cartola, Ary Barroso, Noel Rosa, Tom Jobim, Vinicius de Moraes, entre outros, foi defendido magistralmente por Elizeth e pelo time primoroso de instrumentistas. A apresentação ficou tão redonda que, gravada ao vivo, foi lançada em LP no começo do ano seguinte pela Som Livre.

A "Divina", como a cantora era chamada, andava tão encantada com o violão de Rafael Rabello que naquele mesmo ano, ao ser convidada para participar do programa *Água Viva*, apresentado por Hermínio na TVE, ela chamou o jovem instrumentista para acompanhá-la. Na primeira apresentação deles em duo, os dois interpretaram "Fim de Semana em Paquetá", de João de Barro, o Braguinha. Rafael, imberbe, com óculos fundo de garrafa e um paletó cor de café com leite, parecia um jovem senhor. Não era uma questão só de aparência. Musicalmente, ele tocava com a experiência de um veterano. Com dedeira no polegar da mão direita e seu sete cordas de aço Do Souto, fazia acompanhamentos econômicos, mas riquíssimos. Seguindo a escola de seu mestre Dino, cumpriu com as "baixarias" e os contrapontos, entregando as "deixas" perfeitas para as frases bem colocadas de Elizeth. Uma aula de como acompanhar uma intérprete tocando com brilho, mas sem querer aparecer mais do que a cantora. Ainda era um Rafael Rabello em desenvolvimento, embora já impressionasse ver e ouvir alguém tocar daquela maneira com apenas 18 anos.

Até meados da década de 1980, os dois voltariam a se encontrar em mais dois LPs de Elizeth. No primeiro, de 1983, batizado de *Outra Vez Elizeth* — título dado por ela mesma por dizer-se cansada da repetição de seus apelidos elogiosos, "Divina" e "Enluarada" —, Rafael participou de quatro faixas. Ainda seguindo o estilo cristalizado por Dino, com a característica sonoridade das cordas de aço, o violonista tocou seu Do Souto em "Velha Poeira", parceria entre Elton Medeiros, Paulo César Pinheiro e o irmão de criação de Rafael, Luiz Moura; nos sambas "Cidade Assassina" (Nei Lopes e Wilson Moreira) e "Prezado Amigo" (Rildo Hora e Sérgio Cabral), ambos criticando as mudanças pelas quais o Rio de Janeiro havia passado; e no clássico "No Rancho Fundo", de Ary Barroso e Lamartine Babo. Já o segundo disco, *Luz e Esplendor*, lançado em agosto de 1986, marcava os cinquenta anos de carreira de Elizeth. Numa clara demonstração do prestígio e da importância da cantora, o álbum comemorativo contou com as participações ilustres de Maria Bethânia, Cauby Peixoto, Dona Ivone Lara, Paulinho da Viola, Alcione, Nana Caymmi e Joyce, que compôs "Faxineira das Canções" em homenagem à "Divina". A faixa-tributo, assim como boa parte do disco, mesmo contando com um time irrepreensível de instrumentistas, compositores e arranjadores, acabou prejudicada pela sonoridade datada dos anos 1980, com o uso desenfreado de teclados um tanto quanto cafonas. Em meio a erros e acertos estéticos daquele álbum, Rafael Rabello marcou presença em cinco canções; e conseguiu se destacar especialmente em uma delas, "Cabelos Brancos" (Baden Powell e Paulo César Pinheiro), em que a voz de Elizeth era acompanhada apenas pelo violonista (no Ramirez, de seis cordas de nylon) e pelo violoncelista Márcio Mallard. Nas outras quatro, devido a formações instrumentais mais volumosas, Rafael pouco conseguiu se sobressair e seu sete cordas soou discreto em "Voltei" (novamente da dupla Baden Powell e Paulo César Pinheiro), no sambão "Calmaria e Vendaval" (de Nei Lopes e Sereno) e no pré-pagode "Vento da Saudade" (de Jorge Aragão e Sérgio Fonseca). Por uma opção de arranjos, era difícil só um instrumentista brilhar intensamente. Bastava ouvir, por exemplo, o samba "Operário Padrão", de César Brunetti. Nele, para se ter uma ideia, Rafael dividia os microfones com um time da pesada: Antonio Adolfo (teclados), Luizão Maia (contrabaixo), Sivuca (acordeon), Wilson das Neves (bateria), Marçal (cuíca e tamborim), Paulo Moura (sax-alto), João de Aquino (violão), Luciana Rabello (cavaquinho), Sereno (tantã), Bira Presidente (pandeiro), Ubirany (repique de mão) e Gordinho (surdo).

Rodeada de tantas feras, Elizeth mostrava estar em plena forma aos cinquenta anos de carreira e 66 de vida. Naquele disco-homenagem, Caetano Veloso não poupou o verbo no texto escrito por ele para a contracapa do LP: "Para mim, Elizeth é o amor demais que nunca é demais. E nunca é demais porque ela sabe fazer com que toda essa intensidade seja transmitida com tranquilidade e firmeza. Acho que, por isso, sua carreira existe há cinquenta anos, e vai ficar mais cinquenta anos, e mais cinquenta, e 50 mil anos. Enquanto houver Brasil, a lembrança do Brasil, haverá Elizeth e a lembrança da Elizeth".

Luz e Esplendor, que trazia a força e a luminosidade da cantora, seria um dos últimos discos em que Rafael tocaria em um violão de sete cordas de aço; afinal, naquele ano de 1986 ele estrearia o modelo encomendado ao *luthier* Mario Jorge Passos e que daria novos rumos à sua trajetória. O violonista e Elizeth voltariam a trabalhar juntos apenas três anos depois; e o longo jejum seria recompensado com um álbum absolutamente marcante para a carreira dos dois.

Na década de 1980, Elizeth Cardoso prosseguia com sua carreira consolidada, íntegra, sem concessões. Naquele período, a cantora continuava a lotar casas de espetáculos com grande capacidade de público. Em termos discográficos, porém, o buraco era, digamos, mais embaixo. Geralmente apostando no lucro em detrimento da arte, as grandes gravadoras — caso da Som Livre, com quem Elizeth assinara contrato em

1978, depois de 25 anos na Copacabana —, como se estivessem fazendo um favor, topavam fazer novos discos de Elizeth, mas pouco trabalhavam em sua divulgação. Em 1982, diante de um silêncio retumbante da Som Livre no lançamento do LP *Outra Vez Elizeth*, a artista questionou aquilo que, em seu entender, era uma falta de respeito. "Se o disco estivesse uma merda, com o perdão da palavra, eu ainda entenderia o silêncio. Puxa, mas eu esperei esse parto nove meses para dar nisso?", reclamou a artista ao *Jornal do Brasil*.

Em 1989, completavam-se três anos sem um disco novo de Elizeth; o último havia sido *Luz e Esplendor*, de 1986. Para pôr fim àquele vácuo fonográfico, era necessário o tino de um produtor musical e agitador cultural sensível e ciente de que a cantora ainda tinha lenha para queimar. Para a sorte da intérprete (e dos ouvintes) esse profissional não só existia, como tinha uma relação íntima e longeva com a "Divina": Hermínio "sempre ele" Bello de Carvalho. O produtor e poeta, que andava com as ideias a mil, planejou para o segundo semestre daquele ano não apenas um, mas dois álbuns novos com Elizeth Cardoso.

Um deles, *Ary Amoroso*, nascia com a proposta de relembrar a obra de Ary Barroso nos 25 anos da morte do compositor nascido em Ubá, Minas Gerais. Para cumprir tal missão, Elizeth tinha propriedade de sobra. Afinal, nos idos de 1957 ela havia participado do show *Mister Samba*, de Carlos Machado, que traçava uma biografia musical de Ary. No espetáculo realizado na boate Night and Day, que contava com nomes como Grande Otelo e Aurora Miranda, a "Divina" se destacou em números como "Folha Morta" e "No Rancho Fundo". Com esta última, aliás, parceria de Ary Barroso e Lamartine Babo, Elizeth já havia se apresentado no *Conversa com Ary*, da TV Tupi, na noite em que conheceu o compositor e foi acompanhada por ele mesmo ao piano. Ary havia gostado tanto da cantora que acabou compondo para ela um dos maiores clássicos de seu vasto cancioneiro, o samba "É Luxo Só", estreado pela própria Elizeth no show do Night and Day.

Gravado no Multi Studios, na Barra da Tijuca, em apenas sete dias — entre 27 de outubro e 2 de novembro de 1989 —, *Ary Amoroso*, no pesar da balança, apresentava inúmeros acertos e apenas um porém: a inevitável timbragem, datada e de gosto extremamente duvidoso, dos anos 1980. Entre os méritos do disco estavam os arranjos incontestes de Gilson Peranzzetta e Mauricio Carrilho; as interpretações irretocáveis de Elizeth, que lhe renderiam o prêmio Sharp na categoria "melhor cantora", no ano seguinte; o recorte original de Hermínio Bello de Carvalho sobre a obra de Ary, ressaltando composições de caráter mais amoroso e romântico, como "Faixa de Cetim"/"Na Batucada da Vida"/"Camisa Amarela", "Pra Machucar Meu Coração", "Tu", "As Três Lágrimas" e "Inquietação"; e, por fim, a participação de instrumentistas à altura do tamanho da obra de Ary Barroso: Sivuca (acordeon), Maurício Einhorn (harmônica), Wilson das Neves (bateria), Gilson Peranzzetta (piano e teclados), Mauricio Carrilho (violão), Zeca Assumpção (baixo), Marcos Suzano (pandeiro, cuíca e tamborim), Mauro Senise (sax-soprano) e Rafael Rabello (violão em seis faixas; e violão sete cordas em duas músicas). Apesar da "pegada", da identidade e da maneira inconfundível de tocar, ali, naquele disco, Rafael era apenas mais um entre os excelentes músicos. Atuação marcante e memorável mesmo o violonista havia tido cerca de um mês antes, em um álbum que estamparia na capa não apenas o nome de Elizeth Cardoso, mas o dele também.

Após apresentações no Japão, país onde fez sua terceira turnê, em 1987, e no Espaço H. Stern (conhecida joalheria de alto padrão), em Ipanema, em junho de 1989 com Baden Powell, Elizeth estava animada em voltar a cantar em um show a preços acessíveis, agora no Teatro João Caetano, pela série Seis e Meia. A concepção do espetáculo não poderia estar em melhores mãos. Hermínio Bello de Carvalho, que conhecia como ninguém a carreira da cantora, desenhou um roteiro biográfico da trajetória de Elizeth; e, diferentemente do formato com que ela estava habituada a se apresentar nos últimos anos, amparada por uma banda, desta vez a "Enluarada" subiria ao palco acompanhada apenas por um violonista. Assim, com os 1.500 lugares da plateia do Teatro João Caetano completamente tomados diariamente, a artista e Rafael Rabello ficaram em cartaz de 11 a 23 de setembro daquele ano.

No roteiro, muito bem elaborado por Hermínio, Rafael abria a noite sozinho, já arrancando aplausos e reações calorosas do público com temas instrumentais. Depois de tocar "Sons de Carrilhões" (João Pernambuco) e "Odeon" (Ernesto Nazareth) — num arranjo antológico, com nítidas influências do flamenco na parte final —, ele começava a dedilhar "Vivo Sonhando", de Garoto, quando Elizeth chegava ao palco cantando "Camarim", parceria de Cartola e Hermínio Bello de Carvalho, cujos versos soavam perfeitos para uma entrada em cena:

> No camarim, as rosas vão murchando
> E o contrarregra dá o último sinal
> As luzes da plateia vão se amortecendo

> E a orquestra ataca o acorde inicial
> No camarim nem sempre há euforia
> Artista de mim mesmo, nem sempre posso fracassar
> Releio os bilhetes pregados no espelho
> Me pedem que jamais eu deixe de cantar.

Em conversa com Elizeth, Hermínio revelaria que se inspirara no gesto de uma grande amiga da cantora, Lurdes, que pregava cuidadosamente no espelho do camarim bilhetes endereçados à "Divina" durante suas temporadas, pedindo que ela nunca deixasse de cantar. Após a dolente "Camarim", Rafael e Elizeth emendavam o belíssimo samba "Voltei" ("Voltei, a lembrança pedia pra eu voltar/ A saudade mandava me chamar/ E quando bate a saudade, eu retorno de onde estiver"), de Baden Powell e Paulo César Pinheiro. Apesar de toda a sua experiência, Elizeth estava com medo de fazer um show acompanhada apenas por um violão. A Hermínio, posteriormente ela confessaria seu receio: "O público que vai ali no João Caetano, ele vai *aos popularmente*, e aquele show foi mais um recital, não com a popularidade que estão acostumados a apresentar ali. E aí eu fiquei um pouco preocupada de não sentir atrás de mim o ritmo, enfim, o meu conjunto me acompanhando. Mas, de repente, eu fui sentindo que estava saindo tudo bem". Pois a condução de Rafael Rabello deu tanta segurança à cantora que aquela preocupação desapareceu num átimo. Ao fazer os primeiros cumprimentos à plateia, a intérprete, logo de cara, sintetizou o que representava estar num palco apenas na companhia do violonista: "Estamos aqui mais uma vez, eu e Rafael Rabello. Ele, com este violão mágico, que eu não sei onde que ele vai buscar tanta beleza, tanta energia e tanta força, ele consegue passar tudo isso para mim". Tarimbada, Elizeth sabia o significado de dividir um show inteiro com um músico daquela qualidade. Humilde e bem-humorada, ela diria à reportagem da TVE, na noite da estreia, que "estava fazendo o possível para não dar nenhum fora" musical com o violonista.

O espetáculo prosseguia com alguns pequenos blocos temáticos, em que a dupla reunia canções que versavam sobre os mesmos assuntos, como por exemplo uma sequência que encadeava "Janelas Abertas" (Tom Jobim e Vinicius de Moraes), "Canção da Manhã Feliz" (Haroldo Barbosa e Luiz Reis) e "Bom Dia" (Herivelto Martins e Aldo Cabral) e outra que ligava "Violão" (Vitório Júnior e Wilson Ferreira) a "Violão Vadio" (Baden Powell e Paulo César Pinheiro). Além de outro momento em que Rafael ficava sozinho no palco para tocar "Lamentos do Morro", de Garoto, o repertório trazia ainda verdadeiras obras-primas do cancioneiro popular brasileiro. Entre elas, "Modinha" (Tom Jobim e Vinicius de Moraes), "No Rancho Fundo" (Ary Barroso e Lamartine Babo), "Doce de Coco" (Jacob do Bandolim e Hermínio Bello de Carvalho), "Todo o Sentimento" (Cristóvão Bastos e Chico Buarque), "Pra Machucar Meu Coração" (Ary Barroso), "Refém da Solidão" (Baden Powell e Paulo César Pinheiro), "Chão de Estrelas" (Sílvio Caldas e Orestes Barbosa) e "Consolação" (Baden Powell e Vinicius de Moraes). Em meio a tantas joias, destacava-se também "Faxineira das Canções", escrita pela cantora e compositora Joyce Moreno em homenagem certeira a Elizeth. Gravada no disco *Luz e Esplendor* pela própria "Divina" com sonoridade e timbres piegas, somente com o duo da intérprete com o violonista a canção pôde ter aflorada a beleza de versos como "E quem me vê no palco tão serena/ Tão segura e poderosa, radiante de emoções/ Não pode imaginar o meu trabalho: faxineira das canções". Era um retrato afetivo e fiel à imagem e semelhança de Elizeth, intérprete distinta pela escolha de seus repertórios e por não se curvar aos modismos efêmeros do mercado.

Apesar de analisar o show do Seis e Meia com um louvor fervoroso, a crítica especializada se restringiu a enaltecer a performance da cantora, tratando daquele encontro com adjetivos superficiais ("magnífico", "mágico", "fabuloso"), insuficientes em explicar o quão importante e revolucionário tinha sido o dueto. Diferente da parceria entre os dois naquele programa da TVE de 1981, em que Rafael e Elizeth interpretaram "Fim de Semana em Paquetá", de Braguinha — com o violonista empunhando um sete cordas de aço e ainda em formação, seguindo à risca a escola formada por Dino 7 Cordas —, no espetáculo do João Caetano, de 1989, já se ouvia um Rafael Rabello completamente diferente, muito mais maduro (e apenas com o violão tradicional, de seis cordas). Desde o ano anterior, o instrumentista começara a estabelecer um novo parâmetro de interpretação no formato voz e violão. Suas atuações em dois discos lançados em 1988 eram exemplares daquele divisor de águas. Primeiro, no LP *Vinicius de Moraes — Negro Demais no Coração*, em "Minha Namorada" (Vinicius de Moraes e Carlos Lyra), acompanhando as vozes de Joyce e Danilo Caymmi. Depois, no álbum *Cartola — Bate Outra Vez*, nas faixas "O Mundo É um Moinho" (com Cazuza, no vocal, e Rildo Hora, na gaita), "O Sol Nascerá (A Sorrir)" (citando criativamente "Lamentos do Morro", de Garoto, ao lado de Beth Carvalho e do piano de Cristóvão Bastos) e nos duetos com Caetano Veloso, em "Acontece", e com Luiz Melodia, em "Cordas de Aço".

No programa do show do Seis e Meia, de 1989, foto de Elizeth Cardoso e Rafael Rabello ao lado de dois craques do meio musical brasileiro: Albino Pinheiro (à esquerda) e Hermínio Bello de Carvalho (à direita).

A originalidade de Rafael nos duos de voz e violão, que já despontava naqueles discos, foi consagrada no show com Elizeth Cardoso. Era algo completamente novo. Pela primeira vez na história da música brasileira em um dueto daquele formato, o violão surgia também com enorme protagonismo, colocando-se em pé de igualdade com o cantor, mas sem ofuscá-lo. Diferente do que se fazia antes, não era mais aquele violão de bossa nova, tocado em "bloquinhos" de acordes, verticalizado; era um violão amplo, horizontalizado, ocupando todas as regiões do braço do instrumento e todos os espaços deixados pelo cantor, com ornamentos riquíssimos. Um dos versos de "Camarim" falava da orquestra atacando o acorde inicial. Naquele show, sem exageros, era como se o violão de Rafael valesse por uma orquestra inteira. Ainda assim, a grande sabedoria do violonista estava no fato de ele, mesmo com toda a sua técnica, não cair no tentador caminho do virtuosismo como mero artifício narcisista, malabarista e exibicionista. Era, como se dizia no válido clichê, uma atuação unicamente a serviço da música. Antes daquele encontro, a própria Elizeth já tinha se apresentado em duo de voz e violão, mas o resultado havia sido outro. Em 1986, por exemplo, ela fizera uma apresentação excepcional com Baden Powell, no programa *Chico & Caetano*, pilotado por Chico Buarque e Caetano Veloso. Interpretações de números como "Apelo" (Baden e Vinicius de Moraes) eram absolutamente magníficas, mas o violão espetacular e espetaculoso de Baden acabava, em alguns momentos, roubando por demais a cena. Rafael, que assim como Baden tinha sido aluno de Meira, brilhava, mas sem eclipsar a "Enluarada" Elizeth.

Com a sábia mentalidade de não apenas realizar produções musicais relevantes na música brasileira, mas também de documentá-las, Hermínio Bello de Carvalho teve a ideia de gravar aquele show do Seis e Meia e transformá-lo em disco. Depois de fazer o registro ao vivo em duas noites do espetáculo, o produtor constatou que o gravador digital não tinha sido ajustado adequadamente; para piorar, o equipamento ainda pifou na segunda sessão. O jeito então foi partir para o estúdio e tentar reproduzir ali a mesma atmosfera do show do Teatro João Caetano. Como o LP não comportaria todos os números musicais apresentados no espetáculo, Hermínio, Elizeth e Rafael peneiraram o repertório. No lado A, acabaram entrando dois *pots-pourris*, um com "Faxineira das Canções"/ "Camarim"/"Refém da Solidão" e outro com "Janelas Abertas"/"Canção da Manhã Feliz"/"Bom Dia". Completavam a primeira face do álbum o choro "Doce de Coco" e "Todo o Sentimento", que daria título ao disco. O lado B ficou com "Modinha", "No Rancho Fundo", "Violão"/"Violão Vadio" — com arranjo espanholado de Rafael na primeira delas — e, por fim, "Chão de Estrelas"/"Consolação", única faixa que pôde ser aproveitada do registro ao vivo do show.

Gravado em 23 de setembro de 1989, mesma data do encerramento da temporada do Seis e Meia, o álbum *Todo o Sentimento* era um retrato impecável do encontro entre Rafael Rabello e Elizeth Cardoso. Havia, porém, um fato lamentável: a cantora, que morreria no dia 7 de

Rafael e Elizeth Cardoso no show *Todo o Sentimento*,
um dos últimos da carreira da cantora.

maio de 1990, não teve a oportunidade de ouvir aquele que fora o penúltimo disco feito por ela. O último deles, *Ary Amoroso*, pôde ser escutado pela intérprete, já que o LP foi distribuído com uma tiragem limitada de 3 mil exemplares como brinde de fim de ano pela empresa Móveis Itatiaia ainda em 1989. Comercialmente, ambos os álbuns foram lançados pela Sony apenas em 1991, após a morte da "Divina". Quem ouvia a performance de Elizeth naqueles discos, mesmo com as especulações da imprensa sobre a saúde da cantora, jamais diria que ela estava em estado terminal em decorrência de um câncer no estômago e no intestino. Bem-humorada mesmo após ser operada para a retirada de um tumor, a artista tentava tranquilizar os fãs, dizendo ter apenas "tirado uma lagartixa do estômago". No fim das contas, o espetáculo com Rafael acabou sendo a última grande apresentação de Elizeth. Ciente de que *Todo o Sentimento* poderia ser seu álbum derradeiro, ela fez apenas um pedido: que o texto da contracapa fosse escrito por um dos autores da canção, Chico Buarque. O compositor, fã de Elizeth, atendeu àquele desejo com sua habitual categoria com as palavras: "Chega a fita pelas mãos do Hermínio, claro, e ouço quatro vezes de enfiada. Só paro porque tenho que ensaiar umas coisas com o Tom Jobim. Inevitável pensar no *Canção do Amor Demais*. Quantas vezes terei ouvido aquele disco? Volto do Tom e torno a ouvir a fita. O violão do Rafael, que sabedoria! Impensável pensar no violão de João Gilberto. Mas Elizeth e violões sempre se deram bem demais. Também eu quero colar meu bilhete no espelho da Elizeth: canta, canta, canta mais! Porque Elizeth é a nossa cantora mais amada. Voz de mãe, e mãe de todas as cantoras do Brasil".

Não menos brilhante do que os escritos de Chico Buarque, o texto feito por Hermínio para o encarte do LP era poético e curioso. Brincando com trechos de "Chão de Estrelas", última faixa do disco, o produtor definiu com precisão inspirada aquele encontro: "O violão sinaliza, numa rasgação de acordes, a entrada em cena. São os passos da Paixão, esses que dá em direção à contraluz, um tênue mas perfurante e nervoso filete azulado que aponta e demarca a velha praça de guerra onde se exibirão mais uma vez. Ele, o jovem Palhaço das atormentadas mas jamais perdidas ilusões, ela, a Faxineira das velhas e eternas e inebriantes canções, estão juntos agora no ofício de espalhar todo o sentimento e varrer de emoção a plateia, até que comecem a estrugir, em ondas cada vez mais crescentes, as tais palmas febris dos corações".

Chamar Rafael de "Palhaço das atormentadas mas jamais perdidas ilusões" não era mero exercício retórico de Hermínio, que sabia muito bem de todo o contexto que havia precedido aquele espetáculo. Subir ao palco do João Caetano e gravar um disco não representavam uma vitória apenas para Elizeth. Ao lembrar do que a vida havia reservado ao violonista poucos meses antes, a temporada de shows e a gravação de *Todo o Sentimento* também significavam um triunfo inimaginável de Rafael Rabello.

* * *

"Concerto" e "conserto". Quanta diferença uma única letra é capaz de fazer na complexa língua portuguesa. Mesmo avesso a frequentar escolas desde a infância, Rafael Rabello foi educado em uma família que sempre prezou pelo uso impecável do português. Além de ter sido ensinado a apreciar a norma culta, o violonista sabia muito bem distinguir aquelas palavras pelo simples fato de elas estarem ligadas a duas grandes paixões de sua vida. A primeira delas, a música, levou Rafael primeiramente a ouvir e, depois, também a tocar concertos com seu violão. A segunda delas, a fixação por carros, o motivou a colecionar revistas de automóveis e a entender um pouco mais sobre o funcionamento daquelas

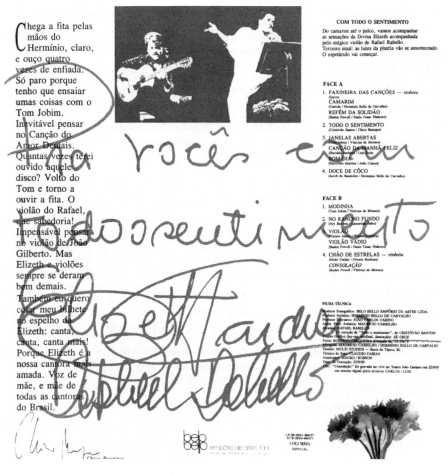

A habitual categoria de Chico Buarque com as palavras no texto de contracapa do LP *Todo o Sentimento*, lançado em 1991, com as assinaturas de Elizeth Cardoso e Rafael Rabello.

máquinas e, consequentemente, como consertá-las. O fanatismo por carros era tamanho que quando abria a porta de seu guarda-roupa, ainda no começo da década de 1980, o músico se deparava com um pôster do piloto Juan Manuel Fangio colado com durex do lado de dentro da porta. Embora, por puro diletantismo, manjasse do conserto de peças automobilísticas, Rafael costumava dizer, em tom de brincadeira mas com fundo de verdade, que "não metia a mão na graxa porque não era mecânico". Se ele se dispusesse a sujar as próprias mãos e a consertar um problema em seu carro, talvez o ano de 1989 lhe reservasse maior sorte.

Por volta da hora do almoço do sábado de 27 de maio, Rafael e sua esposa Liana saíram do espaçoso apartamento onde moravam, o 101, do primeiro andar do Edifício Adriana, localizado no alto da rua Igarapava, 20, no Alto Leblon, na Zona Sul do Rio. Na porta do prédio, apanharam um táxi para buscar o carro do músico, que estava no conserto. Ambos no banco traseiro, o violonista sentou-se atrás do motorista, com sua companheira ao lado. O trajeto era simples e fazia parte do cotidiano do casal. Descia-se a rua Igarapava, que, em linha reta, continuava como avenida Ataulfo de Paiva; na terceira quadra, virava-se à direita na rua Jerônimo Monteiro e logo chegava-se à avenida beira-mar, a Delfim Moreira, por onde se alcançavam diferentes bairros da Zona Sul e também outras regiões da cidade. Daquela vez, porém, a viagem não passou de 500 metros. Um passeio que tinha tudo para ser dos mais tranquilos, em menos de três minutos transformou-se em um pesadelo acordado. Em velocidade normal, de aproximadamente 50 km/h, o táxi furou o cruzamento da rua Jerônimo Monteiro e foi atingido em sua dianteira esquerda por um Monza que vinha pela avenida General San Martin, também em ritmo moderado. Dos três presentes no táxi, Rafael, que estava com o braço direito levemente curvado e apoiado no encosto do banco traseiro, foi quem levou a pior. Numa reação por instinto e reflexo, tentou abraçar e proteger Liana. Apesar da baixa velocidade dos carros, o tranco no mesmo braço direito do músico foi intenso. Já fora do carro, ele gemia alto de dor. Não havia tempo para divagações nem para se pensar em fazer um boletim de ocorrência em alguma delegacia; e nem era a intenção dos passageiros, afinal o motorista, que pedia incessantemente desculpas ao casal, apenas tivera um pequeno momento de desatenção, daqueles a que qualquer um estava sujeito.

Ali mesmo, na esquina da Jerônimo Monteiro com a General San Martin, Liana e Rafael chamaram o primeiro táxi que viram passar. Tocaram então para o pronto-socorro mais próximo, o do Hospital Municipal Miguel Couto, que ficava a menos de 1,5 quilômetro dali, na rua Mário Ribeiro. O músico não tivera fratura exposta e tampouco derramara uma gota de sangue, mas sentia uma dor descomunal. No setor de emergência do hospital, após fazer um raio X, o músico escutou opiniões completamente distintas e que o deixaram confuso. De estagiários residentes, ouviu que ficasse tranquilo, pois eles já tinham recolocado seu braço no lugar. De um médico veio uma constatação mais preocupante, a que o violonista tinha sofrido uma fratura muito feia. Naquele meio-tempo, Liana telefonou para a casa dos pais de Rafael para dar notícias.

Em poucos minutos, uma das irmãs do instrumentista, Angela, chegou ao Miguel Couto e logo foi informada de que o caçula dos Rabello teria de ser submetido a uma cirurgia radical. Tensa, ela ligou para um amigo que era médico a fim de ter uma opinião mais esclarecida sobre aquele quadro, e dele ouviu que a vaga e ambígua expressão "cirurgia radical" poderia ter várias interpretações, inclusive a de uma amputação. Assim, decidiram transferir Rafael imediatamente para um hospital particular, o Samaritano, localizado no número 98 da rua Bambina, em Botafogo. Rafael, Liana e Angela foram caminhando até a saída do Miguel Couto, onde pegaram um táxi.

Lá, sob os cuidados do cirurgião Francisco Silvestre Godinho e do clínico Luiz Alfredo Lamy, o violonista teve a confirmação da gravidade de sua lesão: seu úmero direito havia sofrido fraturas em três pontos e o osso tinha sido fragmentado em quatro partes. Constatou-se assim a necessidade de uma intervenção cirúrgica. Além disso, o músico chegou a correr o risco de ter algum nervo ou tendão afetado pelos fragmentos afiados daquele osso estilhaçado, possibilidade logo descartada após a realização de uma tomografia.

Com supervisão médica e sob o efeito de remédios, o violonista retornou ainda naquela noite de sábado para casa, onde ficaria em repouso absoluto. Na terça-feira, dia 30 de maio, ele voltou ao hospital e logo foi encaminhado para a sala de cirurgia. Em uma operação complexa, que durou cerca de seis horas, os médicos colocaram uma placa de titânio de 12 centímetros, com nove pinos de platina, num peso total de aproximadamente 100 gramas no braço de Rafael. No terceiro dia de pós-operatório, 2 de junho, o instrumentista retornou para casa e na mesma tarde já recebeu a reportagem do jornal *O Globo* com a intenção de tranquilizar o público que admirava seu trabalho. A única restrição imposta por ele era de que não fossem feitas fotos. Com o braço inchado e envolto por talas e bandagens, o músico não queria que os leitores ficassem com a impressão de que ele jamais poderia voltar a tocar. Na matéria assinada por Macedo Rodrigues, intitulada de "Um violão calado no Rio", Rafael, satisfeito com o resultado da operação, chamava o médico Francisco Silvestre Godinho de "arquiteto da ossatura". Já o cirurgião, bem-humorado, diria depois que o músico tinha apenas um defeito: não o ter ensinado a tocar violão.

Antes da cirurgia, o horizonte que se apresentava ao artista era desolador, já que se vislumbrava a possibilidade de ele nunca mais voltar a tocar. Com o sucesso da operação, o cenário havia melhorado um pouco, mas ainda era angustiante. De acordo com os médicos, Rafael Rabello teria de ficar afastado de seu instrumento por no mínimo seis meses. Além de privar o músico de exercer a atividade que mais o realizava, aquela previsão — bem realista, diga-se de passagem — trazia ainda preocupações de ordem prática. Em primeiro lugar: quem pagaria os NCz$ 16 mil da cirurgia? Segundo: como Rafael, que fora obrigado a cancelar todos os compromissos de sua agitada agenda de gravações e shows, iria se sustentar durante meio ano? Para a primeira pergunta, pelo menos, ele já tinha uma resposta animadora. A Socinpro (Sociedade Brasileira de Administração e Proteção de Direitos Intelectuais, entidade que cuidava da distribuição de direitos autorais) arcaria com os custos da operação. Para ajudar ainda mais, músicos de peso se dispuseram a fazer uma série de shows com a renda revertida para auxiliar o músico a pagar o restante do tratamento, como medicamentos, consultas e uma longa temporada de fisioterapia. Naquela onda de solidariedade, estariam no palco do People nomes como Paulinho da Viola (cunhado do violonista), João Bosco, Ivan Lins, Gonzaguinha, Gilberto Gil e Moraes Moreira. Com uma tipoia e um gesso sintético para proteger o braço, Rafael não assistiu às apresentações. Ao *Jornal do Brasil*, ele explicou os motivos de sua ausência: "Tenho muito medo de alguém esbarrar e ando meio preguiçoso por causa dos remédios". Naquele ano, o violonista acabou perdendo gravações de que gostaria de participar, mas nem por isso deixou de fazer conexões para discos de pessoas por quem nutria algum tipo de admiração, como, por exemplo, Djavan. Para o álbum homônimo do cantor e compositor alagoano de 1989, o produtor Marco Mazzola pediu a Rabello que ele fizesse a ponte para que Paco de Lucía tocasse na faixa "Oceano". Quando o LP saiu, ao ouvir as intervenções aflamencadas do violão naquela música, algumas pessoas telefonavam para Rafael para parabenizá-lo por aquela atuação. Só havia um porém: quem havia tocado magistralmente ali não era ele, mas, sim, seu amigo e ídolo Paco. Além dos registros em discos, o violonista também deixou de participar de eventos importantes, como a série "Violões", do Projeto Memória Brasileira, idealizado e produzido por Myriam Taubkin e que reuniu os maiores violonistas do país para apresentações no Teatro Cultura Artística, em São Paulo, entre os dias 31 de maio e 5 de julho.

 O meio musical sempre foi pródigo em produzir e reproduzir clichês. Um deles, usado à exaustão, era dizer que "o instrumento era uma extensão do corpo do instrumentista". No caso de Rafael Rabello, porém, aquilo não era mera força de expressão. Neste sentido, o violonista se assemelhava a Paco de Lucía. Bastava comparar duas frases dos dois. O espanhol dizia: "Eu sem a guitarra seria um introvertido, já que não teria outra forma de me expressar". Já o brasileiro, em entrevista a Simon Khoury, declarou: "Se não fosse a música, eu não teria uma grande motivação de vida. Haydn dizia 'Jamais faça música quando você não tiver vontade'. Sou avesso à disciplina. Curiosamente, eu tenho essa vontade todo dia há anos. Sou apaixonado e obsessivo pelo instrumento". De fato, Rafael quase não desgrudava do violão. Uma das cenas mais recorrentes relatadas por inúmeros dos interlocutores do violonista era que mesmo enquanto conversava com outras pessoas, ele não parava de dedilhar suas cordas. Alguns até chegavam a se irritar com aquilo, tinham a impressão de que Rafael não estava prestando atenção no papo. Portanto, quando surgiu a ordem médica de que teria de ficar afastado do violão por, no mínimo, seis meses, era óbvio que o músico ignoraria solenemente aquela prescrição. Logo depois de receber alta, ele quebrou o protocolo e começou aos poucos a tocar seu instrumento. A atitude, por mais descabida que pudesse parecer, não era tão maluca assim. Rafael temia perder a agilidade dos movimentos dos dedos e também que sua musculatura atrofiasse. Interessado em acelerar sua recuperação, o músico pediu opiniões ao pianista Gilson Peranzzetta, de quem ele já havia participado do disco *Portal dos Magos* quatro anos antes tocando o complicado "Chorinho da Vovó". Rabello sabia que em 25 de maio de 1965, oito dias após Peranzzetta ingressar no exército, ele fora atingido no braço por uma bala de metralhadora disparada acidentalmente por um oficial durante uma instrução de armas. Com os tendões afetados — e cirurgicamente ligados por fios de nylon —, o pianista ouviu dos médicos que corria o risco de sofrer uma amputação e nunca mais voltar a tocar. Ao saber da recuperação impressionante do amigo, o violonista quis buscar informações e também algum tipo de incentivo e consolo.

Com sessões de fisioterapia e a prática diária no violão, por conta própria, o instrumentista contrariou todas as previsões e na metade do prazo estabelecido pelos médicos ele já estava de volta ao trabalho. Noventa e três dias depois do acidente, na quarta-feira, 30 de agosto, Rafael subiu ao palco do Teatro João Theotônio para participar do show do violoncelista Jaques Morelenbaum pelo projeto Brahma Extra — O Som do Meio-Dia. Em estúdios, o retorno às atividades aconteceu pouco depois, quando o violonista interpretou as faixas "Taiane" (de Osmar Macedo) e "O Bandolim de Jacob" (de Armandinho Macedo e Moraes Moreira) no disco *Brasileirô*, de Armandinho. Ao escutar elogios do bandolinista, que dissera que surpreendentemente ele havia voltado tocando melhor do que antes, Rafael Rabello desabou no choro. Para o grande público, o retorno triunfal aconteceu dias depois, na estreia da temporada de *Todo o Sentimento* ao lado de Elizeth Cardoso, no Seis e Meia. Que o violonista era extremamente exigente e criterioso com o seu desempenho e que só retornaria aos palcos se realmente estivesse tocando muito bem, disso já se sabia. Agora, o que impressionava naquele regresso era como o acidente não tinha afetado em nada tecnicamente o desempenho de Rafael. Para alguns, como Paco de Lucía, ele voltara voando. "Rafael está tocando melhor do que antes. Agora estou pensando em quebrar meu braço também", brincou o espanhol em depoimento ao *Jornal do Brasil*. Musicalmente, o acidente estava superado. Em outros aspectos, porém, no futuro aquele braço direito de Rafael ainda lhe renderia especulações, controvérsias e, com o perdão do trocadilho, muito pano pra manga.

Capítulo 8
ENTRE A REALIDADE E A FANTASIA

"Eu pareço com nada parecido."

Manoel de Barros

Ney Matogrosso não andava bem da cabeça, estava descontente, perdido, desnorteado, tinha pirado de vez. Essas eram as especulações que circulavam em torno do cantor no início do segundo semestre de 1986. O "disse me disse", que não passava de boataria, tinha um ponto de origem. Em meados de julho, quando faltava menos de um mês para a estreia do novo show do artista, ele desistiu do espetáculo. As apresentações marcariam o lançamento de *Bugre*, 11º disco solo de Ney desde 1974, ano em que chegou ao fim a curta e histórica carreira dele com o grupo Secos & Molhados. Tudo estava acertado para aquela estreia no palco do Canecão — repertório, ensaios, banda contratada, iluminação, cenografia. Até a entrada em cena do sempre transgressor e performático intérprete já tinha sido planejada; Ney sairia de dentro de um grande ovo cenográfico. Para os implacáveis colunistas sociais, só havia uma explicação palpável para desistir daquele show faltando tão pouco para as cortinas se abrirem: Ney Matogrosso havia surtado.

Ao contrário do que havia sido cogitado, o cantor estava com pleno domínio de suas faculdades mentais. À imprensa, a justificativa apresentada foi a de que ele pretendia descansar do incessante ritmo de trabalho. Nos últimos meses, o intérprete vinha numa batida intensa dirigindo o espetáculo de sucesso estrondoso do grupo de pop-rock RPM, liderado pelo cantor Paulo Ricardo. Além disso, Ney andava descontente. Apesar de satisfeito com *Bugre*, ele não queria se repetir e fazer algo na mesma linha do que fizera antes. Assim, ele decidiu dispensar e pagar toda a equipe envolvida no espetáculo e suspendeu as apresentações. Naquele momento, sentiu-se feliz por ter tido coragem de interromper uma ideia que não o completava mais. Aquela mudança de planos na carreira não tinha sido tão repentina assim. Quatro meses antes, um outro show plantara na cabeça do artista uma semente extremamente fértil.

No começo de 1986, teria início a segunda temporada do projeto Luz do Solo, realizado no glamoroso Golden Room, do hotel Copacabana Palace. A série, que no ano anterior havia recebido nomes como Toquinho, Geraldo Azevedo, Gonzaguinha e Caetano Veloso, como o próprio título anunciava, tinha a proposta de que os intérpretes e compositores se apresentassem no formato solo ou, no máximo, com apenas um acompanhante. Dentro daquela ideia, Ney Matogrosso recebeu o convite para cantar ao lado do pianista Arthur Moreira Lima. Após alguns ensaios, os dois chegaram à conclusão de que deveriam aumentar o time. Arthur então convidou o violonista Rafael Rabello e o saxofonista e clarinetista Paulo Moura, que, por sua vez, convocou o percussionista Jovi. Quando o grupo se formou, mesmo com toda a sua presença de palco e com uma carreira consagrada, Ney estava inseguro e chegou a pensar: "Esses músicos maravilhosos, meu Deus do céu, eles vão me engolir". A insegurança tinha justificativa. Pela primeira vez, o cantor participava de um espetáculo com aquela proposta, com aquele formato, com aquela estética. Numa experiência inédita até então para ele, o *showman* Ney Matogrosso não estaria no palco com o rosto carregado de maquiagem e pinturas (uma marca desde os tempos de Secos & Molhados), não estaria com quase o corpo todo à mostra e, mais, deixaria de lado a performance e seus característicos rebolados e passos de dança. Para não pegar ninguém de surpresa, ele tratou de anunciar na imprensa as novidades: "Quem espera requebros e meneios, pode tirar o cavalinho da chuva. No Copacabana, pela primeira vez vou enfrentar o público de cara lavada, usando minha voz como instrumento".

Assim, nos dias 20, 21 e 22 de março, imóvel no centro do palco do Golden Room, do Copacabana Palace, vestindo um terno de linho branco, Ney se apresentou no projeto Luz do Solo. Ainda desacostumado com aquela proposta mais sóbria e elegante, na noite de estreia o cantor disse à plateia estar se "sentindo como um E.T.", e o show foi um tremendo sucesso. Na porta do luxuoso Copacabana Palace, a procura por ingressos era tão grande que cambistas deitavam e rolavam vendendo entradas por Cz$ 250,00 — quase o dobro do valor oficial. Definitivamente, aquele receio inicial estava superado pelo intérprete. Meses depois, quando cancelou o show de lançamento do disco *Bugre*, a ficha caiu e ele logo entendeu o tipo de apresentação que gostaria de fazer naquele momento de sua carreira.

O prazer de fazer o Luz do Solo havia sido tão pleno que Ney Matogrosso decidiu dar continuidade àquele espetáculo com o mesmo time

Rafael, em 1987, na bem-sucedida apresentação de *Pescador de Pérolas*, ao lado de Arthur Moreira Lima (à esquerda), Ney Matogrosso, Paulo Moura e Chacal (à direita).

de músicos, mas com uma alteração: no lugar de Jovi entraria Chacal, percussionista que já tocava com o cantor. O show também havia mudado de nome e, poucos meses depois, no dia 14 de janeiro de 1987, Ney, Chacal, Arthur Moreira Lima, Paulo Moura e Rafael Rabello estrearam a temporada de *Pescador de Pérolas*. O título surgiu de uma proposta de Arthur, que tinha sugerido que o intérprete cantasse uma ária da ópera *I Pescatori Di Perle*, de Georges Bizet. Um susto para Ney, que disse ao pianista que ele não era um cantor lírico. Além da referência à obra de Bizet, o nome do espetáculo resumia perfeitamente a essência do espetáculo. Afinal, era como se Ney Matogrosso, que nunca havia trabalhado com aquele tipo de repertório, tivesse saído para pescar verdadeiras pérolas do cancioneiro brasileiro.

Seguindo o roteiro, o artista entrava em cena acompanhado apenas pelo violão de Rafael Rabello nos clássicos populares "O Mundo É um Moinho" (Cartola) e "Segredo" (Herivelto Martins e Marino Pinto). Aos poucos, os outros músicos iam somando-se aos dois. Paulo Moura aparecia em "Tristeza do Jeca" (Angelino de Oliveira), e todos já estavam juntos no palco em "Dora" (Dorival Caymmi). Na sequência, iniciava-se um bloco interessantíssimo. Ney cantava *a capella* "A Lua Girou" (um tema folclórico adaptado por Milton Nascimento), seguida das eruditas "Mi Par D'Udir Ancora" (a ária da ópera de Bizet) e "Quem Sabe" (de Antonio Carlos Gomes), em ambas acompanhado apenas pelo piano de Moreira Lima. Logo depois, chegava-se ao momento latino do espetáculo, com "Dos Cruces" (do espanhol Carmelo Larrea) — por Ney, Rafael e Chacal —, com "Alma Llanera" (do venezuelano Pedro Elías Gutiérrez), apenas pelo cantor e pelo violonista, e com um dos boleros mais conhecidos do mundo, "Besame Mucho" (da mexicana Consuelo Velázquez), interpretada pelo grupo todo. Por fim, mais um dueto, agora de Ney e Paulo Moura, em "Da Cor do Pecado" (Bororó), e o encerramento com dois temas de Ary Barroso: "Rio de Janeiro (Isto É o meu Brasil)" e a inescapável "Aquarela do Brasil".

Sem artifícios cênicos, sem trajes sumários, sem danças provocantes, desta vez a transgressão de Ney estava no fato de ele apenas cantar. Não à toa, a crítica especializada, apesar de tecer elogios à estreia de *Pescador de Pérolas*, classificou o espetáculo como um "recital, com chá e torradas". Na saída do teatro do Hotel Nacional, onde o show foi realizado, algumas espectadoras diziam ter sentido falta de "plumas e paetês", tão associadas à figura do protagonista. Ao longo da apresentação, não só a plateia mas também os músicos pediam para Ney Matogrosso dançar. Ele seguia estático no centro do palco. No que dizia respeito à expressão corporal, comparando com o que ele estava acostumado a fazer, aquela era uma performance minimalista. Para não dizer que não havia nem uma dançadinha, em "Besame Mucho" intencionalmente o cantor mexia os quadris discretamente por duas vezes. Era como se transmitisse o seguinte recado à plateia: "É isso que vocês querem? Ok, vou dar só um gostinho, mas desta vez estou aqui para mostrar o meu canto". No novo desafio, diga-se em tempo, Ney mostrava de uma vez por todas ser um gigante. Naquela pescaria de pérolas sonoras, em termos vocais ele estava impecável.

O cantor e o quarteto engataram uma longa temporada. Em poucos meses, mais de 650 mil pessoas já tinham assistido ao show. Ainda assim, havia quem teimasse em não reconhecer aquele sucesso. Após o fim dos Secos & Molhados, Ney Matogrosso tinha lançado discos pela Continental, pela Warner e pela Ariola (Barclay), gravadora pela qual ele era contratado na época de *Pescador de Pérolas*. A artista então levou à direção do selo a proposta de gravar o espetáculo ao vivo e lançá-lo em um álbum. Depois de ouvir dos executivos da Ariola que o projeto não tinha potencial comercial, Ney procurou a CBS. A gravadora topou fazer o LP, mas com algumas restrições. Com produção de Marco Mazzola, *Pescador de Pérolas* foi gravado ao vivo diante de 1.200 espectadores no Teatro Carlos Gomes, mas algumas músicas ficaram de fora do disco. A parte inicial do show contava com números instrumentais, considerados pelos diretores da CBS pouco vendáveis e pouco atrativos para o público ouvinte. Os artistas seguiram com o espetáculo em turnê e durante uma apresentação em Portugal a plateia confirmou a impressão dos executivos da gravadora. Naquela ocasião, Rafael Rabello foi vaiado pela primeira vez em sua vida enquanto interpretava "Lamentos do Morro", de Garoto. Os apupos não tinham nada de pessoal contra o violonista ou contra os outros instrumentistas (já com João Carlos Assis Brasil, no piano, substituindo Arthur Moreira Lima; e Paulo Sérgio Santos no lugar de Paulo Moura), eram apenas um protesto dos portugueses, que estavam cansados de ouvir quinze minutos de temas instrumentais e queriam logo ver Ney Matogrosso no palco.

Após o sucesso de *Pescador de Pérolas* e de lançar mais um disco (com o interessante título de *Quem Não Vive Tem Medo da Morte*), Ney voltou ao estilo performático, de "plumas e paetês", que tinha o consagrado, e nos dias 11 e 12 de março de 1989 gravou no Olympia, em São Paulo, o álbum *Ney Matogrosso Ao Vivo*. Um ano depois, um convite despretensioso levaria o artista a sentir novamente o desejo de fazer um espetáculo em que a poesia das composições e o canto estivessem em primeiro plano. Na nova empreitada, Ney queria algo ainda mais enxuto, em termos instrumentais, do que fizera em *Pescador de Pérolas*. Acostumado, volta e meia, a embarcar noutra canoa e a dar guinadas na carreira, o cantor já sabia com quem queria navegar em sua próxima viagem.

* * *

Na indústria fonográfica do fim dos anos 1980, por mais cartaz que um artista tivesse, ele ainda tinha de bater o pé para conseguir impor suas vontades e realizar um trabalho com a sua cara. Não bastava vender discos em quantidades astronômicas, lotar casas de espetáculos, estourar nas rádios; sempre chegava o momento em que um executivo de grande gravadora — que entendia muito mais de números do que de arte — interferia com os palpites mais esdrúxulos possíveis. Mesmo (e principalmente) as mais experientes das estrelas eram frequentemente lembradas que tudo aquilo estava inserido em um grande negócio, no mercado, no conhecido *showbizz*. Em junho de 1989, aos 47 anos, o veterano e consagrado Ney Matogrosso estava farto daquela dinâmica. Com contrato assinado com a Sony, ele voltou a fazer um show performático — uma superprodução com muita fumaça e até uma esteira rolante no palco —, que logo foi lançado em disco, *Ney Matogrosso Ao Vivo*. Insatisfeito por fazer algo a que já estava acostumado e que, portanto, não lhe acrescentava muita coisa em termos artísticos, ele reclamou publicamente das condições que o levaram até aquele trabalho. "Adoro cantar, mas tudo o que cerca este ato está ficando insuportável, ficar em constante exposição era excitante, mas agora é chato. Existe um contrato, um compromisso com a máquina, está aí o disco, que eu procurei tornar interessante, mas não foi o mais interessante", resmungou o cantor em reportagem publicada no dia 19 de junho pelo *Jornal do Brasil*. À mesma matéria, cujo título era "Ney Matogrosso ataca", o artista seguia com sua franqueza: "Se algum dia o prazer de cantar for suplantado por outras coisas eu dou um tempo, mas volto depois".

Com atitudes coerentes e alinhadas a seu discurso, Ney diminuiu o ritmo de aparições nos palcos. No primeiro semestre do ano seguinte, um convite sem nenhuma pretensão mercadológica o animou novamente. Uma comadre do artista, que morava em Goiânia, telefonou para ele e o convidou para cantar na inauguração de um restaurante na cidade. A relação do intérprete com aquela amiga era extremamente afetiva. Tempos antes, quando ela estava grávida, confidenciou ao cantor que pensava em fazer um aborto. Ney conseguiu demovê-la da ideia e se tornou padrinho da criança. Quando apareceu aquele convite, dois fatores levaram o artista a aceitá-lo: primeiro, porque era uma convocação afetiva; segundo, pela proposta de fazer um show descompromissado, com total liberdade para cantar o que quisesse.

Como não se tratava de uma superprodução, mas, sim, de uma apresentação em um lugar menor, um restaurante, Ney Matogrosso deveria ir acompanhado por apenas um instrumentista. O primeiro nome que veio à sua cabeça foi o de Rafael Rabello. A impressão que o violonista deixara no cantor durante a temporada de *Pescador de Pérolas*, três anos antes, havia sido extremamente positiva. Apesar de ter adorado os acompanhamentos "maravilhosos" do piano de Arthur Moreira Lima, do sax de Paulo Moura e da percussão de Chacal, Ney achava que eles "deliravam" demais. No duo em "Da Cor do Pecado", por exemplo, a

A parceria de Rafael Rabello com Ney Matogrosso, iniciada nos anos 1980, resultou na longeva turnê de *À Flor da Pele* na década de 1990.

cada vez que tocava, o saxofonista e clarinetista, um improvisador nato, fazia algo diferente. Aquilo deixava Ney, como ele mesmo dizia, "sem chão". Com Rafael, por outro lado, o cantor se sentia completamente seguro para viajar para onde quisesse. Portanto, quando surgiu a proposta para inaugurar aquele restaurante em Goiânia, Ney não precisou pensar duas vezes para chamar o violonista, que, por sua vez, aceitou o convite de primeira.

A temporada de *Pescador de Pérolas* também havia sido fundamental para que o cantor também conquistasse a confiança de Rafael. Antes de os dois se encontrarem, o instrumentista, conhecedor apenas do lado performático-fantasiado de Ney, tinha certo preconceito em relação à figura do intérprete. A primeira vez em que os dois se viram foi no programa *Um Toque de Classe*, apresentado por Arthur Moreira Lima na TV Manchete. Ao convidar o artista para participar daquele musical televisivo, o pianista ouviu a seguinte pergunta de Rafael: "Mas o que o Ney Matogrosso tem a ver com este programa?". Em resposta, Arthur Moreira Lima aconselhou que ele não ficasse preso à imagem, pois Ney era um bom cantor. A desconfiança do violonista começou a diminuir ali mesmo no programa, após ouvir o intérprete cantar "Besame Mucho", mas só desapareceu de vez na convivência promovida pelos shows do projeto Luz do Solo e de *Pescador de Pérolas*.

Viagem acertada para Goiânia, Ney e Rafael tinham poucas semanas para definir o repertório que apresentariam. Os dois passaram a se reunir no apartamento do cantor na rua Cupertino Durão, no Leblon, com liberdade total para escolherem apenas o que gostariam de tocar. Após as apresentações em duas noites no restaurante goiano, o violonista voltou para o Rio de Janeiro e Ney permaneceu na cidade em que haviam feito os shows. Nos dias seguintes, o intérprete se surpreendeu. As pessoas o paravam na rua para fazer elogios superlativos sobre aquele espetáculo que nascera da forma mais despretensiosa possível. O cantor ligou então para seu empresário, Manoel Poladian, e para seu parceiro de palco contando o que estava acontecendo e propondo que repetissem a dose no Rio.

Pouco tempo depois, às 21h30 do dia 9 de julho, Ney e Rafael estrearam o show no teatro do Hotel Nacional. O *feeling* do cantor e as reações incentivadoras do público anteriormente naquele pequeno restaurante se confirmariam. E aquelas duas noites em Goiânia se transformariam em um espetáculo que ficaria em cartaz ao longo de dois anos e meio — recorde de turnê mais extensa em toda a carreira de Ney Matogrosso, superado apenas pela *tour* de *Atento aos Sinais*, com o qual o cantor se apresentaria por mais de cinco anos, a partir de 2013. Para se ter uma ideia do *frisson* que a dupla vinha causando, em pouco mais de seis meses, mais de 100 mil pessoas (30 mil no Rio e 70 mil em São Paulo) tinham assistido ao show.

Quais seriam os segredos para conseguir o magnetismo de uma audiência tão volumosa durante tanto tempo? O primeiro deles era que ambos estavam no auge de suas formas artísticas. Três anos após o desafio e a insegurança inicial de se provar como um grande intérprete em *Pescador de Pérolas*, Ney Matogrosso estava com pleno domínio da capacidade de seu canto. A cada apresentação, ele dava uma verdadeira

ROTEIRO MUSICAL

LA CATEDRAL
A.Barrios

SAMBA DO AVIÃO
Tom Jobim

MODINHA
Tom Jobim/Vinicius de Moraes

LUIZA
Tom Jobim

RETRATO EM BRANCO E PRETO
Tom Jobim/Chico Buarque

PRELUDIO Nº 3 PARA VIOLÃO SOLO
"PRELUDIO DA SOLIDÃO"
Heitor Villa Lobos
Versos de Erminio Bello de Carvalho

MOLAMBO
Jaime Florense

DA COR DO PECADO
Bororó

TRÊS APITOS
Noel Rosa

TRISTEZAS DO JECA
Folclore (Adaptação Ney Matogrosso e Rafael Rabello)

CAMINHEMOS
Herivelto Martins

NO RANCHO FUNDO
Ary Barroso/Lamartine Babo

SEGREDO
Herivelto Martins/Marino Pinto

O MUNDO É UM MOINHO
Cartola

NEGUE
Adelino Moreira/Enzo de Almeida Passos

AS ROSAS NÃO FALAM
Cartola

NA BAIXA DO SAPATEIRO
Ary Barroso

AUTONOMIA
Cartola

VEREDA TROPICAL
Gonzalo Curiel

Roteiro sujeito a alteração a critério dos artistas.

À Flor da Pele

FICHA TÉCNICA

Roteiro, Criação e Concepção de Repertório: NEY MATOGROSSO E RAFAEL RABELLO
Arranjos e Adaptação: RAFAEL RABELLO
Concepção de Iluminação: NEY MATOGROSSO
Iluminação: NELSON HORAS
Som: RONALDO LOMBARDI
Divulgação: IVONE KASSU
Camareiro: CHIQUINHO
Coordenação Geral: LUIS CLERICUZZI/IVES PREVIDES

Projeto Gráfico: MARCO VALIENGO
Fotos: TOMAS KOLISCH JR.

Roteiro do show *À Flor da Pele*, de Rafael e Ney Matogrosso: as duas apresentações em um restaurante em Goiânia se transformaram em dois anos e meio de sucesso.

aula de fraseado, dicção, expressividade, dinâmica, controle de respiração, afinação e interpretação do teor das letras. Rafael também era um caso à parte. Era inegável que ele havia escrito um novo capítulo na história de seu instrumento ao alçar o violão de sete cordas à condição de solista. Isso era ponto pacífico. Agora, o que ele fazia com os acompanhamentos era algo seríssimo e igualmente inovador. Aos 28 anos, o jovem instrumentista, que já havia se notabilizado como um acompanhador genial no duo com Elizeth Cardoso, naquele momento também ganhava grande destaque ao participar do show *Plural*, de Gal Costa, com direção de Waly Salomão. Com Ney, no entanto, ele elevara o nível às últimas consequências. Com a liberdade da metáfora, era como se em uma competição de salto com vara ele tivesse subido o sarrafo a ser superado. A partir daquele momento, o patamar da excelência de acompanhamento ficava alguns "metros" acima. Parafraseando o poeta Manoel de Barros, Rafael se parecia com nada parecido. Era completamente diferente de tudo o que já havia surgido na literatura do violão, ainda que houvesse quem preferisse a atuação de Rabello ao lado de Elizeth, julgando a performance dele com Ney já um tanto quanto exagerada em matéria de virtuosismo.

O segundo fator primordial para o sucesso daquele espetáculo era que de nada adiantaria o encontro de dois virtuoses em seus instrumentos — um, no violão; o outro, na voz — se eles não falassem o mesmo idioma musical. No caso de Ney e Rafael, a parceria tinha aquilo que na linguagem popular se chamava de "química". Um respeitava o espaço do outro e, assim, ambos ganhavam território e protagonismo. Cientes disso, enfrentando a mentalidade arcaica dos produtores e promotores de casas de shows, o cantor e o violonista batalharam, com êxito, para que os cartazes daquele espetáculo estampassem o nome dos dois com o mesmo destaque. Por fim, havia uma terceira característica determinante para a consagração daquele show: a escolha irretocável do repertório.

A seleção de músicas, como se sabia, tivera como norte única e exclusivamente o prazer da dupla em interpretá-las. O próprio Rafael tratou de explicar as opções e o conceito à imprensa. À *Tribuna da Imprensa*, a justificativa foi a seguinte: "Nós escolhemos o repertório pelo que gostamos de ouvir. Eu me lembro que, quando era criança, meu pai ouvia todas essas músicas durante os fins de semana e sempre dizia que esses eram, realmente, os grandes compositores brasileiros. Eu achava meio chato e só com o tempo é que fui aprendendo a gostar. Comecei a tocar violão com 7 anos de idade. Hoje tenho 28 e sempre convivi com músicos mais velhos. Aprendi a apurar o ouvido escutando minha mãe cantar 'No Rancho Fundo' para eu dormir". Já para o *Jornal do Brasil*, o discurso foi além: "É um show todo intrínseco, com um tratamento camerístico de duo". Ao ser questionado se ele e Ney pretendiam vestir canções populares com indumentária erudita, Rafael esclareceu: "Se a gente fizesse isso seria como colorizar um velho filme P&B. Nossa busca foi a de encontrar e revelar a poesia desses autores".

No início da década de 1990, Rafael dividia o concorrido espaço
de sua agenda entre as apresentações com Ney Matogrosso,
em *À Flor da Pele*, e com Gal Costa, no show *Plural*,
dirigido por Waly Salomão.

A riqueza do repertório estava justamente em sua diversidade e na opção por autores de diferentes estilos e escolas. Assim como havia espaço para os mais contemporâneos, como Tom Jobim e Chico Buarque (em "Retrato em Branco e Preto", com influências espanholadas do violão de Rafael), como Jobim, novamente, e Vinicius de Moraes (em "Modinha"), cabiam também compositores injustamente considerados ultrapassados, como Herivelto Martins (em "Caminhemos", com Ney quase chorando ao cantar a letra sofrida), Herivelto, de novo, em parceria com Marino Pinto (em "Segredo", que já havia sido gravada por eles em *Pescador de Pérolas*), Adelino Moreira e Enzo de Almeida Passos (em "Negue", com o violão Ramirez de Rabello aflamencado até a medula) e Bororó (em "Da Cor do Pecado", outra remanescente de *Pescador de Pérolas*). Além disso, a dupla defendia sambas antológicos de Cartola ("As Rosas Não Falam" e "Autonomia", esta com a interpretação mais dramática de Ney em todo o show), de Noel Rosa ("Três Apitos" e "Último

Desejo", com Rafael citando "Alma de Violinos", de Lamartine Babo e Alcir Pires Vermelho, na introdução) e clássicos de Ary Barroso ("No Rancho Fundo", parceria com Lamartine, e "Na Baixa do Sapateiro", com o violonista exuberante em uma marca registrada sua: a batida de samba com os baixos fazendo a marcação do surdo). O repertório ainda trazia seu momento latino, assim como ocorrera em *Pescador de Pérolas*, desta vez com "Vereda Tropical", do mexicano Gonzalo Curiel. Havia também uma homenagem de Rafael a seu mestre Meira, com a inclusão de "Molambo", composição de maior sucesso da carreira do veterano violonista, com letra de Augusto Mesquita. Por fim, um dos maiores destaques do show, a atemporal "Balada do Louco", dos Mutantes Arnaldo Baptista e Rita Lee, com o violonista fazendo uma conexão tão improvável quanto genial. Logo após Ney cantar o célebre verso "Se eu posso pensar que Deus sou eu", Rafael citava um trecho de "Jesus, Alegria dos Homens", de Johann Sebastian Bach.

Batizado com o apropriado nome de *À Flor da Pele*, o espetáculo foi transformado em disco na virada de 1990 para 1991. Com a dupla mais entrosada do que os craques do tango Gardel e Le Pera, Rafael Rabello e Ney Matogrosso foram para o estúdio e em quatro horas enfileiraram o repertório do show. Gravado pela Som Livre, o LP vendeu mais de 650 mil cópias. O álbum também saiu na versão CD com o acréscimo de mais três faixas: "Tristeza do Jeca" (Angelino de Oliveira) e "O Mundo É um Moinho" (Cartola), ambas registradas anteriormente em *Pescador de Pérolas*, e "Prelúdio nº 3 (Prelúdio da Solidão)", de Heitor Villa-Lobos com letra de Hermínio Bello de Carvalho.

Para se chegar àquele grau de excelência, tanto Ney quanto Rafael se prepararam ao longo de anos de profissão. Desde os 7 anos, quando começou a tocar seu instrumento, Rafa, como ele era chamado por Ney e por muitos de seus amigos e familiares, entendia o violão e sua vida praticamente como sinônimos. Apesar de estudar incansavelmente, quando perguntado se tinha algum método, alguma rotina — aquele esquema caxias de "hoje vou estudar por seis horas, montar a estante de partitura e praticar meus exercícios com um metrônomo do lado" —, ele sempre negava. Por quê? Fácil. Porque ele simplesmente passava o dia grudado a seu instrumento, quase que o tempo inteiro, mesmo quando fazia outras coisas, como conversar, deitar no sofá, fumar seus dois maços diários de cigarro etc. Talvez por isso Rafael fosse diferente daquele padrão de violonistas prodígio. Era, obviamente, disciplinado, mas estava longe de ser um bitolado. Desde a infância, o magnetismo do violão não o impe-

Rafael e Ney Matogrosso na turnê de *À Flor da Pele*, de enorme sucesso nos anos 1990.

dia de se interessar por outros assuntos. Entre eles, a literatura. No período da turnê com Ney Matogrosso, por exemplo, ele começava a ler *A terceira onda*, de Alvin Toffler, resumido por ele como "uma abordagem sociológica que divide a História em três ondas: a agricultura, a revolução industrial e a informática". Aos 28 anos, três livros haviam marcado profundamente sua vida: *Cem anos de solidão*, do colombiano Gabriel García Márquez, *Grande sertão: veredas*, de Guimarães Rosa, e *Memórias póstumas de Brás Cubas*, de Machado de Assis. Ao jornal O *Globo*, na edição de 17 de fevereiro de 1991, Rafael justificou o que lhe marcara naqueles clássicos: "Os três têm um traço comum, que é o realismo mágico. Especialmente García Márquez, com sua abordagem sobre a América Latina, sua mistura de ficção e realidade — também presente nos outros dois autores. Essa é uma questão com a qual todo artista lida: o limite entre realidade e fantasia".

A julgar pelo sucesso estrondoso de sua trajetória profissional, do show e do disco com Ney Matogrosso, Rafael teria somente motivos para comemorar. Teria, não fosse pelo fato de sua vida pessoal começar a seguir por um caminho diametralmente oposto e ele passar a experimentar dissabores de um inferno particular. Como aprendera nos livros de Gabo, Guimarães e Machado, começava a transitar entre a realidade e a fantasia.

Capítulo 9
ALÉM DO ESPELHO

> "Até que os leões inventem as suas próprias histórias, os caçadores serão sempre os heróis das narrativas de caça."
>
> Provérbio africano
> citado por Mia Couto em *A confissão da leoa*

Se o quinhão genioso de Miles Davis não rivalizasse com sua genialidade — e, claro, se o compositor também não fosse um dos maiores nomes da história do jazz e se vivesse desesperado à caça de alguns trocados —, ele poderia ter aberto uma salinha na 5th Avenue para dar aulas com seu trompete sobrenatural. Um anúncio minúsculo das *masterclasses* em um rodapé do *New York Times* botaria Manhattan em convulsão. Iniciantes e iniciados de todos os continentes voariam para lá na mesma semana, formando filas e mais filas em círculos, transformando o quarteirão da 19th e da 20th Street num imenso caracol de gente. Açodado pelo frenesi, o temperamental instrumentista lembraria de seu disco de 1957, *Miles Ahead*, e desejaria estar sossegado, milhas distante dali.

Os gêneros musicais americanos e ingleses dispensaram definições canônicas e, autoexplicativos, se espalharam pelo mundo. Ouve-se o jazz e, sem bula, sem guia, sem rótulo informativo, sem cartilha, sabe-se que aquilo que entra pelos ouvidos é o jazz. O mesmo vale para o blues, para o rock, para o rap. O Brasil, por uma série de fatores — históricos, culturais, econômicos e sociais — nunca prescindiu de didatismos estilísticos. Nao bastavam as audições, era preciso definir e explicar o que era o samba, o forró, o frevo e movimentos como a bossa nova e o tropicalismo. Abriam-se assim campos férteis para o cultivo de lugares comuns e clichês. Nesse sentido, talvez o mais surrado deles fosse o de que "o choro é o equivalente brasileiro do jazz". A definição nunca passou de uma frágil muleta. Se havia semelhanças entre os dois estilos, a mais verossímil delas era que ambos os gêneros eram riquíssimos em termos instrumentais e abertos aos chamados improvisos. Dentre as inúmeras diferenças — e aí novamente evocavam-se aspectos socioeconômicos e histórico-culturais —, uma delas era recorrente: aos revolucionários do jazz, a fama e o reconhecimento; aos pioneiros do choro, com raras exceções, o anonimato e o esquecimento.

Atestando essa disparidade, um abismo de aproximadamente 5 mil milhas separava a atemporal euforia causada pelas hipotéticas classes de Miles em Nova York da desaforada calmaria de uma cena real no centro do Rio de Janeiro. Início de 1991, avenida Marechal Floriano, 52. No andar de cima da quase centenária loja de instrumentos musicais Ao Bandolim de Ouro, Horondino José da Silva estava sentado em uma cadeira sem braços, de pés metálicos, assento e encosto de plástico. Com seu figurino habitual — sapatos, calça social e camisa de mangas curtas —, cabelos brancos e curtos, que entregavam seus 73 anos de idade, e óculos de aros e lentes grossas, ele aproveitava os espaçados intervalos das aulas que dava naquela tarde para ler com folga as notícias do jornal. Quem visse a cena, esfregaria os olhos para acreditar. Horondino seguia na ativa, e poucos meses antes gravara um álbum espetacular. A baixa frequência de alunos no dia impressionava. Aquele senhor participara diretamente do que havia se produzido de mais relevante na música popular brasileira nos últimos 54 anos. Mais do que isso, ele era uma legenda do choro e uma verdadeira entidade do instrumento que tocava e ensinava: o violão de sete cordas.

A serenidade de Dino, como ele era conhecido, diante daquela ausência de aprendizes era compreensível. Àquela altura, depois de tantos serviços prestados — com milhares de horas de gravações em estúdios e apresentações em palcos —, ele estava longe de ser rico, mas levava uma vida razoavelmente tranquila. Graças à música, conseguira comprar um carro, apartamentos (um na rua Torres Homem, em Vila Isabel, onde morava naquele momento; e outro em Irajá) e mais uma casa em Araruama, na qual costumava passar os fins de semana com a esposa Rosa e o filho Horondino Reis da Silva, o Dininho. Saber esperar, aliás, não era novidade na vida daquele senhor. Desde cedo, a paciência se tornara uma de suas maiores virtudes.

Nascido em 5 de maio de 1918 na rua Orestes, nº 13, no Santo Cristo, bairro localizado na zona portuária do Rio, ele só foi registrado três meses depois, no dia 5 de agosto (no fim de sua vida, Dino chegaria a dizer que a data correta seria 12 de outubro). Logo na juventude, o filho de Caetano José e Cacemira Augusta, mais conhecida como Filhinha, foi trabalhar como operário na fábrica Fox, que se gabava em ser "a fabricante dos mais famosos calçados do mundo" e ficava a menos de meio quilômetro da casa do rapaz. Contrariando o ditado que pregava "pri-

Ainda na década de 1970, no começo de sua trajetória com
o violão de sete cordas, Rafael teve o privilégio de poder conviver e tocar
com sua maior referência no instrumento, Horondino Silva, o Dino 7 Cordas.
A influência era tanta que o menino imitava não apenas a maneira
do mestre tocar, mas o "pacote completo": o jeito de se vestir, os óculos
fundo de garrafa, o cordão no pescoço e o anel na mão esquerda.

meiro o dever, depois o lazer", muito antes de exercer o ofício de sapateiro Horondino encontrou um divertimento fascinante: a música. Seu pai tocava violão, enquanto seu irmão Lino e seu primo Tico-Tico se revezavam no cavaquinho. Dino só observava. Aos 7 anos, quando o patriarca largava o instrumento, o menino começava a imitar as posições que havia visto e os sons que tinha ouvido. Com ciúmes do próprio violão, Caetano José acabou comprando um para o filho. Em pouco tempo ele já saía com seu "velho" e outros familiares para fazerem serestas, as populares serenatas, pelo Morro do Pinto. Nas horas vagas da rotina de sapateiro, ainda que de forma amadora ele passou a tocar com o flautista Eugenio Martins, que acompanhara alguns nomes de peso do rádio, como as irmãs Aurora e Carmen Miranda. No conjunto, Dino dividia os acompanhamentos com o também violonista José Gonçalves (reconhecido por seus carismáticos apelidos: primeiro, Zé com Fome; posteriormente, Zé da Zilda) e com o cavaquinista Valzinho, que décadas mais tarde se revelaria um compositor genial, mas pouco falado, antecipando intuitivamente muitas harmonias com acordes invertidos e influenciando os bossa-novistas Tom Jobim e João Gilberto.

Nessa época, aos 19 anos, Dino começou a dar provas de como a sabedoria em esperar pelo momento certo era uma de suas grandes valências. Numa dessas tocatas, o cavaquinista Waldiro Frederico Tramontano, conhecido popularmente como Canhoto, gostou do jovem violonista e o convidou para integrar o regional do qual ele fazia parte, o conjunto do afamado flautista Benedicto Lacerda. O grupo já contava com os violões de Carlos Lentine e Ney Orestes, e Dino entraria na vaga do segundo. Ético, o então sapateiro da fábrica dos calçados Fox recusou com a justificativa de que não seria correto tomar o lugar de um colega. Canhoto reforçou o convite, dizendo que o titular do conjunto estava muito doente; caso ele se recuperasse, reassumiria o posto, do contrário, Dino seria efetivado. Meses antes, em junho de 1936, Ney Orestes havia surpreendido todos ao comunicar uma guinada maluca em sua vida. O anúncio não foi feito apenas para seus companheiros de música, mas para todos os leitores do *Diário da Noite*, jornal de significativa circulação no Rio de Janeiro, então capital do país. "Fazia parte do conjunto regional de Benedicto Lacerda como um dos violonistas. Entusiasmado pelo boxe, resolvi trocar o violão pelas luvas. Irei fazer o possível para brilhar na classe dos leves", declarou a mais nova promessa do pugilismo, treinada por Roberto Santos, que já havia conquistado o campeonato brasileiro na categoria peso-mosca. A aventura não duraria muito. Menos de dois meses depois, o pseudo-*boxeur* Ney Orestes já havia desistido dos *jabs* e *uppercuts* dos ringues para voltar a dedilhar seu pinho. Em poucos dias, ele teria de embarcar para Buenos Aires, integrando o regional de Benedicto Lacerda, para tocar na rádio El Mundo e fazer outras apresentações ao lado do "Rei da Voz", Francisco Alves, e da cantora Alzirinha Camargo, cujas madeixas alouradas lhe rendiam o apelido de "platinum blonde do broadcasting brasileiro". O retorno ao violão também foi breve. No ano seguinte, uma nota da revista *O Malho* falava sobre o "modesto e retraído" Ney Orestes com o título "Bordão quebrado", em alusão ao instrumento daquele que era considerado "um dos melhores músicos no seu gênero". Havia meses que o violonista tentava se "esquivar" dos golpes que recebia em seu pulmão. Num sábado, dia 24 de julho, no Hospital São Sebastião, no Rio, ele não resistiu e morreu após longa luta contra a tuberculose. Dino, que relutava em ocupar a vaga mesmo tocando profissional e interinamente no conjunto desde fevereiro, acabou se fixando de vez naquele que era considerado o melhor regional do país. Com a efetivação no grupo, surgiu a oportunidade de ouro para o jovem calçar os resistentes sapatos Fox e dar um chute na fábrica em que trabalhara desde que havia terminado o curso primário. Agora ele receberia dez vezes mais do que ganhava colando solas e passando cadarços.

No mesmo mês de sua entrada definitiva no conjunto, já com 20 anos de idade, o instrumentista viu o violonista Carlos Lentine sair para ir tocar com outro grande flautista, Dante Santoro. Seu lugar foi preenchido por Jayme Florence, o Meira, com quem Dino formaria futuramente a dupla de violões mais importante dos anais da música brasileira. Como se sabia, o ex-sapateiro do bairro do Santo Cristo sabia respeitar e aguardar o tempo dos acontecimentos. Sua paciência, de tão grande e controlada, perigava fazer com que o bíblico Jó revisse seus conceitos. Tanto era assim que a nova espera de Horondino José da Silva duraria mais quinze anos.

Àquela altura da vida, Dino já havia descoberto a existência do violão de sete cordas, embora não soubesse que o instrumento já era possivelmente tocado por ciganos russos pelo menos desde o fim do século XVIII. Até então, ele só ouvira falar daquele violão com uma corda a mais que circulava nas mãos de alguns de seus conterrâneos fluminenses. Muitos anos depois, ele tomou conhecimento de um dos primeiros linha de frente naquele instrumento no país, Otávio da Rocha Vianna, que era irmão mais velho de Pixinguinha. O músico, conhecido como China, aparecera em uma fotografia de 1910 empunhando um sete cordas, mas as primeiras gravações só foram registradas na década posterior, com captação sonora precária. Se tivesse gozado de uma vida longeva como Pixinguinha (1897-1973), China, que nascera em maio de 1888, possivelmente deixaria um legado. Morreu com apenas 39 anos, e não teve tempo. Horondino também tinha escutado que Manoel de Lima, o Manequinho, e Jacy Pereira, conhecido por alguns como Gorgulho — acompanhador de grandes nomes do rádio, como Augusto Calheiros, o Patativa do Norte, com quem Dino havia iniciado uma carreira semiprofissional, com cachês simbólicos, dedilhando seu violão no circo, em 1934; Gorgulho também fez parte do conjunto Gente do Morro, embrião do regional de Benedicto Lacerda, antes de ser substituído por Carlos Lentine — tocavam o instrumento, mas ele nunca chegou a ver. Sobre o primeiro, embora Dino não tenha escutado gravações nem visto fotografias, a edição de 20 de março de 1935 do suplemento ilustrado de *A Noite* estampou uma imagem de Manoel tocando seu sete cordas. O motivo da publicação, infelizmente, não era nada agradável. Naquela semana, o gaúcho Manoel de Lima, o locutor Bento Gonçalves e o pandeirista Didi Carioca morreram em um desastre de automóvel na altura de Cruzeiro, no interior de São Paulo, quando seguiam viagem rumo a Caxambu, em Minas Gerais. O carro em que eles estavam caiu no rio Paraíba do Sul e os corpos, arrastados, só foram encontrados dias depois a quilômetros de distância, na cidade de Lavrinhas. O consagrado flautista Dante Santoro também estava no carro, mas, com dificuldades, conseguiu escapar.

Entre todos aqueles violonistas, quem ganhou maior destaque e teve reconhecido seu pioneirismo no sete cordas foi Arthur de Souza Nascimento. Popularmente conhecido como Tute, ele também atacava no bandolim e no banjo no início do século XX. Já tocando violão na orquestra de Paulino Sacramento, no Cineteatro Rio Branco, no Rio, por volta de 1912, deu imensa colaboração à música brasileira ao indicar o adolescente Pixinguinha, com apenas 15 anos e, portanto, no começo de sua trajetória profissional, para integrar o grupo. O que aconteceria com o jovem flautista, a história se encarregaria de contar e ele se tornaria um dos maiores compositores do país de todos os tempos. Já Tute consagraria seu próprio nome ao se tornar o principal precursor do uso do violão de sete cordas nos conjuntos regionais de choro. As primeiras gravações célebres do violonista naquele instrumento até então recente no Brasil apareceram no início da década de 1930, com duas composições de Luiz Americano: o choro "É do Que Há", de março de 1931, com o autor no saxofone, e a valsa "Lágrimas de Virgem", de julho do mesmo ano, com o compositor no clarinete. Ambas com a presença do bandolinista Luperce Miranda e Tute fazendo contrapontos discretos no sete cordas. Dino tomou bastante conhecimento das interpretações do violonista. Ficou tão impregnado por aqueles registros que o instrumentista nascido em 1º de julho de 1886 se tornou o principal responsável por aquela longa espera de quinze anos de Horondino José da Silva. A razão? Dino, autodidata do violão desde os 7 anos, havia ficado fascinado com aquela corda a mais. Até chegou a cogitar se arriscar no instrumento, mas, com medo de ser acusado de imitar o pioneiro, decidiu seguir no violão tradicional. Aquele receio advinha também, e em grande parte, do temperamento arrogante de Tute, que ele conhecera de perto. Décadas depois, em dezembro de 1975, em entrevista a Juarez Barroso no *Jornal do Bra-*

Do Regional do Canhoto saíram duas das principais referências de Rafael em seu período inicial de formação musical: Meira (sentado à esquerda) e Dino (sentado à direita); o restante do conjunto era integrado por Canhoto (sentado ao centro), Gilson de Freitas, Orlando Silveira e Altamiro Carrilho (em pé, da esquerda para a direita).

sil, Dino explicaria o motivo de sua apreensão: "Ele [Tute] tinha umas implicâncias. Lembra daquele samba do Wilson Baptista que o Cyro Monteiro gravou? Aquele 'lá vem a mulher que eu gosto, de braços com meu amigo...'? O Tute ouviu o samba, chegou pra mim: 'Você ouviu aquele violão batucado, horrível?'. O violão batucado era eu". Temeroso, durante os quinze primeiros anos de sua carreira profissional, no conjunto de Benedicto Lacerda e no comecinho da formação do Regional do Canhoto, Dino tocou o violão de seis cordas. Só se sentiu seguro e desimpedido para mergulhar no de sete depois que Tute morreu, no dia 18 de junho de 1951.

Se o violonista nascido no Santo Cristo havia hesitado por quinze anos em se arriscar naquele instrumento para não incorrer no erro de apenas copiar o pioneiro, não seria agora, com a morte do "pai" do sete cordas no Brasil, que ele se limitaria em mimetizar a maneira de tocar. Dino já sabia por onde começar e, a partir daquele ano, ele passaria a implantar seguidas revoluções no violão sete cordas durante as próximas quatro décadas. A primeira delas seria na fabricação do próprio instrumento. Na virada de 1951 para 1952, o violonista chegou à conceituada loja Ao Bandolim de Ouro e encomendou ao *luthier* Sylvestre um violão com a sétima corda afinada em dó. O respeitado fabricante, que assinava os modelos com o sobrenome do dono e empresário Miguel Jorge do Souto (Do Souto), entrou em parafuso. Argumentava que o acréscimo de uma corda aumentaria em 10 quilos a tração provocada pelas cordas tensionadas, o que poderia descolar o cavalete e prejudicar o tampo. Com um reforço de madeira na parte interna, para aguentar o "tranco", em pouco tempo o violão que acompanharia Dino até o fim de sua vida estava pronto. Enganava-se quem pensava que Horondino José da Silva saiu tocando aquela novidade logo de cara. Os três primeiros meses de contato com o instrumento, ele passou treinando sozinho e "dando foras". Até se sentir seguro para gravar com o Regional do Canhoto, levou cerca de um ano.

Autodidata no violão de seis cordas desde os 7 anos, o instrumentista só foi estudar música a partir de 1942, quando já estava com 24. As aulas foram dadas por Veríssimo, um amigo de Dino que tocava muito mal flauta e, pior ainda, piano, mas sabia ensinar noções básicas de solfejo e de harmonia. Por obra da fatalidade, os encontros duraram pouco. Em busca de condições financeiras um pouco mais estáveis, o professor foi ganhar seu ordenado tocando piano em um navio. Mesmo com uma participação discreta nos conflitos da Segunda Guerra Mundial, as embarcações brasileiras não estavam livres da mira dos submarinos do Eixo — formado basicamente por Alemanha, Itália e Japão. Enquanto navegava pela costa brasileira, o navio do pianista Veríssimo foi bombardeado e naufragou. Dino não tornou a ver o amigo e, então, prosseguiu seu aprendizado por meio de livros teóricos. Mesmo com a pouca quantidade de estudos, ele escreveu seu nome na história. As explicações para isso eram relativamente simples. Primeiro, por seu ouvido privilegiado e por sua intuição aguçada. Não à toa, ele brincava se autodenominando um "médium musical", dizia que os sons entravam pelo cocuruto de sua cabeça, o "receptor", e saíam pelo violão, o "transmissor" daquelas mensagens etéreas, sublimes. Segundo, por sua quilométrica rodagem no violão de seis cordas, acompanhando uma infinidade de estrelas vocais como Carmen Miranda, Francisco Alves, Sílvio Caldas, Isaura Garcia, Irmãs Pagãs, Augusto Calheiros, Linda Batista, Gastão Formenti, Carlos Galhardo, Almirante, João Petra de Barros, e feras instrumentais, ao tocar por quase quinze anos no conjunto de Benedicto Lacerda. Quando passou ao violão de sete cordas, basicamente transferiu para ele parte das "baixarias" que já fazia no de seis. Depois, dois personagens foram extremamente decisivos para moldar o estilo que o eternizaria como um mestre de seu instrumento: o pioneiro invocado Tute e o insofismável canonizado Pixinguinha.

No comecinho de sua vida musical, Arthur de Souza Nascimento, o Tute, tocou bombo, prato e conviveu com Anacleto de Medeiros, que arregimentava a Banda do Corpo de Bombeiros do Rio de Janeiro. Pelo contato com aquele tipo de arranjo, aquela estética e aquela sonoridade, teve verdadeiras aulas práticas de contraponto ao ouvir instrumentos, por exemplo, como o bombardino. Quando o violão sete cordas pousou em seu colo, Tute apenas reproduziu aquilo que já ouvia, agora em seu novo instrumento. Basicamente com baixos "obrigatórios", divisões rítmicas simples, e, digamos, não tão balançadas, com o instrumento servindo mais como um apoio ao canto, o violão de Tute, por sua firmeza (e também rigidez) acabou ganhando de Luperce Miranda o apelido de "pé de boi". Dino, por sua vez, mais do que amadurecer o que ouvira daquele pioneiro, desenvolveu uma linguagem absolutamente nova para o violão de sete cordas. As divisões dos fraseados e dos contrapontos ficaram mais complexas, mais ricas; os baixos, mais numerosos, deixavam de fazer apenas o que era sugerido ou até mesmo predeterminado pelo compositor e ocupavam mais os espaços deixados pela melodia. Já Pixinguinha, em sua passagem pelo conjunto de Benedicto Lacerda entre 1946 e 1950, marcou profundamente Dino com os contrapontos criados por ele no saxofone-tenor. O que Alfredo da Rocha Vianna Filho, o Pixinguinha, fazia era aprimorar o que havia aprendido com seu professor Irineu de Almeida (o Irineu "Batina"), mestre dos contrapontos em seu oficleide. Tempos depois daquele encontro entre o saxofonista e Dino, as frases do violonista vistosamente ganharam mais recursos, passaram a ocupar com mais sabedoria ainda e inventividade as pausas da melodia, dialogando quase que ininterruptamente com esta; em muitos casos, eram praticamente uma segunda linha melódica. A partir do começo dos anos 1950, e, principalmente, nas décadas de 1960 e 1970, o músico participou de gravações antológicas na música brasileira. O violonista podia não ostentar a glória de ser o introdutor do sete cordas no Brasil, mas o reinventou, criando e disseminando uma linguagem completamente nova. Não por acaso, Horondino José da Silva ficou tão associado a seu instrumento que entrou para a história com o nome de Dino 7 Cordas. Todo violonista que viesse depois e se interessasse por acompanhamentos em samba, em choro, na chamada música tradicional brasileira, já tinha um espelho colossal para se mirar. Mas e se de uma hora para a outra alguém resolvesse ir além daquele referencial?

* * *

Cavalos, passarinhos, cachorros. Durante a infância, Rafael Baptista Rabello era vidrado por bichos. Por completa coincidência — e sem se dar conta — quando ele tinha 12 anos até seu maior ídolo tinha o apelido de um animal; e o herói detestava aquela alcunha. Anos antes de o garoto nascer, seu mentor havia participado de um programa do cronista, jornalista e compositor Sérgio Porto, afamado também pelo pseudônimo-personagem Stanislaw Ponte Preta. Sabedor da ojeriza do convidado por aquele apelido, o ardiloso *entertainer* o apresentou pelo nome e emendou: "Também conhecido como Boi". Fora dos microfones, o participante, indignado, devolveu: "Boi é a puta que te pariu!". O cuidado em não vazar o som daquela troca de gentilezas não adiantou. As câmeras em *close-up* no rosto do convidado flagraram o arranca-rabo, e a cena acabou divertindo o público de casa. O apelido nem soava tão ofensivo assim. "Boi" era Dino 7 Cordas, que participava do programa com o conjunto do qual fazia parte, o Regional do Canhoto. Algumas poucas pessoas do meio musical se referiam ao violonista daquela forma por causa do som grave emitido pela sétima corda de seu instrumento. Havia ainda a versão de que o cognome bovino havia colado em Dino devido

Fascinado pela "escola" criada por Dino 7 Cordas,
Rafael gravava em uma fita cassete as gravações de seu referencial
para poder ouvir e dissecar aquele estilo de tocar.

ao apetite insaciável do instrumentista diante de um bom prato de comida. Foi a deixa para o fanfarrão Stanislaw Ponte Preta.

Em 1974, mesmo com o choro voltando a conquistar um pouquinho mais espaço do que vinha tendo desde o fim da década de 1950 — com o surgimento da bossa nova, depois com o iê-iê-iê da jovem guarda e dali por diante —, não era nada comum que um garoto de 12 anos fosse fascinado por um chorão-seresteiro que tocara com os principais nomes da música brasileira desde os anos 1930. Gostar, até podia ser, mas pintar aquele veterano como um grande ídolo já era exagero. Para o menino Rafael Rabello não havia nada de mais naquilo. Criado em uma família musical, ele tocava violão desde os 7 anos. Aos 12, teve a maior epifania de sua vida ao descobrir o sete cordas por meio de três álbuns em que Dino dedilhava o instrumento: os dois volumes de *Choros Imortais*, do Regional do Canhoto, e *Vibrações*, de Jacob do Bandolim e o Conjunto Época de Ouro. Rafael e sua irmã Luciana escutaram tanto aqueles LPs que as faixas mais ouvidas chegaram a ter os respectivos sulcos do vinil ligeiramente mais afundados pela agulha do toca-discos. Dois anos depois, as audições já não bastavam. Já com seu sete cordas,

Além do espelho

ele se empenhava em "tirar" absolutamente todas as "baixarias" de Dino, idênticas. Ela, que recentemente trocara o violão pelo cavaquinho, também iniciava sua caçada particular às palhetadas de Canhoto e de Jonas, do Época de Ouro. Os caçulas dos Rabello criaram então uma brincadeira saudável que era ao mesmo tempo um treino e tanto. Sentados no chão da sala do apartamento 604 do Largo do Machado, onde eles moravam, os dois botavam um daqueles discos para rodar e tentavam acompanhar com seus instrumentos. O mimetismo precisava ser cravado. Quem errasse, tinha de levantar e voltar a faixa desde o começo. Depois de "gabaritar" os álbuns, os irmãos já começavam a fazer suas próprias variações.

Por competência e talento precoce, em pouquíssimo tempo eles já estavam profissionalizados com seu conjunto, Os Carioquinhas. Com méritos, começaram a gozar do privilégio de poder ver de perto suas grandes referências e, mais, a tocar nos mesmos palcos que elas. Rafael, com seus 14 anos, não perdeu tempo e grudou em Dino, o cara que não inventou o violão de sete cordas, mas que fundamentou toda a linguagem do instrumento e o naturalizou brasileiro. Imagine se você fosse um escritor aspirante, fissurado por literatura brasileira, e passasse a conviver quase que diariamente com Jorge Amado. Ou que você fosse um lutador novato, apaixonado pela arte do jiu-jítsu, e começasse a frequentar os mesmos tatames que Hélio Gracie. O que você diria? "Me ensina!", óbvio. Foi exatamente o que Rafael Rabello fez. Porém Dino, naquele momento ainda vivendo um período de vacas gordas, com a agenda lotada de compromissos como gravações em discos de outros artistas e apresentações, e sem muita paciência em ensinar, recusou o aluno. Sem prejuízo algum, como se sabe, o menino correu para a outra parte da dupla de violonistas de acompanhamento mais importante da história, o "Vovô" Meira, que já havia sido mestre de ninguém menos que Baden Powell.

Sem saber, Dino já havia sido professor de Rafael pelos discos. Estava tudo ali e as lições não eram só de choro. Em álbuns como os de Cartola, de 1974 e 1976, Horondino José da Silva ministrava suas aulas magnas de acompanhamento ao sete cordas em canções populares brasileiras. Que o jovem aprendiz mantinha os ouvidos atentíssimos àqueles ensinamentos informais e que estava determinado a seguir todos os passos sonoros do mestre, não restavam dúvidas. O que não se previa, no entanto, era a profundidade do mergulho que ele daria no universo do mentor, passando a imitar seu ídolo em absolutamente tudo. A começar pela maneira de se vestir. Rafael andava de sapatos, camisa de manga

Na década de 1990, o "acerto de contas" com uma justa homenagem: um álbum gravado com Dino 7 Cordas; acostumado a acompanhar inúmeros artistas da música brasileira em sua longeva carreira, graças a Rafael, Dino pode finalmente assinar um disco com seu nome.

longa e calça social. Tal qual Dino. De repente, apareceu com um anel grande e pesado no dedo anelar da mão esquerda; dizia que dava mais força para tocar. Adivinhe quem usava o mesmo acessório? Dino, claro. Num belo dia, descobriu o perfume que seu guru musical mais gostava e começou a usar o mesmo. Noutro, pendurou a clássica correntinha de ouro no pescoço. Por fim, apesar de estar com a visão em dia, recorreu aos óculos fundo de garrafa por um curto período. Era hilário. Rafael parecia um velho de 14 anos, fantasiado, completamente diferente dos meninos da sua geração, um mini Dino.

Embora tivesse se negado a dar aulas formais, o fechado e experiente violonista gostava do garoto. Dava dicas, orientava, apontava caminhos e adorava dividir as mesmas rodas de choro com o seguidor juvenil. Nos saraus promovidos na casa de conhecidos, como Seu Raul Machado, em Botafogo, uma cena curiosa se repetia. Sentados um de frente para o outro, ambos com seus violões, Dino saía tocando suas criativas "baixarias" e Rafael — uma criança hipnotizada, respirando com a boca aberta e, não raro, babando sobre o próprio violão — fazia exatamente a mesma coisa no ato. Era como se adivinhasse o que o mestre iria fazer. Parecia brincadeira, e os presentes naqueles encontros riam. Não fossem pelas diferenças física e etária que os separavam, apostaria-se que havia um espelho entre eles. A alguns interlocutores o violonista veterano contava que por algumas vezes chegava a se questionar sobre quem estava tocando em determinada gravação, se era ele mesmo ou Rafael, tamanha a semelhança entre a maneira de tocar dos dois. Demoraria pouco para o jovem instrumentista compreender que ele não poderia se limitar apenas a ser um dublê de Horondino Silva e que precisava ir além daquele referencial.

Até 1977, quando o assunto era violão sete cordas, Dino reinava absoluto nas fichas técnicas dos discos. Com isso, havia ganhado um bom dinheiro. Além dos LPs com o Regional do Canhoto, nos anos 1950, com Jacob e o Época de Ouro, na década de 1960, e de suas atuações em álbuns de uma infinidade de astros da considerada Velha Guarda e das estrelas da Era do Rádio, corria-se o risco de o instrumentista veterano perder a conta de suas participações em discos de terceiros. Elas iam de Elizeth Cardoso a MPB-4, de Paulinho da Viola a João Bosco, de Abel Ferreira a Beth Carvalho, de Chico Buarque a Clara Nunes, de João Nogueira a Clementina de Jesus, de Elton Medeiros a Joel Nascimento, de Monarco a Francis Hime, de Elza Soares a Gilberto Gil. O pouco espaço que sobrava para se tocar um sete cordas em LPs de terceiros era

Rafael Rabello: de menino prodígio na década de 1970 a solista consagrado e respeitado pelos veteranos do Conjunto Época de Ouro nos anos 1980.

dividido por nomes que evidentemente não tinham o cartaz de Dino, mas eram exímios violonistas. Entre eles, Voltaire (Voltaire Muniz de Sá), os irmãos Valdir Sete Cordas (Valdir Silva, também cavaquinista) e Valter Sete Cordas (Valter Silva). A partir do fim dos anos 1970, Rafael Rabello começou a se destacar e a dividir terreno com seu ídolo. Como um carro em alta velocidade numa estrada, vinha piscando os faróis, pedindo passagem para quem estivesse pela frente. Artistas que antes convidavam o veterano continuavam a chamá-lo, porém aos poucos iam cedendo cada vez mais espaço ao jovem instrumentista. Casos de Clara Nunes, João Nogueira, João Bosco, Dona Ivone Lara, Chico Buarque, Beth Carvalho, Paulinho da Viola e Beth Carvalho. Não apenas pelo dinheiro, mas também pelo prestígio e pelo prazer em trabalhar, Dino sentiu que a concorrência tinha aumentado consideravelmente. De repente, não havia mais apenas um dominante, eles agora eram dois. No fim das contas, mestre e pupilo reinavam juntos nos estúdios e ajudavam a popularizar o violão sete cordas pelo país.

Embora demonstrasse ter personalidade própria desde o início de sua carreira n'Os Carioquinhas, Rafael Rabello esteve fortemente ligado à influência de Horondino José da Silva nas gravações que fez para os discos de outros artistas até 1985. Muito se devia ao fato de naquele ano ele ainda usar o seu Do Souto, fabricado, aliás, por Sylvestre, o mesmo *luthier* que fizera o de Dino. O músico precursor era tão referencial na trajetória do sete cordas que até o padrão de encordoamento fora estabelecido por ele: as duas primeiras eram de nylon; as quatro restantes, de aço (da marca Pyramid Gold); e a sétima, um dó de violoncelo. Em termos musicais, nos álbuns próprios, o jovem violonista já tinha ido muito além da escola criada por Dino desde 1982, ano em que com seu primeiro LP individual escreveu uma página inédita na história do instrumento ao alçá-lo à condição de solista — diga-se de passagem, utilizando cordas de nylon. Nos anos seguintes, por mais que ele ainda fosse levar o violão para percorrer novos caminhos, o velho desbravador do sete cordas seguiria sempre imaculado e oracular mesmo após sua morte em maio de 2006, aos 88 anos.

Ao longo de toda a sua carreira, Rafael Rabello fazia questão de reverenciar Dino 7 Cordas. Sempre que possível, transmitia publicamente sua admiração por aquele que transformara sua vida de repente. De maneira mais privada, o violonista frequentemente dizia que Dininho era seu irmão, já que ambos tinham "o mesmo pai musical". Em seus discos, porém, apenas duas participações de seu ídolo. A primeira, como autor da valsa "Praça Sete", uma das belas e poucas composições de Dino, gravada no primeiro álbum solo de Rafael, em 1982. A segunda, tocando o choro "Ainda me Recordo", de Pixinguinha e Benedicto Lacerda, incluído no repertório do LP *Rafael Rabello*, de 1988.

Para uma relação "mestre e discípulo" tão declarada como a de Rafael e Dino, a quantidade de colaboração entre ambos em shows era lamentavelmente irrisória. Mesmo com toda a admiração, eles chegavam à década de 1990 sem nunca terem feito um show com apenas os dois no palco. Em 1989, por exemplo, Rafael foi homenageado pelo projeto Brahma Extra, e se apresentou acompanhado por Dininho. No espetáculo, que contava com a presença do crítico, jornalista, produtor e compositor Sérgio Cabral em cena, sentado em uma mesinha, tomando umas cervejas e batendo papo com os artistas, Dino 7 Cordas fez apenas uma participação como convidado e tocou seis músicas. Logo na primeira delas, "Graúna", de João Pernambuco, em um clima bastante descontraído, Rafael fez improvisos mais longos do que estava habituado a fazer,

Para Rafael, ele e Dininho eram "filhos do mesmo pai musical", Dino 7 Cordas.

mudou a forma, o mapa da música, numa tentativa clara de jogar uma casca de banana para ver se seu ídolo Dino escorregava. Sem sucesso. "Ele acompanha o pensamento da gente. Eu fiz de tudo aqui para ver se derrubava ele, mas não tem jeito", brincou Rabello. Não era tão fácil assim tombar um macaco velho como Horondino José da Silva. Na sequência da participação dele naquele espetáculo, mais temas de Pernambuco, Ernesto Nazareth, Pixinguinha, Jacob do Bandolim e Garoto. Derrubar Dino? Rafael devia estar delirando. O velho "Boi" tocava aquele repertório — de olho fechado e no escuro — havia mais de meio século, e o mais impressionante: sempre com variações pra lá de criativas nas "baixarias". Dininho aprendera aquele caminho desde cedo. Quando tinha 4 anos, cantou uma música acompanhado pelo sete cordas de seu pai em uma festinha de família. Poucos meses depois, em outra reunião familiar, os adultos pediram repeteco ao garoto. Ele e Dino se entreolharam como que se dissessem: "Vamos mandar aquela lá!". Assim que o violonista começou a tocar, o menino saiu batendo o pé. Aos prantos, esperneou: "Não é essa música! Você não tocou aquela da outra vez".

Dino tornou a tocar do mesmo jeito que fizera havia poucos minutos e provou para o filho que se tratava da mesma canção da outra festa, só que com variações bem diferentes. Aos 4 anos Dininho entendeu que a criatividade da cabeça do seu pai era indomável. Se numa apresentação mambembe de criança em festinha caseira Dino já fazia aquela miséria, imagine os recursos que ele não reservava para as rodas com cobras criadas como Rafael?

Diante da dúvida, seria possível tirar a teima logo no primeiro semestre de 1990, já que a dupla Dino e Rabello, que nunca havia feito um show só com os dois no palco, tinha doze apresentações agendadas. Como se tratava de uma série de compromissos, eles que começassem logo a definir o que funcionaria ou não, a peneirar o repertório, a pensar os arranjos, certo? A depender do que Rafael dissera a Sérgio Cabral e à plateia no Projeto Brahma Extra, tudo indicava que ali a "banda" tocava um pouquinho diferente. "O Dino tem a vantagem que não precisa ensaiar, ele adivinha o que a gente vai fazer." Pelo visto, já que não havia necessidade de um ensaio sequer, as quatro apresentações marcadas para março, no Mistura Up, em Ipanema, serviram apenas como aquecimento para o duo afiar seus violões. As outras oito, firmadas para o mês de maio, no Rio Jazz Club, no Leme, em tese exigiriam o máximo de seriedade e capricho. O motivo? Aquela união, que parecia óbvia, era justamente o oposto, uma raridade. O alemão Peter Klam, proprietário do pequeno selo Caju Music, compreendeu a dimensão de um encontro como aquele e propôs aos músicos que o show fosse gravado para ser lançado em disco. Rafael e Dino toparam e o produtor levou o equipamento digital para o Rio Jazz Club. O jovem violonista andava azarado. Da mesma forma que acontecera no ano anterior no show que ele fizera com Elizeth Cardoso, o equipamento não apresentou um resultado à altura do espetáculo. Sem problemas, as partes acertaram de gravar aquele repertório com calma, dali a seis meses. Assim, entre dezembro de 1990 e janeiro de 1991, a dupla entrou no estúdio 2 da Odeon para fazer exatamente o que o crítico Sérgio Cabral escreveria no texto de contracapa do LP posteriormente: gravar um "disco histórico".

Cabral sabia do que estava falando. Além de conhecer os violonistas de longa data, ele tinha ouvido aquele repertório havia pouco tempo. Das onze músicas do álbum, cinco eram remanescentes daquela apresentação no projeto Brahma Extra: os choros "Um a Zero" (Pixinguinha e Benedicto Lacerda) e "Odeon" (Ernesto Nazareth) — única faixa em que Rafael atuava solo, com um arranjo que rendeu uma das interpretações

RAPHAEL RABELLO & DINO 7 CORDAS

O LP *Raphael Rabello & Dino 7 Cordas*, lançado em 1991,
o primeiro a ter grafado o nome de Dino na capa de um disco
e o primeiro a trazer o "ph" no nome de Rafael.

mais icônicas de toda a sua carreira —, a valsa-choro "Desvairada" (Garoto) e "Graúna" (João Pernambuco). O duo ainda gravou "Jongo", "Sons de Carrilhões" e "Sonho de Magia", também de Pernambuco, "Escovado" (Nazareth) e "Alma de Violinos" (Lamartine Babo e Alcir Pires Vermelho). Com as participações especiais de dois convidados, Dino 7 Cordas estava totalmente "em casa". Afinal, em "Um a Zero", "Segura Ele" (Pixinguinha e Benedicto Lacerda), "Graúna" e "Conversa de Botequim" (Noel Rosa), Rafael e ele eram acompanhados por seu irmão, Jorginho do Pandeiro, e por seu sobrinho Celsinho Silva, na percussão.

Estas mesmas faixas também contaram com o cavaquinho de Neco, que pouco acrescentou. Como se sabia, a praia de Neco não era o cavaco, mas sim o violão e a guitarra.

Outro trecho da contracapa escrita por Cabral sintetizava bem a relevância do álbum e daquele encontro: "Imagine, companheiro, se Noel Rosa estivesse vivo e um produtor conseguisse juntá-lo a Chico Buarque de Hollanda num disco. Imaginou? Pois Dino e Rafael equivalem a Noel Rosa e a Chico Buarque quando o assunto é o violão brasileiro". Era por aí mesmo. O LP materializava o encontro entre duas gerações e estilos diferentes do violão de sete cordas no Brasil — embora neste disco Rafael atuasse apenas com o violão tradicional, de seis cordas. Um álbum inteiro de diálogos musicais entre o mestre do acompanhamento e o solista virtuose da técnica perfeita, que apresentou um universo totalmente novo ao instrumento que adotou o Brasil como morada.

Lançado em abril de 1991, o disco saiu com tiragem de 4.500 exemplares para o público brasileiro e para os mercados japonês e europeu. A capa trazia informações interessantes. Uma delas era o nome de Rafael escrito com "ph": Raphael Rabello.[2] Pequenos textos na imprensa sobre o LP diziam que se tratava de uma grafia mais fácil de ser emplacada no mercado internacional, principal alvo da Caju Music. Já Dona Amelia, mãe de Rafael, contara que desde o nascimento do filho caçula ela queria que fosse Raphael, mas seu marido Ruy se atrapalhou na hora de registrá-lo e acabou ficando com "f" mesmo. Segundo a mãe do violonista, portanto, ele havia mudado a grafia do nome para satisfazer uma vontade antiga dela. De fato, Rafael adotaria o "ph" até o último dia de sua vida.

A outra informação importante era que pela primeira vez em toda a carreira de Dino 7 Cordas o nome dele aparecia na capa de um disco. Era bom lembrar que, craque do acompanhamento, ele havia recebido inúmeras propostas para gravar um álbum como solista, mas não quis. Nunca foi a sua. "Já recebi vários convites. Não gravo e nem vou gravar. Solo minhas coisas em casa, de brincadeira. Como profissional, não. Eu sou violão de acompanhamento. Como violão de acompanhamento, eu fiz um nome pequenininho. Mas é meu nome e eu não vou expor esse nome. Se eu gravo um disco, crio uma expectativa, muita gente vai com-

---

[2] Seguindo o movimento de Raphael Rabello, a partir deste momento passamos a grafar o nome dele com "ph".

prar: 'Saiu um LP do Dino'. Depois, ouve e acha aquilo uma porcaria. 'É isso?' Não, a gente tem que se preservar, procurar ser o melhor dentro daquilo que a gente sabe fazer", declarava ele lá em 1975, a Juarez Barroso, do *Jornal do Brasil*. Soube manter sua palavra. Também era verdade que ele acompanhara Deus e o mundo na música brasileira — primeiro com o violão tradicional, depois com o instrumento que se transformou em seu nome artístico —, enriquecendo discos de artistas tão diferentes entre si como Gastão Formenti, Raul Seixas, Carmen Miranda, Agepê, Francisco Alves, As Frenéticas, Cartola, Angela Ro Ro, Pixinguinha, Zeca Pagodinho, Chico Buarque, Elis Regina e Jacob do Bandolim. Em tempo, o acerto de contas estava feito. Horondino José da Silva chegava à capa de um disco justo ao lado de alguém que, assim como ele, já tinha escrito o próprio nome na história da música brasileira.

Com o LP *Todos os Tons*, de 1992, Raphael fez a homenagem
— que levou mais de uma década para ser concretizada —
ao "neonacionalista" Tom Jobim, que o considerava um dos
maiores violonistas brasileiros de todos os tempos.

Capítulo 10
NEONACIONALISTA FLEX E O DÉCIMO IRMÃO

> "A meu homem deram transfusão de sangue. Para mim, o que eu queria era transfusão de vida, o riso me entrando na veia até me engolir, cobra de sangue me conduzindo à loucura."
>
> Mia Couto

A sintonia entre Raphael Rabello e Tom Jobim no início dos anos 1990 extrapolava a música. Muito além de buscarem reconhecimento por seu trabalho artístico, ambos almejavam, de forma totalmente legítima, ganhar dinheiro. Muito dinheiro. Bem antes de se tornar o compositor brasileiro de maior prestígio internacional — que havia ganhado projeção desde a década de 1960 ao gravar um disco com o astro mundial Frank Sinatra —, Jobim cortara um dobrado no início de sua carreira. Antes também de ser um dos artífices da bossa nova, ele penava para conseguir pagar seu aluguel escrevendo arranjos para outros artistas. Em paralelo, virava madrugadas tocando em boates, apropriadamente chamadas de inferninhos. Naquele ambiente, colecionou histórias folclóricas, assustadoras à época, mas que futuramente o fariam contá-las com ares de pastelão. Uma das mais saborosas rememorava a noite em que ele presenciara um tiroteio num daqueles *night clubs*. Um homem disparou sua arma, a bala do revólver varou o *summer jacket* de um dos garçons do local, sem atingir o corpo dele, e só parou ao encontrar a parede a poucos metros de Jobim. Quase quarenta anos depois daquele episódio, o compositor, pianista e arranjador já havia amarrado seu burro na sombra. Porém, se alguns milhões de dólares caíssem em sua conta, ele obviamente não acharia de mau grado. Pelo contrário, com seu humor ácido e espirituoso, sabia até como cobrar por aquilo. No fim de 1993, questionado se havia ouvido a interpretação de sua "Garota de Ipanema" pela rainha do pop Madonna no estádio do Maracanã, o debochado Tom respondeu: "Eu não cheguei a ver porque eu estou cobrando 1 milhão de dólares para fazer um show. Agora, para ver show dos outros eu cobro 20 milhões de dólares".

Raphael Rabello estava na mesma onda. Por mais que ele fosse um dos músicos brasileiros mais requisitados para gravar em discos de outros artistas — para se ter uma ideia, até aquele momento ele já havia tocado em mais de quinhentas faixas —, seus rendimentos não chegavam a um décimo dos de Jobim. Isso se devia a razões óbvias. Primeiro, porque Raphael era um instrumentista que fazia um tipo de música que trafegava entre o erudito e o popular, mas que, convenhamos, em um país como o Brasil estava a anos-luz de ser pop. Depois, porque mesmo ganhando destaque como solista, em termos financeiros ele nunca quis estar acima de seus companheiros em determinados trabalhos. Como o próprio Rabello dizia, ele havia tido "aulas de ética profissional" com seu mentor Radamés Gnattali. Dois exemplos ajudavam a ilustrar esse desejo por igualdade. Um deles ocorrera na década de 1980, quando o instrumentista, sua irmã Luciana (cavaquinho), Dininho (contrabaixo), Cristóvão Bastos (piano) e Celsinho Silva (pandeiro) começaram a tocar no O Viro do Ipiranga, em Laranjeiras. De início, o dono do estabelecimento argumentou que a casa tinha sido inaugurada havia pouco tempo e que, portanto, não poderia pagar cachês de acordo com o que os músicos daquele gabarito mereciam. Mesmo assim, eles toparam. Tempos depois, o lugar vingou e o grupo passou a tocar para uma plateia que só aumentava. Raphael, então, decidiu pedir um aumento ao proprietário, dizendo que eles eram os principais responsáveis por atrair aquele público crescente para a casa. Sagaz, o dono do local, em conversa particular com o violonista, propôs pagar mais apenas para ele, enquanto os outros músicos continuariam a ganhar o que já vinham recebendo. Raphael nunca mais voltou a tocar lá. Outro exemplo daquela postura reta do instrumentista era observado em turnês também nos anos 1980. Nos hotéis, se o violonista soubesse que seus colegas estavam hospedados em quartos com condições inferiores às dele, exigia do contratante que todos tivessem o mesmo tipo de tratamento. Ele queria ganhar bem, mas isso não significava que, para isso, os outros devessem ganhar mal.

No início da década de 1990, por méritos, Raphael começou a viver uma boa fase em termos de remuneração, principalmente durante (e após) a bem-sucedida turnê que fizera com Ney Matogrosso do show *À Flor da Pele*. Por não ser um acompanhante qualquer, mas também solista e protagonista, ele viu sua conta bancária engordar consideravelmente. Mais do que isso, ganhara reconhecimento no exterior ao ser elogiado por nomes como Paco de Lucía, Pat Metheny e John McLaughlin, além de ter participado do disco *The Rhythm of the Saints*, de Paul Simon — na faixa "Further to Fly", ao lado de feras do Brasil como Pedro Sorongo, Naná Vasconcelos, Wilson das Neves, Marçalzinho, Jorginho,

Luna, Canegal e Beloba, além do ex-Beatle Ringo Starr (ainda que aquele álbum resultasse como mais um *approach* caricatural do norte-americano com a música brasileira). Nesse movimento, as ambições de Raphael Rabello subiram às alturas. Aos mais chegados, começou a dizer que um dia ainda gravaria com Madonna e Michael Jackson. Os mais próximos ainda relatavam que em determinado período ele criou uma espécie de obsessão com o sonho de "ter 1 milhão de dólares". Outra passagem retratava essa fixação. Um amigo do violonista, também músico, em um encontro com ele contou que havia passado a tarde inteira trabalhando no arranjo de uma peça complexa e que, portanto, estava com a cabeça cheia de acordes e cifras. Ao que Raphael lhe respondeu: "Eu também não consigo parar de ver cifras", referindo-se, em tom de brincadeira mas com fundo de verdade, a notas de dinheiro.

Definitivamente, não havia mal algum em querer ganhar bem. Fazia tempos que Rabello aprendera a se valorizar e a estipular o preço de seu trabalho. Na década de 1990, por exemplo, chegou até a usar um relógio que tinha a função de calculadora e, nele, fazia contas minuciosas e ambiciosas sobre seus cachês. Numa época em que se pagavam os músicos por período nas gravações em estúdios, alguns instrumentistas levavam uma semana, por exemplo, para fazer sua parte em um determinado álbum. Raphael, em muitos casos, resolvia em um, dois dias. Portanto, não era justo que ele — com seu talento extremo, com seu reconhecido profissionalismo e sua impressionante agilidade — recebesse menos só pelo fato de passar menos horas dentro dos estúdios. Desse modo, à certa altura o violonista passou a cobrar um preço fechado por suas participações valiosas. Não se tratava de mercenarismo, até porque em diversas vezes, se acreditasse num álbum, se tivesse certo grau de amizade e admiração pelo artista em questão e notasse que ele não teria condições de pagar o valor considerado ideal, Raphael ia lá e gravava sem cobrar nada. Fora assim, por exemplo, com o disco *Pixote*, de Zeca Pagodinho, em 1991, do qual ele participara gratuitamente. Agora, havia também os casos — raros, diga-se de passagem — em que o instrumentista não tinha um pingo de identificação com a proposta do álbum, mas mesmo assim gravava seu violão, claro, jogando o preço lá em cima. Afinal, era um trabalho como outro qualquer. Só isso justificava a participação dele, a convite de Marco Mazzola e Lincoln Olivetti, no LP da cantora e apresentadora de programa infantil Angélica, em 1990. Era quase que inimaginável pensar em Raphael tocando na faixa "Me Dá um Beijinho", cujos versos diziam: "Teu jeito sensual de me olhar/ Me deixou assim/

Tudo tremendo dentro de mim/ A marcha a ré quero dar/ Coladinha em você/ O resto é só deixar acontecer".

Era torcer para que Tom Jobim, que, assim como Rabello, queria ganhar seu milhãozinho de dólares, não escutasse aquele axé-lambada radioativo. Pois, ainda que de maneira bem discreta, o violão ali dedilhado era nada mais, nada menos do que o modelo José Ramirez, de 1969, que um dia pertencera ao próprio Jobim. Caso ouvisse aquele pastiche, o compositor — um nacionalista seguidor daqueles que, segundo ele, tiveram de inventar o Brasil, como Portinari, Villa-Lobos, Radamés Gnattali, Mário e Oswald de Andrade — poderia fechar a cara para o jovem instrumentista. Se isso viesse a acontecer em qualquer outro momento, não haveria tanto problema. A questão é que justamente naquela época o violonista não podia correr o risco de se queimar com o "maestro soberano". Afinal de contas, poucos meses depois de tocar com Angélica, Raphael Rabello entraria em estúdio para concretizar um sonho que alimentava havia mais de uma década: gravar um disco inteiramente dedicado à obra de Antonio Carlos Brasileiro de Almeida Jobim.

Se Raphael já era cuidadoso em relação aos motivos que o levavam a participar de álbuns de terceiros — a atuação no LP de Angélica tinha sido um ponto fora da curva, uma exceção —, com os seus discos de carreira ele era criterioso ao extremo. Seu álbum de estreia, de 1982, fora amadurecido por cerca de dois anos, até ele se sentir totalmente seguro como solista no sete cordas. *Tributo a Garoto*, em duo com Radamés Gnattali, também de 1982, levara o mesmo tempo para ser maturado, desde que ele e o arranjador tinham se apresentado juntos num show em 1980. Por sua vez, o disco em que ele havia interpretado a obra de Radamés para violão fora gestado durante cinco anos. Já *Todo o Sentimento*, de 1989, era fruto de uma relação de mais de uma década com a "Divina" Elizeth Cardoso. *À Flor da Pele*, dueto com Ney Matogrosso, de 1990, em linhas gerais, começara a nascer quatro anos antes, no projeto Luz do Solo, no Golden Room do Copacabana Palace, show que deu origem a *Pescador de Pérolas* (1987).

Com Antonio Carlos Jobim não seria diferente. Raphael e Tom se conheceram em 1979, apresentados por um intermediário profundamente admirado pelos dois: Radamés Gnattali. Era época do surgimento da Camerata Carioca, que naquele ano gravaria o LP *Tributo a Jacob do Bandolim*. Naquele período, Radamés, Tom, Raphael e outros músicos se encontravam com frequência para um chopinho de fim de tarde no bar Lucas, que ficava na esquina da rua Souza Lima com a avenida Atlântica, em Copacabana. Lá, o pianista gaúcho brindava seus interlocutores com histórias saborosas vividas por ele. No fim de 1982, às vésperas das eleições estaduais no Rio de Janeiro, Radamés declarou seu voto em Leonel Brizola, apoiado então pelo legendário militante comunista Luís Carlos Prestes. No Lucas, Gnattali contou então a seguinte passagem: "Eu falava com o Prestes que queria participar da revolução e ele dizia: 'Radamés, faz tua música e deixa que a gente faz a revolução'. Eu fiz um monte de música, os caras não fizeram merda nenhuma". Como não poderia deixar de ser, a música era assunto recorrente naquelas reuniões de botequim. Naquele contato informal, Raphael pediu a Tom que ele passasse a partitura de "Garoto", de autoria do pianista e gravada pelo próprio Jobim com o título de "Choro" em seu disco *Stone Flower*, de 1970. Ali, no Lucas, os dois conversaram despretensiosamente pela primeira vez sobre o projeto de um dia gravar temas de Tom em arranjos para violão. Três anos depois, quando gravou "Garoto", o choro-homenagem de Jobim ao genial Aníbal Augusto Sardinha, em seu primeiro LP solo, Raphael contou com o auxílio luxuoso do compositor na transcrição da música do piano para o violão sete cordas. Aliás, assim que concluiu tal disco, o violonista, ainda muito jovem e querendo saber a opinião de figuras que ele respeitava, enviou a fita para alguns amigos como João Bosco, Paulinho da Viola e Jobim. Ainda não 100% seguro em relação ao resultado daquele trabalho, o instrumentista só se sentiu plenamente confiante quando recebeu um telefonema de Tom enaltecendo todas, absolutamente todas, as gravações.

Raphael e Jobim mantiveram contatos esporádicos durante os nove anos seguintes, mas, como era de se prever, cada um seguiu seu próprio rumo. Em termos discográficos, o violonista, naturalmente pelo vigor da idade e pelo afã em consolidar uma carreira, acabou produzindo muito mais do que o pianista. Para efeito de comparação, entre 1982 e 1991 Rabello gravou e lançou oito álbuns. Já Tom fez menos da metade disso, embora devesse se considerar que aquelas produções, por suas características, consumissem mais tempo mesmo. Eram duas trilhas, uma para o filme *Gabriela* (dirigido por Bruno Barreto e inspirado no romance de Jorge Amado), de 1983, e outra para a minissérie *O Tempo e o Vento*, lançada pela TV Globo em 1985. Além delas, o compositor dedicou boa parte de seu tempo a mais um disco memorável em sua carreira, *Passarim*, de 1987.

Raphael, que de bobo não tinha nada, havia lançado um LP em homenagem ao compositor que fora sua grande bússola musical, Radamés

Gnattali, e, no ano seguinte, ele colou de vez em outra grande referência, Tom Jobim. O pianista, conhecedor e admirador da trajetória do violonista, e, portanto, ciente de que aquela aproximação tinha enorme potencial para render um excelente projeto sobre sua obra, como o Redentor de seu "Samba do Avião", abriu os braços para Rabello. Antes de embarcar para os Estados Unidos, em viagem para tratar de assuntos profissionais e também pessoais, como a renovação de seu *green card*, Tom entregou fitas e partituras de músicas suas para o jovem seguidor. Um gesto daqueles, por si só, já era digno de um troféu para quem o recebia. Diariamente, no mundo inteiro, surgiam inúmeros bem-intencionados em gravar a obra de Jobim. Imagine só se o "maestro soberano" resolvesse entregar pessoalmente cópias de seus manuscritos para cada um deles? Acabaria trabalhando mais do que carteiro em uma megalópole como Nova York. Era algo para poucos, e o violonista havia conquistado aquela confiança por merecimento.

Com a viagem do compositor, Raphael mergulhou na transcrição de algumas daquelas obras do piano para o violão, trocando figurinhas com alguém mais do que indicado para tal bate-bola, o filho de Tom e também violonista Paulo Jobim. Assim que voltou dos Estados Unidos, o pianista se juntou aos dois e logo algumas músicas começaram a tomar forma. Satisfeito com o resultado, Rabello resolveu "testá-las" diante do público, e já em fevereiro de 1989, no projeto Brahma Extra, tocou "Luiza", em arranjo solo, e "Samba do Avião", acompanhado por Dininho, no contrabaixo "mariachi". A história de que Raphael estava trabalhando em um disco sobre a obra de Jobim começou a se espalhar e não demorou para se anunciar um interesse da conceituada gravadora norte-americana Chesky Records em produzir aquele álbum. A imprensa também correu em divulgar a boa-nova, com a chancela do próprio compositor. "Raphael é o maior violonista do Brasil, este disco é um acontecimento, é formidável", comemorou Tom em entrevista ao *Jornal do Brasil* publicada no dia 7 de abril daquele ano. Dez anos depois de a semente daquele projeto ser lançada, quando tudo começava finalmente a se desenrolar de forma mais veloz, o imponderável deu as caras. Cinquenta dias após a mídia noticiar que o disco seria gravado e lançado em poucos meses, Raphael Rabello sofreu o preocupante acidente em um táxi no Leblon.

Com o susto pelo qual passou o violonista, o LP acabou subindo no telhado temporariamente. Quando ele retomou suas atividades — em tempo recorde —, outros projetos surgiram e, com tais produções costu-

Todos os Tons, o LP de Raphael Rabello dedicado à obra de Tom Jobim, lançado pela BMG Ariola em 1992.

radas inesperadamente de forma mais ágil, pediram passagem, jogando o álbum dedicado a Jobim para o fim da fila. Assim foi com o disco em dueto com Elizeth, que estava extremamente debilitada de saúde; depois, com o convite despretensioso para dois shows num restaurante de Goiânia com Ney Matogrosso e que se desdobraram em dois anos e meio de turnê; e, por fim, a proposta da Caju Music, do alemão Peter Klam, para gravar de bate-pronto o duo de Raphael com Dino 7 Cordas.

Assim, apenas em janeiro de 1991 o violonista petropolitano entrou nos estúdios da BMG Ariola para gravar seu tributo a Tom. Após inúmeros anúncios daquele álbum, refugadas, idas e vindas, aqueles doze anos de espera jogavam as expectativas lá no alto. A intenção, logo de saída, parecia das melhores: variadas formações instrumentais em cada uma das músicas para buscar um colorido diferente entre as faixas. Para isso, Raphael cercou-se de alguns dos maiores instrumentistas do país naquele momento. O resultado, porém, seria semelhante ao que aconteceria anos mais tarde, em 1995, com o Flamengo comandado pelo técnico Vanderlei Luxemburgo. Abrindo os cofres para comemorar o seu centenário, o time da Gávea despejara um caminhão de dinheiro para reunir em sua linha de frente os atacantes mais badalados do momento. Com uma guerra de egos patética e um consequente desentrosamento, aquele que fora anunciado como o melhor ataque do mundo acabou virando motivo de chacota com um estrondoso hino entoado por torcidas rivais do rubro-negro nos dias de jogos no Maracanã: "Romário, Sávio, Edmundo! Para um pouquinho, descansa um pouquinho, pior ataque do mundo". Obviamente, o disco de Raphael Rabello estava longe de ser "o pior do mundo" — a crítica especializada, ao contrário, com sua previsível e invariável condescendência, era só elogios —, mas não chegava aos pés da expectativa que se criara.

Logo de cara, o lado A do álbum tinha início com a participação de um dos grandes ídolos de Raphael, o "camisa 10" Paco de Lucía, tabelando com ele num arranjo inescapavelmente aflamencado para "Samba do Avião". O espanhol, com sua guitarra Hermanos Conde, fora o primeiro a gravar no disco, ainda em 1990. Com extrema dificuldade de Paco em conseguir pegar a melodia, ele e Rabello acabaram transformando o samba de Jobim em um duelo particular entre touro e toureiro. Num arranjo extenso demais, os dois ligavam suas metralhadoras giratórias com mil disparos por segundo, jogando nas águas da Guanabara a essência da composição. Na tentativa de fazer uma ligação entre Rio e Algeciras, as guitarras dos dois eram acompanhadas por berimbau e apitos tocados por Marçalzinho. Por aquele virtuosismo gratuito, a ponte entre as duas culturas, de tão frágil, parecia uma pinguela.

Na sequência, o mesmo exibicionismo dominava "Samba de Uma Nota Só" (parceria de Jobim com Newton Mendonça), com Rabello acompanhado por Dininho (baixo de cinco cordas) e Ivan Conti, o Mamão (bateria). Mais escorregões apareciam em "Passarim" — apesar da técnica impecável do violonista, com a inconfundível limpidez de suas notas, o arranjo soava repetitivo, sempre com as mesmas divisões rítmicas e uma bateria que inventava uma pegada pop-funkeada — e em "Retrato em Branco e Preto" (de Jobim e Chico Buarque), com um arranjo mal equilibrado entre o violão de Raphael, o cello de Jaques Morelenbaum e o piano de Luiz Avelar.

O lado B, de maneira surpreendente, trazia as mesmas irregularidades. "Garota de Ipanema", que contava com o peso do baixo de cinco cordas do gigante Luizão Maia e a economia da bateria de Wilson das Neves, não acrescentava nada de muito novo. Apesar de Rabello dizer que havia se inspirado em uma "Cuba pré-revolucionária de alguns fil-

Paco de Lucía gravando sua participação no disco *Todos os Tons*, de Raphael Rabello, na faixa "Samba do Avião".

mes" que havia visto e "nas garotas que vão hoje ao Resumo da Ópera" (casa noturna que estava em evidência no Rio naquele momento), o *standard* jobiniano ganhava uma introdução que beirava o piegas, era no máximo bonitinha, mas aquilo era pouco demais para quem havia se proposto a regravar uma das músicas mais manjadas do planeta. O principal destaque daquela face do LP era o choro "Garoto", gravado anteriormente por Jobim no disco *Stone Flower*, de 1970, e por Raphael em seu disco de estreia, de 1982. A beleza maior daquela faixa não estava nem na participação do próprio Tom improvisando no piano (algo que ele raramente fazia) nem nos breves momentos de aparição do sax-soprano de Leo Gandelman. A composição em homenagem ao precursor da bossa nova, uma das mais bonitas de toda a obra de Jobim, falava por si só. Ainda havia espaço para mais rodeios sem sair do lugar, caso de "Pois É" (parceria de Jobim com Chico Buarque), com Paulo Moura no sax-alto e Nico Assumpção no baixo de seis cordas, ambos preenchendo os poucos espaços deixados pelo violão de Rabello como se não houvesse a menor necessidade de respiro e de mudanças de dinâmica. Agora, "gol contra" mesmo era o arranjo da também manjada "Anos Dourados" (outra de Tom e Chico), com timbres inacreditáveis de teclados, dignos de *playback* de churrascaria de beira de estrada.

As duas faixas que fechavam tanto o lado A quanto a face B do álbum iam, acertadamente, na contramão do restante do disco. Tanto "Modinha" (parceria de Jobim com Vinicius de Moraes) quanto "Luiza" haviam ganhado arranjos solo de Raphael, com interpretações fabulosas. As duas atestavam que se o violonista tivesse optado por fazer o disco inteiro sozinho, o resultado teria sido um álbum muito mais atemporal e, quiçá, histórico. Seria, indubitavelmente, bem mais coerente com o que o artista declarara ao jornal *Tribuna da Imprensa*: "Eu venho da escola neonacionalista contemporânea, iniciada pelo movimento modernista de 22, e sou discípulo de Radamés Gnattali. Para mim, o Tom é o herdeiro dessa dinastia. Ele conseguiu passar esta filosofia para um número maior de pessoas. Além desse lado intelectual e filosófico, escolhi o Tom porque sou apaixonado por sua música".

Parafraseando Heitor Villa-Lobos, ao dizer que só se alcançava a universalidade sendo regional, naquele álbum o violonista podia se gabar de várias virtudes, menos a de ser regional. Com o título *Todos os Tons*, o disco não mostrava nem Tom Jobim nem o verdadeiro Raphael Rabello, ainda que fosse bem cuidado, bem produzido. Na tentativa de revelar diferentes aspectos da obra do compositor, o protagonista acabou usando "percussão caribenha, bongôs, baterias de jazz, tamborins, congas, cuícas, tabas indianas". Aquilo, claramente, não tinha nada de jobiniano. Se havia algum quê de neonacionalismo, ele era totalmente "flex" e irremediavelmente pop. Não à toa, ao chegar às lojas em março — pelo peso do anúncio de um disco com a obra de Tom Jobim por Raphael Rabello —, em uma semana *Todos os Tons* vendeu 20 mil cópias. O número, muito acima da média para um álbum instrumental na época, acabou rendendo ao violonista o apelido de "Kenny G da BMG Ariola", em alusão ao saxofonista norte-americano, fenômeno mundial do pop-cafona-pasteurizado. Muito da sonoridade do LP tinha a ver com sua época. Rabello também não queria carregar nos ombros o rótulo de ser um músico tradicionalista, de ser classificado injustamente pelo público em geral como "velho" e unicamente ligado ao choro. No fim das contas, um disco era como um prato de comida; se fosse preparado às pressas, corria-se o risco de ficar cru; no outro extremo, se demorasse muito no fogo, passaria do ponto, confirmando o ditado que dizia que "panela em que muito se mexe, a comida estraga". Era a impressão deixada por *Todos os Tons*, que, de sua idealização até sua realização, levou dez anos para ser concebido e lançado. Na capa do LP, uma fotografia fechada no rosto de Raphael apresentava o violonista com cara de poucos amigos e um olhar vago, um tanto quanto perdido, em evidente atestado de que naquele momento as coisas não caminhavam muito tranquilas para o seu lado. Naquele ano de 1992, Raphael teria ainda mais duas chances de se redimir. Restava saber se ele as aproveitaria.

* * *

Desde que havia se mudado do Rio de Janeiro para Nova York, sete anos antes, a vida vinha sendo afortunada para Romero Lubambo. Só depois de se formar em Engenharia Mecânica ele pôde se dedicar integralmente à música. Após tocar em lugares pequenos em sua cidade natal, o Rio, ele chegou à megalópole norte-americana com 30 anos nas costas e uma guitarra nas mãos. Em 1992, já havia tocado e gravado com lendas do jazz como os trompetistas Dizzy Gillespie e Art Farmer, o flautista Herbie Mann e o saxofonista Phil Woods, além de outros grandes músicos como o saxofonista e clarinetista cubano Paquito D'Rivera, o guitarrista americano Larry Coryell e o gaitista brasileiro Rildo Hora. Naquele ano, ao receber a proposta para gravar um novo álbum, a cabeça de Romero voou diretamente para 1980, no bairro da Tijuca, Zona Norte carioca. Na casa do pianista Hélio Celso, ele, que já tocava violão e guitarra, ficara impressionado com um violonista gordinho de apenas 18 anos. Achava que era muita maturidade, de som, de cabeça, de papo, para alguém de tão pouca idade. Aquele encontro fora tão impactante para Romero Lubambo que, mais de uma década depois, quando foi convidado pela gravadora Chesky Records a gravar, ele abriu sua agenda telefônica na letra "R" e imediatamente ligou para aquele violonista: Raphael Rabello.

Curiosamente, o instrumentista brasileiro ouvira falar daquele selo. Três anos antes, pouco antes de sofrer o perturbador acidente de táxi, Raphael trabalhava nas transcrições da obra de Tom Jobim para violão quando soube do interesse da Chesky Records em gravar e lançar aquele disco. Àquela altura, a gravadora tinha pouco mais de uma década de atividade. Fundado em 1978 pelo pianista David Chesky e por seu irmão mais novo, Norman, onze anos depois o selo já contava em seu catálogo com álbuns de nomes como Phil Woods, Herbie Mann, Clark Terry, Paquito D'Rivera, Johnny Frigo e Luiz Bonfá. Criados em Miami, os irmãos Chesky cresceram em contato com a música brasileira. Quando eram crianças, ouviam frequentemente os discos de Tom Jobim que sua mãe colocava na vitrola da sala de casa. Portanto, em 1989, quando souberam que Raphael estava preparando um álbum com a obra do autor de "Garota de Ipanema", eles cresceram os olhos. Fizeram a proposta, mas, segundo David, a entrada de um empresário na jogada levantou divergências que fizeram com que aquela parceria não fosse adiante. Eles também já tinham ouvido falar muito sobre Rabello por intermédio de Thomas Humphrey, *luthier* que havia fabricado violões para grandes instrumentistas no mundo, entre eles os irmãos Sérgio e Odair Assad.

Com Romero Lubambo, a relação da Chesky Records era ainda mais estreita. Em duo com David ao piano, o brasileiro havia lançado os discos *The New York Chorinhos*, em 1990, e *The Tangos and Dances*, em 1992. Neste mesmo ano, quando o selo deu carta branca a Romero para que fizesse um novo álbum e ele convidou Raphael, era apenas a realização de um antigo desejo da companhia nova-iorquina.

Com a proposta de gravar o disco com apenas dois violões, o brasileiro radicado nos Estados Unidos telefonou em junho para Raphael Rabello, que ficou animado com o convite e fez apenas uma exigência: como mal falava inglês, ele não queria se hospedar em um hotel, mas ficar na casa de Romero Lubambo, mais à vontade. Ao longo de quatro meses, os dois trocaram algumas ideias sobre o repertório por telefone e, então, foi a vez do anfitrião impor uma condição. Pela primeira vez em sua vida, ele estava com uma tendinite no punho esquerdo. Diante daquela limitação, Romero não teria condições de estudar, de preparar algo muito complexo com Raphael. Assim, quando o violonista petropolitano chegasse à casa de Lubambo, eles levantariam o repertório com base em gostos comuns e em temas que os dois já tocassem. Rabello desembarcou em Nova York no dia 13 de outubro de 1992, acompanhado. Naquela noite, fazia dez meses e quatro dias que ele estava casado com Anna Luiza Velho (Anna Luiza Moreira da Silva), uma jovem de 22 anos que ele conhecera em Búzios na passagem da turnê de *À Flor da Pele*, com Ney Matogrosso. Raphael havia se separado de sua primeira companheira, Liana, pouco depois que ela dera à luz Rachel, segunda filha deles, nascida em 8 de dezembro de 1990.

Hospedado na casa de Romero, na 32nd Street, no bairro de Astoria, Queens, Rabello estreitou a convivência com o guitarrista-violonista, que, nos passeios pela cidade, servia de tradutor e guia turístico. Naquelas andanças por Nova York, uma passagem marcou Lubambo. Os dois passavam em frente a uma casa de penhores, daquelas que vendiam de tudo: de bicicletas a joias, passando por cortadores de grama, agasalhos, relógios, quadros e outras quinquilharias. Da calçada, Raphael viu alguns violões e decidiu entrar na loja. Depois de pegar alguns violões na mão, ele gostou de um em especial. Na hora, aconselhou Romero a comprá-lo. Tratava-se de um instrumento excelente, uma guitarra espanhola fabricada pela Casa González, de Barcelona, ali vendido pela bagatela de US$ 350. Profundo conhecedor de violões, Rabello advertiu o amigo: "Você deveria comprar, esse cara não tem ideia do que está vendendo. Se você não comprar, eu vou levar para o Brasil e vender por US$ 3.000". Lubambo aceitou o conselho. Com aquele instrumento, gravou todos os seus trabalhos nos vinte anos seguintes.

Com o repertório alinhavado, Raphael e Romero Lubambo entraram em "estúdio" para gravar o disco nos dias 22 e 23 de outubro. Estúdio entre aspas porque aquele registro seria feito dentro de uma igreja católica de origem húngara em Nova York. Aquela opção, pensando nas condições acústicas, estabelecera-se como uma das marcas da Chesky Records. A impressão digital do selo criado para audiófilos era a seguinte: registrar os discos com apenas um microfone centralizado no *set*, não importa quantos músicos fossem; um processo "zen" de gravação, segundo a definição de David Chesky, com tudo muito natural, como "açaí". A proposta era capturar o som mais puro possível, todas as nuances da música, os artistas e seus instrumentos em estado bruto, quase acústico.

Nesse esquema, o premiado engenheiro de som Bob Katz, dono de algumas estatuetas do Grammy, posicionou o microfone AKG C-24 entre os dois músicos, com um sentado de frente para o outro, e apertou o REC. Quando foi lançado, apenas em 1993, nos Estados Unidos, no Canadá e no Japão, com distribuição para outros países da Europa, *Shades of Rio* — em tradução livre, *Cores do Rio*, lembrando as tonalidades de um colorido Rio de Janeiro para aqueles dois violonistas cariocas que gravavam então em Nova York — chamava a atenção por seu resultado. Primeiro, em termos de fidelidade da captação sonora, considerada por Raphael como a mais fiel que ele já fizera. Segundo, porque considerando o pouco tempo que ambos os instrumentistas tiveram para ensaiar, eles pareciam muito bem entrosados. Em um disco de apenas dois violões, impressionava como eles não se chocavam. Nas doze faixas, Romero tocava com um Ramirez emprestado de última hora curiosamente pela atriz Sonia Braga, que também morava em Nova York. Já Rabello estreava um novo sete cordas, entregue a ele em junho novamente pelo *luthier* Mario Jorge Passos. O instrumento envolvia uma história pitoresca. Durante as gravações do disco *Todos os Tons*, além de usar dois Ramirez (um de 1969 e outro de 1988) e o Mario Jorge Passos, modelo 1986, Rabello estreou outro violão feito pelo *luthier* carioca em 1991. Precisando de pequenos ajustes, o violonista devolveu o instrumento a Mario Jorge para que ele fizesse os reparos necessários. Certo dia, ao chegar em sua oficina, na rua Oriente, o *luthier* viu que a porta havia sido arrombada e aquele violão, roubado. Acabou fazendo outro, o n° 21, para seu cliente e amigo.

Ainda sobre as características a serem destacadas naquele álbum, impressionava a performance de Romero Lubambo. Quem ouvia aquele desempenho, dificilmente suspeitaria que o violonista se recuperava à época de uma tendinite no punho esquerdo e, mais, que seu instrumento habitual era a guitarra, não o violão acústico. Raphael também não ficava atrás, e aquele disco resultaria como um ponto fora da curva, positivamente, em toda sua trajetória fonográfica. Como Romero — que crescera ouvindo as guitarras de Wes Montgomery, George Benson, Jim Hall, John Scofield e Scott Henderson — estava havia anos imerso no jazz, pela primeira vez em um disco Raphael teria de dialogar musicalmente com um instrumentista daquele universo. Mesmo com todo o conhecimento teórico de harmonia (ampliado em algumas aulas feitas com o húngaro radicado no Brasil, Ian Guest), com toda a técnica apurada e com seu ouvido privilegiado, aquela experiência não deixava de representar um desafio para o violonista. Jogado em um caldeirão de água fervendo, como definira Lubambo, Raphael teria não apenas de acompanhar e solar os temas, mas também de improvisar, algo que até então, em seus álbuns anteriores, ele quase não havia feito. Pelo sistema de captação da Chesky Records, o violão de Romero saía nas caixas da esquerda dos aparelhos sonoros dos ouvintes; o de Rabello, nas da direita. Mesmo quem não atentasse para tal informação contida no encarte do disco seria capaz de identificar as diferenças. Afinal, os dois violonistas vinham de escolas distintas e tinham personalidades musicais bem diferentes. Quando se abriam as sessões de improviso, notava-se naturalmente que os de Romero eram bem mais maduros. No mais, ambos estavam exuberantes.

O repertório, bem escolhido pela dupla, embora elaborado em pouco tempo, fora pautado pelas limitações impostas a Lubambo por aquela tendinite. Portanto, teriam prioridade composições que o duo já tocava ou aprenderia com facilidade. Neste sentido, Romero sugeriu "Melancia", de Rique Pantoja, que ele já tocara com o grupo Cama de Gato, "Crab Paddler" (de Dori Caymmi e Paulo César Pinheiro, e cujo título

Página do caderno de Mario Jorge Passos registrando a fabricação do violão nº 16 para Raphael Rabello, instrumento que acabaria sendo roubado na oficina do próprio *luthier*.

original era "Mercador de Siri"), e "Barbara's Theme", que Lubambo compusera em homenagem à sua esposa naquele momento. Além destas, a dupla pinçou clássicos da música brasileira, como "Na Baixa do Sapateiro" (Ary Barroso), em interpretação um tanto quanto longa e cansativa, em mais de 8 minutos, e *standards* do choro como "Apanhei-te, Cavaquinho" (Ernesto Nazareth), "Lamentos" (Pixinguinha e Vinicius de Moraes) e "Brasileirinho" (Waldir Azevedo), com uma longa e livre introdução que durava quase 3 minutos. O disco ainda contava com temas ligados à bossa nova como "Tristeza de Nós Dois" (Durval Ferreira, Maurício Einhorn e Bebeto Castilho), creditada equivocadamente no encarte a Carlos Lyra, e "Brigas Nunca Mais" (Tom Jobim e Vinicius de

Moraes), com ataques de Rabello ao sete cordas, emulando a marcação de um surdo. O repertório trazia também composições sugeridas por Raphael, como "Estudo nº 1", de seu mentor Radamés Gnattali, e "Modulando" (Rubens Leal Brito), tema inspirado no "Moto Perpetuo", de Paganini, e de difícil execução devido às modulações, à velocidade do andamento e da grande quantidade de notas. Por fim, "Partners", afro--samba composto por Rabello inspirado em Baden Powell e cujo título homenageava aquela nova parceria que se concretizara num disco em Nova York.

Musicalmente 1992 ia chegando ao fim como uma temporada extremamente movimentada para Raphael Rabello. Entre o resultado no mínimo duvidoso de *Todos os Tons* e um breve flerte com a experiência sutilmente jazzística de *Shades of Rio* (nunca lançado fisicamente no Brasil), o violonista já tinha gravado outro disco, que entraria para a galeria de um dos melhores de sua intensa e produtiva carreira.

* * *

"Acima de tudo, devo isso ao Peter, esse alemão formidável que vive no Brasil. Ele é um grande defensor da nossa música." O "credor" a que Baden Powell se referia na reportagem publicada pelo jornal *Folha de S. Paulo* no dia 25 de junho de 1990 era Peter Klam. Fazia pouco mais de um mês, aquele "alemão formidável" havia acabado de gravar quatro shows do violonista brasileiro. Nos próximos dias, aquele registro chegaria às lojas em formato de disco, *Baden Powell Live at Rio Jazz Club*, marcando a estreia do selo independente Caju Music, que Peter e o sócio Barry Powley, um empresário britânico do ramo de navegação, tinham criado. Ao idealizar a modesta gravadora, em setembro de 1989, pensando primordialmente na distribuição de álbuns para o exterior, o produtor europeu conhecia muito bem o mercado fonográfico brasileiro. Nascido no dia 9 de novembro de 1941, depois de trabalhar por anos na clássica gravadora Deutsche Grammophon, Klam chegara ao Rio de Janeiro em 1978 a convite de André Midani para engrossar o time da Polygram. Profundo conhecedor do ramo, posteriormente ele dirigiria duas outras grandes gravadoras nacionais, a Ariola (entre 1981 e 1984) e a CBS (de 1985 a 1988).

Ao se referir a Peter Klam como "um grande defensor da nossa música", Baden não tinha exagerado. Sem ser tão assertivo quanto o violonista, que em 1989 classificara o rock como "a Aids da MPB", o alemão pretendia apenas conceder um espaço à música instrumental que as *ma-*

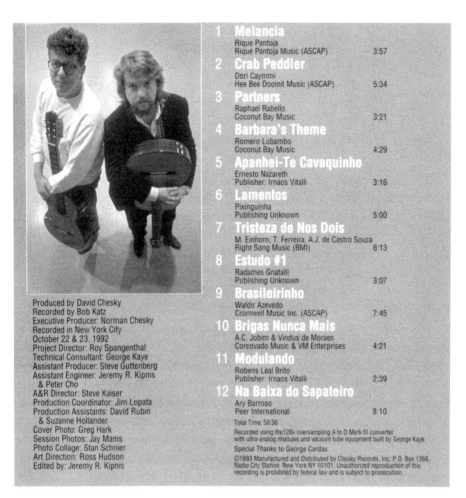

Contracapa do disco *Shades of Rio*, de Romero Lubambo
e Raphael Rabello, gravado em 1992 em Nova York.

jors, preocupadas apenas com cifrões, não davam. Naquela cruzada, ele tinha especial devoção aos violonistas brasileiros. Além de Baden Powell, nos primeiros anos de existência da Caju Music, Klam idealizou e viabilizou álbuns de Sebastião Tapajós, Nonato Luiz, Canhoto da Paraíba, Toquinho e Luiz Bonfá, que não lançava um disco no Brasil fazia quase duas décadas, desde o LP *Jacarandá*, de 1973.

Para o produtor artístico, mais do que o nome, a fama e um passado glorioso, o instrumentista precisava convencê-lo de que estava em forma para merecer ter um álbum feito pela Caju. Dessa forma, o experiente e corpulento alemão de bigode bem aparado ia frequentemente às casas de espetáculo para garimpar suas pepitas. Em geral, funcionava da seguinte maneira: Klam via um determinado show e, se gostasse, propunha ao músico de fazer um registro em disco. Fora assim com Baden Powell, em 1990, quando o europeu assistira à apresentação do violonista em abril para só depois, em maio, gravá-lo. Ainda naquele ano, o roteiro se repetiu com Raphael Rabello e Dino 7 Cordas, no mesmo Rio Jazz Club — escondido no subsolo do Hotel Le Méridien, no Leme —, onde Baden havia tocado. Primeiro, o *approach* com os expoentes do violão sete cordas; depois, a gravação. As 3.500 cópias do disco de Raphael e Dino vendidas no exterior (quantidade considerada satisfatória para um álbum brasileiro no mercado externo) e, principalmente, a maneira impressionante daquele solista tocar fizeram com que Peter Klam fosse em junho do ano seguinte conferir de perto o novo espetáculo que o jovem músico estava fazendo no Mistura Up com o clarinetista e saxofonista Paulo Moura.

Raphael e Paulo se conhecem desde meados da década de 1970, quando se viram pela primeira vez nas dominicais rodas de choro do Sovaco de Cobra, na Penha Circular. Naquele momento, embora a música tivesse sido a principal responsável para que houvesse uma admiração mútua entre eles, os dois estavam em estágios diferentes na vida. Paulo Moura, assim como tantos outros experientes músicos que frequentavam o Sovaco, ficou impressionado ao ver aquele menino tão pequeno tocar seu violão de sete cordas com maturidade e segurança em meio a tantas e veteranas feras. Já Raphael via o clarinetista e saxofonista como um mito. Na visão dele, o instrumentista que estava ali, na mesma roda, representava para o Brasil o que Miles Davis significava para os Estados Unidos. O deslumbre era natural. Enquanto Raphael bordava as "baixarias" em seu Do Souto com apenas 13 anos de idade, Paulo Moura já era Paulo Moura.

Nascido em 15 de julho de 1932, em São José do Rio Preto, no interior de São Paulo, Paulo ganhou seu primeiro clarinete aos 9 anos e, na mesma época, começou a receber as primeiras lições de seu pai, Pedro Gonçalves de Moura, músico de banda da cidade. Aos 13 anos, ele e sua família já estavam instalados no número 363 da rua Barão de Mesquita, na Tijuca, Zona Norte do Rio de Janeiro. Em 1951, Paulo Moura fez sua primeira gravação profissional, acompanhando a cantora Dalva de Oliveira na triste "Palhaço", de Nelson Cavaquinho. Nos anos seguintes, o clarinetista e saxofonista acumulou feitos e mais feitos em sua carreira:

graduado na Escola Nacional de Música, foi regido por Leonard Bernstein, Igor Stravinsky, Isaac Karabtchevsky e Eleazar de Carvalho; partiu para Nova York, onde foi picado pelo mosquito do jazz, tocou e fez amizade com o trompetista Dizzy Gillespie; no Rio, tocou com os maiores nomes do choro e rodou a cidade incendiando bailes de gafieira; montou sua própria orquestra, aprimorou-se no estudo clássico, sendo um dos primeiros instrumentistas de sopro a tocar a dificílima e "irrespirável" "Moto Perpetuo", de Paganini; foi contratado pela principal emissora do país, a Rádio Nacional, travando contato com maestros e arranjadores do gabarito de Radamés Gnattali, Lyrio Panicalli, Guerra-Peixe, Leo Peracchi e Moacir Santos, que, inclusive, foi seu professor; tornou-se o primeiro clarinetista da Orquestra Sinfônica do Teatro Municipal do Rio de Janeiro, posto até então nunca ocupado por um músico negro no Brasil; com o sexteto Bossa Rio se apresentou em Nova York na famosa noite de bossa nova no Carnegie Hall, no mesmo palco de Tom Jobim e João Gilberto. Tudo isso até 1962, ano em que Raphael Rabello nasceu.

Com essa gigantesca quilometragem acumulada, Paulo Moura identificou algo de especial em Raphael ao ouvi-lo no Sovaco de Cobra. Experiente, deu alguns anos para o garoto maturar. Quando entendeu que o violonista já estava em ponto de bala, convidou-o para tocarem juntos pela primeira vez em um disco, *Saudades de um Clarinete*, em homenagem ao mestre K-Ximbinho, de 1981. Dali em diante, até chegar ao show no Mistura Up em que o produtor Peter Klam se impressionou com o duo, eles mantiveram uma relação estreita, permeada por inúmeras colaborações musicais. Em 1982, dividiram o palco do Lincoln Center, em Nova York, em apresentação promovida pela Embratur para divulgar o choro nos Estados Unidos. Logo no ano seguinte, Raphael se destacou com seus acompanhamentos no excelente álbum de choro-gafieira *Mistura e Manda*, do clarinetista, pelo selo Kuarup. Já em 1985, eles se apresentaram no festival de jazz de Antibes, na França, ao lado do violoncelista Jaques Morelenbaum e do trombonista Zé da Velha, com quem lançaram o LP *Brasil Instrumental*. Em 1986, tocaram no Golden Room do Copacabana Palace, no projeto Luz do Solo, com Ney Matogrosso e Arthur Moreira Lima, que renderia o disco e a bem-sucedida turnê de *Pescador de Pérolas* (1987). Neste mesmo ano, Raphael tocou no Free Jazz Festival e teve Paulo Moura como seu convidado. Em 1988, os dois fizeram temporada no Mistura Fina (antigo nome do Mistura Up), "levando multidões" ao show, segundo o colunista Zózimo Barrozo do Amaral, do *Jornal do Brasil*. Ali, começavam a aventar a possibilidade de fazer um álbum em duo, que se concretizaria no começo da década seguinte justamente pelas mãos do "alemão formidável" Peter Klam.

Em março de 1992, quando entraram nos estúdios Transamérica, Raphael e Paulo tinham repertório para gravar quantos discos a gravadora quisesse. Acostumados a tocar juntos havia mais de uma década em vários shows, variavam o *setlist* das apresentações ao sabor do momento. Iam de Garoto a Severino Araújo, de Radamés Gnattali a Hermeto Pascoal, de Nelson Cavaquinho a Heitor Villa-Lobos, de Tom Jobim a K-Ximbinho, de Lupicínio Rodrigues a Bach com a naturalidade das atividades mais banais, como escovar os dentes ou trocar de roupa. A bagagem, a capacidade de improvisação, a espontaneidade, a malandragem e a técnica dos dois eram tão grandes que sem ensaiar, no melhor estilo "e aí, o que vamos tocar hoje?", "ah, vamos tocar aquela", Paulo Moura e Raphael Rabello decidiram ali, dentro do estúdio, o que gravar. O clarinetista começava a solar um tema e o violonista passava a acompanhar no ato. Assim, naquela espécie de passagem de som, iam surgindo os arranjos, com os dois instrumentistas criando frases juntos, propondo diálogos, definindo os mapas, acertando pequenos detalhes de harmonia — com Paulo recorrendo vez ou outra a um piano do estúdio para encontrar os acordes mais apropriados.

Com os microfones ligados entre os meses de março e junho, o repertório foi se desenhando. Começava com o brilho de Moura em "Ronda", de Paulo Vanzolini, e o protagonismo de Rabello em "Sampa", de Caetano Veloso. Uma escolha certeira, já que as duas músicas, com melodias tão similares, pareciam ter sido separadas na manjedoura. Para o compositor paulistano, não era mera coincidência. Ranzinza, ele diria anos mais tarde: "O que ele (Caetano) chama de homenagem, eu chamo de plágio mesmo". Na sequência, "Chorando Baixinho", tema antológico de Abel Ferreira, referência em seu instrumento para Paulo Moura — com direito à citação precisa e preciosa da introdução da "Bachiana nº 5", de Villa-Lobos. Numa aula de dinâmica e expressividade, o duo começava sutil, na manha, e chegava ao fim da música crescendo, incendiário, com o violão de Raphael parecendo uma locomotiva que engatara a velocidade máxima, cuspindo vapor. Outra grande influência de Paulo Moura, Severino Araújo se fez presente com a faixa que encerrava o álbum, "Um Chorinho em Aldeia", em uma versão-relâmpago, com o violonista apresentando "baixarias" extremamente velozes, cheias de notas incrivelmente límpidas e com resoluções absurdas. Na mesma categoria de choro ligeiro estava o clássico "Um a Zero", de Pixinguinha e Be-

Paulo Moura e Raphael Rabello no ensaio fotográfico para o disco *Dois Irmãos*, de 1992; irmandade na música e na maçonaria.

nedicto Lacerda. Num *mood* bem diferente de andamento e clima, versões dolentes e emotivas para "Violão Vadio", de Baden Powell e Paulo César Pinheiro, e "Luiza", de Tom Jobim. Amante inveterado de jazz e, portanto, afeito a sessões de improvisação, Paulo Moura estimulava e puxava Raphael para a liberdade sonora. O ponto alto disso ficava evidenciado no fim de "Morena Boca de Ouro", de Ary Barroso, com os dois instrumentistas dividindo improvisos, com um deles sugerindo uma frase e o outro seguindo a melodia, pegando o bastão do ponto onde o primeiro havia parado. Por fim, o repertório trazia três composições do clarinetista: "Domingo no Orfeão de Portugal", inspirada nas gafieiras em que ele tocava naquele clube da Tijuca — em uma interpretação em que Raphael esbanjava variadas divisões rítmicas e uma batida de partido-alto no violão que ficaria eternamente associada a ele; "Tempos Felizes", criada para a trilha do filme *Parahyba Mulher Macho*, da cineasta Tizuka Yamasaki, em 1983; e "Tarde de Chuva", samba que Paulo fizera para sua companheira Halina Grynberg.

Ao ouvir as dez faixas do disco serem gravadas em no máximo dois *takes*, o produtor Peter Klam, mesmo sabendo da capacidade dos dois monstros que ele conseguira levar para dentro do estúdio, não se conteve e foi perguntar a Raphael como era possível criar um álbum de maneira tão rápida. Ouviu a seguinte resposta: "Ele (Paulo) é o tipo de músico bom de acompanhar. A gente não tem que falar nada, o cara já sabe. É uma viagem". A declaração do violonista encontrava total reciprocidade com o depoimento dado pelo clarinetista ao jornal *Tribuna da Imprensa* quatro anos antes, quando eles "levaram multidões" ao Mistura Fina: "Com o Raphael não existem limitações, posso ir para qualquer caminho que ele me acompanha sempre. Além do conhecimento que ele tem, é um dos músicos mais intuitivos com quem já trabalhei". Não era pouca coisa, vindo de alguém que já havia tocado com Pixinguinha, Dizzy Gillespie, Jacob do Bandolim, João Donato, Edison Machado, Radamés Gnattali, além dos safos ritmistas da escola Imperatriz Leopoldinense e dos malandreados sambistas do Cacique de Ramos.

Quando o álbum foi lançado, em outubro de 1992, a crítica especializada jogou fora a régua e desistiu de medir as palavras. Tárik de Souza, do *Jornal do Brasil*, escreveu que o "duo valia por uma orquestra". N'*O Globo*, José Domingos Raffaelli classificou o "blending clarineta-violão" como "perfeito", além de dizer que o álbum de Moura e Rabello era "um dos registros mais líricos, poéticos e singelos dos últimos tempos". Arnaldo de Souteiro, na *Tribuna da Imprensa*, falou em

O disco *Dois Irmãos*, de Raphael e Paulo Moura, lançado em 1992, um dos melhores das carreiras de ambos os músicos.

uma "telepática interação" entre a dupla e enalteceu o fato de que o disco seria distribuído no início do ano seguinte nos Estados Unidos (pela Fantasy), na Europa (pela BMG) e no Japão (pela JVC). "Mais do que merecido. É um discaço. Certamente o melhor de Raphael até agora, superior a seus trabalhos solo e à recente homenagem a Jobim. Paulo Moura também destrói no clarinete, sem derrapar para o ecletismo que às vezes o fascina e o faz se desconcentrar do instrumento no qual, no Brasil, é agora imbatível."

O ponto crucial daquele disco era que ele havia proporcionado o encontro entre dois solistas gigantes, com o adicional de que um deles,

Raphael, era também o acompanhador de violão mais completo que já surgira em toda a história da música brasileira. Desde muito jovem, ao aliar solo e acompanhamento (com seus estudos de harmonia funcional enriquecendo — e muito — as "baixarias"), Rabello escancarou um mundo de possibilidades para quem viria depois dele. Ali, de fato ele havia atingido o seu ápice em um álbum. Comparando com seus trabalhos em duo, sua atuação era diferente de tudo o que já tinha feito, apesar de todo o brilhantismo nos LPs anteriores. Com Radamés, por exemplo, ele já era maduro, mas ainda estava, digamos, em formação. Com Elizeth Cardoso e Ney Matogrosso, cantores, a interação era outra. Com Dino, o encontro de gerações era espetacular, mas faltava ao veterano a veia de solista apresentada por Paulo Moura e que, consequentemente, elevava o nível do diálogo. Com Chiquinho do Acordeon, no dueto em "Retratos", o entrosamento ainda que impressionante seguia à risca o que estava escrito na partitura na transcrição feita da obra de Radamés para violão e acordeon.

Depois de experiências em que decidira trafegar por diferentes caminhos daqueles a que estava acostumado — em *Todos os Tons*, equivocadamente, e em *Shades of Rio*, com Romero Lubambo, de maneira legítima —, Raphael Rabello voltava a ser Raphael Rabello. Com sensatez, o júri do Prêmio Sharp de 1993 elegeu o álbum dele e de Paulo Moura como o melhor disco instrumental do ano anterior. O título, *Dois Irmãos*, não poderia ser mais apropriado. Além da parceria afinadíssima, o nome do CD trazia outras inspirações. A imagem da capa — com a dupla de costas, abraçada e segurando seus instrumentos na beira do mar — havia sido feita pelo fotógrafo Wilton Montenegro na praia do Leblon, próximo ao morro Dois Irmãos. O título continha ainda uma referência mais oculta, a relação tanto de Raphael quanto de Paulo com a maçonaria, meio em que os membros comumente se chamam de "irmãos". Naquele momento, o violonista acabara de ler *Adonai*, romance autobiográfico de Jorge Adoum, um mestre maçom libanês radicado no Rio que ganhara projeção com aquele livro cujo subtítulo era "Novela iniciática do Colégio dos Magos". Raphael, que já tinha oito irmãos de sangue, mais um de criação, Luiz Moura, passava a ter em Paulo Moura o seu décimo irmão. O encontro fraterno-musical entre os dois magos, maçons e virtuoses acabou lhes rendendo um dos discos mais marcantes de suas vidas.

Capítulo 11
DA DELICADEZA À EXASPERAÇÃO

> "Há meses para os infelizes e minutos para os venturosos"
> Machado de Assis

Extraoficialmente, em 1992 o gogó de Raphael Rabello estava avaliado em 24 quilates, "puro ouro". Não, o músico não resolvera trocar as cordas de seu violão pelas cordas vocais e se lançar em uma aventureira carreira de cantor. Muito menos havia decidido fazer um seguro milionário para sua garganta. Mas que ela andava valorizada, não havia dúvidas. Em que sentido? No da autopromoção. Por ter se profissionalizado precocemente, aos 13 anos, desde muito cedo Raphael aprendeu que sobreviver de música em um país como o Brasil não era tarefa das mais fáceis. Ainda mais para quem decidira optar pelo caminho do instrumental e atuar como solista. Escolado, logo entendeu que talento, dedicação extrema e excelência artística não eram suficientes para garantir o reconhecimento, principalmente o financeiro. Era preciso mais. Em entrevista ao polivalente Simon Khoury no fim da década de 1980 para o programa de rádio *Adivinha Quem Vem para Almoçar*, na Imprensa FM, o violonista deu uma aula sobre o assunto: "Num país como o nosso, em que não existe muita atenção ao instrumentista, o cara tem que realmente fazer de tudo um pouco, tem que fazer a parte artística e tem que ser seu produtor, seu empresário. Eu faço um trabalho muito sério de gerência da minha carreira, eu levo isso como um emprego. Falta a alguns instrumentistas levar a carreira de forma mais competitiva. Não tem um cantor que não tenha assessor de imprensa, dois, três produtores atrás dele. A música cantada está mais profissionalizada neste sentido do *show business*".

Desde que se entendia por um profissional da música, Raphael fazia muito mais do que tocar. Em janeiro de 1981, quando a classe artística entrou em greve reivindicando um reajuste semestral na tabela mínima de pagamento por gravações, o violonista fez piquete, batendo de frente com os músicos e funcionários que tentavam burlar a paralisação e entrar nos estúdios para trabalhar. Tentou até concorrer a um cargo no Sindicato dos Músicos Profissionais do Rio de Janeiro no mesmo ano. Candidatou-se, mas por ter apenas 18 anos foi considerado jovem demais e não levou.

Gerenciar bem a carreira implicava também em ser bom de marketing, ter a garganta afiada, vender bem o próprio peixe — o que era absolutamente legítimo, ainda mais para um artista de talento muito acima da média. Raphael levava jeito para a coisa. Mesmo que aquilo significasse, digamos, superdimensionar algumas histórias. No bom e velho esquema "eu aumento, mas não invento", bordão usado pelo jornalista de fofocas Nelson Rubens, Rabello estava longe de inventar algum fato e de ser um falastrão como o *showman* Carlos Imperial, mas também não se privava de anunciar notícias que não estavam confirmadas. No começo da década de 1990, por exemplo, ao divulgar seu disco *Todos os Tons*, Raphael falava das participações de Baden Powell ("o melhor violonista da história"), dos consagrados guitarristas Pat Metheny (que não aconteceu por problemas contratuais do músico norte-americano) e do britânico John McLaughlin (que "passou só um dia no Rio e não deu tempo" de participar do álbum em homenagem a Tom Jobim). Na mesma época, em outras reportagens ele comentava sobre fazer shows de abertura para o guitarrista mexicano e astro mundial Carlos Santana e de uma turnê "coast-to-coast" nos Estados Unidos com seu ídolo Paco de Lucía. Tudo acabava virando uma barrigada — como eram chamadas as notícias falsas — da imprensa. Ainda que aquilo fosse muito mais idealização do que manipulação deliberada por parte de Raphael, faltava um certo cuidado em esperar que os acontecimentos se confirmassem antes de divulgá-los aos cadernos de cultura, que, afoitos e ávidos por boas manchetes, também não se preocupavam em apurar os fatos. No fim das contas, o palavrório ajudava na promoção.

A mídia também era prodigiosa em criar rótulos e expressões capazes de encher a bola de um artista. No caso de alguém talentoso como Raphael Rabello, aquilo era um prato cheio. No início de fevereiro de 1993, ao anunciar um show que o violonista faria no Palace para lançar o disco *Todos os Tons* em solo paulistano, o jornal *Folha de S. Paulo* estampava o seguinte título no caderno "Ilustrada": "Lenda viva do choro toca em São Paulo". Pouco importava se naquele álbum Raphael havia "virado de cabeça para baixo as composições de Tom Jobim", como noticiara a *Tribuna da Imprensa*, e que tivesse feito ali tudo, menos choro. Ele sempre seria associado ao gênero de Joaquim Callado, Patápio Silva, Pixinguinha e Jacob do Bandolim. O que valia era a promoção. Neste

Como o próprio Raphael costumava dizer, o músico não podia se limitar apenas a tocar, precisava saber administrar a carreira e ser "produtor de si mesmo". Prova disso é que às vezes o violonista escrevia cartas de próprio punho para convencer patrocinadores a viabilizar seus projetos musicais.

sentido, *Todos os Tons* vinha sendo extremamente benéfico para o violonista, batizado de "Kenny G da BMG Ariola". As vendas do álbum, à época excelentes para um LP instrumental, ajudaram a popularizar ainda mais o trabalho de Raphael e expandi-lo para um público maior na virada de 1992 para 1993. O show no Palace, que tinha capacidade para mais de mil espectadores, era uma prova disso. Acompanhado por Benjamim Taubkin (teclados), Wilson das Neves (bateria), Dirceu Leite (sax e clarinete), Oren Perlin (guitarra), Dininho (contrabaixo), sua irmã e cantora Amelia Rabello e percussionistas da escola de samba Império

Serrano, Raphael quase lotou a casa. Seu cartaz andava tão grande que ele assinava o roteiro com o respeitado Fernando Faro naquele espetáculo que contou com colaboração do diretor de teatro Gerald Thomas na concepção cênica.

Dois meses e meio depois, o violonista deu novas provas de sua popularidade ao ser uma das atrações principais do Heineken Concerts, no Rio de Janeiro. Com a intenção de ser um equivalente brasileiro dos grandes festivais de jazz da Europa e dos Estados Unidos, o projeto tinha como proposta shows de instrumentistas de destaque recebendo convidados. Na primeira noite, Edu Lobo — exceção à regra, já que apesar de ser um bom músico ele tinha seu trabalho reconhecido essencialmente pela veia de compositor, não de instrumentista — contou com participações de Caetano Veloso, Nana Caymmi, do pianista Nelson Ayres e do violonista Paulo Bellinati. Depois, Wagner Tiso recebeu Milton Nascimento, o guitarrista flamenco Vicente Amico e o Rio Cello Ensemble; e o baixista Nico Assumpção se apresentou com os guitarristas Larry Coryell e Toninho Horta, Gary Peacock (baixo) e Billy Higgins (bateria).

Na noite de encerramento, o anfitrião Raphael Rabello convidou Marisa Monte, Dori Caymmi, o saxofonista Leo Gandelman e o Octeto Brasil, grupo de percussionistas de escolas de samba formado pelo violonista especialmente para aquele show. Com um repertório diversificado, Marisa cantou "Cry Me a River", de Arthur Hamilton, consagrada por Ella Fitzgerald, "Alta Noite", de Arnaldo Antunes, "Congênito", de Luiz Melodia, e "Dança da Solidão", de Paulinho da Viola — com acompanhamento espetacular criado por Rabello e com um solo de Leo Gandelman no sax-barítono marcado por convenções entre ele e o violonista. Com o sax-soprano, o instrumentista fez duo com Raphael na surrada "Bachiana nº 5", de Villa-Lobos, e em "Samba do Avião", de Jobim, no número mais "rock'n'roll" do show, com introdução ultra-aflamencada por rasgueados do violonista, muito mais improvisada e estendida em comparação com o arranjo do disco *Todos os Tons*. Dori Caymmi, por sua vez, com sua habitual elegância e harmonias mágicas, interpretou "Rio Amazonas" e "Mercador de Siri" (ambas em parceria com Paulo César Pinheiro). Em mais um atestado da popularidade de Raphael, as 1.600 pessoas que lotaram o teatro do Hotel Nacional aclamaram o violonista também nos números solo, como "La Catedral", composição de Agustín Barrios com alto grau de dificuldade de execução, e "Recuerdos de la Alhambra", de Francisco Tárrega, numa das interpretações mais impressionantes e emotivas da carreira do instrumentista. Por fim, os rit-

Com Marisa Monte, uma das convidadas de Raphael Rabello no Heineken Concerts em 1993, parcerias memoráveis em números como "Dança da Solidão", "Congênito" e "Cry Me a River".

mistas do Octeto Brasil cantaram um *pot-pourri* com "Tiê" (de Dona Ivone Lara, Mestre Fuleiro e Tio Hélio), "Moro na Roça" (adaptação de Xangô da Mangueira e Jorge Zagaia) e "O Samba É Bom Assim" (de Norival Reis e Hélio Nascimento). Arregimentado pelo baterista Wilson das Neves, que já tocava com Raphael, aquele time reunia o que de melhor existia em termos de batuque: Mestre Marçal (tamborim), Luna (surdo), Zeca da Cuíca, Wilson Canegal (ganzá), Zé Trambique (repique), Beterlau (agogô) e Zizinho (pandeiro). Enquanto rolava o samba, eles saudavam, um a um, o público com passos do tradicional "miudinho". No encerramento daquele roteiro manjado, o baterista imperiano Wilson das Neves foi além e, deitado, quase que pagando uma flexão estilo Exército, beijou o solo a poucos centímetros dos pés de Rabello, em escancarada deferência ao instrumentista.

A apresentação deu tão certo que dois meses depois chegou a outra grande casa de espetáculos de São Paulo, o Olympia, desta vez com o reforço de luxo do cunhado de Raphael, Paulinho da Viola. Em pouco tempo, o violonista voltava a botar o "gogó de ouro" para "cantar" notícias ao vento. Ele anunciou que o espetáculo havia sido gravado e seria lançado num LP ao vivo, algo que nunca aconteceu (por motivos alheios à vontade de Raphael). Enquanto isso, percebia-se que a ótima vendagem do disco em homenagem a Tom Jobim não havia sido determinante apenas ao possibilitar mais shows para públicos vultosos. Mais do que isso, ela servira também para abrir portas para o violonista dentro da mesma gravadora que lançara *Todos os Tons*, a BMG Ariola. No primeiro semestre de 1993, o veterano produtor musical Dalton Vogeler decidira enviar um projeto inusitado para a direção do selo. A proposta era gravar um álbum com repertório clássico tocado por um duo também improvável: Raphael Rabello e o bandolinista Déo Rian. Consultados por Vogeler, os músicos toparam o convite, mas não apostaram nem uma ficha em que a companhia fosse comprar aquela ideia. Para a surpresa deles, a BMG Ariola acabou aceitando, graças a dois fatores. Um deles, a seleção de alguns temas conhecidos do público, como o "Noturno Opus 9 nº 2", de Chopin, que fez parte da trilha da novela *Pedra Sobre Pedra*, exibida na TV Globo entre 6 de janeiro e 1º de agosto de 1992. O outro era justamente a popularidade de Raphael, o "Kenny G" campeão de vendas do nicho instrumental da gravadora. Aquele pacote, ainda que timidamente, fora o suficiente para seduzir o diretor artístico da BMG, o romeno radicado no Brasil, ex-integrante dos Fevers e entusiasta de uma música extremamente popular, Miguel Plopschi.

A escolha dos solistas por Dalton Vogeler era no mínimo curiosa. Raphael, apesar de sua reconhecida técnica e virtuosismo, não era propriamente um violonista erudito. A opção por Déo Rian soava ainda mais esquisita. Diferentemente de outros bandolinistas como, por exemplo, Joel Nascimento, que tocava também piano e tinha verdadeira paixão por Chopin e pelos clássicos, o discípulo e substituto de Jacob do Bandolim à frente do Conjunto Época de Ouro nunca havia sequer tocado aquele tipo de repertório. Mas o produtor tinha suas justificativas para aquela convocação. Ele tinha sido o principal responsável por levar Déo para gravar na RCA Victor logo após a morte de Jacob. Com aquele disco de clássicos, almejava qualificá-lo como "o maior bandolinista brasileiro". No que dizia respeito a Raphael Rabello, o veterano Vogeler — autor do samba-canção "Balada Triste" (em parceria com Esdras Silva), sucesso em 1958 na voz de Angela Maria e, no ano seguinte, interpretado por Maysa e também Agostinho dos Santos — ouvira falar do violonista pela primeira vez ainda nos anos 1970 pela boca do professor Meira. Quase duas décadas depois, o produtor dera a seguinte definição sobre o solista em matéria publicada na *Tribuna da Imprensa*: "Raphael sai do tradicionalismo do violão, que faz só acompanhamento. Ele começou seguindo as pegadas dos violonistas espanhóis, e hoje é superior a Paco de Lucía".

Com o "sim" da gravadora e o repertório definido com transcrições e arranjos para o duo feitas pelo excepcional acordeonista e maestro Orlando Silveira, os instrumentistas teriam um tempo curto para ensaiar e gravar o disco. Além do prazo apertado, para piorar, o primeiro ensaio, realizado na casa de Déo, foi pouquíssimo produtivo, deixando todos de cabelo em pé. Tinha tudo para dar zebra. Para dois instrumentistas criados na escola popular do choro, dar conta daquelas obras complexas não parecia uma missão tão simples. O violonista e o bandolinista seguiram cada um para sua casa com a incumbência de estudarem mais as peças selecionadas por Dalton e arranjadas por Orlando. Poucos dias depois, quando entraram no estúdio 2 da BMG Ariola, em Copacabana, operaram aquilo que a equipe considerou como uma espécie de milagre. Na primeira sessão, das 21h às 3h, a dupla deu conta de seis temas, o que representava quase metade das catorze faixas do álbum. Na segunda noite, arrematou mais quatro; na terceira, o disco estava todo gravado.

Com a proposta de ter apelo comercial, o repertório do disco batizado de *Delicatesse* não abria espaço para o experimentalismo. Longe disso, a seleção trazia basicamente peças de autores conhecidos como

Chopin (com o manjadíssimo "Noturno Opus 9 nº 2" e a "Valsa do Adeus nº 69"), Piotr Tchaikovsky (com "Mélodie"), Franz Schubert (com sua trivial "Serenata"), Robert Schumann (com "Réverie"), Johannes Brahms (com o terceiro movimento da "Sinfonia nº 3", tocada na trilha do filme *Correntes Ocultas*, de 1946, estrelado por Audrey Hepburn, Robert Taylor e Robert Mitchum) e Franz Lehár (com sua opereta *A Viúva Alegre*, que inspirou a comédia cinematográfica homônima de 1934 tendo Maurice Chevalier no papel principal). O *setlist* tinha ainda a singela valsa francesa "Amoureuse", de Rodolphe Berger e Maurice de Feraudy — com Déo tocando viola —, a complexa "Dança Eslava Opus 72 nº 10", de Antonin Dvorák, e duas composições de autores brasileiros ligados ao popular, mas com o perfume do erudito: o citarista brasiliense Avena de Castro, com "Evocação de Jacob", linda homenagem ao bandolinista morto em 1969, e o próprio produtor do álbum, Dalton Vogeler, com a não menos inspirada "Merci Thereze", uma elegia à francesa Santa Terezinha.

A desconfiança inicial do violonista e do bandolinista sobre sua capacidade em encarar aquele repertório definitivamente fora superada. Já a suspeita em relação aos frutos que o disco renderia se confirmou. O álbum chegou às lojas em meados de julho de 1993 e, como as vendas não fizeram nem cócegas na caixa registradora da BMG Ariola, a gravadora desistiu de fazer um show de lançamento. Raphael, safo em lidar com executivos e em administrar sua carreira, havia farejado o fracasso comercial do LP bem antes de as panelas começarem a fumegar. Na véspera de entrar no estúdio para gravar, pediu um adiantamento à companhia, que aceitou, evitando assim que ele e Déo saíssem daquela aventura com uma mão na frente e a outra atrás.

Musicalmente, como se sabia, *Delicatesse* — que além de remeter a delicadeza, também significava "iguaria fina" — era um ponto fora da curva na discografia tanto do bandolinista quanto do violonista e acabaria, no futuro, sendo pouquíssimo mencionado na trajetória dos dois. Talhado no ambiente do choro, Déo se dedicara a tocar basicamente nota por nota aquilo que o maestro Orlando Silveira havia escrito. Em compensação, estudada especialmente para aquele trabalho, a emissão sonora de seu bandolim estava belíssima. Em termos técnicos, méritos também para o engenheiro de som Mário Jorge Bruno, que conseguira um resultado de captação apropriado à estética do álbum. Já Raphael novamente era um caso à parte. Para aquele tipo de repertório, ele poderia não ter a técnica perfeita que os ortodoxos radicais do clássico exigi-

Com Déo Rian (à esquerda de Raphael nas duas fotos),
Rabello estabeleceu uma relação musical esporádica
entre as décadas de 1980 e de 1990; pelo bandolinista,
a maior gratidão foi por ele ter sido o principal responsável
por indicar Raphael para ter aulas com Meira.

riam, mas, ainda assim, apresentava um som extremamente equilibrado, reunindo ao mesmo tempo clareza e personalidade, sobriedade e vigor. Característica inerente a ele, o violonista ia além das tintas da partitura. Sempre com um bom gosto invulgar, respeitava a essência das composições e as intenções de cada nota dos autores, mas deixava sua digital de um jeito único. Muitos anos depois, Rabello diria uma frase que sintetizava esse pensamento: "O cara pode até não gostar do meu jeito de tocar, mas quando eu toco, todo mundo sabe que sou eu que estou tocando". Tinha o "molho" do choro e do samba, mas com estudo e técnica mais do que suficientes para encarar o clássico. Criava ornamentos, repensava as harmonias e derramava sentimento nos solos de uma maneira equilibrada entre o virtuosismo e a delicadeza. Tudo isso em simbiose perfeita com Déo, numa simples — mas que dizia muito — demonstração de sabedoria: antes de tocar, é preciso saber ouvir. Em tese, aquele entrosamento também não deveria causar grande espanto. Afinal, fazia quase duas décadas que Raphael conhecia o bandolinista, o grande responsável por um acontecimento decisivo na sua trajetória. Até o fim de sua vida, o jovem instrumentista demonstraria gratidão ao companheiro do disco *Delicatesse* ao fazer questão de lembrar que Déo o havia indicado para o professor Meira, o cara que passaria à história por formar a lendária trinca com Dino e Canhoto e por moldar os alunos fora de série Baden Powell e Raphael Rabello.

Déo Rian também daria mais contribuições ao início da carreira do violonista. Depois de ocupar o posto que fora de Jacob no Época de Ouro até 1977, o bandolinista acabou montando um conjunto próprio, que nasceu ao sabor do acaso. O cantor Sílvio Caldas, sempre implicante quando o assunto era acompanhamento, precisava de um grupo para escoltá-lo em um espetáculo no ginásio do Maracanãzinho. Déo montou o regional às pressas e, com a experiência bem-sucedida, foi incentivado a continuar com aquele time. Por sugestão de seu pai, batizou o grupo com o nome de Conjunto Noites Cariocas, em referência e reverência ao choro composto pelo mestre de Déo, Jacob do Bandolim. A formação inicial contava com os violões de Damásio e Manoel, com o cavaquinho de Julinho, com o pandeiro de Darly e, claro, com o bandolim de Déo como solista. Sentindo a falta de um sete cordas, o líder foi atrás de Dino. Com a recusa do sempre ocupado veterano, o bandolinista convidou então Raphael Rabello, que ele conhecera nos saraus promovidos por Raul Machado, na casa de número 12 da rua Professor Alfredo Gomes, em Botafogo.

Era 1980 e o jovem violonista, que iniciara sua trajetória n'Os Carioquinhas, havia deixado recentemente a Camerata Carioca. Em termos de vivência no choro, o Conjunto Noites Cariocas também teve sua parcela de contribuição para o amadurecimento de Rabello, à época com 17 para 18 anos. O jovem instrumentista desfrutava da convivência com aqueles músicos muito mais experientes. Só zangava quando eles o chamavam de "Empadinha", apelido que ganhara do violonista Jair Justino, integrante do conjunto Amigos do Choro, por ser baixo e gordinho. No futuro, Raphael nem se lembraria da alcunha pejorativa, mas não esqueceria do disco que gravou com o Noites Cariocas. Em junho de 1980, o conjunto lançou o LP *Inéditos de Jacob do Bandolim*, com doze composições do craque do instrumento recém-descobertas. O violonista de sete cordas ganharia destaque logo na primeira faixa do álbum, "Chorinho na Praia". Pouco antes de entrar no estúdio Eldorado para as gravações, Déo Rian se lembrou do quanto seu professor Jacob gostava de centrar (fazer a base, o acompanhamento para outro solista tocar a melodia) no bandolim, e teve a ideia de brincar com aquilo em "Chorinho na Praia". Ao avisar Raphael de que ele, Déo, deixaria de solar para o jovem improvisar, o garoto tremeu, pois não estava habituado a encarar aquele tipo de "desafio" musical. Ainda dentro do estúdio, o bandolinista tentava convencê-lo a arriscar. Quando o técnico Luiz Carlos Batista apertou o REC, o menino solou um improviso magnífico no primeiro *take*. Da cabine de som, o arranjador do disco, Orlando Silveira, abriu seu largo sorriso, piscou para Déo Rian e, no microfone, anunciou: "Próxima música". Já neste período, ainda muito novo, Rabello começava a apresentar ideias musicais com sua identidade; especificamente nesta gravação, era como se ele dissesse a seu referencial Dino 7 Cordas: "Ok, meu mestre, muito obrigado por todos seus ensinamentos e sua influência. A partir daqui, eu sigo meu caminho próprio".

Raphael Rabello, que tivera ótimas experiências na década de 1970 e na seguinte com Joel Nascimento e Déo Rian, dois bandolinistas mais ligados ao choro tradicional — embora Joel, em seus primeiros discos solo, fosse além do gênero e gravasse outros estilos —, se aproximaria nos anos 1980 e 1990 de outro expoente do instrumento eternizado no Brasil por Jacob. Com o novo parceiro musical, tentaria unir duas palavras que eram parecidas na grafia mas bem diferentes no sentido: dueto e duelo.

* * *

Da delicadeza à exasperação

Quando Jacob do Bandolim morreu, no dia 13 de agosto de 1969, sabia-se que inevitavelmente procurariam um substituto para ocupar o posto deixado pelo maior nome daquele instrumento na história da música brasileira. O que não se esperava é que essa busca e a consequente exaltação fossem tão precipitadas. Na noite do dia 27 daquele mês, o governador do Rio de Janeiro, Negrão de Lima, participou de uma cerimônia que marcava a reabertura do Passeio Público, parque tradicional na região central da cidade e que andava deteriorado. Os compositores Joubert de Carvalho (da festiva e atemporal marchinha "Pra Você Gostar de Mim — Taí"), Bororó (do cadenciado e também longevo samba "Da Cor do Pecado") e os cantores Sílvio Caldas, Carlos Galhardo, Gilberto Alves e Gilberto Milfont estavam presentes não apenas pela solenidade, mas também para participar da primeira edição do Festival Brasileiro de Serestas. Além dos artistas do arco da velha, um adolescente tocou seu bandolim e arrancou sorrisos do governador. No dia seguinte, o *Jornal do Brasil* não se conteve e reportou o sucesso informando que o jovem tinha sido "aplaudido como o sucessor de Jacob do Bandolim". A imprensa não esperou nem o corpo do compositor e instrumentista esfriar e apenas duas semanas após sua morte já tinha eleito seu herdeiro. Por coincidência, o menino tocara "Modinha", de autoria de Sérgio Bittencourt, que era justamente filho de Jacob.

O garoto tinha iniciado sua escalada de sucesso no Rio havia pouco mais de três meses. Depois de ganhar a eliminatória baiana do programa *A Grande Chance*, do apresentador Flavio Cavalcanti, ele chegara à capital fluminense para disputar a finalíssima daquele concurso de calouros, realizada no prestigiado Teatro Municipal. Tocando muito bem seu bandolim, exatamente uma semana antes de completar 16 anos, na noite de 15 de maio de 1969, Armando Macedo foi eleito o melhor instrumentista da competição. Na categoria geral, acabou ficando em segundo lugar com 186 pontos, quatro a menos do que a vencedora, a cantora Áurea Martins. Além do prêmio de 1 milhão de cruzeiros novos, o jovem viu o selo Codil lançar um compacto com a gravação ao vivo de sua performance no Municipal. No lado A, um *pot-pourri* muito bem executado e pouco óbvio com "Branca", de Zequinha de Abreu, seguida de "Czardas", de Vittorio Monti, depois "Língua de Preto", de Honorino Lopes, "Tema de Amor em Forma de Prelúdio", de Manoel Marques, e "Modinha", de Sérgio Bittencourt. Ao final, o mestre de cerimônias, Flavio Cavalcanti, anunciava o clima: "A orquestra levanta pra te aplaudir. A plateia de pé, do Teatro Municipal, aplaudindo o candidato de Salvador, Armando Costa Macedo!". No outro lado, a clássica "Marcha Turca", de Mozart. A capa do disco *A Chance de um Bandolim* estampava o apresentador, com seus óculos de aros grossos, e o jovem de apenas 15 anos, com traje de gala, cabelos lisos e penteados para o lado — no estilo Ronnie Von, "O Príncipe", em seus discos lançados no mesmo ano e que posteriormente seriam chamados de "psicodélicos".

Se Jacob, que havia batido com as dez havia poucos meses, ouvisse o LP que Armando Macedo, "O Garoto do Bandolim", lançara ainda naquele ano de 1969, muito provavelmente torceria o nariz. Paladino da tradição, ele criticaria não só aquilo que chamava de "inflexões jazzísticas", mas também a escolha do jovem em interpretar temas de Marcos e Paulo Sérgio Valle, de Chico Buarque, de Miguel Gustavo (com seu clássico futebolístico "Pra Frente Brasil") em vez de gravar apenas choros. Agora, imagine só se o autor de "Assanhado", "Vibrações" e "Noites Cariocas" escutasse as "loucuras" que aquele bandolinista faria a partir da década seguinte com o instrumento que ele, Jacob, consagrara no país.

Filho de Osmar Macedo, da afamada dupla carnavalesca Dodô e Osmar, aos 3 anos de idade Armando já subia no trio elétrico inventado por seu pai. Na década de 1970, continuava a fazer o mesmo, só que de forma profissional, tocando guitarra baiana, a prima eletrificada do bandolim. Com os dois instrumentos, a partir de 1977, além de tocar e gravar com Dodô e Osmar, passou a integrar o grupo A Cor do Som, espécie de Os Novos Baianos versão 95% instrumental — com bem menos músicas cantadas. A banda, na qual Armandinho (como ele passou a ser chamado) ficaria até 1981, também acompanhava Moraes Moreira após a saída do cantor d'Os Novos Baianos. Com a cabeça espetacularmente aberta, A Cor do Som tocava música brasileira, mas influenciada até a medula por gêneros de fora, principalmente o rock. Era como se a banda tivesse um ouvido em Ernesto Nazareth e outro em Jimi Hendrix; um em Jacob e outro em Santana; um em Dorival Caymmi e outro em Mark Knopfler; um em Gil e Caetano e outro em Lennon e McCartney.

Essas eram as frequências que o *dial* de Armandinho sintonizava. Captava as ondas internacionais, mas não recusava uma boa roda de choro no Rio de Janeiro. No começo de 1977, o bandolinista e Moraes Moreira ficaram sabendo que havia uma garotada tocando chorinho e partiram para lá. A "garotada" eram Os Carioquinhas, que participavam do já tradicional sarau na casa de Seu Raul Machado. Moraes e Armandinho também tocavam choro, mas à sua maneira. Quando pegaram

Da delicadeza à exasperação

seus instrumentos para dar uma canja, ninguém se arriscou a acompanhar. O único que se atreveu foi um menino que fez umas "baixarias" no seu violão de sete cordas. Quando saíram de lá, o ex-Novos Baianos e o bandolinista só falavam em um assunto: como tocavam bem aquele moleque gordinho do sete cordas e a irmã dele, "uma gata", no cavaquinho. Eram Raphael e Luciana Rabello.

Só quatro anos depois, quando Moraes Moreira entrou em estúdio para gravar seu oitavo álbum solo após a saída d'Os Novos Baianos, *Pintando o Oito*, ele e Armandinho se reencontraram para tocar com Raphael. Logo na passagem de som, a identificação do bandolinista com o violonista chamou a atenção de toda a equipe técnica. Sem se dar conta do relógio, os dois instrumentistas engataram uma sequência de choros durante uma hora. Só depois disso a gravação do álbum teve início. Acompanhando o cantor, eles e Manassés, na guitarra portuguesa, interpretaram um fado lindíssimo de Moraes, cujo título entregava o ouro: "Sonhei que Estava em Portugal".

Diante da afinidade notada naquele primeiro encontro para valer, Armandinho e Raphael trocaram telefones com o clássico papo de "precisamos fazer algo (musical) juntos", o que só viria a acontecer em 1985, em apresentações que a dupla faria no projeto Tendências, do Jazzmania, em Copacabana. Em toda a sua carreira, aquela era a segunda vez que o bandolinista tocaria acompanhado apenas por um violonista de sete cordas. A primeira acontecera na noite de 15 de maio de 1969, quando ele tocou no Teatro Municipal do Rio, na final do programa de calouros *A Grande Chance*, de Flavio Cavalcanti. Algum palpite de quem era o acompanhador? A etiqueta do compacto lançado pela Codil com a performance ao vivo de Armandinho não deixava dúvidas. "No violão: Dino". Dezesseis anos depois, o bandolinista subiria ao palco justamente com o fiel seguidor do lendário sete cordas do Regional do Canhoto e do Época de Ouro. No primeiro ensaio, na casa do músico baiano, na Gávea, depois de tocarem uma série de choros, Armandinho fez uma proposta completamente normal para os seus padrões, mas bastante inusitada para os de Raphael: interpretar a música mais tocada dos Beatles em todos os tempos, "Yesterday", de Paul McCartney, gravada em 1965 no disco *Help*. O violonista não aceitou muito bem a sugestão, dizendo que aquela canção não permitiria que dois virtuoses como ele e Armandinho pudessem explorar e demonstrar todos os seus recursos técnicos. Para o instrumentista baiano, tocar um som daqueles, desde que com pegada e identidade própria, era absolutamente comum. Bastava lembrar que nos discos com A Cor do Som ele já havia gravado, por exemplo, "Eleanor Rigby", de Lennon e McCartney.

Apesar da negativa de Rabello, o clima permaneceu tranquilo entre eles, e nos anos seguintes os dois seguiram fazendo colaborações entre si. Em 1987, quando o violonista fez o show de lançamento do LP *Rafael Rabello Interpreta Radamés Gnattali*, Armandinho foi um dos convidados ao lado de Chiquinho do Acordeon, Paulo Moura, Dininho e a pianista Sonia Maria Vieira. Menos de dois anos depois, em março de 1989, o duo se reencontrou para fazer novas apresentações. O repertório e o lugar eram os mesmos, o Jazzmania, mas a mentalidade do jovem músico já era outra, muito mais aberta. No primeiro e único encontro que a dupla teve para acertar detalhes mínimos para os shows, ele disse: "Vamos tocar 'Yesterday'". Armandinho, atônito, perguntou se o companheiro estava falando sério. Ouviu como resposta: "Sim, é uma música muito bonita, por que não?". Raphael nunca fora tão bitolado quanto se pensava. A imagem que as pessoas tinham dele — a de um sujeito que só ouvia choro, samba, serestas, música erudita e o repertório clássico de violão — não parecia tão fidedigna assim. Ele era um "neonacionalista" *ma non troppo*. Podia ser no seu ofício, no que tocava, mas não no que escutava. De seu toca-discos e do rádio de seu carro vez ou outra também saíam canções de Prince, David Bowie, Dire Straits, Wes Montgomery, Chick Corea, Pepeu Gomes e até Paula Toller, vocalista da banda Kid Abelha, com quem o violonista diria mais tarde querer gravar "alguma coisa". Por fim, Raphael e Armandinho acabaram tocando "Yesterday", em uma das raras vezes em que o instrumentista apresentou algo publicamente que não era tão alinhado, digamos, com seus gostos e convicções pessoais — outra delas aconteceu no ano seguinte, quando ele gravou "Me Dá Um Beijinho" no disco de Angélica.

Aquele espetáculo do violonista com o bandolinista era divulgado na mídia como uma visão inovadora sobre o choro. De fato, a forma com que Raphael e Armandinho interpretavam aquele gênero que os unia era muito mais distante do que os tradicionalistas da época seguiam e muito mais próximo daquilo que viria a se fazer no futuro: uma maneira muito mais solta, repleta de improvisos e de espaços para demonstração de uma técnica apurada. Cada qual com as suas influências, eles eram duas retas paralelas que, enfim, se encontravam pelo virtuosismo. Ao *Jornal do Brasil*, na edição de 8 de março de 1989, Raphael tentava explicar o que havia de diferente na abordagem dele e de Armandinho: a identidade própria. "Existem maneiras e maneiras de se tocar choro. O

João Gilberto é um sambista, mas é diferente do Bezerra da Silva. Dá para inovar usando os mesmos velhos instrumentos. Stravinsky e Vivaldi eram totalmente diferentes e usavam o mesmo violino."

Depois do espetáculo e da participação do violonista no disco *Brasileirô*, de Armandinho — na primeira gravação de Raphael em um álbum após o acidente que sofreria no dia 27 de maio de 1989 —, os dois se encontrariam poucas vezes nos anos seguintes. Dentre as apresentações, esporádicas, que fariam na década de 1990, as mais marcantes aconteceriam novamente no palco do Jazzmania, entre os dias 17 e 20 de março de 1994. Com os shows em vista, o bandolinista ligou para o parceiro avisando que iria à casa dele para tomarem um "uisquinho" e ensaiarem alguns detalhes, afinal, eles não vinham tocando juntos com tanta frequência. Pelo telefone, ouviu a negativa do amigo: "Não, bicho, a gente não ensaia, a gente já tá ensaiado". Armandinho tentou insistir, dizendo que seria bom que combinassem ao menos alguns sinais para não errarem alguma convenção, alguma coda, algum final de música. A resposta, em tom bem-humorado, não poderia vir mais assertiva: "A gente nunca erra, a gente improvisa". Raphael nunca fora muito afeito a ensaios. A não ser que o espetáculo de fato exigisse — como, por exemplo, a apresentação que fizera do concerto de Radamés em 1985, ocasião em que, segundo ele, tivera de "estudar doze horas por dia e cancelar gravações". Do contrário, em geral, quando o assunto era o repertório que ele dominava desde a adolescência, como choros, sambas, serestas, em suma, música popular brasileira, é claro que o violonista estudava, era um perfeccionista, se preparava, era extremamente profissional, mas ensaio mesmo nunca fora seu forte. Outra passagem ilustrava esse hábito (ou a falta dele). No ano de 1988, depois de ter todo o arranjo de "Retratos" embaixo dos dedos, precisou de apenas um ensaio com Chiquinho do Acordeon e Dininho antes de gravar a complexa composição de Radamés Gnattali. Em termos de treinamentos, não chegava a ser um Pelé, um Cristiano Ronaldo — que se preparavam como atletas de alta performance —, mas também não era tão displicente como um Romário. Mas, como todos eles, quando entrava em campo, fatalmente sabia o caminho do gol. Armandinho, que também era mais malandro do que a própria malandragem, sabia que os dois estavam prontos para mais um ataque no Jazzmania.

O repertório não era nenhuma novidade para a dupla. Havia os choros tão maravilhosos quanto manjados "Brasileirinho" (Waldir Azevedo) e "Tico-Tico no Fubá" (Zequinha de Abreu); a polca brasileiríssi-

Com Armandinho, o despojamento no palco
e uma maneira de encarar o choro e a música brasileira
de uma forma mais descontraída e "roqueira".

ma "Apanhei-te, Cavaquinho" (Ernesto Nazareth); a valsa "Desvairada", ponto de união dos dois na paixão em comum por Garoto; "Czardas" (Vittorio Monti), que o bandolinista tocara em 1969 no concurso de Flavio Cavalcanti e que Raphael gravara havia pouco com Déo Rian; "Taiane", frevo espetacular de Osmar, pai de Armandinho, e que o violonista adorava. Das catorze músicas do espetáculo, cinco tinham ligação com Jacob do Bandolim: as compostas por ele e ultraconhecidas "Noites Cariocas", "Assanhado" e "Santa Morena", espanholizada a patamares estratosféricos por Raphael e Armandinho; e dois temas em homenagem ao mestre e paladino do choro, "Lembrando Jacob", de Armandinho e Luís Brasil, e "Evocação de Jacob", do citarista Avena de Castro, em interpretação bem diferente e não menos brilhante em comparação à que o violonista fizera também com Déo Rian. O show contava ainda com dois números solo. O bandolinista apresentava um arranjo seu para "Samba do Avião" (Tom Jobim) com sua visão modernosa — utilizando pedais de *delay* — de fazer qualquer purista ficar de cabelos em pé. Já Raphael mostrava mais uma vez um de seus maiores cartões de visita, a execução impecável de "Recuerdos de la Alhambra", de Francisco Tárrega.

Num duelo de virtuosismo, os dois instrumentistas tocavam com excepcional vigor, com a descontração e a naturalidade de quem estava num palco, não dentro de um estúdio. Insaciáveis, pareciam dois exasperados correndo atrás do último banquete de suas existências. Contrariando os mais ortodoxos, eles soavam entrosados até demais. Gostassem ou não os dogmáticos, era um show digno de registro. Não por acaso, alguém se preocupou com tal detalhe. Nove anos antes, em 1985, os proprietários do Jazzmania anunciavam a intenção de começar a gravar em áudio os espetáculos realizados na casa. De maneira um tanto quanto pretensiosa, diziam que buscariam fazer o mesmo que Aloysio de Oliveira e a gravadora Elenco haviam feito na década de 1960 com apresentações como a de Vinicius de Moraes e Dorival Caymmi no Zum Zum. Daquela vez, a ideia não partira dos donos do Jazzmania, mas, sim, de Raphael Rabello. Ele pediu a um conhecido seu, Celso Junto, dono do estúdio Drum, que levasse seu gravador de dois canais e registrasse o show. Ao avisar Armandinho sobre a captação, o violonista justificou a iniciativa de maneira bastante insólita para quem tinha apenas 31 anos de idade: "Vamos gravar o nosso show porque depois a gente morre...". O bandolinista desconversou, pediu para o parceiro deixar aquele papo de lado, mas topou que o espetáculo fosse gravado. Com o título *Em*

Concerto, a apresentação ao vivo acabou virando disco, lançado apenas em maio de 1997, com produção de Angela Nou, então esposa de Armandinho. Logo na primeira faixa, ouvia-se Gilberto Gil ler um texto de sua autoria em que ele definia aquele encontro à perfeição: "Excepcionalidade, virtuosismo, eis as marcas desses dois individualmente e, mais ainda, juntos: Raphael Rabello e Armandinho Macedo. Juntos eles transbordam e transcendem. Juntos, transformam e transportam o choro e outros dos nossos gêneros genuínos para o plano da excelência universal. [...] O alcance da música criada por Raphael e Armando juntos é de uma escala de grandeza superior em que se somam traços de anônima simplicidade folclórica e de canônica complexidade clássica para produzir uma cintilância de um vigor e de um fulgor que só em colares de pérolas ou diamantes". Gil conhecia bem não apenas Armandinho — dos carnavais de Salvador —, mas também Raphael. Em 1993, o violonista havia tocado seu violão de sete cordas na música "Cinema Novo", no disco *Tropicália 2*, de Gil e Caetano Veloso. Além de tocar aquele samba, Rabello assinava o arranjo da faixa ao lado dos compositores e do respeitado maestro César Guerra-Peixe.

Nos últimos tempos, Raphael vinha produzindo num ritmo incessante. Por esse motivo, o sempre certeiro crítico musical do *Jornal do Brasil*, Tárik de Souza, o classificara como "o workaholic das sete cordas" quando do lançamento do disco *Delicatesse*, com Déo Rian. Segundo o *Dicionário Houaiss de Língua Portuguesa*, o verbete "workaholic" trazia o seguinte significado: "Que ou quem é viciado em trabalho; trabalhador compulsivo". A intensidade constatada por Tárik e a preocupação confessada por Raphael a Armandinho — a de morrer precocemente — tinham correspondência. Naquele momento, um dos instrumentistas mais respeitados da música brasileira via a areia de sua ampulheta escorrer cada vez mais depressa.

Raphael durante apresentação no Heineken Concerts;
uma relação simbiótica com o violão que, em diversos momentos,
parecia transportá-lo para outro plano musical.

Capítulo 12
"TER ESTADO E JÁ NÃO ESTAR"

> "Nos movimentos do mundo
> requerer perdas e danos
> é abrigar desenganos
> sem amor e sem perdão.
> Nos horizontes do mundo
> não haverá movimento
> se o botão do sentimento
> não abrir no coração"
>
> Paulinho da Viola

Desde que se entendia por profissional — a rigor, com a gravação do compacto de Gisa Nogueira e da estreia d'Os Carioquinhas em 1976 —, Raphael Rabello sempre foi um "workaholic das sete cordas", um operário da música. A partir dos 13 anos de idade, passou muito mais tempo com o violão sob os dedos do que fazendo qualquer outra coisa. Viveu mais horas nas rodas e saraus de samba e de choro, dentro de estúdios e em cima de palcos do que fora deles. Rodou pelo Rio de Janeiro (seu estado natal), pelo Brasil e por outros países muito mais a trabalho do que a lazer. De 1991 em diante, essa dinâmica, que já era pra lá de puxada, foi intensificada à enésima potência. Durante as gravações do disco *Todos os Tons* — realizada entre janeiro daquele ano e o mesmo mês de 1992 —, uma bomba-relógio caiu no colo de Raphael: aos 29 anos ele testou positivo para o vírus HIV, causador da Aids.

A notícia era devastadora. A doença, disseminada globalmente a partir dos anos 1980, chegava à década seguinte com índices assustadores. De acordo com a Organização Mundial da Saúde (OMS), em 1991 mais de 10 milhões de pessoas tinham sido infectadas pelo HIV no mundo. No Brasil, a contaminação apresentava números galopantes. Em 1987, o país registrara 2.775 casos. Quatro anos depois, já eram 11.805 soropositivos. Como o tratamento era absolutamente incipiente e não se vislumbravam meios de se retardar os efeitos da doença (muito menos de se encontrar sua cura), testar positivo para a Síndrome da Imunodeficiência Adquirida era, sem exagero, como receber uma sentença de morte. À época, o prazo mais otimista de sobrevivência para pacientes diagnosticados com o vírus era de um ano, no máximo um ano e meio. Na maioria dos casos, as pessoas viam amigos e parentes morrerem em questão de meses. A desesperança era tamanha que em hospitais como o Emílio Ribas, em São Paulo, homens e mulheres contaminados se suicidavam. Recebiam a notícia e se jogavam pela janela. Raphael Rabello esteve no mesmo hospital. Não se atirou do edifício, mas inevitavelmente acusou o golpe.

A família Rabello chegou até o endocrinologista Amilton Samaha de Faria na primeira metade da década de 1980. Lila, irmã do violonista, procurou o médico para realizar um tratamento para emagrecer. De 1985 a 1988, ele esteve nos Estados Unidos para fazer seu pós-doutorado. Em seu retorno, conheceu Raphael, que fora até o especialista pelo mesmo motivo, perder peso. Ao longo do tempo, os dois desenvolveram um relacionamento franco, de amizade. O paciente chamava Amilton de "doctor", com quem compartilhava notícias não apenas de seu estado clínico, mas também sobre sua vida particular. Cerca de três anos depois de estabelecida aquela relação de intimidade, segundo o endocrinologista, o músico, desconfiado de alguns excessos que cometera, resolveu pedir o exame de HIV.

Assim, Amilton Faria solicitou o exame e o violonista o fez em uma das unidades do laboratório Sérgio Franco, na Zona Sul do Rio. Usando de discrição, a fim de evitar que alguém descobrisse que ele fora submetido ao teste, o músico lançou mão de uma prática comum da época: a utilização de um nome fictício. Com a identidade de Rafael Raposo, Raphael Rabello testou positivo para o vírus HIV. Inicialmente chocado com o resultado, negou-se a repetir o exame. Ao compartilhar a notícia com pessoas de seu ciclo mais próximo, como a ex-companheira Liana, a produtora Marisa Fernandes, com quem já mantinha um relacionamento para além do âmbito profissional, e Ney Matogrosso, parceiro de *À Flor da Pele*, a bem-sucedida e longeva turnê daquele momento, foi convencido a refazer o teste. Refez mais de uma vez e todos deram positivo. As mulheres com quem Raphael manteve relações nos últimos meses foram submetidas ao exame. Para todas, assim como para as filhas do instrumentista, o resultado foi negativo, fato que chegou até a levantar a possibilidade de o músico nunca ter sido infectado pelo vírus. Diante da confirmação da contaminação do músico, Amilton Faria o encaminhou para tratamento com o respeitado infectologista Caio Rosenthal. Logo no primeiro encontro com o médico, que atendia tanto no hospital

Emílio Ribas quanto em seu consultório nos Jardins, em São Paulo, ouviu do especialista que a partir daquele momento ele deveria cuidar de sua saúde como um atleta que iria disputar uma medalha nas Olimpíadas de Barcelona. Ao fazer uma analogia com os jogos que seriam realizados entre julho e agosto de 1992, Rosenthal advertia Raphael para uma mudança total de seus hábitos: deixar de beber, de fumar, alimentar-se de forma saudável e praticar esportes. De todas aquelas recomendações, a única seguida por Rabello foi a que dizia respeito a práticas esportivas, com o instrumentista retomando uma atividade prezada por ele desde a juventude: a natação. Em seu retorno ao consultório de Amilton Faria, de forma absolutamente compreensiva o violonista, desesperançoso e injuriado com o diagnóstico e confrontado com aquela recomendação de "encaretar", entregou os pontos. Ao médico confidente, teria dito: "Que treinar, o quê. Eu vou morrer, que se foda". Ali, Raphael Rabello iniciou a queda livre de um voo camicase que duraria por mais de três anos. Também, pudera. Perder conhecidos vitimados pela Aids havia se tornado algo rotineiro. Em 1988, viu a doença matar o genial cartunista Henfil e seu irmão, o compositor e violonista Chico Mário, para quem ele havia participado do disco *Conversa de Cordas, Couros, Palhetas e Metais* (1983). Já em julho de 1990, foi a vez de Cazuza, com quem o instrumentista havia gravado "O Mundo É um Moinho", em 1988, no álbum *Cartola — Bate Outra Vez*, em homenagem ao mangueirense, e "O Assassinato da Flor", tocando seu violão aflamencado no LP *Ideologia*, lançado pelo cantor e compositor no mesmo ano. Ao entender que não lhe restava muito tempo, Raphael desenvolveu um senso de urgência irrefreável e, a fim de deixar um legado ainda maior do que aquele que já havia construído, amplificou a fama de "workaholic", passando a tocar e a gravar com frequência alucinantes.

Muitos anos antes, na virada de 1978 para 1979, ao retornar da praia de Ipanema, onde tinha ido passar a noite de réveillon, o violonista, então com 16 anos, virou-se para sua irmã Luciana na rua Prudente de Morais e disse: "Não vou chegar aos 33". Aquilo que até então soava como intuição ou, quem sabe, clarividência, ganhou outro peso após a confirmação da doença, quando, por exemplo, Raphael consultou Armandinho sobre a gravação do show deles no Jazzmania sob o argumento de "de repente a gente morre...". Ao ouvir do infectologista Caio Rosenthal o conselho para reduzir a velocidade, o músico ignorou solenemente e afundou o pé no acelerador. Em relação aos hábitos alimentares, privação zero. Nos Estados Unidos, por exemplo, durante sua passagem para gravar o disco *Shades of Rio* com Romero Lubambo, o violonista descobriu o famoso "half-and-half", mistura de leite e creme de leite geralmente usada em cafés e cereais, e se refestelou. Quando a praxe era se utilizar aquela mistura altamente calórica e gordurosa em quantidades moderadas, ele mandava ver uma caixa por café da manhã. Se os abusos do músico, que desde a infância fora bom de garfo, se limitassem apenas à gastronomia, vá lá. O problema maior, o arrancar do pino da granada, foi ele ter passado a consumir inadvertidamente drogas, em particular a cocaína. Um labirinto repleto de armadilhas e do qual Raphael não sairia mais.

Por aqueles meandros aterradores, o músico foi apresentado a toda ordem de tormentas e prejuízos; dos mais óbvios, os físicos e psicológicos, aos financeiros. Nos anos seguintes, acumulou dívidas e chegou, por exemplo, a perder um apartamento. Por mais que tivesse se destacado e conquistado bons pagamentos e cachês — principalmente no período de grande sucesso com os shows e o disco com Ney Matogrosso —, complicava-se com a gestão de suas finanças, tentando manter uma rotina de hábitos nada baratos, como, por exemplo, ter um motorista particular e mandar fazer suas roupas na glamorosa loja Mr. Wonderful, do estilista Luiz de Freitas, que já havia atendido celebridades internacionais como os roqueiros Freddie Mercury e Rod Stewart, o inclassificável astro pop Prince, o bailarino Rudolph Nureyev e os estilistas Jean Paul Gaultier e Gianni Versace. Por diversos motivos, frequentemente via-se às voltas com problemas relacionados a dinheiro.

Num desses momentos de aperto, recorreu a um antigo conhecido seu, João Carlos Botezelli. O produtor, o popular Pelão, fora o responsável pela realização de álbuns antológicos de Cartola, Nelson Cavaquinho, Carlos Cachaça e Adoniran Barbosa. Em meados da década de 1970, logo depois de conhecer Raphael, ainda menino, no restaurante Lamas, no bairro do Flamengo, Pelão o ouviu tocar o violão sete cordas e teve uma certeza: "Deus pôs a mão nesse menino, só pode ser". No decorrer dos anos, passou a convidar o músico para gravações de discos que produzia. Em 1989, por exemplo, no álbum *Solistas Brasileiros* (da Elebra S.A., Eletrônica Brasileira), ele escalou o violonista para uma interpretação primorosa de "Molambo", composição mais conhecida de seu mentor e professor no instrumento, Meira. Ainda assim, ficava sempre no ar a famosa pergunta-promessa de "quando vamos fazer um disco juntos?". Cinco anos depois, a oportunidade surgiu, num contexto um tanto quanto complicado. Raphael telefonou para Pelão dizendo estar "precisando de uma grana". O produtor sugeriu então que finalmente eles fizessem um álbum juntos. Por coincidência, no dia seguinte ele tinha de passar na RGE para acertar algumas pendências com o executivo da gravadora, Wilson Rodrigues Pozo. Sem vacilar, Pelão fez a proposta: "Você me dá 5 mil dólares e tem um disco do Raphael Rabello". Por mais extravagante que parecesse, a prática não era tão absurda assim. Outro discípulo famoso de Meira, Baden Powell abusara daquele expediente e também cansara de "vender" álbuns seus a troco de algumas cervejas na Europa. Cauteloso, o diretor da RGE quis saber detalhes do projeto. Dois fatores foram determinantes para que ele topasse a empreitada. Primeiro, que não seria uma produção cara, já que contaria apenas com o violonista e com o produtor dentro do estúdio, gravando tudo em pouco tempo. Segundo, que se tratava de um disco sobre Dilermando Reis, de quem Rodrigues Pozo havia sido muito amigo.

Proposta aceita, por 5 mil dólares no bolso Raphael Rabello entrou no estúdio da RGE para gravar o LP *Relendo Dilermando Reis*. O repertório não era nenhum segredo para o instrumentista: composições do lendário violonista nascido em Guaratinguetá em 1916 e temas de outros autores, mas que ficaram extremamente associados às interpretações de Dilermando. Grande parte daquelas músicas Raphael tocava desde a década de 1970 — casos de "Interrogando", "Sons de Carrilhões" e o choro esplendoroso "Tempo de Criança", todas de João Pernambuco, "Doutor Sabe Tudo", "Xodó da Baiana" e "Magoado", de Dilermando, e "Brejeiro", de Ernesto Nazareth, primeira peça tocada publicamente pelo violonista petropolitano. Além delas, o disco contava ainda com obras de Dilermando como a dolente e linda "Uma Valsa e Dois Amores", "Noite de Lua" e a clássica "Se Ela Perguntar" (do compositor em parceria com Jair Amorim), e duas joias de Américo Jacomino, o Canhoto: a antológica "Abismo de Rosas" e "Marcha dos Marinheiros".

Influenciado pelo extremo senso de urgência que se impusera em sua vida, Raphael andava esbanjando virtuosismo em seus trabalhos mais recentes. Além de correr contra o relógio, também acelerava sobremaneira o andamento das músicas que tocava. Naquele disco, percebendo a exasperação do instrumentista, Pelão fez o que pôde para tentar "segurar a onda" do músico. Ademais, buscava-se ali tocar Dilermando à moda Dilermando, respeitando a influência do violonista paulista e a essência daquelas composições. Gravado em apenas três sessões, nos dias 12, 13 e 15 de abril de 1994, *Relendo Dilermando Reis* soava bonito, com méritos, mas abaixo do padrão de qualidade estabelecido pelo próprio Rabello. Naquele descompasso entre a grita da vida e as exigências, digamos, mais calmas do repertório de Dilermando, o álbum apresentava um Raphael sem tônus, sem brilho e sem a exuberância costumeira. Nem parecia a mesma pessoa que um mês antes "comera com farinha" o *setlist* do show com Armandinho no Jazzmania que seria lançado em 1997 no disco *Em Concerto*. Apesar de suas irregularidades, aquele LP teve uma grande virtude, a de jogar luz sobre a grandeza de Dilermando, até então menosprezado no meio violonístico como um compositor ortodoxo, pouco inventivo e de segunda linha. Por fim, aquela dose de melancolia passada pelas interpretações não tão inspiradas de Raphael também ficava evidente na capa do disco. Em um trabalho de design tenebroso, o protagonista aparecia lado a lado com uma imagem em preto e branco de Dilermando. Sorumbático e com o rosto inchado, Rabello apresentava um olhar fixo, distante, vago, dramaticamente desinteressado.

Não se tratava do clichê "a arte imita a vida". O semblante do violonista evidenciava que, naquele caso, não se tratava de uma imitação, mas de um retrato fiel, cru e frio da vida. Fora dos estúdios, o consumo de cocaína tornava o dia a dia de Raphael ainda mais espinhoso. No mês seguinte à gravação do disco em homenagem a Dilermando, o músico foi internado para um tratamento de desintoxicação na clínica Mariana, na rua Professor Eurico Rabelo, próximo ao estádio do Maracanã. Contrariado, com a mesma agilidade que lá chegou, partiu. Em dois dias, escapou daquela clausura e buscou abrigo na casa de sua irmã Lila, que também era sua madrinha. Na lembrança, as madrugadas em que ele chorava ao escutar o cunhado Paulinho da Viola tocar a belíssima "Nos Horizontes do Mundo", gravada no álbum do compositor em 1978.

Pouco tempo depois, a relação de Raphael com Anna Luiza, que passava por longos períodos de turbulência, tornou-se aparentemente insustentável. Num certo dia, após os dois se encontrarem para assinar a separação de corpos, ela saiu do cartório já com o passaporte em mãos e embarcou para os Estados Unidos. Por ser nascida naquele país e, portanto, não precisar de visto, Anna seguiu direto para San Diego, no sul da Califórnia. Em junho, um mês após a ex-esposa estar acomodada na cidade norte-americana, o violonista foi ao encontro dela. Os dois e um gato batizado por Raphael de Sibelius, em homenagem ao compositor finlandês de música erudita, passaram a morar em Pacific Beach, bairro conhecido por sua agitada vida noturna, com bares, restaurantes e boates. Segundo o próprio músico, "um ponto de encontro de roqueiros e gente jovem". Os motivos da ida do ex-casal para lá nunca ficaram bem

O LP *Relendo Dilermando Reis*, produzido por J. C. Botezelli, o Pelão, em um momento conturbado da vida de Raphael, rendeu US$ 5 mil ao violonista e uma homenagem a Dilermando abaixo do "padrão Raphael Rabello de qualidade".

explicados. O músico dizia publicamente que tentaria abrir as portas de sua carreira no mercado norte-americano, contando inclusive com o auxílio luxuoso do também violonista Laurindo Almeida, veterano estabelecido e consagrado nos Estados Unidos desde a década de 1950. Especulava-se também que aquela partida de ambos tinha como uma de suas motivações a oportunidade de se afastar do círculo das drogas do Rio de Janeiro, inclusive de possíveis problemas com pessoas ligadas ao tráfico. Razões à parte, já no ano de 1995 Raphael parecia estar bastante adaptado ao lugar. Pelo menos era o que ele demonstrava no caderno "Turismo" do jornal O *Globo*, na edição de 16 de março, ao dar várias dicas sobre seu novo habitat. Na entrevista, recomendava seus restaurantes preferidos, como o Lamont Grill, para os amantes de carne, e o Ichiban, para os apreciadores da culinária japonesa. Para se hospedar, a pedida era o Catamaran Resort Hotel. No campo da arte e da cultura, ele indicava a biblioteca pública do local, a orquestra sinfônica da San Diego Opera e o San Diego Museum of Art. Já para se divertir na noite, o conselho era ir a Point Loma, comparado ao instrumentista ao Baixo Leblon, do Rio de Janeiro, e onde ele costumava jogar sinuca.

Em termos musicais, Raphael não chegou a ter uma agenda movimentada na Califórnia. Num ritmo mais ralentado, a vida dava indícios de andar em compasso mais calmo, e planos de retornar definitivamente ao Brasil não apareciam em um horizonte tão próximo. Até surgir um compromisso inadiável. Desde o início da década de 1990, o violonista alentava o projeto de gravar um disco em homenagem à obra de Lourenço da Fonseca Barbosa, o popular Capiba, reconhecido com um dos "pais" do frevo e que tinha sido amigo do avô de Raphael, José de Queiroz Baptista, na Paraíba. O álbum teria patrocínio da Fundação Cultural Banco do Brasil e contaria com a participação de grandes nomes da música brasileira. Em outubro de 1995, o banco liberou a verba e o instrumentista embarcou para o país para dar início às gravações do álbum. Ao chegar no território brasileiro, o músico se viu novamente no olho do furacão das drogas. Já sem ter residência fixa no Brasil, hospedou-se no hotel Sheraton, entre o Leblon e São Conrado, cuja suíte seria, como diziam alguns de seus interlocutores, uma espécie de "QG do pó". De lá, Raphael só saía para as gravações na Cia. dos Técnicos — em uma produção conturbada, mais sessões foram realizadas em outros estúdios.

Ainda que com a vida pessoal mergulhada em turbulências, o instrumentista estava empolgado com a realização do disco. O CD marcaria a estreia do selo Rio Records, criado por Rabello para prestar homenagens a grandes compositores numa série chamada Orgulhos do Brasil. Pela primeira vez o violonista assinava a produção de um álbum, que teria a verba destinada à campanha Natal Sem Fome, programa desenvolvido pela Ação da Cidadania Contra a Fome, a Miséria e pela Vida, iniciativa do sociólogo Herbert de Souza, o Betinho. Em vez de ser comercializado em lojas, o disco seria vendido em mais de 5 mil agências do Banco do Brasil e em cerca de 6 mil pontos de apoio da Ação da Cidadania. Para se ter uma ideia da dimensão da expectativa, Raphael estimava

O disco em tributo a Capiba foi concebido para ter sua renda revertida à campanha Natal Sem Fome, programa desenvolvido pela Ação da Cidadania Contra a Fome, a Miséria e pela Vida, iniciativa do sociólogo Herbert de Souza, o Betinho.

que o álbum venderia 5 milhões de cópias, com o destino da verba assegurado para os objetivos iniciais do projeto. "A gente está cansado de fazer coisa beneficente onde o dinheiro nunca chega no lugar. Mas dessa forma, o dinheiro vai entrar direto. Os discos serão numerados, para melhor controle da vendagem, algo que as gravadoras não têm o hábito de fazer", declarou o músico à *Folha de S. Paulo*, na edição de 11 de fevereiro de 1995.

De novembro de 1994 a março do ano seguinte, com Raphael alternando momentos de calmaria e indocilidade, o álbum foi sendo erguido com as participações estelares de artistas do chamado "primeiro time" da música brasileira. O repertório de altíssimo nível, com canções que iam muito além do frevo, atestava a envergadura do talento de Capiba, não à toa chamado pelo violonista de "o Caymmi de Pernambuco". Nos microfones, Chico Buarque ("Recife, Cidade Lendária"), Paulinho da

Viola ("Valsa Verde"), Gal Costa ("Resto de Saudade"), Caetano Veloso ("Olinda, Cidade Eterna"), Maria Bethânia ("Cais do Porto"), Alceu Valença ("Igarassú" — com Rabello dando uma verdadeira aula de acompanhamento ao acentuar, intencionalmente e à sua maneira, tudo o que absorvera do estilo de Dino, somando ainda boa dose de influência flamenca), João Bosco e Paulo Moura ("A Mesma Rosa Amarela") e Ney Matogrosso ("Serenata Suburbana"). Além do violão marcante do protagonista, algumas das faixas contavam ainda com arranjos de cordas belíssimos escritos por Francis Hime. Lamentavelmente, *Mestre Capiba por Raphael Rabello e Convidados* seria lançado apenas em 2002. Durante sete anos, o álbum permaneceu na gaveta e só foi finalizado em agosto daquele ano, em um trabalho que exigiu que as fitas, oxidadas, tivessem de ser recuperadas. Na retomada para a finalização do disco, mais duas participações: a de Claudionor Germano em um *pot-pourri* de frevos e a de Milton Nascimento, em "Sino, Claro Sino", num dos momentos mais emocionantes de toda aquela produção. No estúdio, o cantor mineiro gravou sua parte, cantando apenas alguns versos da música. No restante, a pedido de Milton, deveria ser mantida a voz guia gravada inicialmente por Raphael Rabello. Pela primeira vez, e de maneira involuntária e impensada, o violonista apareceria cantando num álbum.

Fora dos estúdios, os excessos de Raphael Rabello começavam a cobrar seu preço, prejudicando, inclusive, a finalização do disco. No mês de março, os R$ 85 mil aportados pelo Banco do Brasil para a produção do álbum tinham evaporado. Hospedado em um hotel cuja diária não era das mais baratas, o violonista tirara o escorpião dos bolsos. O uso de cocaína aliado ao consumo de álcool produziam uma combinação comburente. Para se poder mensurar o quanto Rabello tinha aberto mão de controlar suas finanças, em vez de fechar um preço por uma garrafa de uísque no Sheraton, ele pagava a bebida por doses, o que custava pelo menos o triplo do valor inicial. O cenário da suíte do músico era de terra arrasada, com drogas, bitucas de cigarro e bebidas espalhadas pelo quarto. Com a intenção legítima de preservar as pessoas de quem gostava — e também de evitar que elas vissem aquelas imagens de degradação e, consequentemente, tentassem convencê-lo a sair daquela roda-viva —, o instrumentista deu ordens à recepção do hotel para que seus familiares fossem impedidos de visitá-lo. Vivendo em uma realidade paralela, o violonista viu sua fatura no Sheraton chegar a valores altíssimos, e ele acabou sendo despejado do hotel. Desesperado e irascível, ainda tentou, em vão, deixar seu relógio Rolex como garantia de que quitaria a dívida.

Francis Hime, Caetano Veloso e Raphael Rabello durante
as gravações do disco em homenagem a Capiba.

Era abril de 1995 e Raphael seguiu então para outro hotel, o *flat* Rio Design, no Leblon. Naquele período, alternava bons e maus momentos, oscilando frequentemente entre a fantasia e a realidade. Poucos meses antes, em fevereiro, uma passagem ilustrava por onde andava a cabeça do artista. Em um show do cantor Roberto Carlos, no Metropolitan, ao fim de cada música o espectador Raphael levantava-se da plateia e tirava seu chapéu da cabeça, como quem agradecesse aqueles aplausos que, obviamente, não eram dirigidos a ele. Ao término do espetáculo, ele foi até a porta do camarim para tentar falar com Roberto. A insistência foi tamanha que os seguranças da casa, em uma cena melancólica, tiveram de colocar o instrumentista para fora.

Num momento agudo no Rio Design, em um grito de desespero para tentar chamar a atenção de seus amigos e familiares para a sua situação, o músico colocou as pernas para fora da janela de seu quarto e ameaçou se jogar. Dali, foi levado para o hospital Samaritano, em Botafogo, numa tentativa de estabilizar um pouco aquele estado extremo de excitação e instabilidade. Era uma maneira de iniciar um novo processo de desintoxicação do violonista, ainda que o hospital não fosse especializado naquele tipo de tratamento. Tanto não era que no segundo dia em que Raphael estava internado, sua irmã Luciana recebeu uma encomenda destinada ao instrumentista e entregue por um rapaz que ela nunca tinha visto antes. Enquanto o irmão dormia, Luciana desconfiou daquele pacote mal embrulhado e decidiu abri-lo. Dentro, encontrou cocaína escondida em uma meia. Diante daquela fiscalização falha, optou-se por transferir Raphael para uma clínica localizada na rua Einstein, na Barra da Tijuca, o Núcleo Integrado de Psiquiatria (NIP).

No primeiro dia, 21 de abril, quando parentes puderam estar com o violonista, ele aparentava estar bem. Nos seguintes, como determina a praxe dos tratamentos para desintoxicação, o paciente ficou isolado de qualquer tipo de contato com conhecidos. O músico então teve algumas crises de abstinência da droga. Numa delas, quase chegou a quebrar uma mesa ao dar um soco nela em um rompante de fúria. Desejando sair da clínica, em outro momento de descontrole Raphael chutou seu violão que estava dentro do estojo de proteção, rachando parte do tampo do instrumento. Diante daquela situação, foi realizada uma reunião entre a família do músico e a equipe médica comandada pelo psiquiatra Carlos Eduardo Freire Estellita-Lins a fim de se decidir se o instrumentista deveria seguir internado ou não. Naquele momento, de forma completamente compreensiva, todos estavam extremamente vulneráveis e a situação levantava muito mais dúvidas e intuições do que convicções e verdades absolutas. Naquela bruma de incertezas e angústias, Raphael Rabello morreu aos 32 anos na manhã de 27 de abril, em decorrência de uma parada cardiorrespiratória. De lá, seu corpo foi velado no Museu da Imagem e do Som e, no dia seguinte, ele foi enterrado no cemitério São João Batista, em Botafogo.

Com poucas informações dadas pela família — mais uma vez, de forma completamente compreensiva naquele momento devastador —, a morte precoce de um dos maiores instrumentistas do país gerou repercussões negativas e inúmeras especulações. Passou-se a falar em overdose, em suicídio e até que o violonista havia morrido em decorrência de complicações ocasionadas pelo vírus HIV. Houve até matérias que escarafunchavam a via pela qual o músico havia contraído a doença, citando o uso de drogas injetáveis e dizendo que Raphael era um "frequentador assíduo de prostíbulos". Na ocasião, alguns músicos que conviveram com Raphael em seus últimos dias antes da internação deram depoimen-

Rafael

Herbet de Souza

Cara de anjo. Alma de gente. Maos de genio. Rafael Rabelo um ou o maior violonista do Brasil. Morreu. Desapareceu. Sumiu. Nao esta mais aqui. Nao toca mais. Acabou. Alguem disse que ele foi o Mozart do chorinho. Foi. Outro disse que musicos como ele surgem a cada cem anos. E'.

Mas o fato e' que ele morreu com 32 anos e poderia ter vivido muito mais, tocado muito mais e produzido beleza sem fim para toda a humanidade. Rafael nao poderia ter morrido, teria que ser tombado como pessoa, cercado de protecao da sociedade e dos amigos e deixado com seu violao para produzir essa fantastica musica que sabia produzir como ninguem.

A primeira vez que o vi foi numa exibicao no Ibase. Chegou uma hora antes e se concentrou numa sala. A sessao era gratis mas ele foi um tremendo profissional. Tocou para umas 100 pessoas e quase nao conseguia sair do local. Foi uma noite de ceu num mundo de purgatorio.

Depois nos vimos aqui e ali, com Ney Matogrosso e com tantos outros. E o tempo passava e seu genio crescia. Ele e Tom, ele e Elizete, ele e Dino Sete Cordas, ele e tanta gente.

Finalmente veio o projeto Capiba. Ele queria tocar Capiba e ve-lo cantado pelos melhores interpretes brasileiros. Conseguiu. Caetano, Chico, Gil, Ney e varios outros cantaram Capiba para Rafael e seu projeto apoiado pelo Centro Cultural Banco do Brasil. Quase chegou ao fim. Morreu antes.

Morreu. Essa foi a noticia que recebi pelo telefone num meio dia de um dia que chegou ao fim, que colocou um fim naquele que nunca poderia ter morrido.

Como poderia o anjo ter morrido? Quem autorizou tamnho absurdo?

Nos ceus desse pais, desce o mundo do silencio. Nos jornais do outro dia a noticia da morte e muitas outras informacoes que nao falavam de Rafael mas de aspectos menores e tristes de sua vida. O genio cedia lugar ao problema. O incrivel interprete e acompanhador cedia lugar as crises existenciais de alguem que nao aguentava seu proprio peso e o peso de sua fantastica sensibilidade, a juventude de sua gloria.

O que era fundamental ficou nas manchetes. Nos textos apenas a tragedia pessoal. O acidental ocupa o lugar do essencial. O incrivel cede lugar ao banal e triste, o terciario ocupa o primeiro lugar. A imagem se apaga, a ordem se inverte. Rafael desce aos infernos quando ja tocava no ceu ao lado de Tom, Elis, Gonzaguinha, Elizete e tantos outros e outras.

Foi pena que tivesse morrido. Foi triste perde-lo. Mas foi genio, foi fantastico, foi bom ter sido conteporaneo de Rafael, ter escutado Rafael, ter falado com ele, ter sido seu amigo. Foi fantastico ter trabalhado com ele a ideia de fazer o disco de Capiba para dedicar sua renda a acao da cidadania na luta contra a fome e a miseria. Como era sua vontade e como vai ser na realidade, enquanto a vida segue conosco.

Rafael cara de anjo, maos de genio, alma de gente. Amigo que se foi sem autorizacao. Infrator da vida. Meu irmao. Outro que se foi.

Rafael. Que me interessa se ele tinha Aids, se usava droga. O que me interessa e' que era um genio da musica, um dos ou o maior violonista brasileiro, uma alma fantastica e generosa, um anjo, o Mozart do Chorinho, o musico que nasce a cada cem anos. Um irmao.

O que me entristece profundamente e' que nao tocara jamais, nao movera jamais seus dedos para produzir uma beleza que nao tinha limites junto ao seu sorriso que o acompanhava no violao!

Betinho

Betinho

O emocionado texto de Herbert de Souza, o Betinho, escrito após a morte de Raphael Rabello.

Nota de repúdio ao noticiário sensacionalista sobre a morte de Raphael, publicada no jornal O *Estado de S. Paulo* em 19/5/1995.

tos sobre o estado do colega. Paulo Moura, por exemplo, que dividiu o palco com o violonista em sua última apresentação, na boate Ritmo, em São Conrado, declarou que durante uma temporada de shows o jovem instrumentista chegou a varar três noites sem dormir.

Nos dias seguintes à morte de Raphael Rabello, mais de cem artistas liderados por Betinho e Chico Buarque publicaram no jornal O *Estado de S. Paulo* uma nota de repúdio à cobertura realizada por parte da imprensa. Um trecho dizia o seguinte: "A exploração sensacionalista de aspectos de sua vida pessoal, sobretudo a partir de afirmações inverídicas e desleais, profana a liberdade de imprensa, desrespeita a dor de seus inúmeros amigos e ofende a sensibilidade do público leitor. Conforta-nos saber que esse não foi o comportamento predominante na imprensa. Cabe aqui a denúncia de um grave preconceito: parece que tudo aquilo que promove e enaltece uma estrela internacional serve apenas para sujar e aviltar, caso o protagonista seja brasileiro. *Pop star* pode; violonista caboclo, não".

O texto de Ruy Fabiano, irmão de Raphael, publicado no jornal O *Estado de S. Paulo* de 13/1/1996 (versão condensada do artigo do *Correio Braziliense*), trazendo esclarecimentos sobre a morte do violonista.

Oito meses e quatro dias após a morte de Raphael Rabello, o jornalista Ruy Fabiano, irmão do músico, publicou um extenso artigo na edição de 31 de dezembro de 1995 do jornal *Correio Braziliense* (republicado posteriormente no jornal *O Estado de S. Paulo*). No texto, que representava uma espécie de "voz oficial" da família, o autor detalhava o "calvário" pelo qual passou o violonista. Ali, Ruy Fabiano falava de como o irmão foi envolvido pelos "soldados do pó" e ressaltava que o instrumentista não havia morrido em decorrência da Aids, dizendo inclusive que os sintomas da doença (como, por exemplo, a perda expressiva de peso) nunca chegaram a se manifestar no artista. A matéria acabaria por consolidar versões oficiais sobre a causa da morte de Raphael e a maneira pela qual ele havia contraído o vírus HIV. Em relação ao óbito do músico, o autor, assim como outros membros da família, fazia acusações contra a clínica onde Rabello morreu. De acordo com o texto publicado no *Correio Braziliense*, o instrumentista teria sido sedado na tentativa de se conter surtos de abstinência de cocaína. Ainda segundo a matéria, Raphael assim como outros familiares, tinha histórico de apneia — suspensão momentânea da respiração —; portanto, deveria ter algum enfermeiro vigiando seu sono, algo que não teria acontecido e ele acabou morrendo enquanto dormia. Mesmo com aquela alegação de negligência médica, a família nunca entrou com uma ação judicial contra o Núcleo Integrado de Psiquiatria.

Outro ponto abordado pelo artigo de Fabiano era a maneira pela qual o violonista foi infectado pelo vírus HIV. De acordo com o texto, após sofrer aquele acidente de táxi, em maio de 1989, no Leblon, Raphael teria sido submetido a uma transfusão de sangue no hospital Miguel Couto. Naquele procedimento, acabaria contaminado. No desespero subsequente, cairia "nas malhas das drogas". Porém, as duas pessoas que estiveram com o músico durante aqueles primeiros-socorros, Liana, então companheira do violonista, e Angela, irmã dele, afirmam que o instrumentista não passou por nenhuma transfusão. Segundo a direção do Miguel Couto, o hospital foi atingido por uma enchente em 2008 e, em consequência disso, todos os prontuários de atendimento daquele ano para trás foram perdidos. De lá, Raphael foi transferido para o Samaritano, onde passou por uma cirurgia bem-sucedida no úmero do seu braço direito. Tanto o cirurgião Francisco Silvestre Godinho, que operou o artista, quanto o clínico Luiz Alfredo Lamy negam que ele tenha sido submetido a uma transfusão de sangue naquele hospital. A família também nunca moveu um processo contra o Miguel Couto.

Independentemente das versões, sabe-se que Raphael Rabello não morreu em decorrência da Aids. A alguns de seus interlocutores próximos, ele demonstrava preocupação ao repetir que "não queria envergonhar as filhas". À irmã Luciana ele chegou a dizer que não "ficaria com cara de macaco chupado como a de Cazuza", cantor que morreu em decorrência da Aids e teve sua debilidade física vergonhosa e nacionalmente exposta em uma capa ultrassensacionalista da revista *Veja*. A preocupação do violonista era compreensível. À época, havia um tsunami de preconceitos em relação à Aids. Relativamente recente no Brasil, a enfermidade era vista como uma doença de drogados (contraída pelo compartilhamento de seringas durante o uso de substâncias injetáveis) ou de homossexuais (transmitida via relação sexual). Para se ter uma ideia, a Aids era estampada em manchetes de inúmeros jornais como a "peste gay". Além da imagem, Raphael estava preocupado com o legado que deixaria para o público e para suas filhas — Diana tinha 12 anos e Rachel, 3, quando ele morreu. Naquela corrida contra o tempo, o músico quis deixar o maior número de gravações que pudessem ajudar no sustento e na criação de suas meninas caso ele viesse a morrer em pouco tempo. Apesar da intenção ser a melhor possível, ela não surtiu efeito. Já que, devido a uma ação trabalhista movida por um ex-motorista particular de Rabello, o inventário dele segue inconcluso na Justiça. Os únicos fonogramas pertencentes a suas herdeiras, Diana e Rachel, são os dois discos gravados pela Visom: *Rafael Rabello Interpreta Radamés Gnattali*, de 1987, e *Rafael Rabello* (informalmente chamado de *Lamentos do Morro*), de 1988.

Até hoje permanece a conjectura sobre até onde Raphael Rabello poderia ter chegado se não tivesse morrido tão cedo. Mesmo com o exercício de futurologia e de especulação, a pergunta nunca será respondida. O que se sabe é que em menos de duas décadas — de 1976, ano de sua estreia profissional, até 1995, data de seu falecimento — ele lançou dezenove discos e atuou em mais de seiscentas faixas de álbuns de grandes artistas, além de seis CDs póstumos. Como se não bastasse ser um dos maiores acompanhadores de todos os tempos na música brasileira, ele revolucionou o violão de sete cordas ao levar o instrumento à condição de solista. Não por acaso, desde a morte dele todo e qualquer violonista que se proponha a estudar o instrumento de seis ou de sete cordas inevitavelmente passa por sua obra, por sua herança, por seu legado. Em 1984, no romance *O ano da morte de Ricardo Reis*, José Saramago, com sua verve acachapante, definiu a morte como "ter estado e já não estar". Partindo dessa definição do escritor português, pode-se dizer que Raphael Rabello ainda está vivo, já que sua música está por aí, sem o menor indício de que um dia deixará de estar.

Raphael em um de seus últimos registros ao lado das filhas, a caçula Rachel e a primogênita Diana.

Capítulo 13
BACK TO LIFE

"Não preciso do fim para chegar."

Manoel de Barros

Quando Sérgio Cabral escreveu na contracapa do LP *Raphael Rabello & Dino 7 Cordas* que os dois equivaliam a Noel Rosa (1910-1937) e Chico Buarque (1944) quando o assunto era violão brasileiro, ele lançou mão da comparação baseado na percepção de que aquela reunião também significava o encontro entre dois artistas geniais, revolucionários e de gerações diferentes. Na analogia do crítico musical, por um questão etária Dino representava o "Poeta da Vila", e Raphael, Chico. Com a morte precoce do violonista, a correspondência encontraria em Noel um par mais adequado. O autor de clássicos como "Com que Roupa", "Fita Amarela", "Três Apitos", "Conversa de Botequim", "Último Desejo" e "As Pastorinhas" fundamentou e sulcou os caminhos do samba brasileiro. Como um cometa que riscou o céu de Vila Isabel e sobrevoou a Penha e os cabarés da Lapa, morto aos 26 anos em decorrência de tuberculose, deixou a impressionante quantidade de mais de quatrocentas composições assinadas por ele.

Raphael Rabello não fez por menos e, em pouquíssimo tempo, transformou a história de seu instrumento. Lançou dezenove discos — sendo alguns deles participando de grupos, como Os Carioquinhas, Choros do Brasil, formado por Turíbio Santos, e a Camerata Carioca, criada por Joel Nascimento e batizada posteriormente por Hermínio Bello de Carvalho. De 1976, ano em que se profissionalizou, até 1995, seria mais fácil contar os nomes com quem ele não gravou do que o contrário. Difícil catalogar com precisão e cravar o número exato de álbuns que tiveram a participação de Raphael, mas seguramente o violonista atuou em mais de seiscentas faixas da música brasileira.

A lista de artistas a quem ele emprestou seu violão é de tirar o fôlego, comprovando a versatilidade do instrumentista e o quanto ele foi além do choro, gênero primordial de sua formação. A extensa relação vai de Chico Buarque a Paul Simon, de Maria Bethânia a Angélica, de Jamelão a Amelinha, de Zé Ramalho a Roberto Ribeiro, de Nara Leão a Agepê, de Paulinho da Viola a Gal Costa. Sem distinção, com os mesmos profissionalismo e brilhantismo que gravou com Radamés Gnattali, Paulo Moura, Caetano Veloso, Gilberto Gil, Tom Jobim, Hermeto Pascoal, Canhoto da Paraíba e Nana Caymmi, Raphael também dividiu estúdios com Mussum, Cauby Peixoto, Dicró, Cazuza, Luiz Ayrão, Eliana de Lima, João Nogueira, Clara Nunes, Ivan Lins, Alcione, Fagner, Beth Carvalho, Moraes Moreira, Angela Maria, Taiguara e Moacyr Luz. Tudo isso com uma marca. Na maioria desses discos, o ouvinte não precisa recorrer à ficha técnica. Basta escutar para saber — ao menos suspeitar — que quem está tocando ali é Raphael Rabello. É como ler um texto de Guimarães Rosa, ver uma tela de Mark Rothko ou assistir a um filme de Wong Kar-Wai.

Sérgio Cabral detectou isso desde cedo. O crítico musical, que conheceu o violonista quando este tinha apenas 13 anos, se divertia ao fazer a mesma brincadeira sempre que via Raphael, dizendo: "Você é o único músico que toda vez que eu encontro posso falar literalmente: você está crescendo, hein?". Antes de o instrumentista aparecer com Os Carioquinhas — grupo, aliás, cujo nome foi dado por Cabral —, o crítico foi procurado por Oscar Castro-Neves, violonista, compositor e arranjador que despontara na época da bossa nova, e dele ouviu uma angustiada confissão: "Sérgio, precisamos fazer algo para preservar o Dino. Esse cara vai morrer um dia e ninguém mais vai tocar assim". Pouco mais de um ano após o lançamento do disco *Os Carioquinhas no Choro*, Castro-Neves já tinha encontrado a resposta. Ele produzia o álbum *Do Lago à Cachoeira*, de Sérgio Ricardo, o ótimo compositor que na final do 3º Festival da Record, de 1967, acossado por uma plateia histérica, espatifou seu violão Di Giorgio contra o chão. Por indicação do flautista Copinha, o produtor soube de alguém que "tocava tão bem quanto Dino" e convidou Raphael Rabello para participar.

Depois de esmiuçar e decodificar o violão de Dino 7 Cordas, a virtude de Raphael foi não se limitar a seguir apenas a escola criada por aquele grande referencial. Estudioso obstinado, ele foi descobrir que o violão tinha uma trajetória riquíssima, construída por inúmeras mãos. Assim, em seu instrumento ele carregou um pouco de cada um que havia contribuído para escrever aquela história, no Brasil e no mundo. João Pernambuco, Django Reinhardt, Garoto, Andrés Segovia, Quincas Laranjeiras, Francisco Tárrega, Satyro Bilhar, Agustín Barrios, Baden Powell, Paco de Lucía, Dilermando Reis, Luiz Bonfá, Laurindo Almeida,

Américo Jacomino (o Canhoto), Paulinho Nogueira, Cesar Faria e, claro, Dino 7 Cordas e Jayme Florence, o Meira. Todos fermentaram no caldeirão de Raphael Rabello, que soube processar aquele sem-fim de informações e construir sua própria personalidade musical.

Não apenas os violonistas foram determinantes para a construção daquela identidade. Compositores e nomes ligados a outros instrumentos também contribuíram de maneira importante, como Radamés Gnattali, Pixinguinha, Ernesto Nazareth, Jacob do Bandolim e os autores clássicos, principalmente Mozart, considerado um "mito" por Raphael. Outra figura marcante para Rabello foi Heitor Villa-Lobos, de quem ele, no programa *Ensaio*, da TV Cultura, em 1993, antes de tocar o "Estudo nº 1" se considerou "fichinha, tiete". No ano em que morreu, o violonista fez sua única atuação no cinema: uma participação breve e discreta em que ele interpretou justamente o papel de Villa-Lobos no filme *O Mandarim*, do diretor Julio Bressane. O repertório de música popular brasileira, com choro, samba, valsas e gêneros do Nordeste, presente na casa da família Rabello desde os tempos de Petrópolis com o avô José de Queiroz Baptista, também foi determinante para a formação do artista. Graças a toda essa bagagem e a um talento absolutamente fora dos padrões, o instrumentista entrou para a história como o cara que transformou o sete cordas em um instrumento solista e também como o maior acompanhador de violão que o país já conheceu. Com outros músicos, mais do que tocar, ele queria trocar junto.

Tudo isso foi condensado não só nos dezenove álbuns que Raphael Rabello lançou em vida e nas mais de seiscentas faixas de que ele participou, mas também em trabalhos que chegaram ao mercado postumamente. Após a morte do violonista, foram lançados seis discos, todos seguindo os formatos que marcaram sua carreira: solo, em duo com algum outro solista, em dupla com algum cantor e, por fim, com um grupo.

Além do álbum em homenagem a Capiba (2002), Raphael não viu o lançamento de *Em Concerto* (1997), resultado daquele show com Armandinho Macedo. Em 1996, outro registro ao vivo do violonista chegou ao público. O disco *Brasil Musical* — integrante da série Música Viva, idealizada pela Tom Brasil Produções Musicais, do também violonista André Geraissati — trazia sete faixas de uma performance de Armandinho (sem a participação de Rabello) e cinco músicas gravadas de uma apresentação de Raphael no Sesc Pompeia, em 1993 (sem a participação de Armandinho). Nas três primeiras, "Tocata em Ritmo de Samba nº 2", "Brasiliana nº 1" (ambas de Radamés Gnattali) e "Lamentos do

Morro" (de Garoto), ele era acompanhado apenas por Dininho, no contrabaixo mariachi. Nas duas últimas, ao lado de Dininho, Luciana Rabello (cavaquinho), Mauricio Carrilho (violão) e Wilson das Neves (bateria), o violonista interpretou os movimentos dedicados a Pixinguinha e a Chiquinha Gonzaga em "Retratos", também de Radamés. Em todas as faixas, o solista aparecia até mais solto e improvisador do que o habitual, cuspindo vigor e virtuosismo pelas ventas. Wilson das Neves, que acompanhou meio mundo da música brasileira, teve o privilégio de entender as manhas do violão de Baden Powell e de Raphael. Dizia que os dois foram os mais impressionantes violonistas com quem ele compartilhou palcos e estúdios. Mais do que isso, o baterista contava que em muitas das vezes tinha de olhar para Rabello para acreditar que aquele som todo vinha de um sujeito só; sem olhar, poderia jurar que eram pelo menos três caras tocando. O principal ponto negativo do álbum ficava por conta da ficha técnica, com erros grotescos em relação aos nomes e aos créditos das faixas.

Em 2002, mesmo ano em que foi lançado *Mestre Capiba por Raphael Rabello e Convidados*, mais dois CDs do violonista chegaram às lojas. O primeiro deles entrava para o rol dos impecáveis álbuns do músico em dueto com cantores. Para quem achava que Rabello havia esgotado todas as possibilidades da excelência em matéria de acompanhamento de intérpretes nas parcerias com Elizeth Cardoso e Ney Matogrosso, eis que surgia um disco com Nelson Gonçalves. Produzido por José Milton, *Nelson Gonçalves & Raphael Rabello* era, como bem definiu o crítico Tárik de Souza no *Jornal do Brasil*, "um Frankenstein do bem", já que reunia registros realizados para diferentes projetos.

Das catorze faixas, oito tinham sido gravadas ao vivo no show que a dupla realizara nos dias 2, 3 e 4 de novembro de 1989 no Olympia, em São Paulo. O repertório trazia dois solos de Raphael Rabello, "Samba do Avião" e "Luiza" — ambas como parte do projeto que ele começava a esboçar na época em homenagem a Tom Jobim —, além de composições de Lupicínio Rodrigues ("Quem Há de Dizer" e "Nunca"), Cartola ("As Rosas Não Falam"), Sílvio Caldas e Orestes Barbosa ("Chão de Estrelas"), Benedicto Lacerda e Mário Lago ("Número Um") e Sérgio Bittencourt ("Naquela Mesa"). Destas, as quatro últimas tinham sido lançadas no disco *50 Anos de Boemia — Ao Vivo*, de Nelson Gonçalves, mas eram *takes* diferentes, feitos em uma das outras noites do espetáculo gravado no Olympia. Outras quatro faixas — "Súplica" (José Marcílio, Ferjala Riscala e Otávio Gabus Mendes), "Velho Realejo" (Custódio

O disco dedicado a Capiba, que trazia convidados como Alceu Valença, foi lançado somente sete anos após o falecimento do violonista.

Em Raphael Rabello, Nelson Gonçalves encontrou um violão com "pressão e sabedoria" para dialogar com seu vozeirão.

Mesquita e Sadi Cabral), "Deusa da Minha Rua" (Newton Teixeira e Jorge Foraj; com Raphael entrelaçando seu violão ao de seu mestre Dino 7 Cordas) e "Três Lágrimas" (Ary Barroso; com participação de Caçulinha no acordeon) — foram gravadas em estúdio, sem edições, mantendo o mesmo clima do ao vivo. Por fim, duas músicas foram pinçadas de outros álbuns: "Fracasso", de Mário Lago, fora feita originalmente para o disco *Nada Além*, de 1991, em homenagem aos 80 anos do compositor, ator e poeta; "Pra Esquecer" havia sido registrada no mesmo ano para o LP *Songbook — Noel Rosa*. Num "clima de seresta moderna" (em outra ótima definição, esta feita pelo crítico Mauro Ferreira no encarte do CD), o vozeirão de barítono de Nelson encontrava no violão robusto, eloquente e contemporâneo de Raphael um companheiro ideal. Satisfeito, o cantor, com seu linguajar à moda antiga, exaltava a parceria na época dos shows da dupla em 1989, dizendo que o violonista era intuitivo e sentia quando ele ia dar uma "meia trava" na música, deixando a interpretação "muito emocionante". Assim como no álbum *Em Concerto*, feito com Armandinho, os registros de Rabello com Nelson Gonçalves foram realizados em cima de um palco, sem a intenção inicial de serem um produto fonográfico; se tivessem sido idealizados e concebidos dentro de um estúdio, certamente haveria muito mais rigor em relação à qualidade das interpretações, que, sem dúvidas, já eram muito boas. Exigente do jeito que era, muito provavelmente o violonista gostaria de apresentar algo mais bem cuidado. Essa seria uma das explicações para o CD ter sido lançado somente oito anos após a morte do instrumentista.

O outro disco de Raphael Rabello lançado em 2002, *Todas as Canções*, encerrava em sua essência uma importância sem tamanho ao revelar uma faceta quase que desconhecida do músico: a de compositor. Até então, o violonista havia gravado apenas três temas seus — "Sete Cordas", do primeiro álbum solo dele, *Rafael Sete Cordas*, de 1982; "Pedra do Leme", parceria com Toquinho registrada no LP *Rafael Rabello*, de 1988; e "Partners", interpretada por ele e Romero Lubambo em *Shades of Rio*, de 1992. Em *Todas as Canções*, a irmã de Raphael, Amelia Rabello, dava voz, como o título sugeria, a catorze canções compostas por Raphael com versos de dois dos maiores letristas da música brasileira, seu cunhado, Paulo César Pinheiro, e Aldir Blanc.

Antes mesmo de se casar com Luciana Rabello, Paulinho Pinheiro já conhecia o violonista de rodas de samba e choro. Pouco tempo depois, ele foi o responsável por reunir Baden Powell, Meira e Raphael — as três gerações, professor e seus dois maiores alunos — no batizado do filho do

No início do anos 1980, Clara Nunes (de pé no centro) classificou Raphael (a seu lado) como "o maior violão do samba"; em gravações de discos como o da cantora, o violonista pôde conviver com grandes nomes da música brasileira, como Paulo César Pinheiro (sentado no chão à esquerda), que depois se tornou o principal parceiro da obra autoral de Rabello.

primeiro, Philippe, do qual ele mesmo, Paulinho, foi o padrinho. Ainda no fim dos anos 1970, começou a convidar o jovem instrumentista para participar nos discos de samba que tinham sua produção, como os de João Nogueira e Clara Nunes, sua esposa na época. Naquelas gravações e também nas rodas, Paulo César Pinheiro começou a perceber que Raphael, que não parava de exercitar os dedos tocando seu violão, fazia frases interessantes em seu instrumento que sugeriam boas ideias para músicas. O instrumentista tocava aquilo descompromissadamente, e nem se dava conta de tal possibilidade. Ali, com seu ouvido apuradíssimo e a habitual percepção de poeta, Paulinho Pinheiro anteviu o compositor Raphael. "Você, brincando com o seu violão, faz música o tempo inteiro, você tem que compor. As pessoas reconhecem muito mais o criador do que o instrumentista, o virtuose. O virtuose desaparece com o tempo", apontou ele ao garoto. Raphael Rabello contrariou a estatística e foi uma exceção à regra. Com uma trajetória de 99% de instrumentista virtuose e 1% de compositor, mesmo após sua morte ele não desapareceu com o passar dos anos.

Pouco tempo depois, Raphael deu provas de ter ouvido aquele conselho e mostrou ao experiente compositor uma música recém-feita, a fim de que este escrevesse uma letra. Mais rápido do que velocista olímpico, Paulo César Pinheiro canetou versos primorosos e assim nasceu a primeira parceria dos dois, "Mulher da Vida". Empolgado por ouvir pela primeira vez um tema seu ganhar palavras, Raphael começou a compor um atrás do outro e seguiu entregando suas criações em fitas cassete ao parceiro. Na sequência, surgiram "Paixão" e "Sete Cordas", gravada em 1982 pelo violonista em seu primeiro LP solo de forma instrumental. A letra, um retrato esplendoroso da relação do jovem com o instrumento, ao menos foi exposta no encarte do álbum. Ainda naquele início de parceria, a dupla compôs "Peito Aberto", que seria interpretada por Elis Regina, mas acabou não sendo gravada pois a cantora morreu antes, em janeiro de 1982. Segundo Raphael, aquela fatalidade — e sua consequente frustração — acabou fazendo com que ele não se animasse mais em mostrar suas criações para outros intérpretes. Mesmo assim, no ano seguinte João Nogueira gravou o dolente "Retrato de Saudade", de Rabello e Paulo César Pinheiro, em seu disco *Bem Transado*.

Outras composições daquela parceria acabaram indo a público somente dez anos depois, quando Amelia Rabello as apresentou no show do projeto Dois por Quatro realizado em janeiro de 1993 no Teatro Clara Nunes, no Rio. Além de "Sete Cordas", "Retrato de Saudade", "Paixão" e "Peito Aberto", ela cantou "Ponto de Vista", "Dois Amores" e "Serenata da Saudade". No espetáculo, Amelia também deu voz pela primeira vez a três canções de seu irmão feitas com outro letrista incensado, Aldir Blanc. Raphael e o compositor se conheceram no fim dos anos 1970. Foram apresentados um ao outro por J. C. Botezelli, o popular Pelão, produtor de álbuns históricos de Cartola e Nelson Cavaquinho. Já na década seguinte, o violonista mostrou dois temas seus para Aldir, que logo após o primeiro encontro as letrou. Eram a autobiográfica "Galho de Goiabeira", relembrando a juventude do poeta em Paquetá, e "Anel de Ouro". Tempos mais tarde, o instrumentista telefonou para o parceiro dizendo que precisava lhe mostrar outra música. Raphael queria que Aldir aprontasse logo os versos pois queria fazer uma homenagem a alguém. Sem dizer para quem seria, ele apenas pediu ao amigo que a letra

Amelia Rabello, a principal intérprete das canções compostas por seu irmão Raphael; uma faceta do violonista que emergiu em disco após sua morte com parcerias entre ele e dois dos maiores letristas do Brasil, Paulo César Pinheiro e Aldir Blanc.

falasse sobre a Bahia. Com aquele mote, nasceu "Ouro e Fogo". Logo depois do show no Teatro Clara Nunes, Amelia entrou em estúdio para gravar músicas para o seu disco *Saravá Brasil*, lançado ainda em 1993 no Japão e, no ano seguinte, no Brasil, com o nome *Amelia Rabello*. Naquele álbum ela incluiu mais duas obras da parceria entre seu irmão e Paulo César Pinheiro: "Salmo" e o afro-samba "Camará" — neste, o violão que Raphael havia gravado ganhou o acréscimo da voz do próprio letrista, do piano de Cristóvão Bastos e da percussão de Armando Marçal e Beto Cazes.

No início dos anos 2000, quando surgiu a ideia de lançar um CD reunindo toda a obra do Raphael Rabello compositor, a cantora já tinha o registro ao vivo de onze canções do irmão — nove com Paulinho Pinheiro e mais duas com Aldir Blanc. Ainda havia o trecho de uma gravação ao vivo de "Galho de Goiabeira" feita por ela e pelo violonista em um show de 1989 no teatro do Centro Cultural Candido Mendes, no Rio de Janeiro.

Como o projeto propunha que fossem gravadas todas as canções compostas por Raphael Rabello, lembrou-se que Paulo César Pinheiro ainda tinha em seu vasto baú músicas que o violonista havia lhe mandado no passado em fitas cassete. Assim, o poeta se voltou àquele material e começou a trabalhar nos temas. Logo, rebentaram "Flor do Sono", "Canção do Milagre", "Cofre Vazio" e a canção que adequadamente batizaria o novo álbum, "Todas as Canções". Ladeada por grandes músicos — Mauricio Carrilho (no violão sete cordas e assinando a maioria dos arranjos) e Luciana Rabello (no cavaquinho em algumas faixas) e as participações de nomes como Sivuca (acordeon em "Flor do Sono"), Cristóvão Bastos (piano e arranjo em "Todas as Canções"), Cristiano Alves (clarinete), Hugo Pilger (violoncelo), Marcelo Bernardes (clarinete) e Ricardo Pontes (flauta) —, Amelia Rabello entrou em estúdio entre julho e agosto de 2001 e interpretou as novas parcerias entre seu irmão e Paulo César Pinheiro. Além delas, o trecho existente de "Galho de Goiabeira" ganhou arranjo de Dininho (contrabaixo) com o reforço do nono irmão de Raphael, Luiz Moura (violão), de Afonso Machado (bandolim), de Luciana Rabello (cavaquinho) e de Celsinho Silva (pandeiro).

Lançado no início de 2002, *Todas as Canções*, como bem definiu Paulo César Pinheiro no encarte, era um disco "que não foi feito para dançar, mas para se aproximar de Deus". Com um compêndio consistente de dezoito músicas, o álbum cumpria o importante papel de revelar o lado compositor de Raphael. O material apontava o início de um caminho onde o artista poderia chegar se tivesse tido um prazo maior para desenvolver aquela faceta. Como partiu cedo, Rabello não teve tempo para deixar como autor a mesma marca que deixou como intérprete — o que, convenhamos, talvez ele nunca conseguisse, já que a atuação dele como instrumentista foi algo de um brilhantismo poucas vezes visto na história da música brasileira. Daquele conjunto de canções, as que alcançaram maior destaque foram "Sete Cordas", incluída merecidamente em quase todos os shows posteriores de Amelia, "Camará", por ter ganhado registro vocal do compositor Paulo César Pinheiro, e "Salmo", gravada por Maria Bethânia no disco *Oásis de Bethânia*, em 2011.

No fim das contas, Amelia Rabello acabou se tornando a principal intérprete da obra autoral de Raphael. Nascida em 1955, ela começou a despontar no meio musical em 1972, quando seu irmão tinha apenas 10 anos. Na ocasião, Amelia ficou em segundo lugar no Festival Universitá-

O disco *Todas as Canções*, de 2002, com Amelia Rabello cantando as composições do irmão.

rio da TV Tupi, no Rio de Janeiro, ao defender "Paralelo", de autoria de Tadeu Leal e Rick Ventura, à época namorado da cantora e também responsável por dar as primeiras dicas informais ao jovem Raphael no violão. Quatro anos depois, como se sabe, o caçula dos nove filhos de Seu Ruy e Dona Maria Amelia começou a ter aulas com o legendário Meira, ganhou seu primeiro violão de sete cordas, formou seu primeiro conjunto, Os Carioquinhas, e deu início a uma ascensão musical meteórica. Amelia não pôde ver aquele desenvolvimento de perto, já que havia se mudado para Hannover, na Alemanha, onde foi estudar na Faculdade de Música e Teatro. Mas nem por isso ela deixou de ter notícias — pessoais e profissionais — de seu irmão. Naquele período, os dois trocavam uma série de correspondências. Em uma das cartas, datada de 19 de julho de 1976, Raphael contava à irmã sobre o seu primeiro violão sete cordas Do Souto. "Papai teve prazer em me dar um bom violão pois ele adora sentar na sala aos domingos à tarde e ouvir-me tocar aqueles chorinhos do Pixinguinha, Ernesto Nazareth, João Pernambuco etc. O seu preço é compensado com a sua sonoridade maravilhosa. Eu tenho ido a lugares onde só tem gente que entende do assunto (Meira, Déo Rian) e o violão tem sido muito elogiado", dizia o jovem violonista de apenas 13 anos. Na sequência, ele ainda encomendava à sua irmã Amelia jogos de cordas para utilizar no instrumento. "As cordas, você manda (quando puder). Quatro encordoamentos de aço (tem que ser aço, eu só toco em aço) de seis cordas e duas cordas dó de violoncelo. A sétima corda é afinada em dó e a melhor é a do cello. A marca é La Bella. Compre mesmo um violão, estude, que este instrumento é realmente apaixonante. A cada dia eu me convenço que é o instrumento mais bonito que existe. Beijos do Rafael". Quando voltou ao Brasil, Amelia encontrou Raphael já profissionalizado e considerado o principal sucessor de Dino 7 Cordas. A partir dos anos 1980, ela e o irmão se apresentaram juntos por diversas vezes, dividindo palcos no país e no exterior. Extremamente afinada — e elogiada por nomes como Caetano Veloso, que compôs "Samba para Amelia" em homenagem a ela —, coube a Amelia Rabello dar voz ao cancioneiro de Raphael, cujas composições, em sua maioria, devido à complexidade de algumas melodias, não são nenhuma moleza de se interpretar. Aldir Blanc, um dos parceiros do violonista no disco *Todas as Canções*, definiu como poucos, no encarte do CD, o encontro entre Raphael e Amelia. "O violão de Raphael Rabello é milagroso, não no sentido pouco importante em terra de magos e ascetas do lucro. Ele nos cura, nos ilumina, nos transporta a uma radiância do espaço-tempo onde encontramos Donga, Sinhô, Noel, Garoto, Nelson Cavaquinho, Cartola, Zé Kéti, Maurício Tapajós, João Nogueira [...]. Neste CD, a vida imitou a arte, mostrando, mais uma vez, que a música popular renasce, recria-se, perpetua-se, porque, como no samba antológico, Amelia é que é irmã e cantora de verdade".

* * *

Em outubro de 2012, às vésperas do aniversário de 50 anos de Raphael, foi lançado o disco *Um Abraço no Raphael Rabello*. Com produção artística de Rogério Caetano e produção executiva de Luciana Rabello, o álbum reunia composições em tributo ao músico feitas por violonistas de gerações posteriores à do homenageado, como o próprio Rogerinho Caetano, Yamandu Costa, Alessandro Penezzi, Fernando César e Julião Rabello Pinheiro, filho de Luciana e Paulo César Pinheiro e, portanto, sobrinho de Raphael. Violonistas contemporâneos do instrumentista, como Mauricio Carrilho, Marco Pereira e João Lyra também assinavam temas próprios. Por fim, atestando o quanto o homenageado

O disco em homenagem a Raphael, lançado em 2012, com produção de Rogério Caetano e Luciana Rabello.

influenciou não apenas aqueles que tocavam o mesmo instrumento do que ele, nomes como Hamilton de Holanda (bandolim) e Cristóvão Bastos (piano) também registraram suas músicas em reverência a Raphael. Além das inspiradas composições, o instrumental do disco contava com nomes de respeito na música brasileira como Bebê Kramer, Eduardo Neves e Guto Wirtti, além dos compositores, claro, e de amigos do violonista como Jorginho do Pandeiro, Celsinho Silva, Leo Gandelman e a irmã Luciana Rabello. Um tributo muito benfeito e, em tese, difícil de ser realizado, considerando-se o desafio de se homenagear um artista que deixou uma marca muito mais indelével como intérprete do que como compositor.

    Após a morte de Raphael Rabello, tinham sido lançados cinco discos póstumos do artista — *Em Concerto* (1997), com Armandinho; *Brasil Musical* (1996), registro de uma apresentação do violonista no Sesc Pompeia, em 1993; *Todas as Canções* (2002), com Amelia Rabello descortinando a faceta autoral do irmão em parcerias com Paulo César Pinheiro e Aldir Blanc; *Nelson Gonçalves & Raphael Rabello* (2002), aula de interpretação em um duo de artistas de diferentes gerações; e *Mestre Capiba por Raphael Rabello e Convidados*, produção conturbada, mas de resultado à altura do talento do instrumentista, do compositor homenageado e do time respeitadíssimo de cantores. Em paralelo a esses lançamentos, surgiam esporadicamente na internet vídeos caseiros e outros amadores de apresentações do violonista. Além disso, outro legado ligado ao artista: em abril de 1998 foi criada em Brasília a Escola Brasileira de Choro Raphael Rabello, iniciativa de Reco do Bandolim concretizando um desejo antigo do músico.

Ainda assim, faltava um registro solo de Raphael, sacramentando a dimensão da revolução que ele estabeleceu em seu instrumento. O canto do cisne de um dos maiores violonistas que o mundo já conheceu. Pois, no fim de 2005, esse registro chegou aos ouvidos do público com o disco *Cry, My Guitar*. Produzido por Dean Kamei, do reconhecido selo norte-americano GSP Recordings (Guitar Solo Publications), sediado em San Francisco. Nascido em Honolulu, no Havaí, em 1950, o produtor se mudou com sua família para a Califórnia quando tinha 14 anos. Fanático por violão, em 1985 ele criou uma editora de partituras com obras relacionadas ao instrumento. Quatro anos depois, fundou o selo e começou a gravar discos de violonistas importantes. Ainda na juventude, o contato de Dean Kamei com a música brasileira era basicamente limitado, como a maioria de seus conterrâneos, aos *standards* de Tom Jobim, cuja obra teve bastante penetração nos Estados Unidos. Já na década de 1990, hipnotizado principalmente pelos violões de Luiz Bonfá e Baden Powell, ele iniciou uma série de viagens ao Brasil e passou a ter contato com as obras de Garoto, Dilermando Reis, Paulinho Nogueira, Marco Pereira, Isaías Sávio, Paulo Bellinati e Laurindo Almeida, entre outros. Não demorou muito para, em 1991, lançar o fundamental disco duplo *The Guitar Works of Garoto*, em interpretações solo de Bellinati, e um *songbook* dirigido pelo violonista com a obra do revolucionário Aníbal Augusto Sardinha.

No verão brasileiro de 1993, numa dessas vindas ao país, Dean Kamei conheceu Raphael Rabello pessoalmente, em um encontro na casa do instrumentista. Apesar de um tanto quanto truncado — já que Raphael pouco falava inglês e o produtor também não sabia quase nada de português; o gestual e o espanhol os salvaram —, o primeiro contato entre os dois foi descrito por Kamei como agradável. Cerca de um ano e meio depois, em setembro de 1994, o produtor foi surpreendido por um telefonema do violonista. Com a comunicação muito mais complicada (por telefone não havia o auxílio fundamental da mímica), Dean Kamei conseguiu entender que Raphael estava morando em San Diego e que queria gravar um disco pelo selo GSP. Nos dias seguintes, o músico brasileiro foi ao encontro do norte-americano em San Francisco. Começaram a acertar detalhes do projeto e passaram, nas palavras do produtor, "a great afternoon" (uma ótima tarde). Depois de chegarem a um acordo sobre o CD, havia apenas um complicador: Raphael insistia que precisava poder fumar cigarros dentro do estúdio. Àquela época, havia poucos lugares na Califórnia que aceitavam aquele tipo de regalia insalubre. Depois de procurar daqui e dali, Dean Kamei contou com a ajuda do amigo John Strother, que topou abrir as portas do seu *home studio* em Eagle Rock, perto de Pasadena.

Tudo acertado, Raphael estava pronto para enevoar a pequena sala do Penguin Record com as tragadas de seu tabaco e a alquimia de seu sete cordas. Apenas onze anos depois, em 2005, os ouvintes conheceriam o resultado do que foi produzido naquelas duas tardes de setembro na Califórnia. O último registro solo de Raphael Rabello apresentava um repertório interessante. A começar pelo ineditismo de boa parte daquelas composições pelas mãos do violonista. Das treze faixas do álbum, apenas quatro já tinham sido gravadas por ele, mas, ainda assim, apareciam desta vez com registros fresquíssimos. Neste grupo, estava "Ainda Me Recordo", que Rabello havia tocado em seu disco de 1988 com Dino e Dininho. Agora, o choro de Pixinguinha e Benedicto Lacerda aparecia em uma versão espanholada até o último fio de cabelo, com trinados na segunda parte e com o violão de Raphael parecendo um trator, um rolo compressor de tão vigoroso. "Pedra do Leme" (parceria do violonista com Toquinho), que também fora gravada em 1988 ao lado de Dininho e Chiquinho do Acordeon, surgia, digamos, mais suave na interpretação solo, sem malabarismos e pirotecnias do protagonista. Diante da missão quase impossível de acrescentar algo novo em relação à interpretação histórica de "Lamentos do Morro" de 1988, Raphael ainda conseguiu a proeza de apresentar uma execução ainda mais aprimorada, inacreditável. Nao só esta faixa mas o disco como um todo levantavam projeções de até onde Rabello poderia chegar com a combinaçao de algumas características ali apresentadas por ele: técnica cada vez mais apurada, mais recursos e mais maturidade — resultando, por exemplo, num controle maior e no uso mais parcimonioso de referências do flamenco, que em certas interpretações chegavam a soar um tanto quanto excessivas e saturadas.

Um dos pontos mais envolventes daquele repertório consistia no fato de o instrumentista ter optado por interpretar temas que ele nunca havia gravado. Entre eles, duas composições de Francisco Soares de Araújo, o Chico Soares, popularmente conhecido como Canhoto da Paraíba. "Tua Imagem", uma delas, Rabello já havia tocado em 1986, quando se apresentou no festival de jazz da Córsega. O choro do violonista de Princesa Isabel, com introdução ultra-aflamencada de Raphael, escancarava os pontos de encontro entre a Andaluzia e o Nordeste brasileiro, ambos sob a influência dos mouros. Já "Com Mais de Mil", também de Canhoto, carregava a digital do genial compositor, um choro de alta complexidade, com caminhos harmônicos e melódicos cheios de armadilhas. Ainda sobre os temas de outros autores, o disco trazia o jongo "Malandro Descendo o Morro", do pouco conhecido João dos Santos, e "Passaredo", de Francis Hime e Chico Buarque, canção fabulosa e que, no álbum, por meio de atuação inquestionável de Rabello, demonstrava a dificuldade de se tocar tão bem uma composição escrita originalmente no piano e transcrita para o violão. Francis, aliás, escrevia um concerto para violão e orquestra que seria tocado por Raphael, mas com a morte do artista o projeto foi adiado por anos, sendo finalmente apresentado ao público em 2009 pelo solista Fábio Zanon. Em meio a um punhado de temas tocados com muita velocidade, muito virtuosismo e muita "sede ao pote" por parte do intérprete, "Choro para Olga", de Laurindo Almeida — que tentaria auxiliar na abertura de portas do mercado internacional para Rabello nos Estados Unidos —, era seguramente um dos momentos mais líricos, calmos e idílicos do álbum.

Por fim, o violonista apresentava ainda mais três músicas de sua autoria. O afro-samba "Camará", interpretado anteriormente na voz de Amelia Rabello com versos de Paulo César Pinheiro, agora era tocado pela primeira vez em versão instrumental, evidenciando ainda mais a beleza da melodia. Além disso, segundo Paulinho Pinheiro, ela apontava um caminho sonoro e estético em que, possivelmente, os dois investiriam na parceria. Com o belo choro "Meu Avô", o instrumentista prestava uma tardia e justa homenagem a seu avô José de Queiroz Baptista, patrono musical da família Rabello. A valsa "Sete Cordas", àquela altura uma das composições mais conhecidas do violonista, ganhava a interpretação instrumental mais madura já feita pelo autor. A faixa, que encerrava o disco, levantou dúvidas sobre sua presença ou não no repertório do CD. Com problemas técnicos enfrentados na gravação, a versão que acabou entrando no álbum foi a captada durante a passagem de som.

Nela, escuta-se de maneira extremamente intensa a respiração do violonista — com seu conhecido e antigo problema de apneia. No fim das contas, o arfar de Raphael carregava certo simbolismo. Justo a faixa que finalizava o disco lançado dez anos após a morte do artista era a que o revelava mais vivo e intimamente próximo do ouvinte.

O álbum, aliás, acabou batizado com o nome de *Cry, My Guitar* (em tradução livre, *Chora, Meu Violão*) em referência à música homônima composta por Baden Powell, também conhecida em português como "Sentimentos, Se Você Pergunta, Nunca Vai Saber" e gravada no mesmo disco por Rabello. Antes de o produtor se decidir por *Cry, My Guitar*, em homenagem a Baden, por quem ele era fanático, enquanto Raphael estava vivo o disco teria o título *Back to Life* (em português, *De Volta à Vida*), já que o instrumentista sentia viver um recomeço vital em sua passagem pelos Estados Unidos. Dez anos após sua morte, nada mais representativo e alegórico do que seu último trabalho lançado ter nascido com o nome *De Volta à Vida*. Ainda que sua música nunca tivesse morrido.

Diferente dos antológicos versos escritos por Carlos Drummond de Andrade em "Elegia" — "Eis que assisto/ a meu desmonte palmo a palmo e não me aflijo/ de me tornar planície" —, o violão de Raphael Rabello nunca passou por um desmonte, considerando a influência incontestável que desperta em todo e qualquer violonista de sete cordas que tenha surgido depois dele. De Yamandu Costa a Rogério Caetano, de Alessandro Penezzi a Gian Correa, passando por João Camarero, Carlinhos Sete Cordas, Julião Rabello Pinheiro, Fernando César, Arthur Bonilla, Vinícius Sarmento, Vitor Garbelotto e tantos outros. O violão de Raphael irrompeu imenso, montanhoso, e segue inabalável, atemporal e distante de se tornar planície.

ÍNDICE ONOMÁSTICO

Abreu, Sérgio, 142, 146, 149
Abreu, Zequinha de, 34, 38, 62, 260, 264
Adolfo, Antonio, 174
Adoum, Jorge, 248
Agepê, 223, 288
Aguado, Dionisio, 54
Albéniz, Isaac, 80, 84, 162
Alcione, 11, 121, 156, 173, 288
Algodão, 57
Almeida, Aracy de, 118
Almeida, Irineu de (Irineu Batina), 212
Almeida, Laurindo, 91, 120, 129, 138, 139, 146, 149, 275, 288, 300, 302
Almirante (Henrique Foréis Domingues), 128, 211
Alves, Adelzon, 58, 67
Alves, Ataulfo, 34
Alves, Carmélia, 74
Alves, Cristiano, 296
Alves, Francisco, 54, 206, 211, 223
Alves, Gilberto, 260
Alves, Laércio, 38
Alves, Lúcio, 74
Alves, Nelson, 74
Alves, Paulo Magalhães (Paulinho), 56, 57, 59, 60, 64, 65, 68, 70, 71, 72, 74, 77
Amado, Jorge, 214, 229
Amaral, Zózimo Barrozo do, 243
Amelinha, 157, 288
Americano, Luiz, 40, 71, 208
Amico, Vicente, 252
Amorim, Jair, 273
Andrade, Carlão (Carlos Eduardo César de Andrade), 143, 144, 145, 164, 170
Andrade, Carlos Drummond de, 79, 303
Andrade, Mário de, 133

Andrade, Oswald de, 228
Angélica, 227, 228, 263, 287
Antunes, Arnaldo, 252
Anysio, Chico, 157
Aparecida, 126
Aquino, João de, 171, 174
Aragão, Jorge, 174
Aranha, 57
Aratanha, Mario de, 87, 144, 170
Araújo, Manoel, 62
Araújo, Mozart de, 61, 67, 68, 85, 111
Araújo, Severino, 12, 44, 244
Arenas, Mario Rodriguez, 54
Armstrong, Louis, 79
Assad, Odair, 138, 149, 236
Assad, Sérgio, 138, 149, 236
Assis, Francisco de, 64
Assis, Machado de, 18, 202, 249
Assis Brasil, João Carlos, 193
Assumpção, Nico, 233, 252
Assumpção, Zeca, 140, 176
Ataíde, Artur, 44
Augusto, João, 124
Avelar, Luiz, 232
Ayrão, Luiz, 288
Ayres, Nelson, 164, 252
Azevedo, Felix de Mello, 15
Azevedo, Geraldo, 190
Azevedo, Waldir, 62, 63, 65, 94, 96, 160, 239, 264
Babo, Lamartine, 173, 175, 178, 200, 221
Bach, Johann Sebastian, 34, 85, 168, 200, 244
Bandeira, Manuel, 22, 79
Bandera, José María, 152
Banjo, Zezinho do (Zé Carioca), 134

Baptista, Arnaldo, 200
Baptista, Deolinda Benigna, 16
Baptista, José de Queiroz, 22, 23, 26, 34, 161, 276, 289, 302
Baptista, Otacílio, 22
Baptista, Wilson, 34, 114, 210
Barbosa, Adoniran, 272
Barbosa, Haroldo, 77, 177
Barbosa, Orestes, 178, 290
Barbosa, Toninho, 132
Barbosa-Lima, Antonio Carlos, 138, 146, 149
Barreto, Bruno, 229
Barrios, Agustín, 54, 80, 81, 84, 86, 108, 115, 161, 252, 288
Barros, João Petra de, 211
Barros, Manoel de, 189, 198, 287
Barros, Raul de, 61, 63, 74
Barroso, Ary, 34, 90, 134, 172, 173, 175, 176, 178, 192, 200, 239, 246, 292
Barroso, Juarez, 67, 208, 223
Barsotti, Rubinho, 172
Bassini, Rubens, 92
Bastos, Cristóvão, 48, 103, 109, 110, 124, 125, 178, 226, 295, 296, 299
Bastos, Ronaldo, 158
Batista, Linda, 211
Batista, Luiz Carlos, 259
Beethoven, Ludwig van, 34
Bellinati, Paulo, 252, 300
Beloba, 227
Ben Jor, Jorge, 36, 38, 158
Benson, George, 238
Berger, Rodolphe, 256
Bernardes, Marcelo, 296
Bernstein, Leonard, 243
Beterlau, 254
Bethânia, Maria, 11, 58, 173, 278, 287, 296
Betinho (Herbert José de Souza), 276, 277, 281, 282
Betinho Zorro, 57
Bide da Flauta, 65
Bilhar, Satyro, 88, 288
Bittar, Iuri Lana, 54
Bittencourt, Francisco Gomes, 40

Bittencourt, Sérgio, 260, 290
Bizet, Georges, 191, 192
Blanc, Aldir, 31, 292, 294, 295, 298, 299
Bodega, Zé, 103
Bola Sete, 120, 129
Bomfim, Armando, 33
Bonfá, Luiz, 235, 241, 288, 300
Bonilla, Arthur, 303
Borba, Emilinha, 54, 74
Borgerth, Oscar, 91
Borges, João Pedro, 11, 81, 82, 84, 85, 86, 88, 89, 97, 98, 99, 120, 158
Borges, Manuel Aristides, 70
Bororó (Alberto de Castro Simões da Silva), 192, 199, 260
Bosco, João, 11, 96, 105, 114, 117, 119, 121, 140, 186, 216, 217, 229, 278
Botezelli, João Carlos (Pelão), 272, 273, 275, 294
Boudrioua, Idriss, 164
Bowie, David, 148, 263
Braga, Luiz Otávio, 49, 57, 70, 96, 98, 101, 123, 141, 142, 143, 172
Braga, Sonia, 237
Braga, Zé Maria, 57, 124
Braguinha (João de Barro), 173, 178
Brahms, Johannes, 256
Branco, Waltel, 92, 146, 149
Brandão, Leci, 11
Brasil, Luís, 266
Brito, Américo, 88
Brito, Rubens Leal, 240
Brunetti, César, 174
Bruno, Mário Jorge, 256
Buarque, Chico, 11, 36, 38, 75, 94, 117, 118, 119, 121, 130, 171, 178, 180, 181, 182, 183, 199, 216, 217, 222, 223, 232, 233, 261, 277, 282, 287, 302
Buarque, Cristina, 11
Buda, 57
Button, Benjamin, 60
Caballero, Mara, 96
Cabral, Aldo, 177
Cabral de Melo Neto, João, 82
Cabral, Sadi, 292

Cabral, Sérgio, 47, 48, 52, 60, 64, 67, 74, 85, 100, 127, 173, 218, 220, 222, 287, 288
Cachaça, Carlos, 79, 272
Caciporé, 57
Caçulinha, 292
Caetano, Rogério, 298, 299, 303
Caldas, Silvio, 54, 178, 211, 258, 260, 290
Calheiros, Augusto (Patativa do Norte), 207, 211
Callado, Joaquim, 61, 250
Camarero, João, 303
Camargo, Alzirinha, 206
Campello, Rodrigo, 56, 58
Candinho (Candido Pereira da Silva), 118, 119
Canegal, Wilson, 227, 254
Canhoto (Américo Jacomino), 34, 44, 273, 289
Canhoto (Waldiro Frederico Tramontano), 44, 50, 54, 55, 67, 92, 117, 206, 209, 210, 212, 213, 214, 216, 258, 262
Canhoto da Paraíba (Francisco Soares de Araújo), 48, 50, 127, 241, 288, 302
Cañizares, Juan Manuel, 152
Capiba (Lourenço da Fonseca Barbosa), 34, 276, 277, 278, 279, 289, 290, 291, 300
Cardoso, Elizeth, 8, 11, 36, 79, 97, 118, 121, 171, 172, 173, 174, 175, 176, 177, 178, 179, 180, 181, 182, 183, 188, 198, 216, 220, 228, 231, 248, 290
Carioca (maestro), 68
Carioca, Didi, 208
Carlinhos (cavaquinista), 11
Carlinhos Sete Cordas, 303
Carlos, Erasmo, 75
Carlos, Manoel, 74
Carlos, Roberto, 279
Carramona (Albertino Inácio Pimentel), 70
Carrilho, Altamiro, 44, 45, 50, 55, 62, 66, 70, 71, 117, 164, 209
Carrilho, Álvaro, 66

Carrilho, Mauricio, 7, 11, 55, 66, 71, 72, 73, 96, 97, 98, 99, 175, 176, 290, 296, 298
Cartola (Angenor de Oliveira), 54, 61, 69, 79, 117, 118, 166, 172, 176, 178, 191, 199, 200, 214, 223, 271, 272, 290, 294, 298
Carvalho, Beth, 11, 50, 64, 96, 105, 117, 178, 216, 217, 288
Carvalho, Delcio, 50
Carvalho, Eleazar de, 128, 243
Carvalho, Hermínio Bello de, 13, 74, 79, 84, 97, 100, 127, 130, 132, 133, 171, 172, 175, 176, 178, 179, 180, 200, 287
Carvalho, Joubert de, 260
Carvalho, Martinho Cardoso de, 60
Carvalho, Sérgio, 172
Castilho, Bebeto, 239
Castro, Avena de, 65, 71, 160, 256, 266
Castro-Neves, Oscar, 288
Catulo da Paixão Cearense, 34, 85
Cavalcanti, Flavio, 260, 262, 266
Cavaquinho, Nelson, 79, 108, 117, 124, 166, 242, 244, 272, 294, 298
Caymmi, Danilo, 178
Caymmi, Dori, 82, 112, 238, 252
Caymmi, Dorival, 34, 36, 54, 192, 261, 266, 277
Caymmi, Nana, 156, 173, 252, 288
Cazes, Beto, 101, 172, 295
Cazes, Henrique, 101, 170, 172
Cazuza, 178, 271, 284, 288
Ceci, 128
Celso, Helio, 235
César, Fernando, 298, 303
Chacal, 191, 192, 194
Chaplin, 81, 82, 84, 86, 89
Charles, Ray, 158
Chaves, Luiz, 172
Chesky, David, 235, 237
Chesky, Norman, 235
Chevalier, Maurice, 256
Chiarelli, Pierre, 155
China (Otávio da Rocha Vianna), 207
Chiquinho do Acordeon (Romeu Seibel), 50, 91, 96, 103, 108, 114, 120, 129,

132, 139, 140, 167, 170, 248, 263, 264, 301
Chopin, Frédéric, 34, 94, 254, 255, 256
Conceição, Beatriz Maria da, 15
Conceição, Manoel da (Mão de Vaca), 103, 122, 171
Copinha (Nicolino Cópia), 7, 48, 50, 61, 62, 63, 80, 86, 94, 96, 103, 106, 114, 118, 119, 120, 126, 127, 288
Corea, Chick, 148, 154, 263
Correa, Gian, 303
Coryell, Larry, 154, 235, 252
Costa, Alaíde, 80, 82, 86, 106, 118
Costa, Gal, 11, 36, 58, 158, 198, 199, 278, 288
Costa, Toninho, 172
Costa, Yamandu, 298, 303
Costita, Hector, 164
Cravo Albin, Ricardo, 47
Cruz, Celso, 65, 71, 74, 75, 124
Cruz, Claudionor, 50
Curiel, Gonzalo, 200
D'Ávila, Gilberto, 42
D'Rivera, Paquito, 235
Dadi (Eduardo Magalhães de Carvalho), 60
Damásio, 48, 66, 258
Damasceno, Jodacil, 80, 82, 149
Darly, 258
Davis, Miles, 148, 161, 203, 242
De Falla, Manuel, 80, 84
Debussy, Claude, 130, 168
Delmiro, Hélio, 103, 121, 123, 164, 171
Deodato, Eumir, 118
Di Meola, Al, 154
Di Stéfano, Alfredo, 154
Dicró, 126, 288
Dienz, Roland, 160
Dininho (Horondino Reis da Silva), 48, 167, 204, 218, 219, 220, 226, 230, 232, 251, 263, 264, 290, 296, 301
Dino 7 Cordas (Horondino José da Silva), 7, 12, 41, 42, 43, 44, 46, 48, 50, 54, 56, 64, 65, 66, 67, 68, 103, 108, 111, 116, 117, 119, 126, 142, 143, 166, 167, 171, 172, 173, 178, 204, 205, 206, 207, 208, 209, 210, 211, 212, 213, 214, 215, 216, 217, 218, 219, 220, 221, 222, 223, 231, 242, 248, 258, 259, 262, 278, 287, 288, 289, 292, 298, 301
Disney, Walt, 134
Djavan, 114, 117, 186
Dodô (Adolfo Antônio Nascimento), 261
Dominguinhos, 72, 73, 75, 77, 167
Donato, João, 75, 103, 112, 118, 246
Donga (Ernesto Joaquim Maria dos Santos), 60, 94, 298
Duarte, Mauro, 50, 112
Duran, Dolores, 13
Dusek, Eduardo, 115
Dvorák, Antonin, 256
Eça, Luiz, 157
Edmundo, 232
Edu da Gaita, 91
Einhorn, Maurício, 132, 176, 239
Elizeu, 48
Elomar, 164
Estellita-Lins, Carlos Eduardo Freire, 280
Evans, Bill, 36
Fagner, Raimundo, 154, 288
Fangio, Juan Manuel, 143, 183
Faissal, Roberto, 90
Faria, Amilton Samaha de, 270, 271
Faria, Cesar (Benedito Cesar Ramos de Faria), 11, 41, 48, 50, 66, 82, 88, 103, 122, 158, 171, 289
Farina, Marcos, 123
Farmer, Art, 235
Farney, Dick, 129
Faro, Fernando, 136, 162, 167, 252
Federer, Roger, 13
Feliciano, Túlio, 75
Feraudy, Maurice de, 256
Fernandes, Marisa, 270
Ferreira, Abel, 50, 56, 62, 67, 74, 94, 216, 244
Ferreira, Durval, 82, 239
Ferreira, Homero, 127
Ferreira, Mauro, 292
Ferreira, Rossini, 50, 70
Ferreira, Wilson, 177
Filho, Antonio José Rabello, 15, 17, 19
Filho, César Costa, 126

Filho, Gerson, 124
Fitzgerald, Ella, 252
Fitzgerald, F. Scott, 60
Florêncio, Mario, 57, 59, 61, 66, 68, 71, 74, 77
Fon-Fon (Octaviano Romeiro), 40, 160
Fonseca, Hermes da, 63
Fonseca, Manuel Deodoro da, 16
Fonseca, Sérgio, 174
Fontenele, Carlos, 88
Foraj, Jorge, 292
Formenti, Gastão, 211, 223
Fossatti, Adélia, 133
Frei Leto, 42, 43
Frei Tobias, 29
Freitas, Gilson de, 44, 209
Freitas, Luiz de, 272
Frigo, Johnny, 235
G, Kenny, 234, 251, 254
Gable, Clark, 20
Gabus Mendes, Otávio, 290
Galdino, Pedro Manoel, 70
Galhardo, Carlos, 211, 260
Gandelman, Leo, 8, 126, 233, 252, 299
Garbelotto, Vitor, 303
Garcia, Isaura, 54, 211
García Márquez, Gabriel, 202
Gardel, Carlos, 200
Gargalhada, 12
Garoto (Aníbal Augusto Sardinha), 12, 13, 34, 38, 81, 84, 86, 90, 108, 109, 110, 115, 120, 123, 127, 128, 129, 130, 131, 132, 134, 135, 136, 137, 138, 142, 146, 149, 164, 166, 168, 176, 178, 193, 219, 221, 228, 229, 244, 266, 288, 290, 298, 300
Garrincha, 13, 154
Gaultier, Jean Paul, 272
Geraissati, André, 144, 164, 289
Gershwin, George, 168
Gerson, 44
Ghipsman, Romeu, 91
Gil, Gilberto, 36, 58, 75, 117, 186, 216, 261, 267, 288
Gilberto, João, 36, 118, 158, 166, 171, 182, 206, 243, 264
Gillespie, Dizzy, 235, 243, 246

Gnattali, Aída, 134
Gnattali, Alessandro, 133
Gnattali, Radamés, 7, 13, 50, 62, 90, 91, 92, 93, 94, 95, 96, 97, 98, 99, 100, 101, 109, 114, 117, 119, 120, 127, 128, 129, 130, 131, 132, 133, 134, 135, 136, 137, 138, 139, 140, 141, 142, 143, 145, 146, 147, 148, 149, 158, 162, 163, 165, 166, 167, 168, 170, 226, 228, 229, 230, 234, 240, 243, 244, 246, 248, 263, 264, 285, 288, 289, 290
Godinho, Francisco Silvestre, 185, 284
Godoy, Amilton, 172
Gomes, Carlos (Antonio Carlos Gomes), 167, 192
Gomes, Pepeu, 61, 263
Gonçalves, Bento, 208
Gonçalves, José (Zé com Fome ou Zé da Zilda), 205
Gonçalves, Luzia Gomes, 153
Gonçalves, Nelson, 11, 54, 121, 290, 291, 292, 299
Gonzaga, Chiquinha, 91, 99, 158, 290
Gonzaga, Luiz, 34, 36, 44, 54, 74, 118
Gonzaga, Zezé, 127
Gonzaguinha, 186, 190
Gordinho, 174
Gorgulho (Jacy Pereira), 207
Goulart, Jorge, 90
Gracie, Hélio, 214
Grande, Luiz, 122
Grappelli, Stéphane, 161
Grosso, Iberê Gomes, 91
Grynberg, Halina, 246
Gudin, Eduardo, 112
Guedes, Antonio Baptista, 22
Guerra, Felix de A., 18
Guerra-Peixe, César, 243, 267
Guest, Ian, 238
Guimarães, Claudio, 126, 130
Guimarães Rosa, João, 15, 103, 202, 288
Guinga (Carlos Althier de Souza Lemos Escobar), 31, 82, 112, 166, 167
Gustavo, Miguel, 261
Gutiérrez, Pedro Elías, 192

Índice onomástico 309

Haden, Charlie, 158
Hall, Jim, 238
Hallack, Márcio, 123
Hamilton, Arthur, 252
Hamilton, Lewis, 143
Hancock, Herbie, 158
Harrison, George, 28
Haydn, Joseph, 187
Heitor dos Prazeres, 34
Henderson, Scott, 238
Hendrix, Jimi, 61, 261
Henfil (Henrique de Souza Filho), 271
Hepburn, Audrey, 256
Higgins, Billy, 252
Hime, Francis, 94, 117, 156, 216, 278, 279, 302
Hime, Olivia, 157
Holanda, Hamilton de, 299
Hora, Rildo, 52, 122, 173, 178, 235
Horta, Toninho, 158, 252
Humphrey, Thomas, 236
Imperial, Carlos, 250
Índio, 57
Jacob do Bandolim (Jacob Pick Bittencourt), 34, 36, 40, 41, 42, 43, 44, 45, 46, 47, 48, 50, 54, 55, 61, 66, 72, 74, 75, 79, 82, 85, 90, 91, 92, 93, 94, 97, 98, 99, 100, 108, 110, 115, 117, 120, 127, 129, 130, 160, 164, 166, 171, 172, 178, 187, 213, 216, 219, 223, 228, 246, 250, 255, 256, 258, 259, 260, 261, 266, 289
Jackson do Pandeiro, 34, 36
Jackson, Michael, 227
Jacques, Geraldo, 77
Jairzinho, 44
Jamelão, 11, 121
James, Lebron, 13
Jarreth, Keith, 158
Jesus, Clementina de, 79, 80, 82, 104, 105, 216
Jobim, Paulo, 142, 230
Jobim, Tom (Antonio Carlos Brasileiro de Almeida Jobim), 36, 75, 109, 110, 112, 114, 117, 118, 123, 133, 137, 142, 153, 158, 161, 172, 177, 178, 182, 199, 206, 224, 225, 226, 228, 229, 230, 231, 232, 233, 234, 235, 239, 243, 244, 246, 247, 250, 252, 254, 266, 288, 290, 300
Jonas (Jonas Pereira da Silva), 11, 42, 48, 50, 81, 82, 83, 84, 86, 87, 89, 158, 172, 214
Jordan, Michael, 13
Jorginho do Pandeiro (Jorge José da Silva), 11, 42, 44, 48, 50, 56, 65, 67, 70, 73, 89, 221, 226
José, Theotônio, 16
Joviniano, Jovi, 11, 190, 191
Joyce (Joyce Moreno), 173, 178
Julinho (Conjunto Noites Cariocas), 258
Júnior, Antonio José Rabello, 16, 18, 19
Júnior, Freire, 160
Júnior, Vitório, 177
Júnior, Ataulfo, 52
Junto, Celso, 266
Jurema, 126
Justino, Jair, 259
K-Ximbinho (Sebastião de Barros), 44, 68, 243, 244
Kamei, Dean, 300, 301
Kar-Wai, Wong, 288
Karabtchevsky, Isaac, 243
Katz, Bob, 237
Kelly, João Roberto, 90
Kennedy, John Fitzgerald, 27, 28
Kéti, Zé, 79, 298
Khoury, Simon, 144, 187, 249
Klam, Peter, 230, 231, 240, 241, 242, 243, 244, 246
Knopfler, Mark, 261
Korsakov, Rimsky, 110
Kramer, Bebê, 299
Krieger, Edino, 83
Lacerda, Benedicto, 34, 44, 54, 61, 74, 75, 117, 160, 164, 167, 206, 207, 210, 211, 218, 220, 221, 245, 246, 290, 301
Lago, Mário, 290, 292
Lalau do Bandolim (Laudelino Procópio da Silva), 72
Lamy, Luiz Alfredo, 185, 284
Lancelotti, Ivor, 124

Lara, Dona Ivone, 11, 12, 121, 173, 217, 254
Lara, Marquês de, 126
Laranjeiras, Quincas, 288
Larrea, Carmelo, 192
Le Pera, Alfredo, 200
Leal, Edilson, 130
Tadeu Leal, 297
Leão, Nara, 36, 72, 73, 75, 77, 96, 105, 288
Lee, Bruce, 58
Lee, Rita, 114, 200
Legrand, Michel, 158, 161, 166
Lehár, Franz, 256
Leite, Carlinhos (Carlos Fernandes de Carvalho Leite), 11, 41, 42, 43, 66, 172
Leite, Dirceu, 251
Lennon, John, 28, 261, 263
Lentine, Carlos, 206, 207
Lima, Eliana de, 288
Lima, Euclides Souza, 47
Lima, João Pulcherio de, 15
Lima, Negrão de, 260
Lima Neto, Sérgio, 144, 164
Lino (irmão de Dino 7 Cordas), 56, 205
Lins, Ivan, 38, 96, 112, 121, 186, 288
Lobo, Edu, 74, 75, 112, 118, 252
Londres, Manoel Soares, 18
Lopes, Honorino, 44, 260
Lopes, Maria Amélia Rocha, 152
Lopes, Nei, 157, 173, 174
Lubambo, Romero, 235, 236, 237, 238, 239, 241, 248, 272, 292
Lucía, Paco de (Francisco Sánchez Gómez), 8, 150, 151, 152, 153, 154, 155, 159, 161, 162, 163, 165, 186, 187, 188, 226, 232, 233, 250, 255, 288
Lucía, Pepe de, 152
Luiz Carlos da Vila, 157
Luiz Roberto, 106, 107, 116
Luiz, Nonato, 241
Luna, 227, 254
Luxemburgo, Vanderlei, 231
Luz, Moacyr, 288
Lyra, Carlos, 64, 75, 178, 239

Lyra, João, 298
Macalé, Jards, 74
Macedo, Armandinho (Armando Costa Macedo), 75, 187, 261, 262, 263, 264, 265, 266, 267, 271, 274, 289, 292, 299
Macedo, Osmar, 187, 261, 266
Machado, Afonso, 49, 56, 57, 70, 72, 123, 296
Machado, Carlos, 175
Machado, Edison, 246
Machado, Maximino de Souza, 15
Machado, Raul, 50, 56, 57, 59, 123, 216, 258, 261
Maciel, Juventino, 40
Madonna, 225, 227
Maia, Luizão, 103, 167, 174, 232
Mallard, Márcio, 174
Mamão (Ivan Conti), 232
Manassés, 262
Manequinho (Manoel de Lima), 207
Mann, Herbie, 235
Maradona, Diego Armando, 13
Marçalzinho (Armando Marçal), 226, 232, 295
Marcílio, José, 290
Maria, Angela, 38, 255, 288
Maria, Cleusa, 116
Mariano, César Camargo, 132
Mário, Chico, 271
Marques, Manoel, 260
Martinho da Vila, 11, 36, 103, 105, 115, 122, 157
Martins, Áurea, 260
Martins, Eugenio, 205
Martins, Herivelto, 34, 177, 191, 199
Martins, João Carlos, 158
Matogrosso, Ney, 8, 11, 152, 189, 190, 191, 192, 193, 194, 195, 196, 197, 198, 199, 200, 201, 202, 226, 228, 231, 236, 243, 248, 270, 272, 278, 290
Mauriat, Paulo, 126
Máximo, João, 140
Maysa, 188, 255
Mazzola, Marco, 186, 193, 227
McCartney, Paulo, 28, 261, 262, 263

Índice onomástico   311

McLaughlin, John, 154, 158, 226, 250
Medalha, Marília, 74
Medeiros, Alfredo de, 86
Medeiros, Anacleto de, 91, 99, 128, 167, 211
Medeiros, Elton, 48, 50, 79, 104, 112, 118, 123, 173, 216
Meira (Jayme Thomás Florence), 7, 44, 50, 51, 52, 53, 54, 55, 56, 58, 63, 66, 67, 73, 90, 96, 108, 117, 120, 126, 155, 162, 167, 171, 180, 200, 207, 209, 214, 255, 257, 258, 272, 273, 289, 292, 297, 298
Melodia, Luiz, 11, 178, 252
Mendonça, Antonio Lopes de, 15
Mendonça, Newton, 13, 232
Menescal, Roberto, 68
Menezes, Carolina Cardoso de, 74
Menezes, Zé, 50, 91, 92, 114, 120, 138, 140, 149
Mercadal, Juan Antonio, 90
Mercury, Freddie, 272
Mesquita, Augusto, 200
Mesquita, Custódio, 13, 290, 292
Mesquita, Henrique Alves de, 128
Messi, Lionel, 13
Mestre Fuleiro, 254
Mestre Marçal (Nilton Delfino Marçal), 157, 254
Metheny, Pat, 226, 250
Midani, André, 240
Milfont, Gilberto, 260
Millarch, Aramis, 96, 155
Miltinho, 54
Miltinho (Milton Lima dos Santos Filho, do MPB-4), 82, 112
Milton, José, 290
Miranda, Aurora, 175
Miranda, Carmen, 13, 205, 211, 223
Miranda, Luperce, 34, 54, 62, 208, 211
Mitchum, Robert, 256
Monarco, 216
Monte, Heraldo do, 164
Monte, Marisa, 252, 253
Monteiro, Cyro, 54, 210
Monteiro, Dóris, 74
Montenegro, Wilton, 136, 168, 248

Montgomery, Wes, 148, 238, 263
Monti, Vittorio, 260, 266
Moraes, Vinicius de, 36, 38, 118, 130, 158, 160, 161, 172, 177, 178, 180, 199, 234, 239, 240, 266
Moreira, Adelino, 199
Moreira, Moraes, 75, 156, 186, 187, 261, 262, 288
Moreira, Wilson, 157, 173
Moreira Lima, Arthur, 158, 190, 191, 192, 193, 194, 196, 243
Morelenbaum, Jaques, 158, 187, 232, 243
Morozowicz, Norton, 158
Motinha, 57, 94
Motta, Nelson, 85
Moura, José, 35
Moura, José Francisco de, 18
Moura, Luiz, 36, 37, 123, 173, 248, 296
Moura, Paulo, 7, 11, 12, 94, 158, 164, 174, 190, 191, 192, 193, 194, 233, 242, 243, 244, 245, 246, 247, 248, 263, 278, 282, 288
Moura, Pedro Gonçalves de, 242
Mozart, Wolfgang Amadeus, 34, 261, 289
Mussum, 288
Mutinho, 167
Nascimento, Hélio, 254
Nascimento, Joel, 7, 11, 50, 56, 58, 62, 70, 72, 94, 95, 97, 99, 100, 103, 117, 130, 132, 138, 153, 156, 157, 158, 159, 161, 172, 216, 255, 259, 287
Nascimento, Joyr, 56, 58, 95
Nascimento, Milton, 36, 118, 192, 252, 278
Nazareth, Ernesto, 34, 36, 37, 38, 40, 48, 50, 52, 61, 85, 88, 91, 99, 104, 120, 160, 164, 166, 167, 176, 219, 220, 221, 239, 261, 266, 273, 289, 297
Neco (Daudeth de Azevedo), 92, 96, 103, 222
Neoci, 11
Nelsinho (Nelson Martins dos Santos), 118, 119
Neves, Eduardo, 299

Neves, Wilson das, 103, 114, 172, 174, 176, 226, 232, 251, 254, 290
Ney, Nora, 74
Nobre, Marlos, 83
Nogueira, Gisa, 64, 96, 103, 269
Nogueira, João, 11, 58, 64, 94, 112, 117, 121, 122, 124, 166, 216, 217, 288, 293, 294, 298
Nogueira, Paulinho, 289, 300
Norat, Bernardo, 15
Nunes, Clara, 8, 11, 13, 64, 94, 103, 114, 115, 117, 121, 166, 216, 217, 288, 293
Nunes, Max, 38
Nureyev, Rudolph, 272
Oliveira, Aldo de, 172
Oliveira, Aloysio de, 266
Oliveira, Angelino de, 192, 200
Oliveira, Bomfiglio de, 44, 118, 119
Oliveira, Dalva de, 38, 242
Oliveira, Silas de, 90
Oliveira, Zaíra de, 60
Olivetti, Lincoln, 227
Orestes, Ney, 206
Oswaldinho Tá Queimado, 57
Otelo, Grande, 175
Paganini, Niccolò, 240, 243
Pagodinho, Zeca, 223, 227
Panicalli, Lyrio, 243
Pantoja, Rique, 238
Papete, 167
Pascoal, Hermeto, 123, 164, 244, 288
Paulinho da Viola, 8, 11, 38, 48, 49, 50, 69, 79, 82, 84, 88, 89, 96, 97, 103, 108, 109, 114, 118, 119, 121, 124, 125, 127, 155, 156, 157, 158, 159, 160, 171, 173, 186, 216, 217, 229, 252, 254, 269, 274, 277, 278, 288
Paulo, Darcy de, 156
Passos, Enzo de Almeida, 199
Passos, Mario Jorge, 142, 143, 144, 145, 146, 167, 168, 174, 237, 238, 239
Peacock, Gary, 252
Peixoto, Cauby, 74, 173, 288
Pelé (Edson Arantes do Nascimento), 44, 133, 264
Penezzi, Alessandro, 298, 303

Peracchi, Leo, 243
Peranzzetta, Gilson, 157, 164, 175, 176, 187
Pereira, Geraldo, 75, 126
Pereira, Marco, 298, 300
Perlin, Oren, 251
Pernambuco do Pandeiro, 65
Pernambuco, João, 34, 81, 84, 85, 86, 88, 108, 164, 166, 176, 218, 219, 221, 273, 288, 297
Perrone, Luciano, 96, 120, 140
Piazzolla, Astor, 154, 163
Picasso, Pablo, 154
Pick, Rachel, 40
Pilger, Hugo, 296
Pinheiro, Albino, 74, 179
Pinheiro, Dilermando, 34
Pinheiro, Julião Rabello, 298, 303
Pinheiro, Paulo César, 50, 112, 114, 115, 124, 173, 174, 177, 178, 238, 246, 252, 292, 293, 294, 295, 296, 298, 299, 302
Pinto, Marino, 191, 199
Pires Vermelho, Alcir, 72, 200, 221
Pixinguinha (Alfredo da Rocha Vianna Filho), 34, 40, 41, 44, 47, 48, 54, 61, 62, 64, 70, 74, 75, 79, 85, 91, 92, 99, 101, 112, 117, 120, 127, 128, 129, 132, 158, 160, 164, 167, 168, 207, 208, 211, 212, 218, 219, 220, 221, 223, 239, 244, 246, 250, 289, 290, 297, 301
Plopschi, Miguel, 254
Poladian, Manoel, 196
Pontes, Ricardo, 296
Portinari, Candido, 228
Porto, Sérgio (Stanislaw Ponte Preta), 213
Powell, Baden, 7, 36, 47, 54, 112, 118, 122, 153, 154, 155, 156, 158, 166, 171, 174, 176, 177, 178, 180, 214, 240, 241, 242, 246, 250, 258, 273, 288, 290, 292, 300, 303
Powell, Louis-Marcel Baden, 155
Powell, Philippe, 155, 293
Powley, Barry, 240
Poyares, Carlos, 44
Pozo, Wilson Rodrigues, 273

Índice onomástico 313

Presidente, Bira, 174
Prince, 148, 263, 272
Rabello, Maria Angela Baptista, 23, 185, 284
Rabello, Amelia (Maria Amelia Baptista Rabello), 24, 25, 26, 38, 42, 49, 159, 251, 292, 294, 295, 296, 297, 298, 299, 302
Rabello, Benjamim Lins, 19
Rabello, Diana Ventura, 114, 285
Rabello, Flaviano Baptista, 16, 18, 20
Rabello, Gerardo Lins, 19, 20, 28
Rabello, Humberto Lins, 19
Rabello, João Bosco Baptista, 24, 32, 39
Rabello, Lila (Aurilla Maria Baptista Rabello), 24, 28, 155, 156, 270, 274
Rabello, Luciana (Luciana Maria Baptista Rabello), 25, 26, 30, 34, 39, 41, 42, 43, 44, 46, 49, 55, 56, 57, 58, 59, 60, 63, 64, 65, 66, 68, 71, 72, 74, 77, 96, 97, 98, 99, 101, 114, 119, 171, 172, 174, 213, 226, 262, 271, 280, 284, 290, 292, 296, 298, 299
Rabello, Luiz Antonio Lins, 19, 20
Rabello, Maria Amelia Baptista (nascida Maria Amelia Baptista de Souza), 22, 23, 24, 25, 26, 28, 29, 31, 32, 34, 35, 37, 42, 43, 46, 49, 51, 56, 59, 74, 107, 222, 297
Rabello, Maria de Lourdes Lins, 19, 28
Rabello, Maria Helena Baptista, 24
Rabello, Maria Isolina Baptista, 23, 28, 39, 49, 73, 129
Rabello, Rachel Ventura, 236, 285
Rabello, Ruy Fabiano Baptista, 24, 28, 32, 36, 38, 40, 44, 73, 169, 283
Rabello, Ruy Lins, 19, 20, 21, 22, 23, 24, 25, 26, 28, 31, 35, 42, 49, 56, 74, 107, 222, 297
Raffaelli, José Domingos, 131, 246
Ramalho, Benjamin Amancio, 15
Ramalho, Zé, 288
Ramirez, Ventura, 12
Rampal, Jean-Pierre, 160, 161
Rangel, Lúcio, 68, 92
Ratinho (Severino Rangel de Carvalho), 158

Ravel, Maurice, 130, 168
Rebello, Antonio, 80
Regina, Elis, 13, 36, 38, 166, 223, 294
Reinhardt, Django, 108, 148, 288
Reis, Dilermando, 34, 54, 81, 84, 86, 88, 108, 273, 274, 275, 288, 300
Reis, Luiz, 177
Reis, Norival, 254
Rian, Déo, 48, 50, 62, 126, 127, 254, 255, 256, 257, 258, 259, 266, 267, 298
Ribeiro, Pery, 157
Ribeiro, Roberto, 74, 117, 121, 288
Ricardo, Paulo, 189
Ricardo, Sérgio, 78, 121, 288
Riscala, Ferjala, 290
Ritchie, 144
Rivellino (Roberto Rivellino), 44
Ro Ro, Angela, 115, 223
Rocha, Mauro, 123
Rocha, Ulisses, 144, 164
Rodrigo, Joaquín, 84
Rodrigues, Amália, 160
Rodrigues, Arnaud, 157
Rodrigues, Jair, 96, 105, 121
Rodrigues, Lupicínio, 244, 290
Rodrigues, Macedo, 185
Romário, 232, 264
Ronaldo, Cristiano, 264
Rosa (esposa de Dino 7 Cordas), 204
Rosa, Noel, 13, 34, 172, 199, 221, 222, 287, 292
Rosenthal, Caio, 270, 271
Rossi, Mário, 40, 160
Rothko, Mark, 288
Rubens, Nelson, 250
Rubinho, 57
Sá, Francisco, 111
Sacramento, Paulino, 208
Salles, Maria Alice, 46
Salomão, Waly, 198, 199
Sampras, Pete, 13
Sandoval, Arturo, 158
Santana, Carlos, 250
Santana, Perinho, 121
Santoro, Dante, 57, 207, 208
Santos, Agostinho dos, 255

Santos, Benil, 48
Santos, Eulálio dos, 15
Santos, João dos, 302
Santos, Lygia, 60, 64, 80, 81, 84, 155
Santos, Moacir, 243
Santos, Paulo Sérgio, 193
Santos, Roberto, 206
Santos, Sandra, 86
Santos, Turíbio, 7, 50, 86, 87, 89, 96, 98, 103, 106, 118, 120, 122, 126, 127, 138, 139, 142, 146, 149, 158, 164, 287
Saramago, José, 285
Sargento, Nelson, 11, 50, 96, 104
Sarmento, Vinícius, 303
Savaget, Cláudia, 57, 96
Sávio (jogador de futebol), 232
Sávio, Isaías, 300
Schubert, Franz, 256
Schumann, Robert, 256
Scofield, John, 238
Segovia, Andrés, 38, 79, 161, 162, 288
Seixas, Raul, 223
Senise, Mauro, 164, 176
Sereno, 174
Seu Berredo, 57
Seu Osvaldo, 72
Silva, Bezerra da, 264
Silva, Cacemira Augusta da (Filhinha), 204
Silva, Caetano José da, 204, 205
Silva, Celsinho, 65, 66, 68, 70, 73, 77, 81, 89, 96, 97, 98, 99, 101, 172, 221, 226, 296, 299
Silva, Esdras, 255
Silva, Ismael, 34, 79, 104
Silva, Moreira da, 74
Silva, Orlando, 54, 129
Silva, Patápio, 250
Silva, Robertinho, 121
Silva, Valdir (Valdir Sete Cordas), 80, 217
Silva, Valter (Valter Sete Cordas), 217
Silveira, Orlando, 44, 50, 209, 255, 256, 259
Simões, Ronoel, 84, 130
Simon, Paul, 226, 287
Sinatra, Frank, 225

Sinópoli, Antonio, 54
Sivuca, 74, 75, 103, 132, 174, 176, 296
Six (Francisco de Assis), 59, 64, 65
Soares, Elza, 11, 96, 105, 121, 216
Sodré, Henrique, 73, 110
Sor, Fernando, 80
Sorongo, Pedro, 226
Souteiro, Arnaldo de, 246
Souto, Hélio do, 63
Souto, Miguel Jorge do, 210
Souza, Aurilla Lins de, 18, 20
Souza, Isolina Thomé de, 22, 24, 25, 35, 42, 49
Souza, Ronaldo Monteiro de, 38
Souza, Tárik de, 100, 115, 116, 148, 168, 246, 267, 290
Starr, Ringo, 28, 227
Stewart, Rod, 272
Stravinsky, Igor, 79, 243, 264
Strother, John, 301
Suzano, Marcos, 176
Sylvestre (Sylvestre Delamare Domingos), 58, 64, 210, 218
Taiguara, 288
Tapajós, Maurício, 112, 298
Tapajós, Paulinho, 70
Tapajós, Sebastião, 132, 144, 164, 241
Tárrega, Francisco, 38, 54, 161, 162, 252, 266, 288
Taubkin, Benjamim, 251
Taubkin, Myriam, 186
Taylor, Robert, 256
Tchaikovsky, Piotr, 256
Teffé, Nair de, 62
Teixeira, Joel, 157
Teixeira, Newton, 292
Teixeira, Nicanor, 80, 84, 86, 88
Telles, Sylvia, 118
Teo (Teófilo Eustáquio de Oliveira Santos), 56, 57, 59, 60, 61, 66, 123
Terry, Clark, 235
Thielemans, Toots, 158
Thomas, Gerald, 252
Tia Amélia, 48
Tico-Tico (primo de Dino 7 Cordas), 42, 205
Tinhorão, José Ramos, 101, 118

Tio Hélio, 254
Tiso, Wagner, 132, 252
Toco Preto, 80
Toffler, Alvin, 202
Toller, Paula, 263
Toquinho, 155, 159, 167, 190, 241, 292, 301
Tostão, 44
Totonho, 126
Tute (Arthur de Souza Nascimento), 208, 210, 211
Ubirany, 174
Uzêda, Antonio de Gouveia, 15
Vadico (Oswaldo Gogliano), 34
Valença, Alceu, 278, 291
Valença, Rosinha de, 47, 74, 103
Valle, Marcos, 261
Valle, Paulo Sérgio, 261
Valzinho, 127, 206
Vanzolini, Paulo, 244
Vargas, Getúlio Dornelles, 23
Vasconcellos, João de S., 18
Vasconcelos, Naná, 226
Vaughan, Sarah, 79
Velázquez, Consuelo, 192
Velho, Anna Luiza (Anna Luiza Moreira da Silva), 236, 274
Veloso, Caetano, 36, 58, 75, 104, 119, 174, 178, 180, 190, 244, 252, 261, 267, 278, 279, 288, 298
Ventura, Liana Olindina Rosado, 104, 106, 114, 184, 185, 236, 270, 284
Ventura, Maria Cristina Olindina Rosado, 104
Ventura, Rick (Luiz Ricardo da Cunha Ventura), 38, 39, 41, 162, 297
Verdi, Giuseppe, 133

Veríssimo (professor de Dino 7 Cordas), 210, 211
Verocai, Arthur, 80, 122
Versace, Gianni, 272
Vespar, Geraldo, 122, 149
Vidal, Pedro, 92, 96, 120
Vieira, Luís, 74
Vieira, Sonia Maria, 263
Villa-Lobos, Arminda, 84
Villa-Lobos, Heitor, 34, 79, 80, 83, 85, 88, 163, 168, 200, 228, 234, 244, 252, 289
Vivaldi, Antonio, 101, 128, 128, 132, 264
Vogeler, Dalton, 68, 254, 255, 256
Voltaire (Voltaire Muniz de Sá), 217
Von, Ronnie, 261
Wagner, Richard, 34
Williams, John, 162
Wirtti, Guto, 299
Woods, Phil, 235
Xangai, 164
Xangô da Mangueira, 254
Yamasaki, Tizuka, 246
Yepes, Narciso, 162
Zagaia, Jorge, 254
Zagallo, Mário Jorge Lobo, 44
Zanon, Fábio, 302
Zé Bode, 57
Zé da Velha (José Alberto Rodrigues Matos), 7, 11, 57, 72, 94, 117, 158, 243
Zé Fumaça, 57
Zé Trambique, 254
Zé, Tom, 163
Zeca da Cuíca, 254
Zizinho, 254

DISCOGRAFIA

DISCOS DE RAPHAEL RABELLO COM GRUPOS

OS CARIOQUINHAS NO CHORO (1977), com Os Carioquinhas (SIGLA/Som Livre)

01) Gadú Namorando (Lalau e Alcir Pires Vermelho)
02) Carolina (Carramona)
03) Fala Clari (Avena de Castro)
04) Santa Morena (Jacob do Bandolim)
05) Assim Mesmo (Luiz Americano)
06) Ansiedade (Rossini Ferreira)
07) Os Carioquinhas no Choro (Altamiro Carrilho)
08) Não Gostei dos Seus Modos (Aristides Borges)
09) Flausina (Pedro Manoel Galdino)
10) Intrigas no Boteco do Padilha (Luiz Americano)
11) Chora Bandolim (Luiz Otávio Braga)
12) Minha Lágrima (Luiz Americano)

CHOROS DO BRASIL (1977), com Turíbio Santos e o conjunto Choros do Brasil (Tapecar)

01) Dengoso (João Pernambuco)
02) Graúna (João Pernambuco)
03) Choro da Saudade (Agustín Barrios)
04) Sons de Carrilhões (João Pernambuco)
05) Interrogando (João Pernambuco)
06) Pó de Mico (João Pernambuco)
07) Xodó da Baiana (Dilermando Reis)
08) Choro Triste (Alfredo de Medeiros)
09) Tristezas de um Violão (Garoto)
10) Carioca 1/ Carioca 1 e 2 (Nicanor Teixeira)
11) Magoado (Dilermando Reis)
12) Doutor Sabe Tudo (Dilermando Reis)

VALSAS E CHOROS (1979),
  com Turíbio Santos e o conjunto
  Choros do Brasil (Kuarup)

01) Tempo de Criança (Dilermando Reis)
02) Valsa da Vida (Paulinho da Viola)
03) Escapulindo (Paulinho da Viola)
04) Tenebroso (Ernesto Nazareth)
05) Escovado (Ernesto Nazareth)
06) Valsa-Choro (Heitor Villa-Lobos)
07) Apanhei-te, Cavaquinho (Ernesto Nazareth)
08) Odeon (Ernesto Nazareth)
09) Brejeiro (Ernesto Nazareth)
10) Valsa (João Pernambuco)
11) Reboliço (João Pernambuco)
12) Chorinho (Heitor Villa-Lobos)

TRIBUTO A JACOB DO BANDOLIM
  (1980), com Radamés Gnattali,
  Joel Nascimento e Camerata Carioca
  (WEA/Atlantic)

01) Retratos — Pixinguinha (Radamés Gnattali)
02) Retratos — Ernesto Nazareth (Radamés Gnattali)
03) Retratos — Anacleto de Medeiros (Radamés Gnattali)
04) Retratos — Chiquinha Gonzaga (Radamés Gnattali)
05) Gostosinho (Jacob do Bandolim)
06) Conversa Mole/ Jacobeana (Radamés Gnattali)
07) Doce de Coco (Jacob do Bandolim)
08) O Voo da Mosca (Jacob do Bandolim)
09) Noites Cariocas (Jacob do Bandolim)
10) Vibrações (Jacob do Bandolim)

DISCOS DE RAPHAEL RABELLO

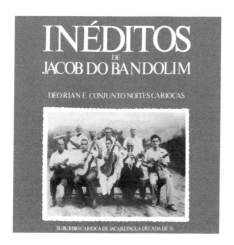

INÉDITOS DE JACOB DO BANDOLIM (1980), com Déo Rian e o conjunto Noites Cariocas (Estúdio Eldorado)

01) Chorinho na Praia (Jacob do Bandolim)
02) Chuva (Jacob do Bandolim)
03) Baboseira (Jacob do Bandolim)
04) Pateck Cebola (Jacob do Bandolim)
05) Horas Vagas (Jacob do Bandolim)
06) Boas Vidas (Jacob do Bandolim)
07) Ao Som dos Violões (Jacob do Bandolim)
08) Feitiço (Jacob do Bandolim)
09) Orgulhoso (Jacob do Bandolim)
10) Saracoteando (Jacob do Bandolim)
11) Quebrando Galho (Jacob do Bandolim)
12) Heroica (Jacob do Bandolim)

RAFAEL SETE CORDAS (1982) (Polygram/Fontana Special)

01) Sons de Carrilhões (João Pernambuco)
02) O Voo da Mosca (Jacob do Bandolim)
03) Vivo Sonhando (Garoto)
04) Choro da Saudade (Agustín Barrios)
05) Garoto (Tom Jobim)
06) Sete Cordas (Rafael Rabello e Paulo César Pinheiro)
07) Interrogando (João Pernambuco)
08) Estudo de Concerto (Agustín Barrios)
09) Gracioso (Garoto)
10) Por um Momento Antigo (Cristóvão Bastos)
11) Praça Sete (Dino 7 Cordas e Francisco Sá)
12) Yeda (Mozart de Araújo)

TRIBUTO A GAROTO —
RADAMÉS GNATTALI E RAFAEL
RABELLO (1982) (Funarte)

01) Desvairada (Garoto)
02) Gente Humilde (Garoto)
03) Enigmático (Garoto)
04) Nosso Choro (Garoto)
05) Duas Contas (Garoto)

Concertino para Violão e Piano (Redução do Concertino nº 2 para Violão e Orquestra) (Radamés Gnattali)
06) Allegro Moderato
07) Adágio (Saudoso)
08) Presto (Com Espírito)

BRASIL INSTRUMENTAL —
PAULO MOURA, RAFAEL
RABELLO, JAQUES
MORELENBAUM E ZÉ DA VELHA
(1985) (Caemi/Kuarup)

01) Sandoval em Bonsucesso (Carioca)
02) Isso É o Brasil (J. M. de Abreu e Luís Peixoto)
03) Corta-Jaca (Chiquinha Gonzaga)
04) Modinha (Tom Jobim e Vinicius de Moraes)
05) Bons Amigos (Toninho Horta e Ronaldo Bastos)
06) Saxofone, Por Que Choras? (Ratinho)
07) Lamentos (Pixinguinha e Vinicius de Moraes)
08) Urubu Malandro (João de Barro e Louro)
09) Tarde de Chuva (Paulo Moura)
10) Bronzes e Cristais (Alcir Pires Vermelho e N. de Brito)
11) Espinha de Bacalhau (Severino Araújo)

Disco duplo: o outro volume contém obras de Paulinho da Viola interpretadas pelo autor, por Cesar Faria e João Pedro Borges

RAFAEL RABELLO INTERPRETA
RADAMÉS GNATTALI (1987)
(Visom)

01) Brasiliana nº 13 (Samba Bossa Nova/ Valsa/ Choro) (Radamés Gnattali)
02) Tocata em Ritmo de Samba I (Radamés Gnattali)
03) Tocata em Ritmo de Samba II (Radamés Gnattali)
04) Dança Brasileira (Radamés Gnattali)
05) Estudo I (Presto Possibile) (Radamés Gnattali)
06) Estudo V (Alegretto) (Radamés Gnattali)
07) Estudo VII (Comodo) (Radamés Gnattali)

RAFAEL RABELLO (1988)
(Visom)

01) Lamentos do Morro (Garoto)
02) Jorge na Fusa (Garoto)
03) Pedra do Leme (Rafael Rabello e Toquinho)
04) Comovida (Guinga)
05) Ainda me Recordo (Pixinguinha e Benedicto Lacerda)
06) O Voo da Mosca (Jacob do Bandolim)
07) Graúna (João Pernambuco)
08) Retratos — Ernesto Nazareth (Radamés Gnattali)
09) Nosso Choro (Garoto)
10) Escovado (Ernesto Nazareth)
11) Desvairada (Garoto)

Discografia

À FLOR DA PELE —
NEY MATOGROSSO E RAFAEL
RABELLO (1990) (SIGLA/Som Livre)

01) Modinha (Tom Jobim e Vinicius de Moraes)
02) Retrato em Branco e Preto (Tom Jobim e Chico Buarque)
03) Molambo (Jayme Florence e Augusto Mesquita)
04) Da Cor do Pecado (Bororó)
05) No Rancho Fundo (Ary Barroso e Lamartine Babo)
06) Último Desejo (Noel Rosa)
07) Na Baixa do Sapateiro (Ary Barroso)
08) As Rosas Não Falam (Cartola)
09) Autonomia (Cartola)
10) Três Apitos (Noel Rosa)
11) Caminhemos (Herivelto Martins)/ Segredo (Herivelto Martins e Marino Pinto)
12) Negue (Adelino Moreira e E. de Almeida Passos)
13) Vereda Tropical (Gonzalo Curiel)
14) Balada do Louco (Arnaldo Baptista e Rita Lee)

Na edição em CD foram acrescentadas as faixas "Tristeza do Jeca" (Angelino de Oliveira), "O Mundo É Um Moinho" (Cartola), "Prelúdio nº 3 (Prelúdio da Solidão)" (Heitor Villa-Lobos e Hermínio Bello de Carvalho) e "Na Baixa do Sapateiro" (Ary Barroso)

RETRATOS — RADAMÉS GNATTALI
— CHIQUINHO DO ACORDEON,
RAFAEL RABELLO E ORQUESTRA
DE CORDAS BRASILEIRAS (1990)
(Kuarup)

01) Suíte Retratos — Pixinguinha
02) Suíte Retratos — Ernesto Nazareth
03) Suíte Retratos — Anacleto de Medeiros
04) Suíte Retratos — Chiquinha Gonzaga
05) Amargura
06) Concerto para Acordeon, Tumbadoras e Cordas (Allegro Moderato)
07) Concerto para Acordeon, Tumbadoras e Cordas (Adágio/ Ária)
08) Concerto para Acordeon, Tumbadoras e Cordas (Com Espírito) (Prenda Minha)

Faixas 1 a 4: Rafael Rabello, Chiquinho do Acordeon e Dininho
Faixas 5 a 8: Chiquinho do Acordeon e Orquestra de Cordas Brasileiras, dirigida por Henrique Cazes

TODO O SENTIMENTO —
ELIZETH CARDOSO & RAFAEL
RABELLO (1991)
(Columbia/Sony Music)

01) Faxineira das Canções (Joyce)/ Camarim (Cartola e Hermínio Bello de Carvalho)/ Refém da Solidão (Baden Powell e Paulo César Pinheiro)
02) Todo o Sentimento (Cristóvão Bastos e Chico Buarque)
03) Janelas Abertas (Tom Jobim e Vinicius de Moraes)/ Canção da Manhã Feliz (Haroldo Barbosa e Luís Reis)/ Bom Dia (Herivelto Martins e Aldo Cabral)
04) Doce de Coco (Jacob do Bandolim e Hermínio Bello de Carvalho)
05) Modinha (Tom Jobim e Vinicius de Moraes)
06) No Rancho Fundo (Ary Barroso e Lamartine Babo)
07) Violão (Vitório Júnior e Wilson Ferreira)/ Violão Vadio (Baden Powell e Paulo César Pinheiro)
08) Chão de Estrelas (Silvio Caldas e Orestes Barbosa)/ Consolação (Baden Powell e Vinicius de Moraes)

RAPHAEL RABELLO &
DINO 7 CORDAS (1991)
(Caju Music)

01) Conversa de Botequim (Noel Rosa)
02) Jongo (João Pernambuco)
03) Escovado (Ernesto Nazareth)
04) Alma de Violinos (Lamartine Babo e Alcir Pires Vermelho)
05) Um a Zero (Pixinguinha e Benedicto Lacerda)
06) Odeon (Ernesto Nazareth)
07) Sons de Carrilhões (João Pernambuco)
08) Segura Ele (Pixinguinha e Benedicto Lacerda)
09) Desvairada (Garoto)
10) Graúna (João Pernambuco)
11) Sonho de Magia (João Pernambuco)

Discografia

 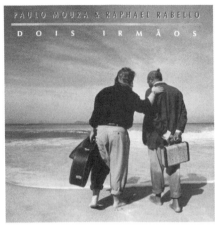

TODOS OS TONS (1992)
(BMG Ariola)

01) Samba do Avião (Tom Jobim)
02) Samba de Uma Nota Só (Tom Jobim e Newton Mendonça)
03) Passarim (Tom Jobim)
04) Retrato em Branco e Preto (Tom Jobim e Chico Buarque)
05) Modinha (Tom Jobim e Vinicius de Moraes)
06) Garota de Ipanema (Tom Jobim e Vinicius de Moraes)
07) Anos Dourados (Tom Jobim e Chico Buarque)
08) Garoto (Tom Jobim)
09) Pois É (Tom Jobim e Chico Buarque)
10) Luiza (Tom Jobim)

DOIS IRMÃOS — PAULO MOURA & RAPHAEL RABELLO (1992)
(Caju Music)

01) Ronda (Paulo Vanzolini)/ Sampa (Caetano Veloso)
02) Chorando Baixinho (Abel Ferreira)
03) Domingo no Orfeão Portugal (Paulo Moura)
04) Violão Vadio (Baden Powell e Paulo César Pinheiro)
05) Morena Boca de Ouro (Ary Barroso)
06) Tempos Felizes (Paulo Moura)
07) Um a Zero (Pixinguinha e Benedicto Lacerda)
08) Tarde de Chuva (Paulo Moura)
09) Luiza (Tom Jobim)
10) Um Chorinho em Aldeia (Severino Araújo)

SHADES OF RIO — ROMERO LUBAMBO & RAPHAEL RABELLO (1993) (Chesky Records)

01) Melancia (Rique Pantoja)
02) Crab Peddler (Mercador de Siri) (Dori Caymmi e Paulo César Pinheiro)
03) Partners (Raphael Rabello)
04) Barbara's Theme (Romero Lubambo)
05) Apanhei-te, Cavaquinho (Ernesto Nazareth)
06) Lamentos (Pixinguinha e Vinicius de Moraes)
07) Tristeza de Nós Dois (Durval Ferreira, Maurício Einhorn e Bebeto Castilho)
08) Estudo nº 1 (Radamés Gnattali)
09) Brasileirinho (Waldir Azevedo)
10) Brigas Nunca Mais (Tom Jobim e Vinicius de Moraes)
11) Modulando (Rubens Leal Brito)
12) Na Baixa do Sapateiro (Ary Barroso)

DELICATESSE — RAPHAEL RABELLO E DÉO RIAN (1993) (BMG Ariola)

01) Noturno, Opus 9, nº 2 (Chopin)
02) Mélodie (Tchaikovsky)
03) Czardas (V. Monti)
04) Evocação de Jacob (Avena de Castro)
05) Serenata (Schubert)
06) Amourese (Maurice de Feraudy e Rodolphe Berger)
07) Réverie (Schumann)
08) Valsa nº 7, Opus 64, nº 2 (Chopin)
09) Dança Slava nº 72, nº 10 (Dvorák e Kreisler)
10) Estrelita (M. Ponce)
11) Mercy Thereze (Dalton Vogeler)
12) 3º Movimento, 3ª Sinfonia de Brahms (Tema) (Brahms)
13) Die Lustinge Witwe (A Viúva Alegre) (Franz Lehár, Victor Leon e Leo Stein)
14) Valsa do Adeus, nº 69 (Chopin)

DISCOS PÓSTUMOS

RELENDO DILERMANDO REIS
(1994) (RGE)

01) Abismo de Rosas (Américo Jacomino, "Canhoto")
02) Doutor Sabe Tudo (Dilermando Reis)
03) Interrogando (João Pernambuco)
04) Uma Valsa e Dois Amores (Dilermando Reis)
05) Brejeiro (Ernesto Nazareth)
06) Se Ela Perguntar (Dilermando Reis e Jair Amorim)
07) Sons de Carrilhões (João Pernambuco)
08) Xodó da Baiana (Dilermando Reis)
09) Magoado (Dilermando Reis)
10) Tempo de Criança (Dilermando Reis)
11) Marcha dos Marinheiros (Américo Jacomino, "Canhoto")
12) Noite de Lua (Dilermando Reis)

BRASIL MUSICAL (SÉRIE MÚSICA VIVA) — ARMANDINHO E RAPHAEL RABELLO (1996)
(Tom Brasil Produções Musicais)

01) Assanhado (Jacob do Bandolim)
02) Jazziquifrevo (Armandinho e Luiz Brasil)
03) Forró Baquiano (Armandinho e Sivuca)
04) Lembrando Jacob (Armandinho e Luiz Brasil)
05) Samba do Avião (Tom Jobim)
06) Noites Cariocas (Jacob do Bandolim)
07) Aquarela do Brasil (Ary Barroso)
08) Tocata em Ritmo de Samba II (Radamés Gnattali)
09) Brasiliana nº 1 (Radamés Gnattali)
10) Lamentos do Morro (Garoto)
11) Retratos — Pixinguinha (Radamés Gnattali)
12) Retratos — Chiquinha Gonzaga (Radamés Gnattali)

Os dois músicos não tocam juntos: as gravações são de shows separados no Sesc Pompeia em 1993. Raphael Rabello toca nas faixas 8 a 12

EM CONCERTO — RAPHAEL
RABELLO & ARMANDINHO
(1997) (Spotlight Records)

01) Texto (Gilberto Gil)
02) Taiane (Osmar Macedo)
03) Assanhado (Jacob do Bandolim)
04) Santa Morena (Jacob do Bandolim)
05) Evocação de Jacob (Avena de Castro)
06) Recuerdo de la Alhambra (Francisco Tárrega)
07) Samba do Avião (Tom Jobim)
08) Lembrando Jacob (Armandinho e Luiz Brasil)
09) Desvairada (Garoto)
10) Tico-Tico no Fubá (Zequinha de Abreu e Eurico Barreiros)
11) Noites Cariocas (Jacob do Bandolim)
12) Czardas (V. Monti)
13) Apanhei-te, Cavaquinho (Ernesto Nazareth)
14) Brasileirinho (Waldir Azevedo)

NELSON GONÇALVES & RAPHAEL
RABELLO — A VOZ E O VIOLÃO
— AO VIVO (2002) (BMG RCA)

01) Samba do Avião (Tom Jobim)
02) Luiza (Tom Jobim)
03) Quem Há de Dizer (Lupicínio Rodrigues e Alcides Gonçalves)
04) Súplica (Déo, José Marcílio e Otávio Gabus Mendes)
05) As Rosas Não Falam (Cartola)
06) Nunca (Lupicínio Rodrigues)
07) Chão de Estrelas (Sílvio Caldas e Orestes Barbosa)
08) Fracasso (Mário Lago)
09) Velho Realejo (Custódio Mesquita e Sadi Cabral)
10) Número Um (Benedicto Lacerda e Mário Lago)
11) A Deusa da Minha Rua (Jorge Faraj e Newton Teixeira)
12) As Três Lágrimas (Ary Barroso)
13) Naquela Mesa (Sérgio Bittencourt)
14) Pra Esquecer (Noel Rosa)

TODAS AS CANÇÕES — RAPHAEL
RABELLO E AMELIA RABELLO
(2002) (Acari Records)

01) Sete Cordas (Raphael Rabello e Paulo César Pinheiro)
02) Retrato de Saudade (Raphael Rabello e Paulo César Pinheiro)
03) Paixão (Raphael Rabello e Paulo César Pinheiro)
04) Ponto de Vista (Raphael Rabello e Paulo César Pinheiro)
05) Peito Aberto (Raphael Rabello e Paulo César Pinheiro)
06) Dois Amores (Raphael Rabello e Paulo César Pinheiro)
07) Serenata da Saudade (Raphael Rabello e Paulo César Pinheiro)
08) Salmo (Raphael Rabello e Paulo César Pinheiro)
09) Anel de Ouro (Raphael Rabello e Aldir Blanc)
10) Ouro e Fogo (Raphael Rabello e Aldir Blanc)
11) Camará (Raphael Rabello e Paulo César Pinheiro)
12) Galho de Goiabeira (Raphael Rabello e Aldir Blanc)
13) Flor do Sono (Raphael Rabello e Paulo César Pinheiro)
14) Martírio (Raphael Rabello e Paulo César Pinheiro)
15) Mulher da Vida (Raphael Rabello e Paulo César Pinheiro)
16) Canção do Milagre (Raphael Rabello e Paulo César Pinheiro)
17) Cofre Vazio (Raphael Rabello e Paulo César Pinheiro)
18) Todas as Canções (Raphael Rabello e Paulo César Pinheiro)

 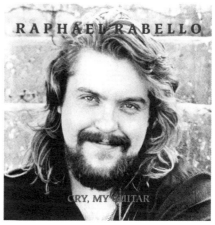

MESTRE CAPIBA POR RAPHAEL
RABELLO E CONVIDADOS (2002)
(Acari Records/BMG)

01) Recife, Cidade Lendária (Capiba)
(com Chico Buarque)
02) Valsa Verde (Capiba) (com Paulinho
da Viola)
03) Resto de Saudade (Capiba) (com Gal
Costa)
04) Olinda, Cidade Eterna (Capiba) (com
Caetano Veloso)
05) Cais do Porto (Capiba) (com Maria
Bethânia)
06) Igarassu (Capiba) (com Alceu
Valença)
07) Sino, Claro Sino (Capiba e Carlos
Pena Filho) (com Milton Nascimento)
08) Valsa Verde (Capiba) (Instrumental)
09) A Mesma Rosa Amarela (Capiba e
Carlos Pena Filho) (com João Bosco e
Paulo Moura)
10) Serenata Suburbana (Capiba) (com
Ney Matogrosso)
11) *Pot-Pourri* de Frevos: A Pisada É Essa
(Capiba)/ Linda Flor da Madrugada
(Capiba)/ Oh! Bela (Capiba)/ Frevo
e Ciranda (Capiba)/ Morena Flor de
Canela (Capiba)/ Ai, Se Eu Tivesse
(Capiba)/ É Frevo Meu Bem (Capiba)
(com Claudionor Germano)

CRY, MY GUITAR (2005)
(GSP Records)

01) Ainda Me Recordo (Pixinguinha e
Benedicto Lacerda)
02) Tua Imagem (Canhoto da Paraíba)
03) Sentimentos, Se Você Pergunta,
Nunca Vai Saber (Baden Powell)
04) Meu Avô (Raphael Rabello)
05) Pedra do Leme (Raphael Rabello e
Toquinho)
06) Malandro Descendo o Morro (João
dos Santos)
07) Camará (Raphael Rabello e Paulo
César Pinheiro)
08) Choro pra Olga (Laurindo Almeida)
09) Com Mais de Mil (Canhoto da
Paraíba)
10) Moleque do Gantois (Raphael
Rabello)
11) Passaredo (Francis Hime e Chico
Buarque)
12) Lamentos do Morro (Garoto)
13) Sete Cordas (Raphael Rabello e Paulo
César Pinheiro)

COMPOSIÇÕES

"Anel de Ouro" (Raphael Rabello e Aldir Blanc)
"Aquela Ilusão" (Raphael Rabello e Afonso Machado)
"Cá Entre Nós" (Raphael Rabello e Luciana Rabello)
"Camará" (Raphael Rabello e Paulo César Pinheiro)
"Canção do Milagre" (Raphael Rabello e Paulo César Pinheiro)
"Choro em Dó Menor" (Raphael Rabello)
"Choro em Lá Bemol Menor" (Raphael Rabello, Dininho e Cristóvão Bastos)
"Choro em Lá Menor" (Raphael Rabello)
"Choro em Mi Maior" (Raphael Rabello)
"Choro em Si Maior" (Raphael Rabello)
"Cofre Vazio" (Raphael Rabello e Paulo César Pinheiro)
"Diana" (Raphael Rabello)
"Dois Amores" (Raphael Rabello e Paulo César Pinheiro)
"Flor do Sono" (Raphael Rabello e Paulo César Pinheiro)
"Galho de Goiabeira" (Raphael Rabello e Aldir Blanc)
"Insaciável" (Raphael Rabello)
"Martírio" (Raphael Rabello e Paulo César Pinheiro)
"Meu Avô" (Raphael Rabello)
"Mineirinho Atravessado" (Raphael Rabello e Luiz Moura)
"Moleque do Gantois" (Raphael Rabello)
"Mulher da Vida" (Raphael Rabello e Paulo César Pinheiro)
"O Sorriso da Luciana" (Raphael Rabello)
"Olho d'Água" (Raphael Rabello)
"Ouro e Fogo" (Raphael Rabello e Aldir Blanc)
"Paixão" (Raphael Rabello e Paulo César Pinheiro)
"Partners" (Raphael Rabello)
"Pedra do Leme" (Raphael Rabello e Toquinho)
"Peito Aberto" (Raphael Rabello e Paulo César Pinheiro)
"Ponto de Vista" (Raphael Rabello e Paulo César Pinheiro)
"PT Saudações" (Raphael Rabello e Luciana Rabello)
"Retrato de Saudade" (Raphael Rabello e Paulo César Pinheiro)
"Salmo" (Raphael Rabello e Paulo César Pinheiro)
"Serenata da Saudade" (Raphael Rabello e Paulo César Pinheiro)
"Sete Cordas" (Raphael Rabello e Paulo César Pinheiro)
"Todas as Canções" (Raphael Rabello e Paulo César Pinheiro)

PARTICIPAÇÕES EM DISCOS DE OUTROS ARTISTAS

1976
"Filha de Bamba e Irmã de Poeta" e "Na Regra Três" (compacto), Gisa Nogueira,
    Top Tape

1978
... E Que Tudo Mais Vá Pro Inferno, Nara Leão, Philips/Phonogram
Meu Sonho, Joel Nascimento, EMI-Odeon
Valsa Brasileira, Maria Martha, Internacional de Seguros

1979
A Noite, Ivan Lins, EMI-Odeon
Linha de Passe, João Bosco, RCA
No Pagode, Beth Carvalho, RCA
Waldir Azevedo Ao Vivo, Waldir Azevedo, Continental
Revivendo 2 — Bomfiglio de Oliveira Interpretado por Copinha e Seu Conjunto,
    Copinha, Museu da Imagem e do Som
Do Lago à Cachoeira, Sérgio Ricardo, Continental
13 de Maio, Aparecida, RCA
Couro Comendo, Jair Rodrigues, Philips/Polygram
Aline, Aline, Companhia Vento de Raio
Senhora da Terra, Elza Soares, CBS
Eu Nasci no Samba, Jurema, EMI-Odeon
Terra, Sebastião Tapajós, Metronome
Felicidade, Jorginho do Império, CBS
Viva Voz, Viva Voz, EMI-Odeon
Samba É Uma Parada — Vol. 15, Os Caretas, Polygram
Ases da América (Frevos), Vários, CBS
"Mais Bandido Que Mocinho" e "Um Grande Amor" (compacto), Marquês de Lara,
    RCA
Peregrinação, Nicéas Drumont, Continental

1980
Bandalhismo, João Bosco, RCA/BMG
Brasil Mestiço, Clara Nunes, EMI-Odeon
Evocação V — Geraldo Pereira, Vários, Eldorado
Novo Tempo, Ivan Lins, EMI-Odeon
Ternas e Eternas Serestas — Vol. 2, Paulo Fortes, WEA/Atlantic

Clássicos em Choro — Vol. 2, Altamiro Carrilho, Philips
Boca do Povo, João Nogueira, Polydor
E Vamos à Luta, Alcione, Philips/Polygram
Jamelão, Jamelão, Continental
Os 40 Anos de Nelson Gonçalves, Nelson Gonçalves, RCA
Contrato de Risco, Fabíola, CBS
Sonhos de Meninos, Chico da Silva, Polydor
A Grande Orquestra de Paulo Mauriat, Paulo Mauriat, Polygram
Estou Lhe Devendo um Sorriso, Jair Rodrigues, Polygram
Nesse Mundo, Cesar Costa Filho, Tapecar
Reunião de Bacana, Exporta Samba, Copacabana
Olha Aí, Maurício Tapajós, Saci
"Gol" e "Meu Bom Amigo" (compacto), Totonho, WEA
Sergio Souto, Sergio Souto, Independente
Brasileiríssimo!, Wilson de Assis, K-Tel

1981
Almanaque, Chico Buarque, Ariola/Philips
Clara, Clara Nunes, EMI-Odeon
Essa É a Sua Vida, João Bosco, RCA/BMG
Paulinho da Viola, Paulinho da Viola, WEA
Saudades de um Clarinete, Paulo Moura, Eldorado
Outro Tempo, Outro Lugar, Reginaldo Bessa, Mac
Elizethíssima, Elizeth Cardoso, SIGLA/Som Livre
Choro de Menina — Vol. 2, Nilze Carvalho, Cid
O Homem dos 40, João Nogueira, Polydor
Amando Sempre, Copinha, CBS
Alcione, Alcione, Philips/Polygram
Cristina, Cristina Buarque, Ariola
O Professor, Dicró, Continental
Sentimentos, Martinho da Vila, RCA
Jorginho do Império, Jorginho do Império, CBS
Wilson Aguiar, Wilson Aguiar, K-Tel
Doce Vida, Toquinho, Ariola
O Suburbano, Almir Guineto, K-Tel
Era Só o Que Faltava, Jurema, K-Tel
A Vida Me Ensinou, Paulo Ramos, Polydor

1982
A Toda Hora Rola Uma Estória, Paulinho da Viola, WEA
Alô Alô Brasil, Gonzaguinha, EMI-Odeon
Brilho e Paixão, Joanna, RCA
Conversa de Cordas, Couro, Palhetas e Metais, Chico Mário, Caju Music
Depois dos Temporais, Ivan Lins, Philips/Polygram
Felicidade, Carlinhos Vergueiro, Columbia/Opus
Hoje Como Antigamente, Nelson Gonçalves, RCA

Máscara, Olivia Hime, Columbia/Opus
Mistura e Manda, Paulo Moura, Kuarup
Novas Palavras, Martinho da Vila, RCA
Orquídea Negra, Zé Ramalho, CBS
Para Viver Um Grande Amor (trilha sonora), Vários, CBS
Pintando o Oito, Moraes Moreira, Ariola
Prisma Luminoso, Paulinho da Viola, WEA
Romance da Lua Lua, Amelinha, CBS
Silvio Cesar, Silvio Cesar, Independente
Bem Transado, João Nogueira, RCA
Almas & Corações, Alcione, RCA
Luiz Carlos da Vila, Luiz Carlos da Vila, RCA
Roberto Ribeiro, Roberto Ribeiro, EMI-Odeon
É Melhor Sorrir, Neguinho da Beija-Flor, Top Tape
Sempre, Sempre Mais, Lucinha Lins, Polygram
Sambando no Meio do Povo, Belo Xis, Baccarola/Ariola
Sotaque, Terezinha de Jesus, Epic/CBS

1983
Partido Alto Nota 10 — Vol. 4, Genaro e Bebeto di São João, CID

1984
Juntos, Ivan Lins, Polygram/Universal
Pelas Terras do Pau-Brasil, João Nogueira, RCA
Chico Buarque, Chico Buarque, Barclay/Philips/Polygram
Mancha de Dendê Não Sai, Moraes Moreira, CBS
Cadáver Pega Fogo Durante Velório, Fernando Pellon, Independente
Rapsódia Brasileira, José Tobias, Independente
Aconteça o Que Aconteça, Vários, RCA
Desejos, Simone, CBS
Eterno Diálogo, Marcio Proença, Paladar
Samba na Hora H, Chico da Silva, Araponga/Lança/Polygram

1985
As Flores em Vida, Vários, Eldorado
Chora Brasileira, Nana Caymmi, EMI
Clareando, Francis Hime, SIGLA/Som Livre
Das Bênçãos Que Virão Com os Novos Amanhas, Beth Carvalho, BMG
O Fio da Meada, Olivia Hime, Columbia/Opus
Recompensa, Marçal, Barclay
Do Jeito que o Povo Gosta, Joel Teixeira, Arca-Som
Portal dos Magos, Gilson Peranzzetta, Fonobrás
Tocando a Vida, Moraes Moreira, CBS
Sudamerica, Baiano & Os Novos Caetanos, Barclay
Circo Voador — Brasil, Vários, Disco Voador
Criações e Recriações, Martinho da Vila, RCA
Pra Tanto Viver, Luiz Eça e Pery Ribeiro, Continental

Participações em discos de outros artistas

O Partido Muito Alto de Wilson Moreira e Nei Lopes,
  Wilson Moreira e Nei Lopes, EMI-Odeon
Nordeste Já, Vários, Continental
Fogo da Vida, Alcione, RCA
Caminho do Sol, Amelinha, CBS
Pra Esfriar a Cabeça..., Luiz Carlos da Vila, Arca
Sorriso Novo, Almir Guineto, RGE
Andanças pelo Mundo, Conjunto Nosso Samba, Continental
Turma do Pagode, Turma do Pagode, Polyfar
O Samba Descontraído de Caprí, Caprí, Arca Som
Ofício de Puxador, Neguinho da Beija-Flor, CBS
Luiz Américo na Praça, Luiz Américo, Alvorada/Chantecler

1986
Assis Valente, Vários, Funarte
Beth, Beth Carvalho, BMG
Branco e Preto — Preto e Branco, Wagner Tiso, Barclay/Polygram
Custódio Mesquita — Prazer em Conhecê-lo, Vários, Funarte
Dezembros, Maria Bethânia, RCA
Encanto da Paisagem, Nelson Sargento, Kuarup
Estrela da Vida Inteira — Manuel Bandeira, Olivia Hime,
  Leblon Records
Luz e Esplendor, Elizeth Cardoso, Arca
A Voz da Massa, Neguinho da Beija-Flor, CBS
Doce Recordação, Velha Guarda da Portela,
  Nikita Music/Office Sambinha
De Todas as Formas, Agepê, SIGLA/Som Livre
New Malemolência, Miltinho, Independente
Peso na Balança, Wilson Moreira, Kuarup
Fogueira de Não se Apagar, Eliana de Lima, Continental
Feitiço Moleque, Antônio Carlos & Jocafi, Continental
Mussum, Mussum, Continental
Almir Guineto, Almir Guineto, RGE
Fruto e Raiz, Alcione, RCA
Pagode das Escolas, Vários, RCA
Formas e Maneiras, Carlinhos de Pilares, Top Tape
O Importante É Que Valeu, Wilson de Assis, Continental
Marquinhos Satã, Marquinhos Satã, RCA
Pagode da Malandragem, Bebeto di São João, CID

1987
Chorando de Verdade, Joel Nascimento, Kuarup
Claro, Luiz Melodia, Continental
Giselle, Wagner Tiso, Verve/Polygram
Pescador de Pérolas, Ney Matogrosso, CBS
Só Não Toca Quem Não Quer, Hermeto Pascoal,
  Som da Gente

Alô Alô, Ana Caram, Cid/Fama
De Todos os Cantos, Luiz Ayrão, Continental
Sorri pra Vida, Roberto Ribeiro, Odeon
Villa-Lobos, Vários, Método Engenharia S/A
Pagodeando, Giba, Fama
Cigano Moço, Pedro Lima, Fermata
Sem Meu Tamborim Não Vou, Marçal, Polydor

1988
Alma, Leila Pinheiro, Philips/Polygram
Carlinhos Vergueiro e Convidados, Carlinhos Vergueiro, Ideia Livre
E Por Falar em Paixão..., Nelson Gonçalves, RCA
Henrique Cazes, Henrique Cazes, Kuarup
Moacyr Luz, Moacyr Luz, Dabliú
República da Música, Moraes Moreira, CBS
Cartola — Bate Outra Vez, Vários, SIGLA/Som Livre
Ideologia, Cazuza, Philips/Polygram
Quem Não Vive Tem Medo da Morte, Ney Matogrosso, CBS
Vinicius de Moraes — Negro Demais no Coração, Joyce, SBK
Dê uma Canja — Vol. 1 (Projeto Radamés Gnattali), Vários, Funarte
Dê uma Canja — Vol. 2 (Projeto Radamés Gnattali), Vários, Funarte
Dança do Mar, Chico Mário, Polygram
Mart'nália, Mart'nália, 3M

1989
Brasileirô, Armandinho Macedo, MoviePlay
Okolofé, Wilson Moreira, Independente
Memória 6 — Solistas Brasileiros, Vários, Elebra
Projeto Brahma Extra — Grandes Músicos — Disco 2, Vários, Independente
Tribal Tecnológico, Reppolho, WEA
Amelia Rabello, Amelia Rabello, Velas
As Coisas Que Mamãe Me Ensinou, Leci Brandão, Copacabana
A Coisa Mais Linda, Só Preto Sem Preconceito, EMI-Odeon

1990
Awa Yiô, Ivan Lins, Velas
Plural, Gal Costa, RCA
Waldir Azevedo, Pixinguinha, Hermeto & Cia, Henrique Cazes, Musicazes
Enguiço, Adriana Calcanhotto, CBS/Columbia
Martinho da Vida, Martinho da Vila, CBS/Columbia
Angélica, Angélica, CBS/Columbia
Joel Nascimento and The Brazilian Sextet — Live!, Joel Nascimento, Santa Fe Chamber Music Festival
50 Anos de Boemia Ao Vivo no Olympia, Nelson Gonçalves, RCA
The Rhythm of The Saints, Paul Simon, Warner
A Seu Favor, Jorge Aragão, RGE

Participações em discos de outros artistas

1991
Ary Amoroso, Elizeth Cardoso, Columbia
Nada Além, Vários, SIGLA/Som Livre
Profissão: Música, Wagner Tiso, Philips/Polygram
Raio de Luz, Simone, Sony Music
Zona de Fronteira, João Bosco, Columbia/Sony Music
Songbook Noel Rosa, Vários, Lumiar Discos
No Tom da Mangueira, Vários, Saci
Violões, Vários, Projeto Memória Brasileira
Pixote, Zeca Pagodinho, BMG
Só Dói Quando Eu Rio, Selma Reis, Polygram
Visões, Leo Gandelman, Polygram
Serenata, Nelson Gonçalves, RCA/BMG
Intérprete, Beth Carvalho, Polygram
Pedras Que Cantam, Fagner, BMG
Poetas de Calçada, Neguinho da Beija-Flor, Sony Music

1992
Guitar Workshop in Rio, Vários, MoviePlay
Angela & Cauby Ao Vivo, Angela Maria e Cauby Peixoto,
    BMG Ariola
Ronaldo do Bandolim, Ronaldo do Bandolim, Niterói Discos
Frevoador, Zé Ramalho, Sony Music

1993
Gilson Peranzzetta, Gilson Peranzzetta, Imagem
Tropicália 2, Caetano Veloso e Gilberto Gil, Philips/Polygram
Pisando em Brasa, Canhoto da Paraíba, Caju Music
Made in Rio, Leo Gandelman, Philips/BMG Ariola
Preço de Uma Vida, Selma Reis, Philips

1994
Leite de Coco, Dirceu Leite, Caju Music
Ouça, Rita de Cássia, Polygram
Songbook Ary Barroso, Vários, Lumiar Discos
Segura Ele, Paulo Sérgio Santos, Kuarup
Brasil Afro, Taiguara, MoviePlay
Um Sopro de Brasil II, Paulinho Trompete, Mix Music

1995
Mina d'Água do Meu Canto, Gal Costa, RCA/BMG
Barulhinho Bom, Marisa Monte, EMI
Enigma, Miltinho, Velas
Raças Brasil, Luiz Carlos da Vila, Velas
Aboio, Sérgio Santos, Saci

LANÇAMENTOS PÓSTUMOS

1996
Folhas Secas (gravado em 1988), Guilherme de Brito, Rioarte Digital
A Estrela do Brasil, Angela Maria, RCA/BMG

1998
Sempre Pixinguinha — 100 Anos (gravado em 1988), Vários, Kuarup

1999
Focus — O Essencial de Cauby Peixoto, Cauby Peixoto, BMG

2000
Raros Compassos — Tom Jobim — Vol. 3, Vários, Revivendo Discos
A Música Brasileira Deste Século por Seus Autores e Intérpretes — Roberto Silva, Roberto Silva, Selo Sesc

2001
Quinto Elemento (gravado em 1992), Sizão Machado, Rainbow Records
Nino Rota por Solistas Brasileiros (gravado em 1991), Vários, Kuarup

2002
Aluado, Yara Figueiredo, MCD World Music

2005
Um Pouco de Mim — Sérgio Natureza e Amigos, Sérgio Natureza, Sescrio.com

2007
Entre Cordas (gravado em 1992), Zezé Gonzaga, Biscoito Fino

2009
Intemporal/Timeless — Vol. I (gravado em 1994), Guilherme Vergueiro, Tratore

Participações em discos de outros artistas

LISTA DE ENTREVISTADOS

Afonso Machado
Alaíde Costa
Alceu Maia
Aldir Blanc
Alessandro Penezzi
Alexandre Paiva
Amelia Rabello
Amilton Carlos Samaha de Faria
Angela Maria
Angela Rabello
Anna Luiza Velho
Armandinho Macedo
Benjamim Taubkin
Beth Carvalho
Bob Katz
Carlão Andrade
Carlos Eduardo Freire Estellita-Lins
Carlos Galilea
Celsinho Silva
Celso Cruz
Celso Drum
Cláudio Jorge
Cristóvão Bastos
David Chesky
Dean Kamei
Déo Rian
Diana Ventura Rabello
Dininho
Dirceu Leite
Dori Caymmi
Eliana Peranzzetta
Fábio Zanon
Fagner
Fernanda Canaud
Fernando César
Fernando de La Rua
Francis Hime

Francisco Silvestre Godinho
Gal Costa
Gerald Thomas
Gian Correa
Gilson Peranzzetta
Gisa Nogueira
Giselle Tiso
Guinga
Halina Grynberg
Hamilton de Holanda
Helena Rabello
Hélio Delmiro
Henrique Araújo
Henrique Cazes
Henrique Neto
Henrique Sodré
Hermínio Bello de Carvalho
Ian Guest
Isolina Rabello
Jaques Morelenbaum
João Augusto
João Bosco
João Bosco Rabello
João Camarero
João de Aquino
João Máximo
João Pedro Borges
João Rabello
Joel Nascimento
Jorge Mello
José Milton
Julio Bressane
Leo Gandelman
Liana Ventura
Lila Rabello
Luciana Rabello
Luís Filipe de Lima

Luis Nassif
Luiz Alfredo Lamy
Luiz Moura
Luiz Otávio Braga
Manoel Poladian
Marcello Gonçalves
Marco Mazzola
Marco Pereira
Marcus Tardelli
Maria Amelia Rabello
Mario de Aratanha
Mario Florêncio
Mário Jorge Bruno
Mario Jorge Passos
Marisa Fernandes
Marisa Monte
Martinho da Vila
Mauricio Carrilho
Milton Nascimento
Moacyr Luz
Myriam Taubkin
Nei Lopes
Ney Matogrosso
Nilo Romero
Olivia Hime
Oren Perlin
Paulão 7 Cordas
Paulinho da Viola
Paulo Aragão

Paulo César Pinheiro
Paulo Jobim
Paulo Magalhães Alves
Paulo Sérgio Santos
Pelão (J. C. Botezelli)
Rachel Ventura Rabello
Reco do Bandolim
Rildo Hora
Roberto Gnattali
Roberto Menescal
Rodrigo Campello
Rogério Caetano
Romero Lubambo
Ruy Fabiano Rabello
Sergio Morel
Sérgio Ricardo
Simon Khoury
Sonia Braga
Teo Oliveira
Toquinho
Tulio Feliciano
Turíbio Santos
Wagner Tiso
Wilson das Neves
Wilton Montenegro
Yamandu Costa
Zé da Velha
Zuza Homem de Mello

BIBLIOGRAFIA E FONTES CONSULTADAS

LIVROS

BARBOSA, Valdinha; DEVOS, Anne Marie. *Radamés Gnattali: o eterno experimentador*. Rio de Janeiro: Funarte, 1985.

BESSA, Virgínia de Almeida. *A escuta singular de Pixinguinha: história e música popular no Brasil dos anos 1920 e 1930*. São Paulo: Alameda, 2010.

BOTEZELLI, J. C.; PEREIRA, Arley. *A música popular brasileira por seus autores e intérpretes*. São Paulo: Edições Sesc, 2000.

BRAGA, Luiz Otávio. *O violão de 7 cordas*. Rio de Janeiro: Lumiar, 2002.

BRANCO, Sidney Castello. *Benedicto Lacerda: o flautista de ouro, um gênio na orfandade*. São Paulo: Global Choro Music, 2014.

CABRAL, Sérgio. *Antonio Carlos Jobim: uma biografia*. Rio de Janeiro: Lumiar, 1997.

_____. *Elisete Cardoso: uma vida*. São Paulo: Lazuli, 2010.

_____. *Nara Leão: uma biografia*. São Paulo: Lazuli, 2008.

_____. *No tempo de Ari Barroso*. Rio de Janeiro: Lumiar, 1993.

_____. *Pixinguinha, vida e obra*. Rio de Janeiro: Funarte, 2007 (4ª edição).

CÂMARA, Renato Phaelante da; BARRETO, Aldo Paes. *Capiba: é frevo meu bem*. Rio de Janeiro: Funarte, 1986.

CARVALHO, Hermínio Bello de. *Mudando de conversa*. São Paulo: Martins Fontes, 1986.

_____. *Umas & outros (baú de prosa)*. Rio de Janeiro: ZMM Produções e Serviços, 1985.

CASTRO, Ruy. *Chega de saudade: a história e as histórias da Bossa Nova*. São Paulo: Companhia das Letras, 2002 (3ª edição).

CAZES, Henrique. *Choro: do quintal ao Municipal*. São Paulo: Editora 34, 2010 (4ª edição).

DINIZ, Edinha. *Chiquinha Gonzaga: uma história de vida*. Rio de Janeiro: Jorge Zahar Ed., 2009 (2ª edição).

GALILEA, Carlos. *Violão ibérico*. Rio de Janeiro: Trem Mineiro Produções Artísticas, 2012.

GRYNBERG, Halina. *Paulo Moura, um solo brasileiro*. Rio de Janeiro: Casa da Palavra, 2011.

DINIZ, André. *Almanaque do choro: a história do chorinho, o que ouvir, o que ler, onde curtir*. Rio de Janeiro: Jorge Zahar Ed., 2003.

_____. *Joaquim Callado: o pai do choro*. Rio de Janeiro: Jorge Zahar Ed., 2008.

DREYFUS, Dominique. *O violão vadio de Baden Powell*. São Paulo: Editora 34, 1999.

JÚNIOR, José de Almeida Amaral. *Chorando na garoa: memórias musicais de São Paulo*. São Paulo: Fundação Theatro Municipal de São Paulo, 2013.

LAGO, Manoel Aranha Corrêa do (org.). *O boi no telhado: Darius Milhaud e a música brasileira no modernismo francês*. Rio de Janeiro: IMS, 2012.

LEAL, José de Souza; BARBOSA, Artur Luiz. *João Pernambuco: arte de um povo*. Rio de Janeiro: Funarte, 1982.

MACHADO, Cacá. *O enigma do homem célebre: ambição e vocação de Ernesto Nazareth*. São Paulo: IMS, 2007.

MELLO, Jorge. *Gente humilde: vida e música de Garoto*. São Paulo: Edições Sesc, 2012.

MELLO, Jorge; GOMIDE, Henrique; TEIXEIRA, Domingos. *Choros de Garoto*. São Paulo: IMS/Edições Sesc São Paulo, 2017.

MELLO, Zuza Homem de. *Música com Z*. São Paulo: Editora 34, 2014.

NEGREIROS, Eliete Eça. *Ensaiando a canção: Paulinho da Viola e outros escritos*. Cotia, SP: Ateliê Editorial, 2011.

NETO, Lira. *Uma história do samba: volume 1 (As origens)*. São Paulo: Companhia das Letras, 2017.

NOGUEIRA, Genésio. *Dilermando Reis: Sua Majestade, o Violão*. Rio de Janeiro: Independente, 2000.

PAZ, Ermelinda A. *Jacob do Bandolim*. Rio de Janeiro: Funarte, 1997.

PINTO, Alexandre Gonçalves. *O Choro: reminiscências dos chorões antigos*. Rio de Janeiro: Funarte, 2009 (2ª edição).

ROSENFELD, Marcelo (coord. editorial). *Violões Di Giorgio: os primeiros cem anos*. São Paulo: Di Giorgio, 2008.

SANTOS, Turíbio. *Caminhos, encruzilhadas e mistérios...* Rio de Janeiro: Artviva, 2015.

SEVERIANO, Jairo. *Uma história da música popular brasileira: das origens à modernidade*. São Paulo: Editora 34, 2013.

SEVERIANO, Jairo; MELLO, Zuza Homem de. *A canção no tempo, vol. 1*. São Paulo: Editora 34, 1997.

SEVERIANO, Jairo; MELLO, Zuza Homem de. *A canção no tempo, vol. 2*. São Paulo: Editora 34, 1998.

TAUBKIN, Myriam. *Violões do Brasil*. São Paulo: Editora Senac São Paulo, 2007.

TINHORÃO, José Ramos. *Crítica cheia de graça*. São Paulo: Empório do Livro, 2010.

_____. *Pequena história da música popular: segundo seus gêneros*. São Paulo: Editora 34, 2013 (7ª edição).

VASCONCELOS, Ary. *Carinhoso etc.: história e inventário do choro*. Rio de Janeiro: Gráfica Editora, 1984.

VIANNA, Hermano. *O mistério do samba*. Rio de Janeiro: Zahar: Ed. UFRJ, 2010 (7ª edição).

WISNIK, José Miguel. *O som e o sentido: uma outra história das músicas*. São Paulo: Companhia das Letras, 2011 (2ª edição).

ARTIGOS, TESES, TEXTOS DE CONTRACAPA E OUTROS

ARMADA JUNIOR, Ubirajara Pires. *Os dez estudos para violão de Radamés Gnattali: uma análise*. Dissertação de mestrado, ECA-USP, 2006.

BITTAR, Iuri Lana. *A roda é uma aula: uma análise dos processos de ensino-aprendizagem do violão através da atividade didática do professor Jayme Florence (Meira)*. Artigo para o I SIMPOM (I Simpósio Brasileiro de Pós-Graduandos em Música), Unirio, 2010.

_____. *Fixando uma gramática: Jayme Florence (Meira) e sua atividade artística nos grupos Voz do Sertão, Regional de Benedito Lacerda e Regional do Canhoto*. Dissertação de mestrado, UFRJ, 2011.

BORGES, Luís Fabiano Farias. *Trajetória estilística do choro: idiomatismo do violão de sete cordas, da consolidação a Raphael Rabello*. Dissertação de mestrado, UNB, 2008.

PAES, Anna. *O violão na escola de choro: uma análise dos processos não formais de aprendizagem*. Dissertação de mestrado, Unirio, 1998.

PELLEGRINI, Remo Tarazona. *Análise dos acompanhamentos de Dino Sete Cordas em samba e choro*. Dissertação de mestrado, Unicamp, 2005.

TABORDA, Márcia Ermelindo. *Dino Sete Cordas e o acompanhamento de violão na música popular brasileira*. Dissertação de mestrado, UFRJ, 1995.

SITES

Acervo Digital do Violão Brasileiro
Biblioteca Nacional
Blog GGN
Cantoras do Brasil
Clique Music
Dicionário Cravo Albin da Música Popular Brasileira
Discos do Brasil
Fundação Joaquim Nabuco (discografia 78 rpm)
Hemeroteca Digital Brasileira
IMMUB (Instituto Memória Musical Brasileira)
Instituto Antonio Carlos Jobim
Instituto Moreira Salles
Acervo Aramis Millarch

REVISTAS E JORNAIS

A Voz do Rádio
Correio Braziliense
Correio da Manhã
Diário Carioca
Diário da Noite (RJ)
Folha da Manhã
Folha de S. Paulo
IstoÉ
Jornal do Brasil
O Cruzeiro
O Estado de S. Paulo
O Globo
O Malho
O Tempo
Playboy
Radiolândia
Revista do Rádio
Tribuna da Imprensa
Última Hora
Veja

AGRADECIMENTOS

A todas as pessoas que ajudaram de alguma maneira a contar a história de Raphael Rabello: minha família (em especial minha mãe Simone, meu pai Aldivino, meu irmão Rapha — também com "ph" —, minhas sobrinhas Sofia e Maria Fernanda, meu tio Divaldo, minha avó Wilma, meu saudoso avô Costa e minha segunda mãe, Seve); todos os familiares de Raphael; todos aqueles que gentilmente deram seus depoimentos para este livro; todos os profissionais, assessores e produtores que viabilizaram algumas entrevistas; toda equipe do Itaú Cultural e do Rumos (Edson Natale e Bianca Costa, pela paciência e auxílio na produção); Editora 34 (Paulo Malta); e Zuza Homem de Mello, pelos ensinamentos diários e pela generosidade no texto do prefácio.

Além de uma extensa lista de pessoas a quem muito devo a realização deste livro: Anahi Lucas, André Toso, Andressa Brandão, Armando Andrade, Benê Bassit, Bernardo Lara Kaczuroski, Bianca Oliveira, Cacá Machado, Caco Cardoso, Caio Jobim, Caio Mariano, Camila Dias, Camilo Gomide, Carlão Cavalheiro, Cecília Lara, Cibele Bahia, Cibele Lopes, Ciça Franco, Daniel Marques, Ed Woiski, Elzemann Neves, Ercília Lobo, Fabio Victor, Fellipe Cabral, Fernanda Almeida Silva, Fernanda Belini, Francesca Angiolillo, Frédéric Thiphagne, Gabriel Vituri, Gabriela Ubaldo, Giselle Tiso, Guilherme Burgos, Guilherme Turri, Gustavo Angimahtz, Gustavo Tristão, Gut Simon, Hamilton de Holanda, Henrique Gomide, Hugo Sukman, Itamar Dantas, Iuri Bittar, Jader Pires, João Gabriel Fideles, Jorge Mello, Kiko Woiski, Lara Alcadipani, Larissa Linder, Leila Azevedo, Leonardo Lichote, Letícia Gomide, Lilian Inoue, Luciano Cossina, Luiz Fernando Vianna, Marcel Fracassi, Marcos Portinari, Marcus Fernando, Marcus Preto, Maria Eugênia de Menezes, Maria Luiza Kfouri, Mariana Nacif Mendes, Matheus Magenta, Mayra Maldjian, Michel Jamel, Micheli Umebayashi, Michelly Mury, Nícolas Brandão, Noa Stroeter, Pablo Francischelli, Paulo Henrique, Rafael Veríssimo, Raphael Paulista, Rebeca Figueiredo, Renata Moura, Renato Vieira, Samanta do Amaral, Stella Gomide, Susan Souza, Thiago Kaczuroski, Thiago Leiros Costa, Thiago Marques Luiz, Tito Lívio Gomide e Valéria Cavalheiro.

CRÉDITOS DAS IMAGENS

Acervo Joel Nascimento, pp. 153, 159, 161
Acervo Paulo Magalhães, pp. 57, 59
Acervo Raphael Rabello, pp. 10, 17, 21, 25, 27a, 27b, 30, 32, 33, 39, 51, 52, 53, 55, 62, 63, 67, 69a, 69b, 72, 73, 76, 78, 81, 83, 89, 95, 97, 99, 105a, 105b, 115, 119, 139, 141, 150, 156, 157, 160, 163, 179, 183, 191, 195, 197, 199, 201a, 201b, 205, 209, 213, 217, 251, 253b, 257a, 257b, 265a, 265b, 268, 275, 281, 286, 293, 295
Acervo Teo Oliveira, pp. 125a, 125b
Agência O Globo, pp. 181, 224, 253a, 291b
Henrique Sodré, pp. 107, 109, 110, 111, 277, 279, 291a
Mario Jorge Passos, pp. 145, 239
Paulo Jabur, p. 233
Reprodução, pp. 19, 45a, 45b, 71, 87, 93, 98, 102, 147, 241, 282, 283, 297, 299
Wilton Montenegro, capa, 4ª capa, pp. 121, 123, 131, 135, 137, 169, 215a, 215b, 221, 231, 245, 247, 329

Todos os esforços foram feitos para se localizar a origem e a autoria das fotos presentes neste volume. Sendo informados, os editores se comprometem a complementar os créditos das imagens nas próximas edições do livro.

SOBRE O AUTOR

Lucas Nobile é jornalista e autor de *Dona Ivone Lara: a primeira-dama do samba* (Rio de Janeiro, Editora Sonora/Musickeria, 2015) e de alguns volumes da *Coleção Folha — Tom Jobim*. Foi consultor da Ocupação Dona Ivone Lara (Itaú Cultural), trabalhou como repórter de música de jornais como *Folha de S. Paulo* e *O Estado de S. Paulo*, além de ter feito colaborações para Instituto Moreira Salles (IMS — Rádio Batuta), Apple Music, *Bravo!*, *Rolling Stone* e *Clarín*.

Este livro foi composto em Sabon
pela Bracher & Malta, com CTP
e impressão da Edições Loyola em
papel Alta Alvura 90 g/m² da Cia.
Suzano de Papel e Celulose para
a Editora 34, em outubro de 2021.